CLAIMS ADJUSTER

2026 박손사의
손해사정사

1차 3과목 통합 이론서

✓ 보험계약법 ✓ 보험업법 ✓ 손해사정이론

전체무료강의

진정한 시험범위 압축교재

박손사 유튜브

박손사 카페

박관양 저자

머리말

안녕하십니까?

저는 10년 넘게 여러분의 합격을 위해 강의해 온 박관양 교수입니다.

초시생분들은 처음부터 시험에서 나오는 단어와 내용을 단순암기하려 하면 너무 낯설고 어렵습니다. 우리 생활에서 사용하는 익숙한 용어를 연상하며 공부하면 이해가 빠르고 스트레스 없이 공부할 수 있습니다.

시험에서 합격하는 방법은

선택과 집중입니다. 지금 여러분에게 맞는 공부 방법을 찾아 공부하는 것, 즉 제가 강의하고 있는 기초 기본 심화 문제 풀이 순으로 저랑 같이 공부하는 것입니다.

100점 만점 중 60점을 취득하면 합격하는 시험입니다. 다시말해 40점을 틀려도 합격한다는 것이지요. 어떤 것을 공부하고 어떤 것을 스킵하느냐에 따라 여러분의 공부 스트레스를 얼마나 줄일 수 있는지를 결정할 수 있습니다.

교재의 특징은

1. 기본서는 가볍게 문제는 충실하게
2. 시중의 그 어떤 교재보다 상세한 해설 → 기본서 발췌독을 최소화하고, 시중 교재보다 자세하게 해설하여 이론 확인을 위해 기본서를 뒤적이는 불편을 최소화하였습니다.

저자 프로필

1. 국민대학교 법무대학원 석사
2. 신체손해사정사
3. 현)유한대학교 외래교수
4. 전)서울사이버 대학 외래교수(FP보험설계)
5. 현)합격의 법학원 교수(제3보험이론과 실무, 보험계약법)
6. 전)한국금융보험교육원 교수(보험업법)
7. 전)일타클래스 교수 (손해사정사 시험 전과목 강의)
8. 손해사정사 합격자 실무교육
9. 직업상점 손해사정사 전담 교수

이 책의 목차

PART 3.   인보험

이 책의 목차

제 2과목 보험업법

이 책의 목차

제 3과목 손해사정이론

제 1과목

보험계약법

PART 1

총론

보험계약법의 개요

제1절 보험계약법의 의의

1 보험법의 구분

1. 보험법 : 공보험과 사보험에 적용되는 모든 법

가. 공보험 : 국가 또는 공공단체가 사회정책 및 산업정책의 수단으로 운영하고 주로 가입이 강제
  ☞ 고용보험, 산업재해보상보험, 선원보험, 군인보험, 국민건강보험법 및 수출보험법

나. 사보험 : 민간부문에서 운영

2 상호보험준용

> **제664조 【상호보험, 공제 등에의 준용】**
> 이 편의 규정은 그 성질에 반하지 아니하는 범위에서 상호보험(相互保險), 공제(共濟), 그 밖에 이에 준하는 계약에 준용한다.

상호보험, 공제(비영리보험)에 대해서도 보험계약법의 규정이 준용된다. 개정상법은 기존의 상호보험뿐만 아니라 '공제 그 밖에 이에 준하는 계약'까지도 보험계약법의 적용범위라고 명시하였다.
☞ 공제계약자 등을 폭넓게 보호하기 위함.

3 보험계약법의 특징

1. 공공성, 사회성

보험은 영리사업이지만 여러 가지 사회적, 공익적으로 제약을 받는다. 이는 보험의 특성상 불특정 다수의 보험가입자를 상대하기 때문이다.

가. 상법 제4편(보험계약법) → 강행규정 적용 → 보험계약자 측의 권리를 침해하지 못하도록 규정 (상법 제663조)

나. 금융위원회의 허가

다. 보통보험약관이나 보험료에 대하여도 행정적 감독규제

2. 기술성

가. 전문적이고 기술적인 특성 : 대수의 법칙, 수리, 통계적 기법, 수지상등의 원칙

나. 고지의무, 통지의무는 보험의 기술적인 특성이 적용된 대표적인 제도

3. 단체성

가. 동질의 위험 → 다수의 가입자 → 위험단체 구성

나. 언더라이팅(underwriting)

다. 고지의무 또는 통지의무를 위반한 경우에 해지권을 인정

라. 특정 보험계약자에게 이익을 제공하는 행위를 금지

마. 보험약관을 해석함에 있어서 보험계약자 평등대우의 원칙을 적용

바. 변경된 보험약관을 소급적용하는 경우

4. 상대적 강행법규성

> **제663조 [보험계약자 등의 불이익변경금지]**
> 이 편의 규정은 당사자 간의 특약으로 보험계약자 또는 피보험자나 보험수익자의 불이익으로 변경하지 못한다.
> 그러나 재보험 및 해상보험 기타 이와 유사한 보험의 경우에는 그러하지 아니하다.

가. 불이익변경금지의 원칙

　　a. 당사자 간의 특약으로 보험계약자 또는 피보험자나 보험수익자의 불이익으로 변경하지 못한다.

　　b. 보험계약이 계약자 측에게 불리하게 변경되는 것을 막는다.

　　c. 강행법규이므로 계약당사자의 합의로 상법 제4편보다 불리하게 약정한 내용은 무효

　　d. 계약자 측에게 유리하게 변경된 보험약관의 효력은 그대로 인정된다.

　　e. 가계보험에 국한하여 적용

　　f. 사적자치의 원칙 : 재보험, 해상보험 기타 유사한 보험은 상법 제4편의 규정보다 계약자 측에게 불리하게 변경된 약관조항이 있더라도 그 내용이 무효로 되지 않는다.

5. 윤리성, 선의성

가. 도덕적 위험(moral hazard)방지

나. 보험계약자 등의 고지의무

다. 보험사고의 객관적 확정의 효과

라. 보험계약자의 보험사고발생 통지의무

마. 위험변경, 증가의 통지의무

바. 보험자의 승낙권한

사. 고의, 중과실로 인한 보험사고에 대한 보험자의 면책

아. 손해보험에서의 피보험이익이 없는 경우의 보험계약 무효

자. 15세 미만자 등의 사망담보계약 금지

4 계약의 의의

> **제638조 【보험계약의 의의】**
> 보험계약은 당사자 일방이 약정한 보험료를 지급하고 재산 또는 생명이나 신체에 불확정한 사고가 발생할 경우에 상대방이 일정한 보험금이나 그 밖의 급여를 지급할 것을 약정함으로써 효력이 생긴다.

☞ 동질의 위험을 가진 사람들이 보험단체를 만들고 보험사고 시 보험계약자가 보험금을 받기 위한 대가로 보험료를 보험자에게 지급한다.

5 보험계약의 성질

1. 불요식의 낙성계약

1) 낙성계약

가. 계약당사자의 의사가 합치 → 계약성립

나. 급여를 요건으로 하는 요물 계약이 아니다.

다. 보험료의 납입은 보험자의 책임개시요건에 불과

라. 보험료의 납입은 계약의 효력발생요건이나 성립요건은 아니다.

마. 보험증권의 교부도 보험계약의 성립, 효력발생과는 무관하다.

2) 불요식계약

가. 보험계약의 체결에는 별도의 방식이 필요하지 않다.

나. 구두계약, 전화계약도 가능하다.

다. 실무상 요식화되고 있다.

2. 유상, 쌍무계약

가. 유상계약 : 보험자가 지급하는 보험금과 보험계약자가 납입하는 보험료는 서로 대가관계에 있다.

나. 쌍무계약 : 보험자의 위험부담의무, 보험계약자의 보험료 지급의무

3. 상행위

가. 보험의 인수를 영업으로 하는 행위는 기본적 상행위 즉, 영리를 목적으로 한다.

나. 상호보험계약은 본질적으로 상행위는 아니지만 그 성질에 반하지 않는 한 상법 보험편이 적용된다.

4. 사행계약

가. 작은 보험료로 우연한 사고로 큰 보험금이 지급된다.

나. 도박과 유사한 사행계약

다. 방지제도 : 고지의무, 면책사유, 피보험이익, 초과 · 중복보험규정, 손해방지 · 경감의무, 사망보험의
피보험자 제한, 수익자의 지정 · 변경

5. 최대선의계약

가. 보험계약은 사행계약이므로 보험가입자의 정직성이 필요

6. 부합계약

가. 보험당사자인 보험자가 일방적으로 작성한 약관에 의하여 체결

나. 보험계약자는 보험자가 정한 내용에 대해 계약체결 여부만을 결정 (부합계약성)

다. 계약자를 보호하기 위하여 약관의 불공정한 내용 등을 규제

라. 불이익변경 금지의 원칙(상법 제663조)

마. 보험약관의 교부 · 설명의무

7. 계속계약성

보험자의 책임은 보험기간 중 계속하여 존재하며 , 보험계약 또한 그 기간 동안 계속된다. 계속계약성 때문에
보험계약을 소멸하기 위해서는 특별한 사정(보험계약의 무효, 취소, 해제 및 실효사유)이 없는 한 해지를 하여야 한다.

1. 무효 : 당사자가 의욕한 법률효과가 아예 처음부터 발생하지 않는 것
2. 취소 : 일단 유효하게 성립한 법률행위의 효력을 일정한 사유를 들이 후에 행위 시로 소급히여 소멸히게 히는
취소권자의 의사표시
3. 해제 : 계약 당사자 일방의 의사표시에 의하여 유효하게 성립된 계약의 효력을 소급하여 소멸시키는 것
4. 해지 : 계속적인 계약을 장래에 향하여 소멸시키는 것

보험계약의 요소

1 정의

가. 보험계약자의 청약과 보험자의 승낙

나. 보험자의 보조자 : 보험대리점, 보험설계사, 보험의

다. 유효조건

    a. 적법해야 한다.

    b. 보험의 목적

    c. 보험사고

    d. 보험기간

2 보험관계자

1. 보험계약자

가. 자기명의로 보험계약을 체결

나. 보험료 지급의무

다. 대리인이 계약을 체결한 경우 대리인이 안 사유는 그 본인이 안 것과 동일한 것으로 한다.

라. 수인의 보험계약자가 공동보험계약자가 되어 하나의 보험계약을 체결할 수 있으며, 이 경우에 그 중 1인 또는 수인에게 상행위가 되면 이들 보험계약자는 각각 연대하여 보험료지급채무 등을 부담하게 된다(상법 제57조).

2. 피보험자

가. 손해보험 : 보험목적물에 대한 경제적 이해관계를 가진 자로서 보험사고가 발생하였을 경우 보험금을 지급받을 자

나. 생명보험 : 보험사고(생명 또는 신체)의 대상이 되는 사람(자연인)

다. 피보험자 제한 : 타인의 생명보험에서 피보험자의 서면동의, 15세 미만 자, 심신상실자 또는 심신박약자를 피보험자로 하는 사망보험계약을 무효

라. 고지의무 및 통지의무를 부담

> ① **권리능력**
> 권리의 주체가 될 수 있는 지위 또는 자격을 권리능력이라고 한다. 그리고 권리능력의 주체로는 자연인과 법인이 있다. 다만 민법 제3조는 "사람은 생존한 동안 권리와 의무의 주체가 된다."라고 규정하고 있으므로 사람은 출생한 때부터 권리능력을 갖는 것으로 해석하는데 출생한 때를 "태아가 모체로부터 전부 노출한 때에 출생한 것으로 보는 것이 통설, 판례의 입장이므로, 태아는 권리능력의 주체가 될 수 없다.
>
> ② **의사능력**
> 의사능력은 자신의 행위의 의미나 결과를 정상적인 인식력과 예기력을 바탕으로 합리적으로 판단할 수 있는 정신적 능력 내지는 지능을 의미한다(판례). 계약이 유효하기 위해서는 유효한 의사표시가 있어야 하는데 의사능력이 없는 자는 의사표시를 할 수 있는 능력이 없는 자이다. 그리고 의사무능력자의 행위는 무효로 본다.
>
> ③ **행위능력**
> 행위능력은 사람이 스스로 유효한 법률행위를 할 수 있는 지위 또는 자격을 말한다.
> 민법에서는 행위무능력자를 따로 규정하고 있다.

3. 보험수익자

가. 보험금을 지급받을 자로 지정 · 예정된 자

나. 수익자의 지정 · 변경권은 보험계약자에게 있다.

다. 계약자와 수익자가 같은 계약 → 자기를 위한 계약

라. 계약자와 수익자가 다른 계약 → 타인을 위한 계약

4. 보험자

가. 보험사고가 발생한 경우에 보험금 지급의무를 부담

나. 보조자 : 보험대리상, 보험중개인, 보험설계사, 보험의

5. 보험대리상

> **제646조 [대리인이 안 것의 효과]**
> 대리인에 의하여 보험계약을 체결한 경우에 대리인이 안 사유는 그 본인이 안 것과 동일한 것으로 한다.

가. 보험자를 위하여 계속적으로 보험계약의 체결을 대리하거나(체약대리상) 중개하는 것을 영업으로 하는(중개대리상) 독립된 상인으로서 보험계약의 체결과 관련하여 보험자를 보조하는 자이다.

나. 보험대리상의 행위는 보험자에 대하여 효력이 생긴다.

🔍 판결

보험계약자 등의 통지가 없었다고 하더라도 보험대리인이 피보험 건물의 증 · 개축공사와 이로 인한 보험사고 발생의 위험이 현저하게 증가된 사실을 알았거나 중대한 과실로 알지 못한 경우에는 보험자는 화재보험보통약관상의 통지의무 위반을 이유로 보험계약을 해지할 수 없다.

다. 보험대리상의 권한

6. 보험중개인

가. 특정보험사에 소속되지 않고 독립적으로 보험계약의 체결을 중개하는 자

나. 계약체결권, 고지수령권, 통지수령권, 보험료수령권 등 계약과 관련한 어떠한 권한도 없다.

7. 보험설계사

가. 특정한 보험자를 위하여 보험계약의 체결을 중개

나. 주로 자연인이지만, 사단이나 재단법인도 가능

다. 판례는 보험판매의 현실을 고려하여 제1회 보험료 수령권한과 보험증권 교부 권한이 있음을 인정한 바 있다. →
　　다만 보험설계사의 보험료 수령 권한은 "보험자가 작성한 영수증을 보험계약자에게 교부하는 경우"에 한하여
　　인정됨에 주의한다.

라. 보험설계사에게는 고지수령권 및 통지수령권이 없다.

8. 보험의

가. 생명보험의 경우에 피보험자의 신체를 검사하는 의사를 말한다.

나. 일반적으로 계약체결권, 보험료수령권 등은 인정되지 않으며, 보험의의 판정시점은 보험계약의 성립시점이
　　아니다(75다605 판결). 그러나 보험의는 업무 성질상 피보험자의 병력에 대한 고지사항에 한하여 보험자를
　　대리하므로 병력에 대한 고지수령권한이 있다고 보는 것이 일반적이다.

9. 보험보조자의 행위에 대한 보험자의 책임

🔍 금융소비자보호법

【모집을 위탁한 보험회사의 배상책임】

① 보험회사는 그 임직원 · 보험설계사 또는 보험대리점(보험대리점 소속 보험설계사를 포함한다. 이하 이 조에서 같다) 이 모집을 하면서 보험계약자에게 손해를 입힌 경우 배상할 책임을 진다. 그러나 보험회사가 보험설계사 또는 보험대리점에 모집을 위탁하면서 상당한 주의를 하였고 이들이 모집을 하면서 보험계약자에게 손해를 입히는 것을 막기 위하여 노력한 경우에는 그러하지 아니하다.
② 제1항은 해당 임직원 · 보험설계사 또는 보험대리점에 대한 보험회사의 구상권(求償權) 행사를 방해하지 아니한다.
③ 제1항에 따라 발생한 청구권에 관하여는「민법」제766조를 준용한다.

가. 무과실 책임 : 보험자의 임직원, 보험설계사, 보험대리점이 보험모집을 함에 있어서 보험 계약자에게 손해를 가한 경우

나. 예외 : 보험설계사, 보험대리점이 보험모집에 있어 보험자가 보험계약자에게 손해를 입히는 것을 막기 위하여 노력한 경우에는 그러하지 아니하다.

3 　보험사고

제644조【보험사고의 객관적 확정의 효과】
보험계약 당시에 보험사고가 이미 발생하였거나 또는 발생할 수 없는 것인 때에는 그 계약은 무효로 한다. 그러나 당사자 쌍방과 피보험자가 이를 알지 못한 때에는 그러하지 아니하다.

1. 보험사고의 객관적 확정

가. 이미 발생한 사고로 계약을 체결하면 계약이 무효이다.

나. 보험사고는 발생이 가능해야 한다.

다. 보험계약 당시에 보험사고의 발생이 불가능하거나 이미 사고가 발생한 경우라면 그 계약은 무효가 된다.

2. 보험사고의 주관적 우연성

가. 보험사고는 발생이 우연해야 한다.

나. 우연이란 : 사고발생의 여부, 시기, 방법, 정도 등의 불확정을 말한다.

다. 보험계약 당시에 보험사고가 이미 발생하였거나 또는 발생할 수 없는 경우라면 그 계약은 무효가 된다.

라. 보험계약자, 피보험자 등의 고의 · 중과실로 부험사고가 발생한 경우에 그 사고는 우연성이 없으므로 보험자는 보험금 지급책임을 면한다(상법 제659조).

마. 보험사고 발생에도 불구하고 계약당사자와 피보험자가 계약당시에 이를 알지 못한 경우 (계약자 등의 선의성, 주관적 우연성)에는 보험계약은 유효하게 성립된다.

바. 상법에서 계약당사자 등의 주관적인 우연성을 요건으로 하는 것은 소급보험을 인정하는 근거가 된다.

1. 보험기간(policy period)

> **제656조 〔보험료의 지급과 보험자의 책임개시〕**
> 보험자의 책임은 당사자 간에 다른 약정이 없으면 최초의 보험료의 지급을 받은 때로부터 개시한다.

가. 정의 : 보험자의 보험금 지급의무가 시작하여 종료할 때까지의 기간 → 책임기간, 위험기간, 담보기간

나. 별도의 약정이 없는 한(소급보험의 약정 또는 면책기간 약정 등)보험기간은 보험자가 최초의 보험료를 받은
   때로부터 시작

다. 보험기간 내에 보험사고 발생 → 보험기간이 지나도 보험자가 책임을 부담한다.

라. 보험기간 미 일치 : 소급보험, 암보험(90일 면책기간)

2. 소급보험

> **제643조 〔소급보험〕**
> 보험계약은 그 계약전의 어느 시기를 보험기간의 시기로 할 수 있다.

가. 정의 : 보험계약의 성립 이전에 발생한 사고에 대해서도 보험자가 책임을 부담하기로 약정한 보험계약

나. 일반적인 보험계약과 마찬가지로 보험자의 책임은 보험계약자의 보험료의 납입을 전제로 한다.

다. 승낙 전 사고담보와 소급보험의 비교
   a. 승낙 전 사고담보(상법 제638조의2) : 상법 상 강제되는 보험자의 의무 → 보험자가 유효한 청약과
      함께 보험료를 수령 → 청약 이후에 발생한 사고에 대한 책임을 부담
   b. 소급보험 : 계약당사자들의 약정에 의하여 보험자가 계약 성립 이전의 일정한 시점부터 책임을
      부담하기로 정한 것이다.

보험약관 · 보험증권

제1절　보험계약법의 법적성질

1 법원(法源)

1. 법원의 정의

가. 판사가 재판기준으로 삼을 수 있는 법적 근거

나. 제정법과 관습법은 보험계약법의 법원이 되지만 법원판결이나 보험약관은 법원으로 인정하지 않는다.

2. 법원의 적용순서

가. 보험계약이 강행법규나 공서양속 또는 보험계약의 본질에 반하지 않는 이상 당사자 간의 특약과 보통약관의 계약내용을 가장 우선적으로 적용

나. 예외 : 보험약관이 없는 경우 보험업법→ 자동차손해배상보장법과 같은 보험계약법의 특별법 → 보험계약법(상법 제4편) → 민법

3. 보험약관의 구속력

원칙 : 보험약관은 계약의 내용이 되어 당사자를 구속한다.

예외 : 현실에서는 보험약관의 구체적인 내용을 모르고 계약을 체결하는 경우가 많으므로 그 보험약관이 계약의 내용으로서 구속력이 인정되는지의 여부와 그 근거에는 학설이 나뉜다.

가. 의사설(다수설)

　　a. 보험약관은 보험자가 작성한 계약의 모형에 불과하므로 당연히 구속력을 가진다고는 볼 수 없고, 약관을 계약의 내용으로 한다는 합의에 의하여 비로소 당사자 사이에 구속력이 생긴다.

　　b. 약관의 명시 · 설명의무를 불이행할 경우에 해당 약관을 계약의 내용으로 주장할 수 없다는 약관규제법 제3조 제4항의 근거가 된다.

　　c. 약관해석의 원칙에 의하여 해석해야 한다.

나. 규범설
    a. 보험약관의 법규성을 인정하여 약관이 독자적 · 자생적인 효력을 가지는 법규범으로서 당사자의 의사와 관계없이 계약내용을 규율한다.
    b. 약관의 교부 · 설명의무를 위반할 경우에 계약자에게 취소권이 주어진다는 상법 제638조의 3을 근거로 이 견해를 주장한다.
    c. 객관주의 · 단체주의적 입장에서 약관의 구속력을 인정하는 견해이다.

2 보험약관의 구속력

1. 약관에 대한 규제

가. 상법에 의한 입법적 규제 → 불이익 변경금지 원칙(제663조)을 강행 규정으로 두고 있다.

나. 약관의 규제에 관한 법률에 의한 입법적 규제 (약관규제법)
    ↻ 예외 : 국제적으로 통용되는 보험업의 약관(해상보험약관, 재보험약관)과 수출보험법에 따른 수출보험에 대하여는 약관규제법 제7조부터 제14조까지의 규정이 적용되지 않는다.

다. 보험업법에 의한 행정적 규제
    a. 보험회사는 취급하려는 보험상품에 관한 기초서류(보험종목별 사업방법서, 보험약관, 보험료 및 책임준비금의 산출방법서)를 작성하여 금융위원회에 미리 신고하여야 한다.
    b. 금융위원회는 기초서류의 변경을 권고할 수도 있으며, 청문을 거쳐 약관의 변경 또는 그 사용의 정지를 명할 수 있다.
    c. 이미 체결된 보험계약에 대하여도 장래에 향하여 그 변경의 효력이 미치게 할 수 있으며(소급적용)
    d. 그 변경 명령을 받은 약관으로 인해 이미 체결된 계약의 보험계약자 · 피보험자 또는 보험금을 취득할 자가 명백하게 부당한 불이익을 받는 것으로 인정하는 경우에는 납입된 보험료의 일부를 환급하거나 보험금을 증액하도록 할 수 있다.

라. 법원에 의한 사법적 규제
    a. 개별사건에서 약관의 해석을 통하여 통제를 가하는 것으로 구체적 통제라 한다.
    b. 약관규제법에 의한 공정거래위원회의 추상적인 통제와 법원의 구체적인 통제가 충돌하게 되면 구체적인 통제가 우선하게 된다. 즉, 약관의 유효성에 대한 최종적인 판단은 법원이 한다.

2. 약관변경의 효력

가. 약관변경의 효력
    a. 원칙 : 변경된 약관은 그 이전에 체결된 계약에는 효력이 없고 , 변경 후에 체결되는 계약에 적용된다.
    b. 예외 : 금융위원회의 명령에 의하여 약관을 변경하는 경우에 보험계약자, 피보험자 또는 보험금을 취득할 자의 이익을 보호하기 위하여 특히 필요하다고 인정하는 경우에는 이미 체결된 보험계약에 대하여도 장래에 향하여 그 변경의 효력이 미치게 할 수 있다

c. 갱신보험이나 일정기간 동종계약을 주기적으로 체결하는 계속적 계약관계에서 약관이 변경하였다면 보험자는 갱신·새로운 계약의 체결 시에 그 사실을 고지할 신의칙 상 의무가 있으며, 이를 고지하지 않은 경우에는 종전의 계약으로 계약이 체결된 것으로 한다.

나. 준거법 약관의 효력

외국기업간의 거래뿐만 아니라 국내보험자와 국내기업 간의 국내 해상화물운송과 관련된 적하보험계약의 경우에는 영국법을 따르는 준거조항을 두기도 한다.

대법원도 외국법 준거약관의 효력을 인정하고 있다.

3 약관해석의 기본원칙

1. 약관해석의 기본원칙

가. 당사자의 의사가 명확히 표시되지 않은 경우에는 보충적으로 당사자가 의도한 목적, 관습, 임의법규 또는 신의칙 등을 해석기준으로 삼는다.

나. 보험약관은 법규가 아니므로 보험약관의 해석에는 객관적·통일적 해석의 원칙을 우선 적용된다.

다. 개별약정을 따로 편입한 경우에는 개별약정을 우선한다.

라. 약관이 보험자에게 일방적으로 유리하게 적용되는 것을 막기 위하여 작성자 불이익 해석의 원칙을 따른다.

2. 개별약정우선의 원칙

가. 보통약관을 수정하여 당사자 간에 다른 합의를 하였다면 그 개별약정을 우선으로 한다.

나. 개별약정은 서면 외에 구두로도 할 수 있다. 만일 보험자가 약관의 내용과 다른 설명을 하였다면 구두로 합의된 개별약정으로서 이 원칙이 적용된다.

3. 신의성실의 원칙

가. 약관은 신의성실에 따라 공정하게 해석되어야 한다.

나. 거래 상대방의 정당한 이익을 고려하고 또한 자기의 이익을 위해 거래상의 신의에 어긋나는 행동을 하지 않아야 한다는 것이다.

다. 부작용 : 남용 시 도덕적·자의적 적용 등을 통해 거래의 안전을 해하게 될 우려가 있다.

4. 객관적·통일적 해석의 원칙

가. 약관은 객관적으로 해석되어야 하며 고객에 따라 다르게 해석되어서는 안 된다.

나. 개별적인 계약체결자의 의사나 구체적인 사정을 고려함이 없이 평균적 고객의 이해가능성을 기준으로 하여 그 문언에 따라 객관적이고 획일적으로 해석하여야 한다.

5. 작성자 불이익의 원칙

가. 약관의 뜻이 명백하지 아니한 경우에는 고객에게 유리하게 해석하여야 한다(약관규제법 제5조 제2항).

나. 약관은 보험자에 의하여 일방적으로 유리하게 작성되었기 때문에 약관내용이 명백하지 못하거나 의심스러운 때에는 약관작성자에게 불리하게 제한하여 해석하여야 하는 것이다.

다. 적용원칙 : 다른 모든 해석원칙을 적용해도 명확한 의미규명이 불가능할 때 적용한다.

라. 약관조항의 의미가 명확할 때나 다의적인 해석의 여지가 없는 때에는 이러한 제한해석의 여지가 없다.

6. 제한적 엄격해석의 원칙

가. 보험자의 이익을 위한 면책약관을 엄격하고 제한적으로 해석하여 약관규정을 그것이 규정하고 있는 적용범위를 넘어서 확대 적용하는 것에 반대하는 해석원칙을 말한다(축소해석의 원칙).

나. 약관에서 구체적인 사유를 열거하고 후에 '그 밖의 경우 '또는'그와 동일한'등의 포괄적 문구를 두고 있는 경우에 그 문구는 선행한 사유와 동일종류의 사유로 한정하여 해석하는 것이다.

다. 약관규제법상 명문의 규정은 없다.

라. 법원은 이 원칙을 약관 해석의 기본 원칙으로서 받아들이면서 면책약관의 중요한 해석원리로 채택하고 있다.

7. 약관해석을 위한 추가 고려사항

가. 수정해석 내지 효력 유지적 축소해석
면책약관 등의 경우 이를 무제한적으로 해석하면 효력이 없게 되므로 법적으로 허용되는 범위 내에 약관의 효력을 유지시키고자 하는 해석원칙이다.

4 보험증권(insurance policy)

1. 보험증권의 정의

가. 보험자가 계약의 내용을 기재하고 기명날인 또는 서명하여 보험계약자에게 교부하는 증권이다.

나. 보험증권을 교부 → 보험자의 승낙표시

2. 보험증권 기재사항

> **제666조【손해보험증권】**
> 손해보험증권에는 다음의 사항을 기재하고 보험자가 기명날인 또는 서명하여야 한다.
>   1. 보험의 목적
>   2. 보험사고의 성질
>   3. 보험금액
>   4. 보험료와 그 지급방법
>   5. 보험기간을 정한 때에는 그 시기와 종기
>   6. 무효와 실권의 사유
>   7. 보험계약자의 주소와 성명 또는 상호
>   7의2. 피보험자의 주소, 성명 또는 상호
>   8. 보험계약의 연월일
>   9. 보험증권의 작성지와 그 작성년월일

가. 법정 기재사항

보험증권의 요식증권성 : 상법은 보험증권에 일정한 사항을 기재하고 보험자가 기명날인 또는 서명하도록 정하고 있어 요식증권성의 일종이다. → 엄격한 요식증권은 아니다.

구분	상법 제666조의 사항 외에 추가적으로 기재할 사항
화재보험증권 (제685조)	1. 건물을 보험의 목적으로 한 때에는 그 소재지, 구조와 용도 2. 동산을 보험의 목적으로 한 때에는 그 존치한 장소의 상태와 용도 3. 보험가액을 정한 때에는 그 가액
운송보험증권 (제690조)	1. 운송의 노선과 방법 2. 운송인의 주소와 성명 또는 상호 3. 운송물의 수령과 인도의 장소 4. 운송기간을 정한 때에는 그 기간 5. 보험가액을 정한 때에는 그 가액
해상보험 증권 (제695조)	1. 선박을 보험에 붙인 경우에는 그 선박의 명칭, 국적과 종류 및 항해의 범위 2. 적하를 보험에 붙인 경우에는 선박의 명칭, 국적과 종류, 선적항, 양륙항 및 출하지와 도착지를 정한 때에는 그 지명 3. 보험가액을 정한 때에는 그 가액
자동차보험증권 (제726조의 3)	1. 자동차소유자와 그 밖의 보유자의 성명과 생년월일 또는 상호 2. 피보험자동차의 등록번호, 차대번호, 차형년식과 기계장치 3. 차량가액을 정한 때에는 그 가액
인보험증권 (제728조)	1. 보험계약의 종류 2. 피보험자의 주소 · 성명 및 생년월일 3. 보험수익자를 정한 때에는 그 주소 · 성명 및 생년월일
상해보험증권 (제738조)	상해보험의 경우에 피보험자와 보험계약자가 동일인이 아닐 때에는 그 보험증권기재사항중 제728조 제2호에 게기한 사항에 갈음하여 피보험자의 직무 또는 직위만을 기재할 수 있다.

나. 기재에 관한 이의

↻ 그 기간은 1개월 미만으로 정할 수 없다. 약정한 이의기간이 지나면 보험증권에 기재된 내용은 확정된다.

3. 보험증권의 법적 성질

가. 증거증권성

　　a. 보험증권은 보험계약의 성립을 증명하기 위하여 보험자가 발행하는 증거증권에 불과하다.

　　b. 보험증권을 작성하여야만 보험계약상의 권리의무가 발생하는 설권증권도 아니다.

　　c. 보험계약의 성립요건도 아니며, 보험자가 일방적으로 기명날인 또는 서명한 것이므로 계약서도 아니다.

　　d. 보험증권에 기재된 계약내용은 사실상의 추정의 효력이 인정된다. 그러므로 다른 증거·정황 등으로 반대사실을 입증하면 그 추정이 번복될 수도 있다.

나. 면책증권성

　　a. 보험자가 증권을 제시한 자에 대하여 악의·중과실 없이 보험금을 지급하였다면, 증권을 제시한 자가 무권리자라고 해도 보험자는 보험금 지급책임을 면한다.

　　b. 보험증권은 채무이행자의 편의를 고려한 면책증권이다.

　　c. 보험증권을 소지했다는 사실만으로 바로 보험금 청구권자가 되는 것은 아니다.

　　d. 보험증권을 소지하였다는 것은 권리의 추정에 불과하므로 보험자는 증권소지자에게 권리를 증명할 것을 요구하고, 증권소지인은 실질적인 권리가 있음을 증명해야 한다.

다. 유가증권성

　　a. 원칙 : 손해보험의 보험증권은 유가증권은 아니다.

　　b. 예외 : 운송보험·해상적하보험 등에서는 보험의 목적에 대한 권리가 유통 될 때에 보험증권이 첨부되고 있으므로 유가증권성을 인정하여 배서·교부 등으로 보험금청구권의 이전을 가능케 하는 것이 타당하다 .

라. 상환증권성

　　a. 우리 약관에서는 보험증권의 상환을 통해 보험금 청구를 규정하는 경우도 있다.

　　b. 현실상 증권을 제출할 수 없는 경우에는 다른 방법으로 권리를 증명함으로써 보험금청구가 가능하고, 상법에서도 보험증권의 멸실 또는 훼손의 경우 보험계약자의 비용으로 보험증권을 재교부할 수 있도록 정하였으므로(상법 제642조)보험증권이 유가증권으로 인정되는 경우가 아닌 한 상환증권성은 원칙적으로 인정되지 않는다.

마. 유인증권성

    a. 보험증권의 효력은 보험계약의 효력에 영향을 받는다.

    b. 보험 증권이 지시식이나 무기명식으로 발행되더라도 보험계약상의 고지의무위반, 보험료의 부지급, 위험의 증가 · 변경 등의 경우에 보험계약이 해지되면 증권소지인에게도 영향을 미친다.

5 보험증권의 교부

1. 보험증권의 교부의무

> **제640조【보험증권의 교부】**
> ① 보험자는 보험계약이 성립한 때에는 지체 없이 보험증권을 작성하여 보험계약자에게 교부하여야 한다. 그러나 보험계약자가 보험료의 전부 또는 최초의 보험료를 지급하지 아니한 때에는 그러하지 아니하다.
> ② 기존의 보험계약을 연장하거나 변경한 경우에는 보험자는 그 보험증권에 그 사실을 기재함으로써 보험증권의 교부에 갈음할 수 있다.

가. 보험자는 보험계약이 성립한 때에는 지체 없이 보험증권을 작성하여 보험계약자에게 교부하여야 한다.

나. 보험계약자가 수인인 경우에는 각각에게 교부하여야 한다.

다. 단체생명보험의 경우에는 보험계약자에 대하여서만 보험증권을 교부한다.(보험증권 교부의무는 보험계약자가 보험료의 전부 또는 최초의 보험료를 지급한 때에 한하여 부담하는 의무이다.)

라. 기존의 보험계약을 연장하거나 변경한 경우에 보험자는 그 보험증권에 그 사실을 기재함으로써 보험증권의 교부에 갈음할 수 있다.

2. 보험증권교부의 효과

가. 상법상 의무를 이행한 것일 뿐 보험계약의 성립요건이나 효력요건이 되는 것은 아니다.

나. 상법은 보험증권 교부의무를 불이행한 경우에 대해서는 언급이 없다.

다. 실무상 계약자의 청약에 대한 보험자의 승낙으로 보는 견해도 있다.

3. 보험증권의 멸실 · 훼손과 재교부

> **제642조【증권의 재교부청구】**
> 보험증권을 멸실 또는 현저하게 훼손한 때에는 보험계약자는 보험자에 대하여 증권의 재교부를 청구할 수 있다. 그 증권작성의 비용은 보험계약자의 부담으로 한다.

가. 보험증권을 멸실 또는 현저하게 훼손한 경우 보험계약자는 보험자에게 증권의 재교부를 청구할 수 있다.

나. 보험자는 증권 재교부의무가 있다.

다. 증권을 재교부하기위해 새롭게 작성하는 비용은 보험계약자의 부담으로 한다.

보험약관의 교부 · 설명의무

제1절 보험약관의 교부 · 설명의무

1 보험약관의 교부 · 설명의무의 정의

> **제638조의3 [보험약관의 교부 · 설명 의무]**
> ① 보험자는 보험계약을 체결할 때에 보험계약자에게 보험약관을 교부하고 그 약관의 중요한 내용을 설명하여야 한다.

가. 상법은 보험계약을 체결할 때에 보험자가 보험계약자에게 보험약관을 교부하고 그 약관의 중요한 내용을 설명하도록 규정하고 있다.

나. 약관에 중요한 사항이 계약내용으로 되어 보험계약자가 예측하지 못한 불이익을 받게 되는 것을 피하기 위한 것이다.

다. 보험계약자의 보호를 위한 상대적 강행규정이다.

라. 약관규제법은 약관명시 · 설명의무, 보험업법은 설명의무가 있다.

2 설명의무의 주체와 상대방

가. 의무를 부담하는 자는 보험자 → 보험대리점도 함께 의무를 부담한다.

나. 대리권 없는 보험모집인(보험설계사)도 이 의무를 부담한다고 해석한다.

다. 보험모집인은 사실상 계약체결의 중요한 역할을 한다는 점에서 이 의무를 부담한다고 보는 것이다.

라. 보험계약자 본인 또는 보험자가 보험계약자의 대리인과 보험계약을 체결할 경우에는 그 대리인에게 보험약관을 설명해도 된다.

3 설명의무의 중요한 내용

가. 보험자는 보통약관 중에서 중요한 내용을 명시 · 설명하여야 한다.

나. 보험료 금액과 그 지급 방법, 보험금액, 보험기간, 보험사고의 내용, 보험계약의 해지사유, 보험자의 면책사유 등 고객의 이해관계에 중대한 영향을 미치는 사항

다. 사회통념상 그 내용을 알았다면 계약체결 여부에 영향을 줄 수 있는 사항을 말한다(2005다28808 판결).

라. 설명하지 않아도 되는 내용

   a. 보험계약자 또는 그 대리인이 잘 알고 있는 사항

   b. 거래상 일반적이고 공통된 것이어서 보험계약자가 별도의 설명 없이도 충분히 예상할 수 있었던 사항

   c. 법령에 의하여 정하여진 것을 되풀이하거나 부연하는 정도에 불과한 사항은 설명할 필요가 없다.

마. 입증책임 : 보험계약자나 그 대리인이 그 약관의 내용을 잘 알고 있다는 점은 이를 주장하는 보험자가 입증하여야 한다(2003다27054 판결).

> ### 🔍 중요한 내용 (판결)
>
> 가. 가족운전자 한정운전 특별약관
> 나. 자동차보험약관의 '다른 자동차 운전담보 특별약관' 중 보상하지 아니하는 손해인 '피보험자가 자동차정비업, 주차장업, 급유업, 세차업, 자동차판매업, 자동차탁송업, 대리운전업(대리운전자 포함) 등 자동차 취급업무상 수탁 받은 자동차를 운전 중 생긴 사고로 인한 손해' 조항
> 다. 26세 이상 한정운전 특별약관
> 라. 업무용자동차보험계약에서의 유상운송면책 약관
> 마. 자기신체사고에 대하여, 약관에 정한 보험금에서 상대방 차량이 가입한 자동차보험 등의 대인배상으로 보상받을 수 있는 금액을 공제한 액수만을 지급하기로 한 약관조항
> 바. 상해보험계약에서 '전문등반, 행글라이더 등 이와 비슷한 위험한 운동'에 따른 면책조항
> 사. 상해보험에서 외과적 수술, 그 밖의 의료처치로 인한 손해를 보상하지 아니한다는 내용의 면책조항
> 아. 상해보험 특별약관에 '보장개시 전 발생한 후유장해(기왕장해)에 대하여 감액하기로 한 조항
> 자. 연금보험에서 연금액의 변동가능성에 관한 규정

> ### 🔍 설명하지 않아도 되는 내용(판결)
>
> 가. 자동차보험에 있어서 사실혼 배우자가 피해자일 경우의 면책조항
> 나. 자동차종합보험계약 체결 후 피보험자동차의 구조변경 등으로 위험이 뚜렷이 증가할 경우에 이를 지체없이 보험자에게 알릴의무를 규정한 조항
> 다. 자동차보험에 있어서 어떤 면허를 가지고 피보험자동차를 운전하여야 무면허운전이 되지 않는지에 관한 사항
> 라. 화재보험에 있어서 보험금 청구권상실사유를 규정한 조항
> 마. 화재보험에서 피보험 건물의 구조 변경 · 개축 · 증축 등을 통지의무로 규정한 조항

4 설명의무의 이행 시기

가. 상법은 교부 · 설명 이행 시기를 계약을 체결할 때로 정하고 있다.

나. 최초의 보험계약에 있어서 교부 · 설명의무를 이행한 후에 동일한 계약을 갱신하거나 연장 또는 반복하는 경우 그리고 부활계약의 경우에는 이 의무를 이행할 필요가 없다.

다. 보험계약의 갱신되면서 약관의 내용이 변경되었다면 그 사항이 중요한 사항이라면 보험자는 설명의무를 이행하여야 한다.

1. 상법 제638조의3에 의한 효과

> **제638조의3 [보험약관의 교부 · 설명 의무]**
> 보험자가 제1항을 위반한 경우 보험계약자는 보험계약이 성립한 날부터 3개월 이내에 그 계약을 취소할 수 있다. [전문개정 2014.3.11.]

가. 보험계약자는 보험계약이 성립한 날로부터 3개월 내에 그 계약을 취소할 수 있다.

6　약관규제법의 적용

1. 약관규제법

> 🔍 **약관규제법**
>
> **제3조 [약관의 작성 및 설명의무 등]**
> ① 사업자는 고객이 약관의 내용을 쉽게 알 수 있도록 한글로 작성하고, 표준화 · 체계화된 용어를 사용하며, 약관의 중요한 내용을 부호, 색채, 굵고 큰 문자 등으로 명확하게 표시하여 알아보기 쉽게 약관을 작성하여야 한다.
> ② 사업자는 계약을 체결할 때에는 고객에게 약관의 내용을 계약의 종류에 따라 일반적으로 예상되는 방법으로 분명하게 밝히고, 고객이 요구할 경우 그 약관의 사본을 고객에게 내주어 고객이 약관의 내용을 알 수 있게 하여야 한다.
> ③ 사업자는 약관에 정하여져 있는 중요한 내용을 고객이 이해할 수 있도록 설명하여야 한다. 그러나 계약의 성질상 설명하는 것이 현저하게 곤란한 경우에는 그러하지 아니하다.
> ④ 사업자가 제2항 및 제3항을 위반하여 계약을 체결한 경우에는 해당 약관을 계약의 내용으로 주장 할 수 없다.
> [전문개정 2010.3.22.]

가. 약관규제법 제3조 제4항에 따르면 보험자가 약관의 명시 · 설명의무에 위반하여 보험계약을 체결한 때에는 당해 약관 조항을 보험계약의 내용으로 주장할 수 없다.

나. 약관조항을 잘못 설명한 경우 그 설명한 대로 효력이 생긴다.

2. 상법과 약관규제법

보험자의 약관교부 · 설명의무 위반을 이유로 보험계약자가 취소권을 행사하지 않았다면 계약의 효력이 인정된다. 그러나 내용으로 계약이 체결 되었는지에 대하여는 견해가 나뉜다.

가. 상법 적용설

보험계약자가 취소권을 행사하지 않았다면 보험계약은 설명의무를 위반한 약관의 내용대로 유지된다는 견해로서 보험제도의 단체성에 입각한 견해이다.

나. 상법 · 약관규제법 중첩설 (법원과 실무의 입장)

계약자가 취소권을 행사하지 않았어도 약관의 효력여부에 대하여는 여전히 약관규제법 적용되어 해당 약관조항을 계약의 내용으로 주장할 수 없다.

3. 고지의무위반과의 관계

보험자가 보험약관의 명시 · 설명의무에 위반하여 보험계약을 체결한 시 → 약관의 내용을 보험계약의 내용으로 주장 할 수 없다 → 보험계약자나 그 대리인이 그 약관에 규정된 고지의무(상법 제651조)를 위반하였다고 하더라도 이를 이유로 보험계약을 해지할 수는 없다.

고지의무

> **제651조 [고지의무위반으로 인한 계약해지]**
>
> 보험계약당시에 보험계약자 또는 피보험자가 고의 또는 중대한 과실로 인하여 중요한 사항을 고지하지 아니하거나 부실의 고지를 한 때에는 보험자는 그 사실을 안 날로부터 1월 내에 , 계약을 체결한 날로부터 3년 내에 한하여 계약을 해지할 수 있다.
>
> 그러나 보험자가 계약당시에 그 사실을 알았거나 중대한 과실로 인하여 알지 못한 때에는 그러하지 아니하다.

1 고지의무(disclosure and representation)의 정의

가. 보험계약자 또는 피보험자가 보험계약을 체결할 때에 보험자에 대하여 중요한 사실을 고지할 의무를 말한다.

나. 고지의무 제도는 보험계약의 사행계약 및 최대선의 계약성에 의하여 보험계약자 측에 요구되는 신의성실의무(선의계약설)의 일종이다.

2 고지의무의 내용

가. 고지의무는 계약당사자 사이의 개별약정에 의하여 정한 것이 아니다.

나. 보험계약이 성립되기도 전에 상법에 의해 강제적으로 부담하는 의무이다.

다. 보험자는 계약자 측의 고지의무와 관련하여 이행을 강제하거나 불이행을 이유로 손해배상을 청구할 수는 없다.

라. 법률상의 불이익(계약의 해지)을 줄 수 있을 뿐이다.

마. 고지의무자가 법률상의 불이익을 피하기 위하여 스스로 부담하는 자기의무 혹은 간접의무에 해당한다.

3   고지의무의 당사자

1. 고지의무자

    가. 보험계약자와 피보험자는 고지의무자이다.

    나. 생명보험의 보험수익자는 고지의무자가 아니다.

    다. 보험계약자나 피보험자의 대리인에게도 고지의무가 있다.

    라. 타인을 위한 손해보험(계약자와 피보험자가 다른 손해보험)에서 그 타인의 위임이 없는 때에 보험계약자는 이를 보험자에게 고지하여야 한다. 만일 타인의 위임이 없음을 고지하지 않아서 보험자가 타인에게 고지의무의 이행을 요구할 수 없게 되었고, 그 결과 고지의무위반으로 계약을 해지하였다면. 그 타인은 보험계약이 체결된 사실을 알지 못하였다는 사유로 보험자에게 대항하지 못한다.

2. 고지수령권자

    가. 고지의무 수령권자는 보험자이다.

    나. 다수의 보험자와 계약을 체결하는 때에는 약관에 다른 정함이 없는 한 모든 보험자에게 고지해야 한다.

    다. 체약대리점이나 보험의에 대한 고지는 유효하지만, 고지 수령권한이 없는 중개대리점이나 보험설계사에 대한 고지는 효력이 없다.

4   중요한 사항

1. 정의

    가. 보험자가 그 사실을 안다면 그 계약을 체결하지 아니하든가

    나. 적어도 동일한 조건으로는 계약을 체결하지 아니하리라고 평가되는 사항

    다. 어떠한 사실이 이에 해당하는가는 보험의 기술에 비추어 객관적으로 관찰하여 판단되어야 한다.

> **🔍 중요한 사항으로 본 판결**
>
> 가. 자동차보험에서의 차량의 모델, 용도(92다52085 판결).
> 나.보증보험 계약에서 주계약상의 거래조건, 금액(공사대금, 실제 착공일 등), 기간(공사기간), 보험계약자의 신용이나 자력에 관한 사항
> 다. 암 치료 종료 후 5년이 지나 검사를 실시한 결과 의사로부터 암 재발의 가능성을 고지 받고 확진을 위한 재검사 요구받은 사실

2. 서면으로 질문한 사항

가. 보험자가 서면으로 질문한 사항은 중요한 사항으로 추정된다.

나. 보험청약서에 의한 질문도 '중요한 사항'으로 추정된다.

다. 서면으로 질문한 사항은 중요한 사항으로 '추정'되므로 서면으로 질문한 사항 중에는 중요하지 않은 사항이
　　포함될 수 있으며, 서면으로 질문하지 않은 사항이라고 해도 중요한 사항이 될 수 있다.

5 고지 시기와 방법

1. 고지의 이행 시기

가. 상법 제651조는 '보험계약 당시에' 고지의무를 이행하도록 정하고 있다.

나. 고지의무는 보험계약을 승낙할 때까지 이행하여야 한다.

다. 청약당시에 위험을 고지하였어도 위험이 승낙 전에 발생 · 변경 · 소멸된 경우에는 이를 다시 알려야 한다.

2. 고지의 방법

가. 상법은 고지의무의 방법에 대하여 아무런 언급이 없다.

나. 고지의 방법에는 제한이 없다.

다. 실무는 청약서에 의하여 고지의무이행을 요구하고 있으며, 보험계약자는 청약서에 수동적으로 답하는
　　형태로 고지의무를 이행한다.

라. 고지사항은 원칙적으로 보험계약자가 알고 있는 사항에 한한다. (탐지의무 없음)

마. 보험자에게 유리한 사실이나 보험자가 당연히 알 수 있는 일반적인 사항및 보험자가 이미 알고 있는 사항은
　　고지할 필요가 없다.

<h2>6   고지의무의 위반 요건</h2>

☞ 주관적 요건과 객관적 요건을 모두 갖추어야 한다.

1. 주관적 요건

가. 고지의무위반이 되려면 그 위반이 고의 또는 중과실에서 비롯된 것이어야 한다.

> '고의'란 계약자 또는 피보험자가 중요한 사항에 대하여 알면서도 불고지 또는 부실하게 고지하는 것을 말하며, '중대한 과실'이란 현저한 부주의로
> 가. 중요한 사항의 존재를 몰랐거나
> 나. 중요성 판단을 잘못하여 그 사실이 고지하여야 할 중요한 사항임을 알지 못한 것을 의미한다.
> 다. 그와 같은 과실이 있는지는 보험계약의 내용, 고지하여야 할 사실의 중요도, 보험계약의 체결에 이르게 된 경위, 보험자와 피보험자 사이의 관계 등 제반 사정을 참작하여 사회통념에 비추어 개별적 · 구체적으로 판단하여야 한다.

2. 객관적 요건

고지의무위반이 되려면 보험계약자 등에 의한 불고지 또는 부실고지가 있어야 한다. 불고지라 함은 중요한 사항을 알면서도 알리지 않은 것(묵비, concealment)을 말하고, 부실고지란 사실과 다르게 말하는 것(허위진술, misrepresentation)을 말한다.

3. 고지의무위반에 대한 입증책임

고지의무위반의 요건인 불고지 · 부실고지가 고지의무자의 고의 · 중과실에 의한 것이라는 것에 대한 입증책임은 고지위반을 이유로 계약을 해지하려는 보험자 측에 있다.

<h2>7   고지의무의 위반으로 인한 해지</h2>

1. 정의

가. 계약자에게 고지의무위반이 있을 시 보험자는 계약을 해지할 수 있다.

나. 보험자는 보험사고가 발생한 후에도 계약의 해지가 가능하다.

다. 계약자에게 해지의 의사표시를 통지함으로써 해지권을 행사

라. 보험자의 일방적인 의사표시에 의한다는 점에서 형성권의 일종

마. 판례상 계약해지의 의사표시는 계약자에게 행사하며 보험자가 보험수익자에게 해지의 통지를 했다면 그 효력이 없다.

2. 계약해지의 효과

가. 해지의 효력은 해지시점부터 미래를 향하여 그 효력이 소멸한다.(장래효)

나. 보험자는 계약이 해지되는 시점까지의 보험료를 청구할 수 있다.

다. 생명보험의 경우 계약자를 위하여 적립한 금액은 반환하여야 한다.

라. 해지 이후에 발생한 보험사고에 대해서는 보험금 지급책임을 부담하지 않는다.

마. 민법은 보험자는 계약이 해지되기 이전에 발생한 보험사고에 대해서는 여전히 보험금 지급책임을 부담하지만 상법은 이미 발생한 사고에 대해서는 보험금 지급책임이 없다고 정하고 있으므로(제한적 소급효)고지위반으로 계약을 해지하는 경우 보험자는 해지 이전에 발생한 보험사고에 대해서는 보험금 지급책임을 부담하지 않는다.

바. 보험금 지급책임에 대한 계약해지의 효과는 보험사고 발생 시로 소급한다고 볼 수 있다.

3. 해지권 제한사유

가. 보험자의 해지

  가) 보험자의 해지권은 해지의 원인을 안 날로부터 1월 또는 계약을 체결한 때로부터 3년이 경과한 때에 소멸한다.

  나) '안 날'이란 단순히 의심할 만한 사유가 발생한 날을 기준으로 하지 않고 보험자가 알릴의무 위반사실을 확실하게 알게 된 날을 기준으로 한다.

  다) '보험자'가 안 날이므로 보험자가 사고조사업무를 위탁한 경우에는 위탁회사가 아닌 보험자가 조사에 따른 알릴의무 위반사실을 알게 된 날을 의미한다.

  라) '1월 또는 3년'의 기간은 제척기간이다.

  마) 보험자가 해지하기 위해서는 해지의 의사표시가 제척기간 내에 보험계약자에게 도달하여야 한다.

나. 보험자의 악의 · 중과실

가) 보험자가 계약체결당시에 그 중요한 사실을 알았거나(악의) 또는 중대한 과실로 알지 못한 경우라면 해지권은 인정되지 않는다.

나) 보험자의 악의 · 중과실에는 고지수령권한이 있는 보험자의 보조자의 악의 · 중과실이 당연히 포함된다.

다) 보험중개사나 보험설계사의 악의 · 중과실은 보험자의 악의 · 중과실로 보지 않는다.

라) 계약체결 시에 보험대리점이 고지위반 사실을 알고 있었다면 보험자가 고지위반을 이유로 해지권을 행사할 수 없으나 보험설계사가 그 위반사실을 알고 있던 경우에는 보험자가 고지위반을 이유로 해지권을 행사할 수 있다.

마) 보험자에게 악의 또는 중과실이 있었다는 사실에 대한 입증책임은 보험계약자가 부담해야 한다.

다. 기타 해지권 제한사유

가) 보험 모집인의 고지방해, 불고지 권유

나) 불고지 · 부실고지 사항이 보험사고의 발생 전에 소멸한 경우에는 보험자가 고지의무위반을 이유로 해지할 수 없다고 해석된다.

다) 보험자가 약관교부 · 설명의무를 위반한 경우에는 보험계약자의 고지의무위반을 이유로 해지권을 행사할 수 없다는 견해이다.

라) 고지의무위반과 보험사고발생사이의 인과관계 유 · 무는 보험자의 해지권에 아무런 영향을 줄 수 없다.

8 계약해지와 보험금청구권

> **제655조 【계약해지와 보험금청구권】**
> 보험사고가 발생한 후라도 보험자가 제650조, 제651조, 제652조 및 제653조에 따라 계약을 해지하였을 때에는 보험금을 지급할 책임이 없고 이미 지급한 보험금의 반환을 청구할 수 있다. 그러나 고지의무를 위반한 사실 또는 위험이 현저하게 변경되거나 증가된 사실이 보험사고 발생에 영향을 미치지 아니하였음이 증명된 경우에는 보험금을 지급할 책임이 있다.

1. 계약해지 정의

가. 보험자는 보험사고 발생 후에도 고지의무 위반을 이유로 계약을 해지할 수 있다.

나. 계약을 해지한 경우에는 보험금을 지급할 책임이 없다.

다. 고지위반사실이 사고발생에 영향을 미치지 않았음이 입증된 경우에는 보험자의 보험금지급책임을 인정한다.

라. 상법 제655조는 '보험자가 ~ 해지하였을 때에는'이 조건이므로 보험자가 면책을 주장하기 위해서는 계약해지를 전제로 한다고 해석된다.

2. 인과관계

가. 입증책임은 고지의무 위반사실과 보험사고 발생과의 인과관계가 부존재하다는 점에 관한 입증책임은 보험계약자 측에 있다.

나. 입증책임을 부담하는 자는 당사자 간 특약으로 정할 수 있으며 특히 인보험약관 상 고지의무 위반이 보험사고의 발생에 영향을 미쳤다는 사실에 대한 입증책임이 보험자에게 있다고 규정한 경우에는 그에 따라야 한다.

> **🔍 판례. 2024 다 272941**
>
> 급성 신우신염으로 △△△병원에서 입원치료를 받았다. 진료의뢰서 상병란에 Acute Pyelonephritis(급성 신우신염), Persistent leukocytosis(지속적인 백혈구증가증), thrombocytosis(혈소판증가증), Elevated CRP(높은 C-반응성단백, 흔히 '혈액 염증 수치'라 한다)"라고 기재되어 있고, (중간생략) 보험계약 청약서의 '계약 전 알릴 의무' 중 '1. 최근 3개월 이내에 의사로부터 진찰 또는 검사(건강검진 포함)를 통하여 의료행위를 받은 사실이 있습니까?'라는 질문에 대하여 '입원' 및 '질병의심소견'란에 아무런 표시를 하지 않은 채 "아니오."라고 답변하였다.그 후 합격병원에서 '만성기 만성 골수성 백혈병'으로 최종 진단을 받았고(이하 '이 사건 보험사고'라 한다), 원고는 2020. 4. 27.경 피고에게 이 사건 보험계약에 따라 보험금을 청구하였다.
> 계약자가 백혈구 및 혈소판 수치의 증가와 만성 골수성 백혈병 사이의 인과관계가 없음을 증명하지 못하면 보험금 부지급함.

9 고지의무의 위반과 착오 사기

> **제109조 [착오로 인한 의사표시]**
> ① 의사표시는 법률행위의 내용의 중요부분에 착오가 있는 때에는 취소할 수 있다. 그러나 그 착오가 표의자의 중대한 과실로 인한 때에는 취소하지 못한다.
>
> **제110조 [사기, 강박에 의한 의사표시]**
> ① 사기나 강박에 의한 의사표시는 취소할 수 있다.
>
> **제141조 [취소의 효과]**
> 취소된 법률행위는 처음부터 무효인 것으로 본다. 그러나 제한능력자는 그 행위로 인하여 받은 이익이 현존하는 한도에서 상환(償還)할 책임이 있다.
>
> **제146조 [취소권의 소멸]**
> 취소권은 추인할 수 있는 날로부터 3년 내에 법률행위를 한 날로부터 10년내에 행사하여야 한다.

1. 고지의무 위반 효과

가. 착오 · 사기에 의한 의사표시는 취소할 수 있다.

나. 착오란 의사표시가 불일치하고 그 불일치를 표의자 자신이 모르는 경우를 말한다.

다. 사기란 타인의 기망행위로 착오에 빠지게 된 결과 어떠한 의사표시를 하게 되는 경우를 말한다.

라. 취소권의 행사는 안 날로 3년, 법률행위를 한 날로 10년 내에 행사하여야 한다. (제척기간, 민법 제146조).

2. 취소권의 인정에 대한 견해

가. 민법 · 상법 중복적용설(동시적용설, 판례의 입장)

상법의 고지의무제도와 민법의 착오 · 사기에 관한 규정은 그 근거와 요건 그리고 효과가 다르므로 상법의 고지의무에 관한 규정이 민법규정의 적용을 배제하지 않는 이상 보험자는 해지뿐만 아니라 취소도 할 수 있다는 견해이다. → 보험자에게 유리한 학설

나. 민법적용 배제설(상법적용설)

고지의무제도는 보험단체의 보호를 위한 것으로서 보험계약을 그 체결 당시로 소급하여 무효로 하는 것을 피하고 장래에 향하여 효력이 소멸되도록 해지할 수 있게 한 것이므로 착오 · 사기에 관한 민법의 규정은 그 적용이 배제 되고 상법에 따르는 것이 타당하다는 견해이다. 이 견해에 의하면 보험자는 착오 · 사기를 이유로 취소권을 행사할 수 없다. → 보험계약자에게 유리한 학설

다. 착오 · 사기 구별설(이원설)

고지의무자에게 사기가 있는 경우에는 그의 이익을 보호할 필요가 없으나 착오의 경우에는 보험자를 해하려는 의도가 없으므로 보험계약자의 이익도 고려하자는 취지이다.

보험계약의 성립과 보험금지급

1　보험계약의 청약과 승낙

1. 보험계약의 성립조건

가. 불요식계약 : 보험계약은 별도의 형식을 요하지 않는다.

나. 낙성계약 : 보험계약자의 청약에 대한 보험자의 승낙만으로 성립되는 계약이다.

다. 보험계약자의 청약의 방식에는 별도의 제한이 없으므로 서면, 전화ㆍ구두, 팩스ㆍ인터넷 등의 방식으로 청약이 가능하며, 청약의 의사표시가 보험자에게 도달한 이상 임의철회는 인정되지 않는다.(보험업법 및 약관에서 '청약의 철회'규정을 둔 경우 임의철회를 인정한다)

라. 보험자의 승낙의 방식에도 별도의 제한이 없으나 실무에서는 승낙의 의사표시로 보험증권을 전달하는 것이 일반적이다.

2. 보험자의 낙부통지 의무와 승낙의제

제638조의2 [보험계약의 성립]
① 보험자가 보험계약자로부터 보험계약의 청약과 함께 보험료 상당액의 전부 또는 일부의 지급을 받은 때에는 다른 약정이 없으면 30일 내에 그 상대방에 대하여 낙부의 통지를 발송하여야 한다. 그러나 인보험계약의 피보험자가 신체검사를 받아야 하는 경우에는 그 기간은 신체검사를 받은 날부터 기산한다.
② 보험자가 제1항의 규정에 의한 기간 내에 낙부의 통지를 해태한 때에는 승낙한 것으로 본다.

가. 보험계약의 청약과 함께 보험료의 전부 또는 일부를 지급받은 경우

나. 보험자는 30일 내에 낙부의 통지를 발송하여야 한다.

다. 이 기간이 지난 경우 승낙된 것으로 본다. (간주한다.)

라. 인보험계약에서 피보험자의 신체검사가 필요한 계약(진사계약)의 경우
　　☞ 신체검사를 받은 날부터 30일

3. 승낙 전 사고담보와 보험자 책임

> **제638조의2 [보험계약의 성립]**
>
> ③ 보험자가 보험계약자로부터 보험계약의 청약과 함께 보험료 상당액의 전부 또는 일부를 받은 경우에 그 청약을 승낙하기 전에 보험계약에서 정한 보험사고가 생긴 때에는 그 청약을 거절할 사유가 없는 한 보험자는 보험계약상의 책임을 진다. 그러나 인보험계약의 피보험자가 신체검사를 받아야 하는 경우에 그 검사를 받지 아니한 때에는 그러하지 아니하다.

가. 원칙 : 계약이 성립되기 이전에는 보험자가 보험금 지급의무를 부담할 이유가 없다.

나. 승낙 전 사고담보의무

    a. 보험자가 승낙하기 전에도 보험계약상의 책임을 지도록 하는 것

    b. 보험자가 부담하는 승낙 전 사고담보의무는 계약이 성립되기 이전에 부담하는 법정의무이다.

    c. 보험자는 보험계약자로부터 유효한 청약을 받고 → 보험료(초회보험료 또는 보험료 전액)를 수령 → 진사계약에서 피보험자의 신체검사를 받은 경우 → 그 청약을 거절할 사유가 없는 이상 보험계약상의 책임을 진다

    d. 청약을 거절할 사유 : 보험인수가 불가능한 위험상태이며 입증책임은 보험자가 부담한다.

2 보험자의 보험금 지급의무

> **제638조 [보험계약의 의의]**
>
> 보험계약은 당사자 일방이 약정한 보험료를 지급하고 재산 또는 생명이나 신체에 불확정한 사고가 발생할 경우에 상대방이 일정한 보험금이나 그 밖의 급여를 지급할 것을 약정함으로써 효력이 생긴다.
>
> **제656조 [보험료의 지급과 보험자의 책임개시]**
>
> 보험자의 책임은 당사자 간에 다른 약정이 없으면 최초의 보험료의 지급을 받은 때로부터 개시한다.

1. 보험계약의 의의

가. 보험자 → 보험금 지급의무, 보험계약자 → 보험금의 지급을 청구할 권리가 있다.

나. 보험자의 보험금 지급의무는 보험계약자의 보험료 지급의무에 대응하는 보험계약상의 주된 의무이다.

다. 보험사고는 보험자가 책임을 지는 기간(책임기간, 보험기간) 내에 발생하여야 한다.

라. 보험자의 책임은 다른 약정이 없는 한 최초의 보험료를 받은 때부터 개시한다.

마. 계약의 성립 전이라고 해도 보험사고가 발생하였다면 청약을 거절 할 사유가 없는 한 보험금지급의무를 부담한다.

2. 보험금 지급기일

제658조 [보험금액의 지급]

보험자는 보험금액의 지급에 관하여 약정기간이 있는 경우에는 그 기간 내에 약정기간이 없는 경우에는 제657조 제1항(보험사고발생의 통지)의 통지를 받은 후 지체 없이 지급할 보험금액을 정하고 그 정하여진 날부터 10일 내에 피보험자 또는 보험수익자에게 보험 금액을 지급하여야 한다.

가. 보험자가 보험계약자(계, 피, 수)로부터 보험사고발생의 통지를 받은 경우에 지체 없이 지급할 보험금액을 정한다.

나. 보험금액을 정한 날부터 10일 내에 보험금을 지급하여야 한다.

다. 보험자가 보험금 지급기일이 지나서 보험금을 지급한 경우에는 이행지체에 따른 이자를 지급한다.

3. 보험금의 지급방식

가. 원칙 : 보험금은 현금으로 일시에 지급

나. 현물ㆍ기타의 급여로 지급하거나 분할하여 지급할 수도 있다

다. 보험자의 채무(보험금지급채무)이행 장소는 채권자(피보험자 또는 보험수익자)의 주소 또는 영업소이다.

라. 실무에서는 자동이체 방식으로 지급하는 것이 일반적이다.

4. 보험금의 청구

가. 보험금을 청구할 수 있는 자는 손해보험의 피보험자 또는 생명보험의 보험수익자이다.

나. 손해보험계약의 경우에 보험계약자가 그 타인에게 보험사고의 발생으로 생긴 손해의 배상을 한 때에는 보험계약자는 그 타인의 권리를 해하지 않는 범위 안에서 보험자에게 보험금액의 지급을 청구할 수 있다.

다. 현행약관에서는 보험금청구권 상실 조항을 삭제하고 '중대사유로 인한 해지' 조항으로 대체하여 보험금사기ㆍ위변조 등으로 인한 보험금을 청구한 경우에 확대된 손해에 대하여는 보험금을 지급하지 않고 해당 계약을 해지할 수 있도록 하고 있다.

3 보험자의 면책사유

1. 면책 사유의 정의

가. 보험사고의 원인을 제외하는 사항과 보험사고 또는 담보의 범위를 제한하는 사항으로 구분할 수 있다.

나. 약관교부ㆍ설명의 대상이 되는 중요한 사항에 해당한다.

다. 면책사유를 부연ㆍ되풀이 하는 것에 불과한 면책조항에 대해서는 별도로 설명할 필요가 없다.

라. 보험계약자 측의 고의ㆍ중과실로 인한 사고와 전쟁으로 인한 사고를 면책사유로 정하고 있으며, 실무약관은 보험계약의 특성에 따라서 약관상 면책사유를 추가로 두고 있다.

2. 고의 · 중과실에 의한 보험사고

가. 고의 · 중과실 면책

> **제659조 〔보험자의 면책사유〕**
>
> ① 보험사고가 보험계약자 또는 피보험자나 보험수익자의 고의 또는 중대한 과실로 인하여 생긴 때에는 보험자는 보험금액을 지급할 책임이 없다.

a. 고의 : 자신의 행위에 의하여 일정한 결과가 발생하리라는 것을 알면서 이를 행하는 심리 상태를 말하며, 미필적 고의도 포함된다

b. 중대한 과실 : 통상인에게 요구되는 정도의 상당한 주의를 하지 않더라도 약간의 주의를 한다면 손쉽게 위법, 유해한 결과를 예견할 수 있는 경우인데도 불구하고, 만연히 이를 간과함과 같은 거의 고의에 가까운 현저히 주의를 결여한 상태를 말한다.

c. 입증책임 → 보험자에게 있다.

🔍 고의로 볼 수 없는 판례

음주단속 중이던 경찰관이 단속을 피해 도주하는 자동차에 매달려 가다가 떨어지면서 지하철공사장의 철제 H빔에 부딪혀 뇌손상으로 식물인간 상태에 이른 경우, 운전자로서는 위 경찰관이 달리던 차에서 떨어지면서 어느 정도의 상해를 입으리라는 것은 인식 · 용인하였다고 할 것이나 나아가 철제 H빔에 부딪혀 식물인간 상태에 이르리라고는 예견 · 인식하고 용인하였다고 볼 수 없으므로, 위 사고로 인한 손해보험계약자 등의 고의로 인한 것이라 할 수 없어 자동차보험의 면책약관이 적용되지 않는다고 한 사례

사람이 승용차 보닛 위에 엎드려 매달리자 그를 차량에서 떨어지게 할 생각으로 승용차를 지그재그로 운전하다가 급히 좌회전하여 위 사람을 승용차에서 떨어뜨려 사망에 이르게 한 사안에서 , 위 사고의 경우, 피해자가 전도된 지점의 도로 여건, 사고 당시 가해차량 운전자의 음주 상태, 목격자의 진술 등 여러 사정에 비추어, 가해차량 운전자로서는 피해자가 달리던 차에서 떨어지면서 어느 정도의 큰 상해를 입으리라는 것은 인식 · 용인하였다고 할 것이나, 나아가 피해자가 사망하리라는 것까지를 인식하고 용인하였다고는 볼 수 없으므로, 피해자의 사망으로 인한 손해는 해당차량 운전자의 '고의에 의한 손해'라고 할 수 없어 자동차보험의 면책약관이 적용되지 않는다고 한 사례

수혈거부사건
자신이 유발한 교통 사고로 중상해를 입은 동승자를 병원으로 후송하였으나 동승자에 대한 수혈을 거부함으로써 사망에 이르게 한 경우, 수혈거부가 사망의 유일하거나 결정적인 원인이었다고 단정할 수 없다면 수혈거부행위가 사망의 중요한 원인 중 하나였다는 점만으로는 보험회사가 보험금의 지급책임을 면할 수 없다고 한 사례

나. 대표자책임이론
    a. 보험계약자측의 대리인과 보험계약자의 친족이나 고용인 등 대표자의 고의 · 중과실로 인하여 사고가 발생한 경우에도 보험자가 면책된다는 이론이다.
    b. 대표자가 보험계약자 측을 위하여 보험사고를 일으킨 경우 보험계약자 측의 교사 · 공모, 감독상 과실이 큰 경우가 많으므로 대표자의 고의 · 중과실을 보험계약자 측의 고의 · 중과실로 추정하기 위함이다.
    c. 상법상 적용할 법적근거가 없고, 보험자의 면책범위가 확장되어 보험계약자 측에 너무 불리하게 적용(상법 제663조 위반)될 가능성이 있다는 점에서 보험계약자 측의 법정대리인이나 지배인 등에 의한 사고를 제외하고는 대표자책임이론을 확장하여 적용할 수 없다는 견해이다.

다. 실무약관의 적용
    a. 계약자 측의 고의 · 중과실로 인한 사고가 발생한 경우에 보험자의 면책 뿐만 아니라 계약의 해지도 가능하도록 정하고 있다.
    b. 신의성실원칙이 반영된 조항으로서 유효성이 인정되고 있다.
    c. 인보험은 보험계약자 측의 중대한 과실로 인한 사고에 대하여도 보험자의 보험금지급책임을 인정하고 있으며, 생명보험약관에서는 계약일 이후 2년이 경과된 후의 피보험자의 고의(자살)에 대하여도 보험금 지급책임을 인정한다.
    d. 책임보험약관에서는 피해자 보호의 차원에서 보험계약자 측의 고의사고만을 면책으로 하고 중과실사고는 담보하도록 하고 있다.
    e. 보증보험약관은 주계약상의 채무자인 보험계약자의 채무불이행을 보험사고로하는 그 보험의 특성상 보험계약자의 고의 · 중과실로 인한 보험사고에도 보험자가 보험금지급책임을 부담하도록 정하고 있다.

3. 전쟁 등으로 인한 보험사고

> **제660조 【전쟁위험 등으로 인한 면책】**
> 보험사고가 전쟁 기타의 변란으로 인하여 생긴 때에는 당사자 간에 다른 약정이 없으면 보험자는 보험금액을 지급할 책임이 없다.

가. 원칙 : 보험사고가 전쟁 기타 변란으로 인하여 생긴 때에는 보험자는 보험금액을 지급할 책임이 없다

나. 당사자 간에 다른 약정이 있으면 추가보험료를 납입하고 '전쟁, 소요 등에 의한 사고를 담보할 수 있다.

다. 전쟁 등의 위험은 거대 위험의 일종으로서 보험자가 일반적으로 담보하기 어렵다.

 **판결**

> **[대법원 1991. 11. 26. 선고 91다18682 판결]**
> 프로 야구경기장에서 연고팀이 역전패 당한 것에 불만을 품은 1,000여명의 관중들이 상대팀 선수들을 태우고 떠나려는 버스 앞을 가로막고 돌과 빈병 등을 던지는 소동 중 위 버스에 의해 야기된 교통사고에 있어 위폭력사태가 일어나게 된 경위와 장소 및 사고발생당시에 있어서의 폭력행사의 정도 등에 비추어 소요에 해당하는 것으로는 보기 어렵다고 한 사례.
>
> **[대법원 1994. 11. 22. 선고 93다55975 판결]**
> OO대학생들이 단순히 범민족대회참가를 봉쇄하려는 경찰의 저지선을 뚫기 위하여 화염병을 투척하기에 이르렀고 , 그 폭력 행사의 정도도 경찰에 대하여서만 화염병을 투척하였을 뿐이고 인근의 다른 상가나 행인에 내하여는 아무런 폭행이나 협박 또는 손괴 능을 하지 아니하였으며, 그 시위장소 또한 지하철 OO대학교정문에 이르는 도로에 한정되었고 다른 지역으로는 확산되지 아니하였음이 분명하다면, 보험약관상 면책사유요건의 엄격해석의 원칙을 참작하여 그 대학생들의 폭력사태는 발생경위와 장소 및 당시에 있어서의 폭력행사의 정도 등에 비추어 한 지방의 평화 내지 평온을 해할 정도의 소요 기타 유사한 상태에 해당하는 것으로 보기 어렵다고 한 사례

4. 손해보험편, 인보험편의 면책사유

가. 손해보험은 보험의 목적의 성질, 하자 또는 자연소모로 인한 손해에 대하여는 면책이다.

나. 운송보험은 운송보조자(송하인 또는 수하인)의 고의 · 중과실 사고를 면책으로 한다.

다. 해상보험은 항해변경, 이로, 항해지연, 선박변경, 감항능력위반 등을 면책사유로 한다.

라. 보증보험에서는 보험계약자의 고의 · 중과실에 대하여도 면책을 적용하지 않는다.

마. 인보험은 보험계약자 측의 중과실을 담보할 뿐만 아니라 다수의 수익자 중 일부수익자의 고의에 의한 사고라고 해도 나머지 수익자에 대한 보험금은 면책하지 못하도록 한다.

4 보험금청구권의 소멸시효

1. 소멸시효기간

> **제662조 【소멸시효】**
> 보험금청구권은 3년간, 보험료 또는 적립금의 반환청구권은 3년간, 보험료청구권은 2년간 행사하지 아니하면 시효의 완성으로 소멸한다.

가. 보험금청구권 : 보험기간 중에 약관에서 정한 사유가 발생하게 되면 보험계약자 측은 보험자에게 의무의 이행을 요구할 수 있다.

나. 보험금청구권은 3년의 소멸시효가 적용된다.

다. 기존에 체결된 계약의 보험금청구권이 개정 상법의 시행일(2015.3.12.) 이후에 발생한 경우에도 적용한다.
   (2년 → 3년)

2. 소멸시효의 기산점

가. 상법은 소멸시효의 기산점에 대하여 별도로 정하지 않고 있으므로 민법에 따라 권리를 행사할 수 있는 때로부터 소멸시효가 기산한다.

나. 권리를 행사할 수 있는 때란 특별한 사정이 없는 한 보험사고가 발생한 때부터 진행한다.

다. 보험사고가 발생한 것인지의 여부가 객관적으로 분명하지 아니하여 보험금청구권자가 과실 없이 보험사고의 발생을 알 수 없었던 사정이 있는 경우에는 보험사고의 발생을 알았거나 알 수 있었을 때부터 보험금청구권의 소멸시효가 진행한다.

3. 소멸시효의 정지 · 중단

가. 소멸시효는 청구, 압류(또는 가압류 · 가처분), 승인의 사유로 중단한다.

나. 소멸시효가 중단하면 그 이전의 소멸시효의 효력은 중단되고 그 시점에서 새로운 소멸시효가 적용된다.

다. 제한능력자(개정민법 이전의 행위무능력자)에게 법정대리인이 없어서 권리를 행사할 수 없는 경우에는 6개월간 소멸시효가 정지한다.

라. 천재 기타사변으로 인하여 소멸시효를 중단할 수 없는 때에는 그 사유가 종료한 때로부터 1개월 내에는 시효가 완성하지 않는다.

> **🔍 판결**
>
> **[대법원 2009. 11. 12. 선고 2009다52359 판결]**
> 재해장해보장을 받을 수 있는 기간 중에 장해상태가 더 악화된 경우에는 그 악화된 장해상태를 기준으로 장해등급을 결정한다고 보험약관이 규정한 경우, 보험사고가 발생하여 그 당시의 장해상태에 따라 산정한 보험금을 지급받은 후 당초의 장해상태가 악화된 경우 추가로 지급받을 수 있는 보험금청구권의 소멸시효는 그와 같은 장해상태의 악화를 알았거나 알 수 있었을 때부터 진행한다고한 사례

보험료의 지급

제1절 보험료

1 보험료의 정의

가. 유상·쌍무계약 : 보험계약은 보험계약자의 보험료납입과 보험자의 보험금지급이 계약의 주된 의무이다.

나. 보험료는 수리·통계적인 기법에 따라 위험을 반영하여 결정한다.

다. 급부반대급부 원칙과 수지상등의 원칙에 따라 위험단체가 부담하는 보험료 총액과 보험자가 지급하는 보험금 총액은 같아진다.

2 보험료의 종류

가. 순보험료와 부가보험료

영업보험료 → 순보험료 + 부가보험료

순보험료 : 예정위험률, 예정이율이 반영된 보험료로서 보험사고가 발생할 때의 보험금지급을 위한 보험료이다.

부가보험료 : 보험영업을 운영하는 신계약비, 유지비 등의 보험회사의 사업비로 충당하기 위한 보험료이다.

나. 일시납보험료와 분납보험료

일시납보험료 : 보험계약자가 보험기간 전체의 보험료를 1회에 전부 지급하는 보험료를 말한다.

분납보험료 : 보험기간을 연·월 등의 여러 개의 보험료 납입기간으로 나누어 보험기간 중에 계속적으로 납입하는 보험료를 말한다.

다. 초회보험료와 계속보험료

초회보험료 : 분납보험료에서 최초로 지급되는 보험료

초회보험료의 지급이 없으면 보험자의 책임이 개시되지 않고 초회보험료의 미지급은 계약해제의 사유가 된다.

보험기간 중에 납입되는 계속보험료는 보험자의 책임을 지속시키는데 대응하는 보험료이며, 계속보험료의 미지급은 계약해지의 사유가 된다.

가. 보험료의 산출

원칙 : 산출된 보험료는 계약당사자의 사정에 의하여 변경하지 못한다.

예외 : 위험변경의 사정이 있다면 보험료의 변경을 청구할 수 있다.

☞ 보험료 변경청구권은 형성권의 일종이다.

나. 보험료의 감액청구

> **제647조 [특별위험의 소멸로 인한 보험료의 감액청구]**
> 보험계약의 당사자가 특별한 위험을 예기하여 보험료의 액을 정한 경우에 보험기간 중 그 예기한 위험이 소멸한 때에는 보험계약자는 그 후의 보험료의 감액을 청구할 수 있다.

다. 보험료의 증액청구 기간

보험기간 중에 사고발생의 위험이 현저하게 변경·증가되거나 보험계약자 측의 고의 또는 중대한 과실로 인하여 사고발생위험이 현저하게 변경·증가된 경우에는 보험자가 그 사실을 안 날로 1월 내에 보험료의 증액을 청구할 수 있다.

4　보험료 지급의무

> **제650조 [보험료의 지급과 지체의 효과]**
> ① 보험계약자는 계약체결 후 지체 없이 보험료의 전부 또는 제1회 보험료를 지급하여야 한다.
>
> **제656조 [보험료의 지급과 보험자의 책임개시]**
> 보험자의 책임은 당사자 간에 다른 약정이 없으면 최초의 보험료의 지급을 받은 때로부터 개시한다.

1. 보험료 지급

가. 보험계약자는 계약이 체결된 후 지체 없이 보험료를 지급하여야 한다. 보험료는 보험자가 위험을 부담하는 대가이므로 보험료가 지급되지 않으면 보험자도 위험을 부담하지 않는다.

나. 이들의 채무관계에는 급부반대급부 균등의 원칙이 적용된다.

2. 보험료 지급 당사자

가. 보험료 지급의무를 부담하는 자는 보험계약자이다.

나. 타인을 위한 보험에서는 타인인 피보험자 또는 보험수익자가 그 권리를 포기하지 않는 한 이차적인 보험료 지급의무를 부담하게 된다.

다. 보험료는 보험자 또는 그 대리인에게 지급하여야 한다.

라. 보험계약자가 보험자를 대리하여 보험료를 수령할 권한이 부여되어 있는 보험대리상에게 보험료를 지급한 경우에도 보험료 지급의무를 이행한 것이다. 그리고 보험계약자가 보험설계사에게 보험료를 지급하고 영수증을 교부받은 경우에도 보험료 지급의무를 이행한 것이 된다.

3. 보험료 지급방법

가. 보험료는 현금으로 직접 지급하는 것이 원칙이나 자동 이체 납입이나 신용카드 납입도 가능하다.

나. 신용카드나 자동이체로 보험료를 납입하는 경우 카드회사의 승인을 받은 시점, 자동이체 시점을 보험료 지급시점으로 한다.

다. 실무 상 약관에서 초회 보험료의 납입에 한하여 신용카드의 매출승인에 필요한 정보를 제공한 때, 자동이체 정보를 제공한 때를 보험료의 영수시점으로 별도로 정한 경우에는 약관규정을 따른다.

4. 보험료 지급의무

보험료 지급의무는 지참채무이므로 별도의 약정이 없는 이상 보험료의 지급장소는 보험자의 영업소이다(민법 제467조, 상법 제56조). 그러나 장기보험에서 보험료의 분할지급이 이뤄지는 경우 보험대리점이 보험계약자를 방문하여 보험료를 받는 때에는 추심채무로 한다는 합의가 있다고 볼 수 있다.

5. 소멸시효

제662조【소멸시효】
보험계약자의 보험료 지급의무는 2년의 시효에 의하여 소멸한다(개정상법 제662조). 그러므로 보험자의 보험금 지급의무 3년 보다 단기간이다.

5 보험료 지급지체

제650조【보험료의 지급과 지체의 효과】
보험계약자는 계약체결 후 지체 없이 보험료의 전부 또는 제1회 보험료를 지급하여야 하며, 보험계약자가 이를 지급하지 아니하는 경우에는 다른 약정이 없는 한 계약성립 후 2월이 경과하면 그 계약은 해제된 것으로 본다.
② 계속보험료가 약정한 시기에 지급되지 아니한 때에는 보험자는 상당한 기간을 정하여 보험계약자에게 최고하고 그 기간 내에 지급되지 아니한 때에는 그 계약을 해지할 수 있다.
③ 특정한 타인을 위한 보험의 경우에 보험계약자가 보험료의 지급을 지체한 때에는 보험자는 그 타인에게도 상당한 기간을 정하여 보험료의 지급을 최고한 후가 아니면 그 계약을 해제 또는 해지하지 못한다.

1. 보험료 지급지체의 효과

가. 보험계약자의 보험료 지급의무는 계약체결 후 지체 없이 이행되어야 한다.

나. 계속보험료의 지급이 지체되어 일정한 요건을 만족하면, 그 계약은 해제된 것으로 의제되거나 보험자가 그 계약을 해지할 수 있게 된다.

2. 제1회 보험료 지급해태의 효과

보험계약자는 계약체결 후 지체 없이 보험료의 전부 또는 제1회 보험료를 지급하여야 하며 , 보험계약자가 이를 지급하지 아니하는 경우에는 다른 약정이 없는 한 계약성립 후 2월이 경과하면 그 계약은 해제된 것으로 본다.

3. 계속보험료 지급지체의 효과

가. 보험계약자가 약정된 시기에 계속보험료를 지급하지 않으면 보험자는 상당한 기간을 정하여 보험계약자에게 최고하고, 이 기간 내에도 지급하지 않으면 계약을 해지할 수 있다.

나. 타인을 위한 보험에서는 피보험자 또는 보험수익자에게도 상당한 기간을 정하여 보험료의 지급을 최고한 뒤가 아니면 그 계약을 해지하지 못한다.

다. 상법상 최고의 방법에는 제한이 없으나 실무상 보험자의 최고는 등기, 내용증명 우편 등으로 보험계약자의 주소지에 통보하는 형식이 일반적이며, 보험자가 우편물 도달사실을 입증하여야 한다.

라. 일반우편을 송부하는 것만으로는 그 우편물이 보험계약자 측의 주소지에 도달하였다고 추정할 수 없다.

마. 보험계약자가 주소변경을 통보하지 않으면 보험자가 기존의 주소지에 통보할 수 있도록 정하고 있으나 이 조항은 보험자가 과실 없이 보험계약자 측의 변경된 주소지를 알지 못하는 경우에 한하여 적용된다.

바. 계속보험료 미납을 이유로 보험자가 계약을 해지한 경우 보험계약은 장래를 향하여 소멸하므로 보험자는 해지이후의 보험사고에 대한 지급책임이 없다.

사. 해지 이전에 발생한 보험사고에 대해서는 여전히 보험금 책임을 부담하므로 보험자가 이미 지급한 보험금의 반환을 청구할 수 없다.

아. 자동실효조항의 인정 여부

    a. 실효약관 : 계속보험료 미지급의 경우 일정한 유예기간이 경과하면 보험자의 최고나 해지의 의사표시 없이 자동적으로 계약의 효력이 상실되는 자동실효조항은 무효이다. (상법 제663조에 위배되어 무효)

    b. 해지예고부최고조항 : 계속보험료의 미지급의 경우에 보험료지급을 최고하면서 상당한 기간을 두고 그 기간 내에 보험료를 지급하지 않으면 별도의 해지 통보 없이도 계약이 해지되는 조항

보험계약자의 통지의무

제1절 위험변경 · 증가의 통지의무

1 정의

> **제652조【위험변경증가의 통지와 계약해지】**
>
> ① 보험기간 중에 보험계약자 또는 피보험자가 사고발생의 위험이 현저하게 변경 또는 증가된 사실을 안 때에는 지체 없이 보험자에게 통지하여야 한다. 이를 해태한 때에는 보험자는 그 사실을 안 날로부터 1월 내에 한하여 계약을 해지할 수 있다.
>
> ② 보험자가 제1항의 위험변경증가의 통지를 받은 때에는 1월 내에 보험료의 증액을 청구하거나 계약을 해지할 수 있다.
>
> **제655조【계약해지와 보험금청구권】**
>
> 보험사고가 발생한 후라도 보험자가 제650조, 제651조, 제652조 및 제653조에 따라 계약을 해지하였을 때에는 보험금을 지급할 책임이 없고 이미 지급한 보험금의 반환을 청구할 수 있다. 그러나 고지의무(告知義務)를 위반한 사실 또는 위험이 현저하게 변경되거나 증가된 사실이 보험사고 발생에 영향을 미치지 아니하였음이 증명된 경우에는 보험금을 지급할 책임이 있다.

가. 보험기간 중에 보험계약자 또는 피보험자가 사고발생의 위험이 현저하게 변경 또는 증가된 사실을 안 때에는 지체 없이 보험자에게 통지하여야 한다.

나. 보험계약의 성립 이후에 보험계약자 측에서 부담하는 의무이다.

다. 의무이행이 강제되지 않고 불이행에 따른 불이익만을 받는다는 점에서 고지의무와 마찬가지인 간접의무이다.

2 통지의무의 요건

가. 보험체결 후 발생한 새로운 위험

나. 보험체결 후 현저한 변경, 증가

   (1) 현저한 변경 · 증가

      위험이 현저하게 변경 또는 증가된 사실 → 그 변경 또는 증가 된 위험이 보험계약의 체결당시에 존재하고 있었다면 보험자가 보험계약을 체결하지 않았거나 적어도 그 보험료로는 보험을 인수하지 않았을 것으로 인정되는 정도의 것을 말한다.

i) 화재보험계약 체결 후에 건물의 구조와 용도에 상당한 변경을 가져오는 증 · 개축 공사를 시행한 경우(98다62909, 62916 판결)
ii) 화재보험의 목적인 공장건물에 대한 근로자의 점거, 농성이 장기간 계속되고 있는 경우(92다13301, 92다13318 판결)
iii) 자동차보험계약 체결후 피보험자동차의 구조가 현저히 변경된 경우(98다32564 판결)

i) 화재보험계약에서 공장이 양도되었으나 영위직종, 공장건물구조 및 작업이 동일한 경우(95다52505판결)
ii) 자동차보험계약에서 서적도매상에서 일당을 받고 다른 차량과 함께 가끔 자기 소유의 피보험자동차를 이용하여 서적을 배달하는 행위(98다48682 판결)
iii) 영업용자동차보험계약에서 보험가입 자인 렌터카회사가 피보험 차량을 지입차주로 하여금 렌터카회사의 감독을 받지 않고 독자적으로 렌터카 영업을 허용한 경우(95다25268 판결)
iv) 생명보험계약 체결 후 다른 생명보험에 다수 가입하였다는 사정(99다33311 판결)
v) 손해보험계약에 있어서 보험계약자가 중복보험계약을 체결한 사정

(2) 위험의 감소

보험기간 중에 위험이 감소한 경우에는 통지의무의 대상이 되지 않는다. 단 상법은 위험의 소멸에 대한 규정을 두고 있다. (상법 제647조. 특별위험의 소멸).

(3) 객관적 위험의 변경 · 증가

상법 제652조의 위험의 변경 · 증가 → 객관적인 위험의 변경 · 증가를 말함

상법 제653조의 위험유지의무 → 보험계약자 · 피보험자의 고의 또는 중과실로 위험이 변경 · 증가한 경우

다. 보험계약자, 피보험자의 사실을 알 때

사실을 안 때 : 특정한 상태의 변경이 있음을 아는 것만으로는 부족하고 그 상태의 변경이 사고발생 위험의 현저한 변경 · 증가에 해당된다는 것까지 안 때를 의미한다(2012다62318 판결). 만일 보험자가 이미 그 변경 · 증가의 사실을 알았다면 보험계약자 측에서 통지할 필요가 없다(98다62909 판결).

라. 통지의무의 이행

(1) 통지의무자와 통지의 대상

보험계약자 또는 피보험자이고 보험수익자는 포함되지 않는다. 통지의 대상은 보험자와 보험자의 대리인이다(98다62909 판결).

(2) 통지의 시기 · 방법

보험계약자측은 위험의 현저한 변경 · 증가를 안 때에 '지체 없이' 보험자에게 통지하여야 한다. 상법은 통지의 방법에 별도의 제한이 없으나 실무약관은 근거를 확실히 하기 위하여 서면통지로 정하는 경우가 일반적이다.

(3) 통지의무 이행의 효과

    1) 보험료의 증액 → 보험자는 통지를 받은 때로부터1월(제척기간)내에 보험료의 증액을 요구하면서 계약을 유지할 수 있다.

    2) 해지의 효과는 고지위반으로 인한 해지의 효과와 같으며 사고발생 이후에도 계약을 해지 할 수 있으며 계약을 해지한 경우에는 보험금을 지급할 책임이 없다(상법 제655조 본문). 또한 위험이 현저하게 변경되거나 증가된 사실이 보험사고 발생에 영향을 미치지 아니하였음이 증명된 경우에는 보험금을 지급할 책임이 있다.

3 위험유지의무

1. 위험유지의무의 정의

> **제653조 [보험계약자 등의 고의나 중과실로 인한 위험증가와 계약해지]**
>
> 보험기간 중에 보험계약자, 피보험자 또는 보험수익자의 고의 또는 중대한 과실로 인하여 사고발생의 위험이 현저하게 변경 또는 증가된 때에는 보험자는 그 사실을 안 날부터 1월 내에 보험료의 증액을 청구하거나 계약을 해지 할 수 있다.

가. 보험계약 성립 이후에 보험계약자, 피보험자, 보험수익자는 고의 또는 중과실로 사고발생의 위험을 현저하게 변경 · 증가시키지 않아야 한다.

나. 이 의무는 고지의무, 위험의 현저한 변경 · 증가통지의무와 마찬가지로 간접의무(자기의무)의 일종이다.

2. 위험유지의무의 발생 요건

가. 보험기간 중의 새로운 위험이 대상이 되며 → 사고발생의 위험이 현저하게 변경 · 증가되어야 한다.

나. 의무 부담자 : 보험계약자, 피보험자뿐만 아니라 보험수익자도 부담하고 → 고의 또는 중과실로 위험이 변경 · 증가하는 경우에 한한다.

다. 주관적위험의 변경 · 증가금지의무라 하고 별도의 통지의무는 부담하지 않는다.

라. 보험자는 그 사실을 안 날로부터 1월(제척기간) 내에 한하여 계약을 해지할 수 있다.

마. 보험자는 사고발생 이후에도 계약을 해지할 수 있으며, 계약을 해지한 경우에는 보험금을 지급할 책임이 없다.

바. 위험이 현저하게 변경되거나 증가된 사실이 보험사고 발생에 영향을 미치지 아니하였음이 증명된 경우에는 보험금을 지급할 책임이 있다.

1. 사고발생통지의무의 정의

> **제657조 【보험사고발생의 통지의무】**
> ① 보험계약자 또는 피보험자나 보험수익자는 보험사고의 발생을 안 때에는 지체 없이 보험자에게 그 통지를 발송하여야 한다.
> ② 보험계약자 또는 피보험자나 보험수익자가 제1항의 통지의무를 해태함으로 인하여 손해가 증가된 때에는 보험자는 그 증가된 손해를 보상할 책임이 없다.

가. 보험계약자 또는 피보험자나 보험수익자는 보험사고의 발생을 안 때에는 지체 없이 보험자에게 그 통지를 발송하여야 한다.

나. 의무를 위반한 경우 증가된 손해를 보상하지 않는다.

다. 진정한 의무로 보는 견해가 유력하나 그 이행을 강제할 수 없다는 점에서 간접의무에 해당한다는 견해도 있다.

2. 사고 발생통지의무의 당사자

가. 보험계약자, 피보험자 그리고 보험수익자

나. 이들은 보험사고발생을 안 때에 '지체없이' 통지하여야 한다.

3. 사고 발생통지의무 위반

가. 증가된 손해에 대한 책임을 면한다.

나. 보험계약자 등이 사고발생통지를 발송하지 않으면 보험자는 이행지체에 빠지지 않는다. 또한 보험계약자 등의 사고발생 통지 해태는 보험금청구권의 소멸시효에 영향을 미치지 않으므로 사고발생통지일이 아니라 보험사고발생일로부터 소멸시효가 기산된다(92가합1029 판결).

4. 배상책임보험의 규정

가. 배상책임보험의 피보험자가 제3자로부터 배상의 청구를 받은 때에는 지체 없이 보험자에게 그 통지를 발송하여야 한다(소송통지의무).

나. 이 의무는 손해방지의무의 일종이다.

다. 손해방지의무의 위반 시와 마찬가지로 보험자는 그 증가된 손해를 보상할 책임이 없다(상법 제722조 제2항 본문 신설).

라. 피보험자가 사고발생통지의무를 이행한 경우에는 소송통지를 하지 않더라도 의무위반에 대한 규정을 적용하지 않는다.

보험계약의 무효와 변경·소멸

제1절　보험계약의 무효

1　보험계약의 공통 무효

가. 민법상 무효

　　보험계약의 청약이나 승낙의 의사표시가 진의 아닌 의사표시(민법 제107조), 통정허위 표시(민법 제108조), 선량한 풍속 기타 사회질서에 위반하는 보험계약은 무효이다(민법 제103조).

나. 보험사고 확정후의 계약

> **제644조【보험사고의 객관적 확정의 효과】**
> 보험계약당시에 보험사고가 이미 발생하였거나 또는 발생할 수 없는 것인 때에는 그 계약은 무효로 한다. 그러나 당사자 쌍방과 피보험자가 이를 알지 못한 때에는 그러하지 아니하다.
>
> **제648조【보험계약의 무효로 인한 보험료반환청구】**
> 보험계약의 전부 또는 일부가 무효인 경우에 보험계약자와 피보험자가 선의이며 중대한 과실이 없는 때에는 보험자에 대하여 보험료의 전부 또는 일부의 반환을 청구할 수 있다. 보험계약자와 보험수익자가 선의이며 중대한 과실이 없는 때에도 같다.

다. 보험계약의 취소로 인한 무효

　(1) 보험약관의 교부·설명의무 위반

　　　보험약관의 교부·설명의무를 위반한 경우에 보험계약자는 계약 성립일로부터 3월 이내에 계약을 취소할 수 있고 → 취소에 따라 보험계약은 처음부터 무효가 된다 ⇨ 보험자는 받은 보험료를 전부 반환하여야 한다.

　(2) 고지의무의 위반이 사기인 경우

　　　a. 보험계약자 등의 사기로 고지의무를 위반한 경우 → 보험자는 계약을 취소할 수 있고 ⇨ 취소에 따라 보험계약은 처음부터 무효로 된다.

　　　b. 계약이 무효가 된 경우에도 보험자는 그 때까지의 위험을 부담하였기 때문에 사기 사실을 안 때까지의 보험료에 대하여는 반환할 필요가 없다.

라. 보험계약의 해제

계약의 성립 후 2개월이 지나도록 제1회 보험료를 납입하지 않은 경우에는 그 계약은 해제된 것으로 본다.

2 손해, 인보험 계약의 무효

1. 손해보험계약

가. 피보험이익이 없는 계약 : 손해보험계약의 피보험자가 보험의 목적에 손해가 발생하더라도 아무런 경제적 이해관계 또는 손해를 입지 않는다면, 그 보험계약은 무효가 된다.

나. 초과 · 중복보험계약이 사기로 인한 경우에는 그 계약은 무효가 된다. → 보험자는 위험을 부담했기 때문에 그 사실을 알 때까지의 보험료를 청구할 수 있다.

2. 인보험계약

가. 15세 미만자 · 심신상실자 또는 심신박약자의 사망을 보험사고로 하는 보험계약은 무효이다. → 제한능력자의 생명을 보호하기 위한 것이다.

나. 타인의 사망을 보험사고로 하는 보험계약에는 보험계약 체결 시에 그 타인의 서면에 의한 동의를 얻어야 하며 동의가 없는 경우 그 계약은 효력이 없다.

3. 보험계약의 무효와 보험료반환

가. 무효인 계약은 처음부터 법률상 효과가 없으므로 무효계약으로 인한 이익은 반환하여야 한다.

> **제648조 [보험계약의 무효로 인한 보험료반환청구]**
> 보험계약의 전부 또는 일부가 무효인 경우에 보험계약자와 피보험자가 선의이며 중대한 과실이 없는 때에는 보험자에 대하여 보험료의 전부 또는 일부의 반환을 청구할 수 있다. 보험계약자와 보험수익자가 선의이며 중대한 과실이 없는 때에도 같다.

나. 무효인 보험계약에서 지급한 보험료와 보험금도 상대방에게 반환하여야 한다.

다. 하지만 보험계약의 무효가 보험계약자측의 악의 또는 중과실로 인한 경우에는 보험계약자가 보험자에게 보험료의 반환을 청구할 수 없다.

라. 보험계약의 최대선의계약으로서의 성격이 반영된 것이다.

마. 보험료반환청구권의 소멸시효는 특별한 사정이 없는 한 각 보험료를 납부한 때부터 진행한다.

3 보험계약의 변경 · 소멸

1. 위험의 변경 및 소멸

가. 보험계약 당시에 보험사고가 발생할 수 없는 것인 때에는 위험 자체가 없으므로 그 계약은 무효가 된다.

나. 보험계약당사자가 계약당시 보험료를 정한 경우 → 그 위험이 소멸한 경우에는 보험계약자가 보험료의 감액을 청구할 수 있고 → 보험기간 중에 위험이 현저하게 변경 · 증가하거나 보험계약자 등의 고의 중과실로 위험이 현저하게 변경 · 증가한 경우에는 보험자가 보험료의 증액 청구 혹은 계약을 해지할 수 있다

2. 보험기간의 종료

가. 보험계약기간이 만료되면 계약이 소멸한다.

나. 보험사고가 발생하여 보험금액이 전액 지급되었다면 보험기간이 만료되기 이전에도 보험계약은 소멸한다(보험사고의 발생).

다. 손해보험에 있어서 보험의 목적이 보험사고 외의 원인으로 소실한 경우에는 피보험이익과 해당 위험도 함께 소멸하므로 보험계약도 종료한다(피보험이익의 소멸, 위험의 소멸).

3. 보험자의 파산

가. 보험자가 파산선고를 받은 때에는 보험계약자는 그 계약을 해지할 수 있다.

> **제654조 【보험자의 파산선고와 계약해지】**
> ① 보험자가 파산의 선고를 받은 때에는 보험계약자는 계약을 해지할 수 있다.
> ② 제1항의 규정에 의하여 해지하지 아니한 보험계약은 파산선고 후 3월을 경과한 때에는 그 효력을 잃는다.

나. 보험자의 파산선고 후 3월이 경과하도록 해지하지 않은 경우 그 계약은 효력을 잃는다.

다. 보험계약자가 파산하면 → 타인을 위한 보험계약에서 보험계약자가 파산하여 보험료를 미납하는 경우에는 타인에게 제2차적 보험료 납입의무가 주어진다.

4. 계약당사자에 의한 해지

가. 보험계약자는 보험자의 파산 외에도 보험사고 발생 전에는 언제든지 임의로 계약의 전부 또는 일부를 해지할 수 있다.

나. 타인을 위한 보험에서 해지를 하기 위해서는 그 타인의 동의나 보험증권의 소지가 필요하다.

다. 계약자가 계약을 임의로 해지하는 경우 다른 약정이 없는 한 미경과보험료의 반환도 청구할 수 있다.

라. 보험사고 발생 후에 보험금액을 지급받았더라도 보험금액이 감액되지 않는 보험이라면, 보험계약자는 그 계약을 해지할 수 있다.

마. 보험자에 의한 해지

보험자는 초회보험료 미납으로 인한 계약해제 규정(상법 제650조 제1항) 외에도 계속보험료가 미납 된 경우에는 상당한 기간을 정하여 최고한 후에 그 계약을 해지할 수 있다.

보험계약자가 고지의무나 위험변경·증가의 통지의무, 위험유지의무를 위반한 때에도 보험자가 그 계약을 해지할 수 있다.

바. 해지환급금 지급

보험계약이 해지되면 보험자는 보험계약자에게 보험료적립금과 미경과보험료 를 반환한다. 그러나 보험료적립금은 생명보험과 같은 장기보험의 경우에 적용되고 단기보험인 일반손해보험에서는 적용되지 않는 것이 일반적이다.

보험계약의 부활

제1절 보험계약의 부활

1 정의

> **제650조의2 [보험계약의 부활]**
> 제650조 제2항에 따라 보험계약이 해지되고 해지환급금이 지급되지 아니한 경우에 보험계약자는 일정한 기간 내에 연체보험료에 약정이자를 붙여 보험자에게 지급하고 그 계약의 부활을 청구할 수 있다. 제638조의2의 규정은 이 경우에 준용한다.

가. 계속보험료의 미납으로 계약이 해지되었으나 보험계약자에게 해지 환급금이 미지급된 경우에는 보험계약자가 일정한 기간 내에 연체보험료에 약정이자를 붙여 보험자에게 지급하면서 보험계약의 부활을 청구할 수 있다.

나. 단기보험(화재보험, 배상책임보험)보다는 장기보험(생명보험, 상해 · 질병보험)에서 활용된다.

2 법적 성질

가. 새로운 계약(신계약설)이 아니라 해지된 기존 계약을 회복시키는 상법상 특수한 계약(특수계약설)이다.

나. 해지된 계약을 부활하면 기존의 계약과 동일한 담보로 계약이 체결된 것으로 처리된다.

다. 기존 계약의 무효 · 실효 · 해지 등의 원인이 있다면 그 원인이 제거되지 않은 이상 부활계약에서도 그대로 인정된다.

3 부활계약의 요건

가. 계속보험료 미납으로 인한 해지

초회보험료의 미납 또는 약관의 교부·설명의무 위반으로 인하여 취소된 계약은 부활의 대상이 아니다.

나. 해지환급금의 미반환

실무 상 처음부터 보험자가 반환하여야 할 해지환급금이 없는 경우에도 부활의 청약은 가능하다.

다. 보험료와 이자의 지급

보험계약자가 부활의 청약을 할 때에는 연체보험료에 약정이자를 붙여서 납입하여야 한다.

라. 부활청구기간 3년 이내

보험계약자는 기존 계약의 해지일로부터 일정한 기간 내에 부활의 청약을 하여야 한다.

실무상 부활청구기간은 3년이다. (단. 자동차보험은 30일이다.)

4 부활의 효과

가. 기존에 해지되었던 보험계약이 회복 → 기존 계약의 무효·해지사유·고지위반 등이 여전히 존재 → 부활의

청약당시에 고지의무를 이행하였다면 보험자는 기존 계약의 고지의무위반을 주장할 수 없다.

나. 기존계약의 해지일로부터 부활청약 이전까지 발생한 사고에 대해서는 책임을 부담하지 않는다.

→ 단. 승낙 전 사고 담보는 인정

5 약관 교부 · 설명의무

가. 기존 계약의 체결당시에 약관교부·설명의무를 이행하였다면, 부활당시에 해당 약관을 다시 설명할 필요가 없다.

나. 보험계약이 주기적으로 갱신되는 도중에 보험약관이 보험계약자에게 불리하게 변경된 사실이 있다면 보험자는 신의칙 상 고지할 의무가 있다.

타인을 위한 보험계약

제1절 타인을 위한 보험계약

제639조 [타인을 위한 보험]

① 보험계약자는 위임을 받거나 위임을 받지 아니하고 특정 또는 불특정의 타인을 위하여 보험계약을 체결할 수 있다. 그러나 손해보험계약의 경우에 그 타인의 위임이 없는 때에는 보험계약자는 이를 보험자에게 고지하여야 하고, 그 고지가 없는 때에는 타인이 그 보험계약이 체결된 사실을 알지 못하였다는 사유로 보험자에게 대항하지 못한다.

② 제1항의 경우에는 그 타인은 당연히 그 계약의 이익을 받는다. 그러나 손해보험계약의 경우에 보험계약자가 그 타인에게 보험사고의 발생으로 생긴 손해의 배상을 한 때에는 보험계약자는 그 타인의 권리를 해하지 아니하는 범위 안에서 보험자에게 보험금액의 지급을 청구할 수 있다.

③ 제1항의 경우에는 보험계약자는 보험자에 대하여 보험료를 지급할 의무가 있다. 그러나 보험계약자가 파산선고를 받거나 보험료의 지급을 지체한 때에는 그 타인이 그 권리를 포기하지 아니하는 한 그 타인도 보험료를 지급할 의무가 있다.

1 타인을 위한 보험계약 정의

가. 타인을 위한 보험계약 : 보험계약자가 타인에게 보험계약상의 이익을 주기 위하여 자기명의로 체결한 보험계약을 말한다.

나. 손해보험 : 보험계약자와 피보험자가 서로 다른 계약

다. 인보험 : 보험계약자와 보험수익자가 서로 다른 계약

라. 보증보험 : 보험계약자(채무자)와 피보험자(채권자)가 서로 다른 대표적인 타인을 위한 손해보험이다.

마. 사망보험 : 피보험자의 상속인이 보험수익자인 보험

2 타인을 위한 보험계약의 성립요건

가. 타인을 위한 보험계약이 성립하기 위해서는 계약당사자가 '타인을 위하여' 계약을 체결한다는 명시적 또는 묵시적인 의사표시가 있어야 한다.

나. 그 의사표시가 분명하지 않은 때에는 전 후 사정을 참작하여 타인을 위한 보험인지 여부를 결정한다.(판례)

다. 통설은 의사표시가 불분명하면 계약자 자신을 위한 것으로 추정한다.

라. 집합된 물건을 일괄하여 보험의 목적으로 하는 보험계약(집합보험)은 그 가족 또는 사용인을 위해서도 체결한 것으로 본다 → 가족 또는 사용인의 물건에 대해서는 타인을 위한 보험이 된다.

마. 특정한 타인을 위한 보험계약을 체결할 수도 있고 불특정 타인을 위한 계약도 가능하다 → 손해보험의 피보험자는 적어도 보험사고가 발생할 때까지는 확정되어야 하며, 보험사고가 발생할 때까지 생명보험의 보험수익자를 지정하지 않은 경우에는 상법 제733조에 의하여 보험수익자를 정한다.

바. 타인을 위한 보험계약은 타인의 위임 여부와 관계없이 유효하게 성립한다. → 그러나 손해보험계약의 경우에 그 타인의 위임이 없는 때에는 보험계약자는 이를 보험자에게 알려야 한다.

3 보험계약의 효과

가. 판례 : 타인이 수익의 의사표시를 하지 않아도 당연히 이익을 받는다. → 타인은 보험계약자를 통하거나 동의 등을 얻지 않고 보험자에게 직접보험금의 지급을 청구할 수 있다. → 그 외에 지급기한을 연기하는 등의 권리행사 · 처분의 경우에도 마찬가지이다.

나. 타인을 위한 손해보험의 피보험자는 고지의무(상법 제651조), 위험의 변경증가 통지의무(상법제652조), 위험유지의무(상법 제653조), 사고발생통지의무(상법 제657조), 손해방지경감의무(상법 제680조)를 부담한다. 타인을 위한 인보험의 보험수익자는 위험유지의무(상법 제653조)와 사고발생통지의무(상법 제657조)를 부담한다.

다. 보험계약자가 보험료를 미납하게 되어 보험자가 계약을 해제 또는 해지하고자하는 경우에는 타인을 위한 보험의 타인에게도 보험료 납입을 최고한 후에만 그 권리(해제권 또는 해지권)를 행사할 수 있다.

PART 2

손해보험계약 각론

손해보험의 기초

제1절   손해보험계약

1 손해보험자의 책임

> **제665조 [손해보험자의 책임]**
> 손해보험계약의 보험자는 보험사고로 인하여 생길 피보험자의 재산상의 손해를 보상할 책임이 있다.

가. 손해보험계약이란 보험계약자가 약정한 보험료를 지급하고 보험자가 우연한 사고로 인하여 생길 피보험자의 재산상의 손해를 보상할 것을 약정하는 계약이다.

나. 손해보험 : 피보험자의 재산상의 손해를 보상하기 위한 보험계약

다. 인보험 : 사람의 신체 · 생명에 관한 보험으로서 보험계약당시에 정한 일정한 보험금을 보장하기 위한 계약

2 손해보험계약의 목적(피보험이익)

> **제668조 [보험계약의 목적]**
> 보험계약은 금전으로 산정할 수 있는 이익에 한하여 보험계약의 목적으로 할 수 있다.

1. 피보험이익의 정의

가. 상법 → 보험계약의 목적, 피보험이익 → 학설

나. 피보험이익 : 피보험자가 재산상의 사고가 발생할 수 있는 보험의 목적에 대하여 가지는 경제상의 이익(이익설) 또는 보험목적에 대하여 피보험자가 가지는 적법한 경제적 이해관계(이해관계설)라고 정의한다.

2. 손해보험계약의 중요 요소

가. 절대주의, 객관주의 : 피보험이익은 손해보험 계약에 있어서의 절대적 · 불가결 요소라는 견해

나. 상대주의, 주관주의 : 피보험이익은 사행적 성격의 손해보험계약의 도박화를 방지하기 위한 것으로서 보험계약 존립의 절대적 요건이라고 하기보다는 보험계약이 공서양속에 반하는지를 판단하는 증거로 보는 견해

다. 수정절대주의 : 물건보험과 같은 적극보험에서는 피보험이익을 보험계약의 절대요건으로 보고 책임보험과 같은 소극보험에서는 피보험이익을 인정하지 않는다는 견해

라. 절대주의가 다수설이지만, 기평가보험(상법 제670조), 신가보험(상법 제676조 제1항 단서), 보험자대위(상법 제681조), 피보험이익이 없거나 초과하는 경우의 보험계약의 인정(상법 제664조, 제669조, 제670조) 등은 절대주의에 대한 비판의 근거가 된다.

마. 생명보험 : 정액보험으로 대표되는 인보험에서는 피보험이익이 중요한 요소가 아니다

3. 피보험이익의 요건

가. 경제적 가치(경제성)금전으로 산정

　ⓒ 경제적 가치에는 소유권·물권·채권 등 법률상 관계(2006다3106 판결)뿐만 아니라 영업손실(상실이익)과 같은 사실상 이해관계가 포함된다. → 경제적 가치를 가지지 않는 도덕적·종교적·감정적 이익 등은 피보험이익이 될 수 없다. → 생명보험에서 사람의 가치를 금전적으로 산정할 수 없기 때문에 피보험이익이 없다.

나. 이익의 적법성

반사회적 행위에 기인하여 보험계약이 체결되고 보험료가 지급된 경우에는 해당 보험계약이 무효

→ 민법상 불법원인급여에 해당하므로 보험계약자는 자신이 제공한 보험료의 반환을 청구할 수 없게 된다.

→ 보험자는 보험금지급책임도 없으며 , 보험료를 반환할 필요도 없다.

다. 확정성

피보험이익은 보험계약을 체결할 때에 확정되어 있거나 적어도 사고가 발생했을 때에는 확정할 수 있는 것이어야 한다.

4. 피보험이익의 역할

가. 손해보험계약의 유효성을 판단하는 기준

나. 보험계약의 도박화를 방지하는 역할

다. 피보험이익을 기준으로 보험자의 보험금 지급책임의 범위(피보험이익의 금전평가액은 보험자가 보상할 법률상 최고한도액)

라. 보험계약의 동일성 여부, 초과·중복보험 여부 등을 판단

5. 피보험이익 무효

가. 피보험이익의 요건을 갖추지 못한 보험계약은 무효가 된다.

나. 보험자는 보험료를 반환할 필요가 없다.

다. 보험계약자·피보험자가 선의이며 중대한 과실이 없으면 반환을 청구할 수 있다.

라. 보험자가 피보험이익의 흠결을 주장하여 보험금 지급을 거절하더라도 신의칙에 반하지 않는다.

1　손해보상의무의 성립요건

가. 보험기간 중 발생한 사고

나. 보험기간 내에 사고가 발생하였다면 손해가 보험기간 후에 발생한 경우에도 보험자가 보상책임을 부담한다.

> **제667조【상실이익 등의 불산입】**
> 보험사고로 인하여 상실된 피보험자가 얻을 이익이나 보수는 당사자 간에 다른 약정이 없으면 보험자가 보상할 손해액에 산입하지 아니한다.

다. 손해보험자가 보상하는 손해는 보험사고가 발생하지 않았을 때의 재산과 보험사고로 감소된 재산상태의 차이를 말한다.

라. 상법 : 재산상의 손해, 경제상의 불이익, 경제적 가치의 감소 · 상실

마. 임대료, 영업이익 등 피보험자가 얻을 수 있었던 이익이 보험사고로 인하여 상실된 경우(상실이익)에는 보상하는 손해에 포함하지 않는 것이 원칙이다.

바. 당사자 간에 별도의 약정이 있으면 상실이익을 담보할 수 있다.
(재산종합보험에서는 기업휴지보험, 자동차종합보험에서는 자기차량손해에 대하여 특약으로 대차료(렌트비용) · 휴차료를 담보, 대인배상책임보험의 보상하는 손해의 범위에는 피해자의 일실수익이 포함된다.

사. 운송보험 : 특약으로 상실이익을 담보한다. (희망이익보험)

2　보험사고와 손해와의 인과관계

> **제675조【사고발생 후의 목적 멸실과 보상책임】**
> 보험의 목적에 관하여 보험자가 부담할 손해가 생긴 경우에는 그 후 그 목적이 보험자가 부담하지 아니하는 보험사고의 발생으로 인하여 멸실된 때에도 보험자는 이미 생긴 손해를 보상할 책임을 면하지 못한다.

가. 보험자가 보상할 손해는 보험계약에서 정한 보험사고와 상당인과관계 있는 손해이다.

나. 보험자가 담보하는 사고로 손해가 발생하고

다. 그 이후에 보험자가 담보하지 않는 사고로 손해가 확대된 경우에는 이미 생긴 손해에 대하여만 책임을 부담한다.

> **제678조【보험자의 면책사유】**
> 보험의 목적의 성질, 하자 또는 자연소모로 인한 손해는 보험자가 이를 보상할 책임이 없다.

라. 통칙의 면책사유 → 보험계약자 측의 고의·중과실, 전쟁, 보험의 목적의 성질, 하자 또는 자연소모로 인한 손해를 면책으로 한다

마. 운송보험은 운송보조자(송하인 또는 수하인)의 고의·중과실 사고를 면책으로 한다.

바. 해상보험에서도 항해변경, 이로, 항해지연, 선박변경, 감항능력위반 등을 면책사유로 한다.

사. 보증보험은 보험계약자의 고의·중과실에 대하여도 면책을 적용하지 않는다.

3 손해액의 산정기준

> **제676조 〔손해액의 산정기준〕**
> ① 보험자가 보상할 손해액은 그 손해가 발생한 때와 곳의 가액에 의하여 산정한다. 그러나 당사자 간에 다른 약정이 있는 때에는 그 신품가액에 의하여 손해액을 산정할 수 있다.
> ② 제1항의 손해액의 산정에 관한 비용은 보험자의 부담으로 한다.

1. 손해액 산정의 원칙

가. 보험자가 보상할 손해액은 그 손해가 발생한 때와 곳의 보험가액에 의하여 산정하는 것을 원칙으로 한다.

나. 도박화 방지를 위해 보험계약 당시의 보험가액을 기준으로 보상하지 않는다.(가치 하락을 반영하지 못함)

다. 판례 : 화재로 손상된 중고 기계의 원상회복을 위하여 신규 부품을 구입하여 수리하였다면 수리비 상당액에서 감가액을 고려하여 손해액을 산정해야 한다.

라. 예외

  a. 신가보험 : 보험계약 당사자 간에 다른 약정이 있는 때에는 그 동안의 감가상각을 고려하지 않고 신품가액에 의하여 손해액을 산정할 수 있다

  b. 자동차보험 : 도덕적 위험이 크지 않은 신차(등록 후 6개월 미만)에 대하여 신차손해 담보특별약관을 부가함으로써 신품가액으로 손해액을 보상받을 수 있다.

  c. 기평가보험 : 보험가액에 대한 합의가 있는 경우 그 협정한 금액으로 한다.

  d. 보험가액불변경주의 : 운송보험이나 해상보험의 경우에는 그 가액에 따라 손해액을 산정한다.

> **제677조 【보험료체납과 보상액의 공제】**
> 보험자가 손해를 보상할 경우에 보험료의 지급을 받지 아니한 잔액이 있으면 그 지급기일이 도래하지 아니한 때라도 보상할 금액에서 이를 공제할 수 있다.

가. 보험자가 손해를 보상할 경우에 보험료를 받지 않은 금액이 있으면 보상할 금액에서 이를 공제하고 지급할 수 있다.

나. '지급받지 아니한 잔액'이란   보험료를 분할하여 지급하기로 한 계약에서 제1회 보험료납입 이후에 계속보험료의 미지급금액이 있는 경우를 말한다.

다. 계속보험료의 지급기일이 도래하지 않았다고 해도 이미 경과한 기간에 대하여는 보험자의 보상금액에서 이를 공제할 수 있다.

5 이득금지의 원칙(principle of indemnity)

1. 의의

가. 손해보험은 우연한 사고로 인해 피보험자가 입은 손해를 보상하는 제도이다.

나. 피보험자의 최고한도는 보험의 목적에 발생한 손해를 한도로 한다.

다. 이득금지의 원칙, 손실전보의 원칙, 실손보상의 원칙이라 하며 이 원칙은 보험의 악용을 막고 도덕적 위태를 감소시키는 역할을 한다.

2. 이득금지의 원칙의 적용

가. 사고당시 기준으로 손해액을 평가한다.

나. 신구교환공제

다. 중복보험에서의 비례보상, 중복보험과 병존보험의 통지의무

라. 타보험조항

마. 사기로 인한 초과 · 중복보험의 무효

바. 수개의 책임보험에서의 중복보험 규정준용

사. 기평가보험가액이 사고발생시 가액을 현저히 초과하는 경우에 사고발생시 가액으로 하는 조항

아. 보험자 대위규정

자. 피보험이익이 없는 계약을 무효로 하는 규정

차. 초과보험에서의 보험료 · 보험금감액청구

3. 이득금지의 원칙의 적용 예외

　가. 생명보험에서의 보험금 정액지급 원칙

　나. 보험금액이 보험가액을 현저히 초과하지 않는 경우에 그 초과분을 지급하는 조항

　다. 기평가보험제도, 보험가액불변경주의

　라. 신가보험(대체비용보험)

보험가액과 보험금액

제1절 보험가액과 보험금액

1 보험가액

피보험이익(경제적 이해관계) ⇨ 금전으로 객관적인 기준으로 평가한 금액

가. 손해액의 산정기준(손해액 = 보험가액-피보험이익의 잔존가액)

나. 보험금의 산정기준(보험금=손해액 × 보험금액/보험가액)

다. 법률상 최고한도액

라. 초과, 중복보험, 일부보험의 결정기준

2 보험가액의 평가

> **제671조 [미평가보험]**
> 당사자 간에 보험가액을 정하지 아니한 때에는 사고발생시의 가액을 보험가액으로 한다.

가. 미평가보험

　☞ 사고발생시 → 사고발생한 때와 곳

나. 보험가액불변경주의

　　a. 대부분 해상보험과 운송보험은 기평가보험으로 운영된다.

　　b. 정의 → 미평가보험의 경우에는 상법상 일정시점에서의 보험가액을 전 보험기간에 걸쳐 고정된 보험가액으로 한다.

　　c. 해상·운송보험의 단기간의 성격에서 비롯된 것으로서 보험가액평가를 용이하게 하고 분쟁을 방지하기 위한 규정이다.

　　d. 운송보험 → 발송한 때와 곳의 가액과 도착지까지의 운임 기타의 비용을 보험가액으로 한다.

　　e. 선박보험 → 보험자의 책임이 개시된 때의 선박가액을 보험가액으로 한다.

　　f. 적하보험 → 선적한 때와 곳의 적하의 가액과 선적 및 보험에 관한 비용을 보험가액으로 한다.

　　g. 희망이익보험 → 보험가액을 정하지 않은 경우에는 보험금액을 보험가액으로 한다.

다. 기평가보험(valued insurance)

a. 보험계약을 체결할 당시에 당사자 사이에 미리 피보험이익의 가액에 대하여 합의가 이루어진 보험이다.

b. 기평기보험은 해상보험, 운송보험 등에서 보험목적물의 멸실로 인하여 보험가액을 산정하기 곤란한 경우에 분쟁을 방지하기 위하여 사용된다.

c. 계약당시의 보험가액에 대한 합의는 명시적(보험증권기재)이어야 한다.

d. 보험가액이 사고발생시의 가액을 현저하게 초과할 때에는 사고발생시의 가액을 보험가액으로 한다.
→ 이득금지의 원칙을 지키기 위함

e. 현저한 차이가 있는지의 여부는 거래의 통념이나 사회의 통념에 따라 판단한다. ⇨ 보험자가 현저하게 초과한다는 것을 입증책임을 진다.

3 보험금액

가. 보험자가 발생한 손해의 보상을 위하여 지급하기로 한 금액의 최고한도

나. 보험계약을 체결할 때에 당사자 사이의 약정에 의하여 정한 금액이다.

다. 보험자는 보험가액의 범위 내에서 보험금액을 한도로 하여 손해액을 보상한다.

1. 전부보험

가. 보험금액이 보험가액과 같은 보험을 전부보험이라고 한다.

나. 자기부담금이 없을 시

2. 일부보험 (under insurance)

> **제674조【일부보험】**
> 보험가액의 일부를 보험에 붙인 경우에는 보험자는 보험금액의 보험가액에 대한 비율에 따라 보상할 책임을
> 진다. 그러나 당사자 간에 다른 약정이 있는 때에는 보험자는 보험금액의 한도 내에서 그 손해를 보상할 책임을
> 진다.

가. 보험계약 당시에 약정한 보험금액이 보험가액보다 적은 보험을 일부보험 이라고 한다.

나. 일부보험의 보험자는 보험금액의 보험가액에 대한 비율에 따라 보상할 책임을 진다

다. 손해액 × 보험금액/보험가액으로 보상한다.

라. 실손보상과 관련한 특약이 있는 일부보험인 경우 → 보험금액의 범위 내에서 손해액을 보상할 수 있다.

3. 초과 · 중복보험

가. 보험계약 당시에 약정한 보험금액(또는 수개의 보험계약에서의 보험금액의 합)이 보험가액을 초과하는
경우를 초과 · 중복보험이라고 한다.

나. 초과 · 중복보험은 원칙적으로 금지된다.

다. 선의로 초과 · 중복보험이 된 경우라고 해도 피보험자의 손해액 이상을 보상받지는 못한다.

초과보험, 중복보험

제1절 초과보험(over insurance)

제669조 [초과보험]

① 보험금액이 보험계약의 목적의 가액을 현저하게 초과한 때에는 보험자 또는 보험계약자는 보험료와 보험금액의 감액을 청구할 수 있다. 그러나 보험료의 감액은 장래에 대하여서만 그 효력이 있다.
②제1항의 가액은 계약당시의 가액에 의하여 정한다.
③ 보험가액이 보험기간 중에 현저하게 감소된 때에도 제1항과 같다.
④ 제1항의 경우에 계약이 보험계약자의 사기로 인하여 체결된 때에는 그 계약은 무효로 한다. 그러나 보험자는 그 사실을 안 때까지의 보험료를 청구할 수 있다.

1 초과 보험의 발생원인

가. 보험금액이 보험가액을 현저하게 초과하는 경우를 초과보험이라 한다.

나. 계약을 체결할 때 보험금액을 보험가액보다 높게 설정한 경우

다. 실제의 가치보다 보험가액을 과도하게 평가함으로써 초과보험이 되는 경우

라. 계약 이후에 보험가액의 가치가 하락한 경우

2 초과보험의 현저한 초과

가. 초과보험이 되려면 하나의 보험계약에서 보험금액이 보험가액을 현저하게 초과하여야 한다.

나. "현저하게"란 사회의 거래통념에 비추어 정상가액을 월등히 초과한 것을 말한다.

다. 초과보험의 보험가액을 산정하는 시기는 '계약당시'를 기준으로 한다.

라. 보험가액이 보험기간 중에 감소한 때에는 그 감소의 시점을 기준으로 한다.

3 초과보험의 효과

가. 당사자가 선의인 경우 → 보험자 또는 보험계약자는 보험료와 보험금액의 감액을 청구할 수 있다.

나. 당사자의 감액청구권은 형성권이다.

다. 보험료의 감액은 장래에 대하여만 그 효력이 있다.

라. 보험계약자의 사기로 인한 경우 → 보험자가 입증 시 → 무효 → 보험자는 그 사실을 안 때까지의 보험료를 청구할 수 있다.

> **제672조 [중복보험]**
> ① 동일한 보험계약의 목적과 동일한 사고에 관하여 수개의 보험계약이 동시에 또는 순차로 체결된 경우에 그 보험금액의 총액이 보험가액을 초과한 때에는 보험자는 각자의 보험금액의 한도에서 연대책임을 진다. 이 경우에는 각 보험자의 보상책임은 각자의 보험금액의 비율에 따른다.
> ② 동일한 보험계약의 목적과 동일한 사고에 관하여 수개의 보험계약을 체결하는 경우에는 보험계약자는 각 보험자에 대하여 각 보험계약의 내용을 통지하여야 한다.
> ③ 제669조 제4항의 규정은 제1항의 보험계약에 준용한다.

1　중복보험의 정의

가. 수인의 보험자

나. 동일한 피보험이익

다. 동일한 보험사고와 보험기간을 공통(또는 보험기간 일부의 중복)으로 하는 수개의 보험계약을 체결

라. 보험사고시 보험금액의 합계가 보험가액을 초과하는 경우

2　중복보험의 효과

가. 사기로 인한 중복보험계약 → 사기로 인한 초과보험규정을 준용 → 수개의 보험계약은 전부 무효 → 보험자는 그 사실을 안 때까지의 보험료에 대하여 청구할 수 있다.

나. 선의의 중복보험계약 → 각 보험자는 계약체결시점과 관계없이 보험금액의 비율에 따라 보상책임을 부담하며, 피보험자에 대하여 각자의 보험금액 한도 내에서 연대책임을 진다.

3　보험자 중 1인에 대한 권리포기

> **제673조 [중복보험과 보험자 1 인에 대한 권리포기]**
> 제672조의 규정에 의한 수개의 보험계약을 체결한 경우에 보험자 1인에 대한 권리의 포기는 다른 보험자의 권리의무에 영향을 미치지 아니한다.

가. 피보험자가 수인의 보험자 중 1인에 대한 권리를 포기하였어도 다른 보험자의 권리의무에 영향에 미치지 않는다.

나. 보험자는 피보험자가 다른 보험자에 대한 권리를 포기했는지 여부와 관계없이 중복보험 규정에 의하여 자기가 부담할 부분만을 보험금으로 지급하면 된다.

4　수개의 책임보험

피보험자가 수개의 책임보험을 체결한 경우 그 보험금액의 총액이 피보험자의 제3자에 대한 손해배상액을 초과하는 때에도 중복보험 규정 (상법 제672조 , 제673조) 을 준용한다.

손해방지의무

제1절　손해방지의무

> **제680조 【손해방지의무】**
> ① 보험계약자와 피보험자는 손해의 방지와 경감을 위하여 노력하여야 한다.
> 　그러나 이를 위하여 필요 또는 유익하였던 비용과 보상액이 보험금액을 초과한 경우라도 보험자가 이를 부담한다.

1　손해방지의무 정의

가. 손해방지 의무는 손해보험 계약에서 보험사고가 발생하였을 경우에 보험계약자 측에서 보험사고로 인한 손해의 발생을 방지하거나 손해의 확대를 방지하고 손해를 경감시키기 위하여 노력해야 할 의무이다.

나. 계약에 따라 자율적으로 정하는 의무가 아니라 상법에서 특별히 정한 법정의무이다.

다. 보험자가 계약자 측에게 손해방지의무를 강제할 수 없다.

라. 의무를 불이행한 경우에는 보험자의 손해보상액에서 공제하거나 손해배상청구를 할 수 있으므로 고지의무 · 통지의무와 같은 간접의무가 아닌 상법상 특별한 의무(진정의무)로 보는 것이 일반적이다.

2　손해방지의무 의무자

가. 보험사고가 발생한 때부터 그 의무를 진다.

나. 손해방지의무를 지는 자는 보험계약자와 피보험자이다.

다. 보험계약자나 피보험자가 자기의 이익(또는 재산)에 대하여 손해의 방지와 경감을 위하여 기울이는 것과 같은 정도의 노력을 해야 한다.

라. 상법은 보험계약자나 피보험자가 손해방지의무를 게을리 한 경우의 효과에 대하여는 규정하지 않는다.
　→ 피보험자가 손해방지의무를 위반한 때에 방지 또는 경감할 수 있으리라고 인정되는 손해액을 공제 또는 상계하여 지급하면 되고 경과실의 경우는 제외 된다는 견해(다수설)가 있다.

가. 보험사고로 인한 손해의 발생을 방지하거나 손해의 확대를 방지함은 물론 손해를 경감할 목적으로 행하는 행위에 필요하거나 유익하였던 비용을 말한다.

나. 손해방지비용을 부담하는 자는 보험자이다.

다. 손해방지비용과 보상액이 보험금액을 초과한 경우에도 보험자가 손해방지비용을 부담한다.

라. 해상보험에서는 보험금액의 한도 내에서만 이 비용을 부담한다.

마. 일부보험의 손해방지비용 → 상법은 일부보험에서의 손해방지비용에 대한 언급이 없다. → 학설은 일부보험에서 발생한 손해방지비용이 있다면 그 일부만을 부담한다는 견해이다.

바. 공동불법행위자들의 손해방지 비용
공동불법행위자들이 각각 보험에 가입하였고, 그 중 일부만 손해방지비용을 지출한 경우에 그 손해방지비용을 상환한 보험자는 다른 공동불법행위자의 보험자가 부담할 부분에 대하여 구상권을 행사할 수 있다.

보험자대위

1 보험자 대위 정의

가. 보험자가 보험금을 지급했을 때 상법에 의하여 피보험자가 가지는 권리를 취득하는 것

나. 잔존물대위 :보험금을 지급받은 피보험자가 잔존물로부터 추가적인 이득을 얻거나

다. 청구권대위 : 제3자에 대한 배상청구권을 행사하여 이득을 얻는 것을 방지하기 위한 것

라. 인보험에서의 대위금지 → 다만 상해보험에서 청구권대위를 약정할 수는 있다.

2 잔존물대위

> **제681조 [보험목적에 관한 보험대위]**
> 보험의 목적의 전부가 멸실한 경우에 보험금액의 전부를 지급한 보험자는 그 목적에 대한 피보험자의 권리를 취득한다. 그러나 보험가액의 일부를 보험에 붙인 경우에는 보험자가 취득할 권리는 보험금액의 보험가액에 대한 비율에 따라 이를 정한다.

1. 정의

가. 보험의 목적의 전손으로 보험금액의 전부를 지급한 보험자는 그 목적물에 대한 피보험자의 권리를 취득한다.

나. 상법은 '보험목적에 대한 보험대위', '잔존물대위'라고 한다.

2. 잔존물대위의 요건

가. 보험목적의 전부멸실 → 일부멸실(잔존물의 가치를 공제한 이후의 금액을 보험금으로 지급하게 되므로 잔존물대위가 적용되지 않는다.)

나. 보험금액의 전부지급 → 보험금뿐만 아니라 보험자가 부담하는 손해방지 · 경감비용, 기타의 비용까지 모두 지급한 것을 의미한다.

3. 권리의 취득

가. 취득시기

권리를 취득하는 시기는 보험사고가 발생한 때가 아니라 보험금액의 전부를 지급한 때이다. 그러므로 피보험자가 보험금액의 전부를 지급받기 이전에 잔존물을 처분한 경우에 그 처분은 유효하지만, 보험금액의 전부를 지급받은 이후에 잔존물을 처분한 경우에는 무권리자의 처분행위로서 무효이다. 이 경우에 보험자는 대위권 침해를 이유로 피보험자에 대하여 손해배상을 청구할 수도 있다.

나. 잔존물대위에 의한 권리의 이전은 상법상 당연한 것이므로 보험자의 특별한 의사표시가 없이도 권리를 취득

다. 일부보험에서도 잔존물대위는 가능하다. → 보험자는 그 부보비율에 따라 잔존물의 일부에 대한 권리만을 취득(손해액 × 보험금액/보험가액)

라. 보험자는 잔존물대위에 따른 의무를 회피하기 위하여 보험약관에서 대위권을 포기하는 특약을 둘 수 있다. → 단. 청구권대위권의 포기는 보험 업법 상 특별이익의 제공에 해당한다.

3　청구권대위

> **제682조【제3자에 대한 보험대위】**
> ① 손해가 제3자의 행위로 인하여 발생한 경우에 보험금을 지급한 보험자는 그 지급한 금액의 한도에서 그 제3자에 대한 보험계약자 또는 피보험자의 권리를 취득한다. 그러나 보험자가 보상할 보험금의 일부를 지급한 경우에는 피보험자의 권리를 침해하지 아니하는 범위에서 그 권리를 행사할 수 있다.
> ② 보험계약자나 피보험자의 제1항에 따른 권리가 그와 생계를 같이 하는 가족에 대한 것인 경우 보험자는 그 권리를 취득하지 못한다. 그러나 손해가 그 가족의 고의로 인하여 발생한 경우에는 그러하지 아니하다.

1. 정의

가. 피보험자가 제3자의 행위로 인하여 손해를 입고 보험자가 보험금을 지급한 경우 보험자는 그 금액의 한도 내에서 피보험자가 제3자에 대하여 가지는 권리를 취득한다.

나. 피보험자가 보험제도를 통하여 이득을 얻는 것을 방지하고 , 제3자에게 책임을 묻기 위한 제도이다.

2. 발생 요건

가. 제3자의 행위로 인한 손해의 발생 → 타인을 위한 보험계약에서의 보험계약자에 대해서는 제3자로 볼 수 있다(2000다29796 판결).

나. 제3자에 해당하지 않는 자 : 승낙피보험자, 피용자, 운전중인 자, 생계를 같이 하는 가족 등

다. 고의 또는 과실에 의한 행위에 국한하는 것이 아니라. 불법행위, 채무불이행뿐만 아니라 선장의 공동해손과 같은 적법행위도 포함된다.

라. 보험자에게 보험금지급책임이 발생하여 보험금을 지급한 경우에만 청구권대위가 가능하다.

마. 잔존물대위와 달리 지급할 보험금의 일부만을 지급한 경우에도 청구권대위가 가능하다. → 피보험자의 권리를 해하지 않는 한도 내에서 대위권을 행사할 수 있다.

바. 보험자가 청구권대위를 취득하려면 보험금을 지급할 당시에 피보험자가 제3자에 대한 권리를 가지고 있어야 한다. 그러므로 피보험자가 보험금을 받기 전에 권리를 행사·처분했거나(80다1643 판결) 권리의 소멸시효가 완성되었거나(93다1770 판결) 권리를 포기하였다면(2005다10531판결) 보험자의 대위권도 존재하지 않는다.

3. 청구권대위의 효과

가. 별도의 통지, 승낙, 동의 등의 대항요건을 갖추지 않아도 법률상 당연히 취득한다.

나. 피보험자에게 손해를 발생시킨 제3자에 대한 손해배상청구권을 말하며, 공동불법행위자에 대한 구상권 그리고 피해자직접청구권이 포함된다.

다. 피보험자의 권리가 소멸하였으므로 피보험자는 그 권리를 행사하거나 처분할 수 없다. (무권자의 처분행위는 무효)

라. 보험자가 행사할 수 있는 권리의 범위는 '지급한 보험금액'으로 한정된다.

마. 일부보험의 청구권대위

    a. 잔존물대위와는 달리 상법은 일부보험에서의 청구권대위에 대하여 아무런 규정을 두지 않는다.

    b. 일부보험에서 보험자는 보험금액의 보험가액에 대한 비율에 따라 보상책임을 지는 것이 원칙이므로 보험자가 지급한 보험금액의 범위 내에서 그 권리가 보험자에게 이전하는데, 이 경우에는 피보험자의 권리와 보험자의 권리가 경합하게 된다.

    i) 절대설 : 보험자는 보험금액의 지급한도에서 먼저 우선적으로 배정받고 나머지가 있을 때에만 피보험자에게 돌려주어야 한다는 설

    ii) 상대설 : 보험자와 피보험자가 부보비율(청구권비율)에 따라 분배하여야 한다는 설

    iii) 차액설(다수설) : 피보험자가 제3자로부터 우선적으로 손해를 배상받고 나머지가 있으면 보험자가 이를 대위할 수 있다는 설(판례)

    iv) 상대설은 권리가 충돌하는 채권들의 상호간에 대등한 효력을 인정한다는 점에서 의미가 있고 , 차액설은 피보험자의 손해보상을 목적으로 하는 보험제도의 성격에 비추어 볼 때 가장 타당하다.

🔍 **예제**

일부보험의 보험자대위

계약 및 손실	손해액 분담	절대설	상대설	차액설

• 계약. 손해
  보험가액 : 4천만원
  보험금액 : 2천만원
  손해액 : 4천만원
• 제3자의사고
  재산 : 2천만원
	보험자
	: 2천만원
	
	피보험자
	: 2천만원
		보험자 대위
		: 2천만원
		
		피보험자
		: 0원
			보험자
			:2천×2/4
			
			피보험자
			:2천×2/4
				보험자대위
				: 0원
				
				피보험자
				: 2천만원

4. 재보험에서의 청구권대위

가. 재보험자가 원보험자에게 지급한 재보험금액의 한도 내에서 원보험자가 가지는 청구권대위권을 대위하여 취득한다.

나. 재보험실무는 원보험자가 자기명의로 재보험자의 수탁자의 지위에서 피보험자가 제3자에 대하여 가지는 권리를 행사하여 회수한 금액을 재보험자에게 교부하는 상관습이 있다(운명추종조항 : follow the fortune clause).

보험목적의 양도

제1절 보험목적의 양도

1 정의

가. 원칙 : 보험목적을 양도 → 피보험이익이 소멸 → 보험관계가 종료

나. 상법 : 피보험자가 보험의 목적을 양도한 때에 양수인이 보험계약상의 권리와 의무를 승계한 것으로 추정함

2 승계추정을 위한 조건

가. 집합보험(상법 제686조, 제687조)목적물의 일부양도에는 이 규정을 적용하지 않는다.

나. 개인의 지위(의사ㆍ변호사 등)에서 생기는 책임보험(직업인 책임보험)에는 이 규정을 적용하지 않는다.

다. 물건을 대상으로 하는 책임보험(창고업자배상책임보험)에는 이 규정이 적용된다

라. 선박과 자동차의 양도는 상법상 별도의 규정(상법 제703조의2, 제726조의4)을 두고 있다.

3 보험목적의 양도의 효과

가. 보험목적의 양도 시에 양수인의 권리ㆍ의무는 승계된 것으로 추정된다.

나. 양도 당시의 보험료의 지급에 대하여는 상법에 아무런 규정이 없다.

다. 보험관계의 원활한 유지를 위하여 보험목적의 양도 당시의 보험료에 대해서는 양도인과 양수인이 연대책임을 진다는 견해가 통설이다.

라. 보험목적의 양도인 또는 양수인은 보험자에 대하여 지체 없이 그 사실을 통지하여야 한다. (간접의무)

마. 통지의무자는 양도인 또는 양수인이다. 그러므로 둘 중 어느 한쪽에서 통지를 하면 다른 쪽은 통지의무를 부담하지 않는다.

바. 상법은 통지의무를 위반한 경우에 대한 규정을 두지 않는다.

사. 보험자가 양도사실을 안 날로 1개월 내에 해지할 수 있다는 견해

아. 법원은 단순히 통지의무를 위반한 것만으로는 위험이 변경ㆍ증가된 것이 아니므로 해지권을 인정할 수 없고, 통지위반으로 위험이 변경ㆍ증가된 경우에만 해지권을 행사할 수 있다는 견해이다(95다52505 판결).

4 선박과 자동차의 양도

가. 해상보험에서의 선박의 양도는 보험자의 동의가 없으면 보험계약이 종료된다.

나. 자동차보험에서의 자동차의 양도는 보험자의 승낙을 얻은 경우에 한하여 보험계약상의 권리·의무가 승계되도록 하고 있다.

화재보험, 집합보험, 총괄보험

제1절 화재보험 (contract of fire insurance)

1 정의

화재보험계약 이란 화재로 인하여 생길 손해의 보상을 목적으로 하는 손해보험계약을 말한다.(상법 제 683조).
실화책임에 관한 법률, 화재로 인한 재해보상과 보험가입에 관한 법률 등은 화재보험과 관련된 특별법이다.

2 보험사고

가. 보험사고는 화재이다.

나. 상법에 규정은 없으나 실무상 화재란 '일반 사회통념에 의하여 화재로 인정할 수 있는 성질과 동일한 규모를
　　가진 화력의 연소작용에 의하여 생긴 재해'라고 한다.

다. 단순한 열의 작용이나 난로불의 복사열에 의한 사고, 발효, 자연발화 등에 의해 생긴 손해는 화재가 아니다.

3 보험의 목적

> **제685조 [화재보험증권]**
> 화재보험증권에는 제666조에 게기한 사항 외에 다음의 사항을 기재하여야 한다.
> 1. 건물을 보험의 목적으로 한 때에는 그 소재지, 구조와 용도
> 2. 동산을 보험의 목적으로 한 때에는 그 존치한 장소의 상태와 용도
> 3. 보험가액을 정한 때에는 그 가액

가. 화재보험의 목적은 건물과 동산이지만, 건물 이외에 부동산이나 삼림, 입목, 교량 등도 화재보험의 목적이 될
　　수 있다.

나. 당사자 사이에 발생할 분쟁을 막고 도덕적 위험을 방지하기 위해 보험증권에 명시하도록 하고 있다.

다. 보험의 목적이 동일하더라도 피보험이익이 다를 수도 있으며, 동일한 보험이 목적에 자기를 위한 보험과
　　타인을 위한 보험을 체결할 수도 있다.

> **제683조 [화재보험자의 책임]**
> 화재보험계약의 보험자는 화재로 인하여 생긴 손해를 보상할 책임이 있다.
>
> **제684조 [소방 등의 조치로 인한 손해의 보상]**
> 보험자는 화재의 소방 또는 손해의 감소에 필요한 조치로 인하여 생긴 손해를 보상할 책임이 있다.

가. 위험보편의 원칙 : 화재보험에서의 보험자는 그 원인이 면책사유가 아닌 이상 화재의 원인을 묻지 않고 화재로 인하여 생긴 손해에 대해서 보상책임을 진다.

나. 보상의 범위 : 화재와 상당인과관계가 있는 손해에 한정되므로 화재로 인한 도난, 휴업손실 등으로 인한 손해는 보상하지 않는다.

다. 화재보험도 손해보험이므로 전쟁, 목적물의 성질, 고의 · 중과실 등의 법정면책사유는 보상하지 않는다.

라. 소방 등의 조치로 생긴 손해는 화재와 상당인과관계가 있는 손해이기 때문에 보상한다. (손해방지의무의 일종)

마. 보험목적물을 화재 현장으로부터 안전하게 옮겨놓은 이후에 도난당한 경우에는 상당인과관계가 없으므로 보상하지 않는다.

제2절 집합보험

1 집합보험의 정의

가. 집합된 물건을 일괄하여 보험의 목적으로 한 것이다.

나. 화재보험계약은 집합보험의 형태로 체결되는 것이 일반적이다.

2 특정보험

> **제686조 [집합보험의 목적]**
>
> 집합된 물건을 일괄하여 보험의 목적으로 한 때에는 피보험자의 가족과 사용인의 물건도 보험의 목적에 포함된 것으로 한다. 이 경우에는 그 보험은 그 가족 또는 사용인을 위하여서도 체결한 것으로 본다.

가. 집합보험 중 보험의 목적이 특정되어 있는 보험을 특정보험이라고 한다.

나. 피보험자의 가족과 사용인의 물건도 보험의 목적에 포함된 것으로 보기 때문에 그 보험은 그 가족 또는 사용인을 위하여도 체결한 것으로 본다.

다. 수개의 물건에 대한 화재보험(집합보험)이 체결되었는데 보험계약자가 일부 물건에 대하여 고지의무를 위반한 경우에는 그 물건에 대해서만 보험계약을 해지할 수 있다.

라. 일부 물건에 대한 고지의무의 위반이 보험계약의 나머지 부분에 대해서도 '중요한 사항'에 해당한다면 집합보험계약 전체를 해지할 수 있다.

3 총괄보험

> **제687조 [총괄보험의 목적]**
>
> 집합된 물건을 일괄하여 보험의 목적으로 한 때에는 그 목적에 속한 물건이 보험기간 중에 수시로 교체된 경우에도 보 험사고의 발생 시에 현존한 물건은 보험의 목적에 포함된 것으로 한다.

가. 정의 : 집합보험 중에서 보험기간 중 보험의 목적의 교체가 예정되어 있는 보험(open policy)을 총괄보험이라 말한다.

나. 집합된 물건을 일괄하여 보험의 목적으로 한 때에는 그 목적에 속한 물건이 보험기간 중에 수시로 교체된 경우에두 부험사고의 발생당시에 현존한 물건은 보험의 목적에 포함된 것으로 한다.

다. 보험의 목적이었던 물건이 집합된 물건에서 완전히 분리된 때에는 그 때부터 보험의 목적에서 제외된다.

운송보험

제1절 운송보험(contract of transport insurance)

> **제688조 [운송보험자의 책임]**
> 운송보험계약의 보험자는 다른 약정이 없으면 운송인이 운송물을 수령한 때로부터 수하인에게 인도할 때까지 생길 손해를 보상할 책임이 있다.

1 운송보험의 정의

가. 육상운송중인 화물 등의 멸실 및 손상으로 화주에게 생기는 손해를 보상하는 보험계약이다.

나. 육상(호수, 하천 포함)으로 화물을 운반하는 화주가 자기를 위한 보험의 형태로 가입하거나 그 운송물을 운송하는 운송업자가 화주를 위한 보험의 형태로 가입한다.

다. 운송보험자의 책임은 육상운송과 해상운송을 구분하지 않지만, 해상운송의 운송물에 관하여 생기는 손해는 해상보험의 대상이다.

2 운송보험의 보험사고

가. 보험사고 : 운송 중에 운송물에 생길 수 있는 모든 사고이므로 화재 · 폭발, 지진 등 각종 위험을 포함한다 (전위험담보조건).

나. 특정한 위험을 대상으로 전손만을 보상하거나(전손담보조건) 전손과 분손 모두를 보상할 수도 있다(전손 및 분손담보조건).

다. 운송보험의 보험사고는 육상. 하천에서의 사고로 한정한다 .

라. 보험의 목적은 운송물(화물)이다.

3 보험자의 보상책임

> **제692조 [운송보조자의 고의, 중과실과 보험자의 면책]**
> 보험사고가 송하인 또는 수하인의 고의 또는 중대한 과실로 인하여 발생한 때에는 보험자는 이로 인하여 생긴 손해를 보상할 책임이 없다.

가. 육상 운송 중 발생한 사고로 손해가 생긴 경우에는 보험자가 보험계약에 따른 손해보상 · 책임을 진다.

나. 운송보험에서는 일반 면책사유 외에도 송하인 또는 수하인(운송보조자)의 고의 · 중과실을 면책사유로 하고 있다. → 송하인괴 수하인온 운송계약상의 권리를 가지는 자이기 때문이다.

4 운송보험의 보험가액

> **제689조 [운송보험의 보험가액]**
> ① 운송물의 보험에 있어서는 발송한 때와 곳의 가액과 도착지까지의 운임 기타의 비용을 보험가액으로 한다.
> ② 운송물의 도착으로 인하여 얻을 이익은 약정이 있는 때에 한하여 보험가액 중에 산입한다.

가. 운송보험계약의 당사자가 보험가액에 대하여 합의를 한 경우(기평가보험)에는 협정한 보험가액이 곧 보험가액이 된다.

나. 협정가액을 정하지 않았다면 운송물을 발송한 때와 곳에 있어서의 운송물의 가액과 도착까지의 운임 기타 비용을 보험가액으로 하고 있다.(보험가액불변경주의).

다. 운송물의 도착으로 인한 희망이익에 대해 특약으로 가입한 경우에는 그 가입금액을 보험가액에 산입할 수 있다.

라. 운송보험은 보험기간이 단 기간이고, 그 시기에 따라 보험가액의 변동이 적을 뿐만 아니라 손해발생의 때와 곳을 정확히 알기도 힘들다는 점에서 보험가액에 대한 특칙을 둔 것이다.

가. 보험자는 운송인이 운송물을 수령한 때로부터 수하인에게 인도할 때까지 생길 손해를 보상하여야 한다.

나. 운송보험의 보험기간에는 운송물을 옮기는 기간뿐만 아니라 운송물이 수하인에게 도착할 때까지 운송물을 보관하는 기간이 포함된다.

다. 보험자가 운송물을 수령하였어도 최초의 보험료가 미지급되었다면 소급특약을 부가하지 않는 한 책임은 개시하지 않을 것이며 , 운송물을 수하인에게 인도할 수 없어서 공탁 또는 경매하는 경우에는 수하인에 대한 인도에 준하여 보험기간이 종료하였다고 보아야 할 것이다.

> **🔍 운송보험증권에 기재할 사항**
>
> 1. 운송의 노순과 방법
> 2. 운송인의 주소와 성명 또는 상호
> 3. 운송물의 수령과 인도의 장소
> 4. 운송기간을 정한 때에는 그 기간
> 5. 보험가액을 정한 때에는 그 가액

6　운송보험계약의 변경

> **제691조 [운송의 중지나 변경과 계약효력]**
> 보험계약은 다른 약정이 없으면 운송의 필요에 의하여 일시운송을 중지하거나 운송의 노순 또는 방법을 변경한 경우에도 그 효력을 잃지 아니한다.

가. 다른 약정이 없는 한 운송의 필요에 의하여 일시 운송을 중지하거나 운송의 노순(路順)또는 방법을 변경한 경우에도 그 보험계약의 효력을 잃지 않는다.

나. 운송의 노순 또는 방법을 변경하여 사고발생위험이 현저히 변경 증가되었다면 위험 변경 · 증가 통지의무에 준하여 적용하게 될 뿐이다.

다. 해상보험의 경우에는 일시적인 운송중지나 노순변경 등의 사유가 있는 때에 보험자는 그 때로부터 책임을 지지 않는다.

해상보험

제1절 해상보험 (contract of marine insurance)

> **제693조 【해상보험자의 책임】**
> 해상보험계약의 보험자는 해상사업에 관한 사고로 인하여 생길 손해를 보상할 책임이 있다.

1 해상보험의 정의

☞ '해상사업에 관한 사고'로 인하여 생기는 손해의 보상을 목적으로 하는 손해보험계약이다.

2 해상보험의 보험의 목적과 피보험이익

> **제696조 【선박보험의 보험가액과 보험목적】**
> ① 선박의 보험에 있어서는 보험자의 책임이 개시될 때의 선박가액을 보험가액으로 한다.
> ② 제1항의 경우에는 선박의 속구, 연료, 양식기타 항해에 필요한 모든 물건은 보험의 목적에 포함된 것으로 한다.

가. 선박보험

선박보험 → 선박을 보험의 목적으로 한 해상보험으로서 원칙적으로 선박의 소유자로서의 피보험이익에 관한 보험이다(그 외에 담보권자의 이익, 선박임차인의 사용이익도 포함된다. 선박보험의 대상은 해상법상의 선박 이외에 선박의 속구, 연료, 양식 기타 항해에 필요한 모든 물건은 선박의 종물(從物)로서 보험의 목적에 포함된다)

나. 적하보험

> **제697조 【적하보험의 보험가액】**
> 적하의 보험에 있어서는 신적한 때와 곳의 직하의 가액과 선적 및 보험에 관한 비용을 보험기액으로 한다,

a. 적하보험은 선박이 운송중인 적하를 보험의 목적으로 하고 그 소유자로서의 피보험이익에 관한 해상보험이다.

b. 특별한 약정이 없으면 하물의 선적에 착수한 시점부터 적하가 되어 보험의 목적이 되지만, 선적 착수 후에 해상보험계약이 체결된 경우에는 계약이 성립한 때로부터 보험기간이 개시된다.

c. 적하보험계약의 체결 당시 선박이 확정되지 않았을 경우 선박미확정의 적하예정보험을 체결할 수 있다.

다. 운임보험

운임보험은 운송인이 운송의 대가로 받는 운임을 보험목적으로 하고 이 권리에 대하여 가지는 피보험이익에 관한 보험이다.

라. 희망이익보험

> **제698조 [희망이익보험의 보험가액]**
>
> 적하의 도착으로 인하여 얻을 이익 또는 보수의 보험에 있어서는 계약으로 보험가액을 정하지 아니한 때에는 보험금액을 보험가액으로 한 것으로 추정한다.

a. 도착지에 적하가 안전하게 도착함으로써 얻을 이익 또는 보수를 보험의 목적으로 하고 그 주체로서의 피보험이익에 관한 보험이다.

b. 보험가액을 정하지 않은 경우 보험금액을 보험가액으로 추정한다.(상법 제698조, 보험가액불변경주의)

마. 선비보험(disbursement insurance)

선비보험은 선박운항을 위해 지급하였던 비용을 보험의 목적으로 하고 그 비용에 대하여 가지는 피보험이익에 관한 보험이다.

3 보험가액

> **제696조 [선박보험의 보험가액과 보험목적]**
>
> ① 선박의 보험에 있어서는 보험자의 책임이 개시될 때의 선박가액을 보험가액으로 한다.
>
> **제697조 [적하보험의 보험가액]**
>
> 적하의 보험에 있어서는 선적한 때와 곳의 적하의 가액과 선적 및 보험에 관한 비용을 보험가액으로 한다.
>
> **제698조 [희망이익보험의 보험가액]**
>
> 적하의 도착으로 인하여 얻을 이익 또는 보수의 보험에 있어서는 계약으로 보험가액을 정하지 아니한 때에는 보험금액을 보험가액으로 한 것으로 추정한다.

1. **기평가보험 :** 보험계약 체결당시에 미리 보험가액을 약정한 것으로서 해상보험은 실무 상 거의 기평가보험으로 이용된다.

2. 미평가보험 : 보험가액 불변경주의

가. 보험계약 체결당시에 보험금액은 약정되어 있으나 보험가액에 관하여는 아직 약정하지 않은 보험이다.

나. 일반적인 손해보험에서는 미평가보험을 원칙으로 하고 미평가보험의 경우 사고가 발생한 때와 곳의 가액에 의하여 손해액을 평가한다.

다. 해상보험에서는 초과 · 일부보험의 문제가 발생할 수 있어 해상보험에서 미평가보험방식을 적용할 때에는 보험가액불변경주의에 의한다.

라. 보험가액으로 평가 : 선박보험 → 책임이 개시된 때, 적하보험 → 선적한 때와 곳, 희망이익보험 → 보험금액

4 확정보험과 예정보험

제704조 【선박미확정의 적하예정보험】
① 보험계약의 체결당시에 하물을 적재할 선박을 지정하지 아니한 경우에 보험계약자 또는 피보험자가 그 하물이 선적되었음을 안 때에는 지체 없이 보험자에 대하여 그 선박의 명칭, 국적과 하물의 종류, 수량과 가액의 통지를 발송하여야 한다.
② 제1항의 통지를 해태한 때에는 보험자는 그 사실을 안 날부터 1월 내에 계약을 해지할 수 있다.

가. 확정보험은 보험계약 내용의 전부가 보험계약을 맺을 때 확정되어 있는 보험을 말한다.

나. 예정보험은 보험계약 내용의 전부 또는 일부가 보험계약을 맺을 당시에 확정되지 않은 보험이다. 예정보험은 보험계약의 내용이 확정되기를 기다리기가 부적당하거나 불편한 경우에 유용하며, 계속적 거래관계에 있는 사업자 간에 주로 이용된다.

다. 예정 보험계약은 보험계약의 예약이 아니라 독립한 보험계약이다.

라. 선박미확정의 예정보험에서 그 하물이 선적되었음을 안 때에는 지체 없이 보험자에 대하여 그 선박의 명칭, 국적과 하물의 종류, 수량과 가액의 통지를 하여야 한다. 이 확정통지를 게을리 한 경우 보험자는 그 사실을 안 날로부터 1월 내에 보험계약을 해지할 수 있다.

> **제695조 [해상보험증권]**
> 해상보험증권에는 제666조에 게기한 사항 외에 다음의 사항을 기재하여야 한다.
> 1. 선박을 보험에 붙인 경우에는 그 선박의 명칭, 국적과 종류 및 항해의 범위
> 2. 적하를 보험에 붙인 경우에는 선박의 명칭, 국적과 종류, 선적항, 양륙항 및 출하지와 도착지를 정한 때에는 그 지명
> 3. 보험가액을 정한 때에는 그 가액

1 해상보험증권 기재사항

가. 보험가액을 정한 때에는 그 가액

나. 선박보험의 경우에는 그 선박의 명칭, 국적과 종류 및 항해의 범위

다. 적하보험의 경우에는 선박의 명칭, 국적과 종류, 선적항, 양륙항 및 출하지와 도착지를 정한 때에는 그 지명을 기재하여야 한다.

2 보험자의 보상하는 손해

1. 해상보험의 보험사고

가. '해상에서 생기는 모든 사고'이다

나. 침몰 · 충돌 등의 해상고유의 사고뿐만 아니라 화재 · 도난 · 폭발 · 선원의 불법행위 · 하역중의 사고 등 모두가 포함된다.

다. 항해 중 여객 또는 선원의 생명 · 신체에 관련한 사고는 약관에서 따로 담보하지 않는 이상 해상사업에 관한 사고로 보지 않는다.

3 보험기간

> **제699조 [해상보험의 보험기간의 개시]**
> ① 항해단위로 선박을 보험에 붙인 경우에는 보험기간은 하물 또는 적하의 선적에 착수한 때에 개시한다.
> ② 적하를 보험에 붙인 경우에는 보험기간은 하물의 선적에 착수한 때에 개시한다. 그러나 출하지를 정한 경우에는 그 곳에서 운송에 착수한 때에 개시한다.
> ③ 하물 또는 적하의 선적에 착수한 후에 제1항 또는 제2항의 규정에 의한 보험계약이 체결된 경우에는 보험기간은 계약이 성립한 때에 개시한다.
>
> **제700조 [해상보험의 보험기간의 종료]**
> 보험기간은 제699조 제1항의 경우에는 도착항에서 하물 또는 적하를 양륙한 때에, 동조 제2항의 경우에는 양륙항 또는 도착지에서 하물을 인도한 때에 종료한다. 그러나 불가항력으로 인하지 아니하고 양륙이 지연된 때에는 그 양륙이 보통 종료될 때에 종료된 것으로 한다.

1. 기간보험

가. 선박보험은 기간보험 또는 혼합보험의 형태로 운영된다.

나. 기간보험의 경우에는 보험계약 일반원리에 따라 책임개시를 적용하지만 항해보험의 경우에는 특정장소 '로부터'라는 조건에 따라 당해 선박이 항해를 위하여 출항할 때 비로소 보험기간이 개시되며, 다른 곳에서 출항한 경우에는 책임지지 않는다.

다. 선박보험에서는 선박이 보험증권에서 약정한 목적항에 안전하게 도착하는 때에 보험기간이 종료하고 화물을 보험의 목적으로 한 경우에는 인도한 때로부터 보험기간이 종료한다.

라. 선박이 항해를 변경하거나 발항 또는 항해의 부당한 지연이 있는 때, 선박이 정당한 사유 없이 항로를 이탈한 경우에는 보험자의 책임이 종료한다.

2. 항해보험

가. 적하보험은 항해보험의 형태로 운영되는 것이 일반적이다.

나. 적하보험은 하물을 선적에 착수한 때 또는 출하지에서 운송에 착수한 때에 보험기간이 개시되고 도착지에서 하물을 인도한 때에 보험기간이 종료한다.

4 보상하지 않는 손해

> **제706조 【해상보험자의 면책사유】**
> 보험자는 다음의 손해와 비용을 보상할 책임이 없다.
> 1. 선박 또는 운임을 보험에 붙인 경우에는 발항 당시 안전하게 항해를 하기에 필요한 준비를 하지 아니하거나 필요한 서류를 비치하지 아니함으로 인하여 생긴 손해
> 2. 적하를 보험에 붙인 경우에는 용선자, 송하인 또는 수하인의 고의 또는 중대한 과실로 인하여 생긴 손해
> 3. 도선료, 입항료, 등대료, 검역료, 기타 선박 또는 적하에 관한 항해 중의 통상비용

1. 감항능력의 흠결로 인한 손해

가. 선박 또는 운임보험의 경우 발항 당시 안전하게 항해하기 위하여 필요한 준비를 하지 않았거나, 필요한 서류를 비치하지 않음으로 인하여 생긴 손해는 보상하지 않는다.

나. 감항능력 흠결에 대한 보험계약자 또는 피보험자의 과실유무는 묻지 않는다.

다. 감항능력 흠결과 손해 사이의 인과관계에 대해서는 보험자가 입증하며 인과관계가 없다면 보험자가 보상한다.

2. 적하보험에서 용선자 · 송하인 고의 · 중과실

가. 적하보험에서 용선자 · 송하인 또는 수하인은 보험의 목적인 적하를 관리하는 지위에 있는 자로서 이들의
   고의 · 중과실 사고는 면책사유가 된다.

나. 용선자와 송하인은 물건 운송계약의 당사자이고, 수하인은 운송물수령권자로서 중요한 역할을 하므로
   이들의 고의 · 중과실을 면책요건으로 한다.

다. 희망이익보험은 적하보험과 결합하여 체결되는 것이 보통이므로 희망이익보험에서도 이 규정이 적용된다.

3. 항해중의 통상비용

도선료, 입항료, 등대료, 검역료 기타 선박 또는 적하에 관한 항해중의 통상비용은 항해에 관하여 당연히
지출되는 예상비용으로서 우연한 사고로 인한 손해에 해당하지 않으므로 면책된다.

5 해상보험에서의 위험의 변경 · 증가

1. 항해변경의 효과

> **제701조 [항해변경의 효과]**
> ① 선박이 보험계약에서 정하여진 발항항이 아닌 다른 항에서 출항한 때에는 보험자는 책임을 지지 아니한다.
> ② 선박이 보험계약에서 정하여진 도착항이 아닌 다른 항을 항하여 출항한 때에도 제1항의 경우와 같다.
> ③ 보험자의 책임이 개시된 후에 보험계약에서 정하여진 도착항이 변경된 경우에는 보험자는 그 항해의 변경이
>   결정된 때부터 책임을 지지 아니한다.

가. 선박이 보험계약에서 정하여진 발항(發航)항이 아닌 다른 항에서 출항한 때에는 보험자는 책임을 지지
   않는다.

나. 선박이 보험계약에서 정하여진 도착항이 아닌 다른 항을 향하여 출항한때에는 보험자는 책임을 지지 않는다.

다. 보험자의 책임이 개시된 후에 보험계약에서 정하여진 도착항이 변경된 경우에는 보험자는 그 이로항 변경이
   결정된 때부터 책임을 지지 않는다.

2. 이로

> **제701조의2 [이로]**
> 선박이 정당한 사유 없이 보험계약에서 정하여진 항로를 이탈한 경우에는 보험자는 그때부터 책임을 지지
> 아니한다. 선박이 손해발생 전에 원항로로 돌아온 경우에도 같다.

가. 선박이 정당한 사유 없이 보험계약에서 정하여진 선로를 이탈한 경우에는 보험자는 그때부터 책임을 지지
   않는다.

나. 선박이 손해발생 전에 원항로로 돌아온 경우에도 같다

다. 불가항력이나 인명구조 등의 정당한 사유로 선로를 이탈한 경우에 해당한다면 보험자는 책임을 면할 수
없다.

3. 발항 또는 항해지연의 효과

가. 피보험자가 정당한 사유 없이 발항 또는 항해를 지연한 때에 보험자는 발항 또는 항해를 지체한 이후의
사고에 대하여 책임을 지지 않는다.

나. 해상보험은 시기와 기간에 의해서도 위험률이 변동되기 때문이다.

4. 선박변경의 효과

가. 적하를 보험에 붙인 경우에 보험계약자 또는 피보험자의 책임 있는 사유로 인하여 선박을 변경한 때에는 그
변경후의 사고에 대하여 책임을 지지 않는다.

5. 선박의 양도 등의 효과

가. 보험자의 동의가 있는 때에는 보험계약이 종료하지 않는다. → 선박보험에만 적용하는 것이므로 적하보험,
운인보험 등에는 적용하지 않는다.

1. 전손 정의

가. 피보험이익의 전부가 멸실 또는 그 본래의 용법에 따른 경제적 가치가 소멸한 것을 말한다.

나. 잔존물이 어느 정도의 금전적 가치를 지니더라도 전손으로 볼 수 있다.

다. 전손의 경우에는 보험가액의 한도 내에서 보험금액 전액이 보험자가 보상할 손해액이 된다.

라. 보험자는 그 외에도 손해사정비용, 손해방지비용 등을 보상해야 한다.

마. 현실전손(actual total loss)과 추정전손(constructive total loss)이 있다.

2. 현실전손

> **제711조 [선박의 행방불명]**
> ① 선박의 존부가 2월간 분명하지 아니한 때에는 그 선박의 행방이 불명한 것으로 한다.
> ② 제1항의 경우에는 전손으로 추정한다.

가. 영국 해상보험법상 보험목적이 파괴되거나 , 보험목적이 훼손되어 더 이상 부보된 종류의 물건이라고 할 수 없는 경우 현실전손에 해당한다.

나. 상법은 선박이 2개월간 행방불명이면 현실전손으로 추정한다.

다. 영국 해상보험법에서도 선박이 행방불명되고 상당 기간 그 소식을 모르는 경우에는 현실전손으로 추정한다.

3. 추정전손

가. 영국 해상보험법은 보험목적의 현실전손이 불가피하거나 보험목적의 가액을 초과하는 비용을 지출하여야 하는 경우를 추정전손이라고 한다. → 보험위부가능

> **제707조의2 [선박의 일부손해의 보상]**
> ① 선박의 일부가 훼손되어 그 훼손된 부분의 전부를 수선한 경우에는 보험자는 수선에 따른 비용을 1회의 사고에 대하여 보험금액을 한도로 보상할 책임이 있다.
> ② 선박의 일부가 훼손되어 그 훼손된 부분의 일부를 수선한 경우에는 보험자는 수선에 따른 비용과 수선을 하지 아니함으로써 생긴 감가액을 보상할 책임이 있다.
> ③ 선박의 일부가 훼손되었으나 이를 수선하지 아니한 경우에는 보험자는 그로 인한 감가액을 보상할 책임이 있다.

1. 선박의 일부손해

가. 선박의 일부가 훼손되어 그 훼손된 부분의 전부를 수선한 경우에는 보험자는 수선에 따른 비용을 1회의 사고에 대하여 보험금액을 한도로 보상할 책임이 있다.

나. 선박의 일부가 훼손되어 그 훼손된 부분의 일부를 수선한 경우에는 보험자는 수선에 따른 비용과 수선을 하지 아니함으로써 생긴 감가액을 보상할 책임이 있다.

다. 선박의 일부가 훼손되었으나 이를 수선하지 아니한 경우에는 보험자는 그로 인한 감가액을 보상할 책임이 있다.

2. 적하의 분손

> **제708조 [적하의 일부손해의 보상]**
> 보험의 목적인 적하가 훼손되어 양륙항에 도착한 때에는 보험자는 그 훼손된 상태의 가액과 훼손되지 아니한 상태의 가액과의 비율에 따라 보험가액의 일부에 대한 손해를 보상할 책임이 있다.

가. 보험의 목적인 적하가 훼손되어 양륙항에 도착한 때에는 보험자는 그 훼손된 상태의 가액과 훼손되지 아니한 상태의 가액과의 비율에 따라 보험가액의 일부에 대한 손해를 보상할 책임이 있다.

나. 상법에 규정하지는 않으나 적하의 일부 멸실로 수량이나 중량이 감소된 경우에도 동일하게 적용하여야 할 것이다.

다. 일부보험의 경우라면 보험자는 보험금액의 보험가액에 대한 비율에 따라 보상책임을 진다.

> **제709조 [적하매각으로 인한 손해의 보상]**
> ① 항해 도중에 불가항력으로 보험의 목적인 적하를 매각한때에는 보험자는 그 대금에서 운임 기타 필요한 비용을 공제한 금액과 보험가액과의 차액을 보상하여야 한다.
> ② 제1항의 경우에 매수인이 대금을 지급하지 아니한 때에는 보험자는 그 금액을 지급하여야 한다. 보험자가 그 금액을 지급한 때에는 피보험자의 매수인에 대한 권리를 취득한다.

라. 항해 도중에 불가항력으로 보험의 목적인 적하를 매각한 때에는 적하의 훼손과 동일하게 취급한다.

마. 보험자는 그 대금에서 운임 기타 필요한 비용을 공제한 금액과 보험가액과의 차액을 보상하여야 한다.

바. 만약에 매각에 따른 매수인이 대금을 지급하지 아니하였다면 보험자는 그 금액을 지급하고 피보험자의
매수인에 대한 권리를 취득한다.

8 특별한 비용

> **제694조【공동해손분담액의 보상】**
> 보험자는 피보험자가 지급할 공동해손의 분담액을 보상할 책임이 있다. 그러나 보험의 목적의
> 공동해손분담가액이 보험가액을 초과할 때에는 그 초과액에 대한 분담액은 보상하지 아니한다.

1. 공동해손분담액의 보상

가. 공동해손이란 선박과 적하의 공동위험을 면하기 위하여 선장이 선박이나 적하에 대한 처분을 하면서 생긴
희생 또는 비용을 말한다.

나. 공동위험을 피하기 위하여 지출한 비용을 공동해손비용이라 한다.

다. 보험자는 담보위험을 피하기 위한 공동해손 손해를 보상할 책임이 있다.

라. 보험의 목적의 공동해손분담가액이 보험가액을 초과할 때에는 그 초과액에 대한 분담액은 보상하지 않는다.

2. 구조료

> **제694조의2【구조료의 보상】**
> 보험자는 피보험자가 보험사고로 인하여 발생하는 손해를 방지하기 위하여 지급할 구조료를 보상할 책임이
> 있다. 그러나 보험의 목적물의 구조료분담가액이 보험가액을 초과할 때에는 그 초과액에 대한 분담액은
> 보상하지 아니한다.

가. 구조료란 구조계약이 없이 구조한 구조자가 받을 보수를 말한다.

나. 구조계약이 있는 경우에는 공동해손비용이나 특별비용 손해방지비용으로 보상한다.

다. 보험자는 담보위험으로 인한 손해를 방지하기 위하여 발생한 구조료를 보상할 책임이 있다.

라. 보험의 목적물의 구조료분담가액이 보험가액을 초과할 때에는 그 초과액에 대한 분담액은 보상하지 않는다.

3. 특별비용

가. 피보험자가 담보위험으로 인하여 보험목적에 발생할 손해를 방지하거나 경감하기 위하여 지출하는 비용을 말한다.

나. 보험자는 보험계약상의 보상과는 별도로 이러한 특별비용을 지급할 책임을 진다.

다. 상법에서는 특별비용의 보상을 규정하면서 그 보상한도를 보험금액으로 제한한다. → 손해방지비용에 대한 특칙

	운송보험	적하보험	선박보험(운임,선비보험 등)
책임기간	운송인이 운송물을 수령 할때	선적 착수 할 때	물건, 적하 선적할 때
책임기간 종료	수하인에게 인도 할 때	양륙항에서 물건을 인도 할 때	양륙 할 때
보험가액	발송한 때와 곳의 가액과 도착지까지의 운임, 비용, 희망이익	선적한 때와 곳의 적하의 가액과 선적 및 보험에 관한비용	보험자의 책임이 개시 될 때의 선박가액(선박의 속구, 연료, 양식, 기타항해에 필요한 물건)
감항능력위반	언급 없음	보험금 지급(부책)	면책 (이로, 항해지연, 선박변경)
용선자, 송(수)하인의 고의 중과실	면책	면책	언급 없음

해상보험의 보험위부

제1절 보험위부

1 보험위부의 정의

가. 보험의 목적이 전부 멸실한 것과 동일한 일정한 경우(추정전손)에 피보험자가 보험의 목적에 관한 자기의 모든 권리를 보험자에게 양도하고 보험자에 대하여 보험금액의 전부를 청구하는 것을 말한다.

나. 해상보험에서 손해발생 사실이나 손해액 산정절차를 생략하여 보험관계를 신속 처리하기 위한 것이다.

다. 보험위부는 피보험자의 일방적인 의사표시에 의하는 불요식의 단독행위이며, 법이 정한 요건과 절차를 갖추면 보험자의 승낙이 없어도 그 법적 효과가 발생하는 형성권이다.

2 성립요건

제710조 [보험위부의 원인]
다음의 경우에는 피보험자는 보험의 목적을 보험자에게 위부하고 보험금액의 전부를 청구할 수 있다.
1. 피보험자가 보험사고로 인하여 자기의 선박 또는 적하의 점유를 상실하여 이를 회복할 가능성이 없거나 회복하기 위한 비용이 회복하였을 때의 가액을 초과하리라고 예상될 경우
2. 선박이 보험사고로 인하여 심하게 훼손되어 이를 수선하기 위한 비용이 수선하였을 때의 가액을 초과하리라고 예상될 경우
3. 적하가 보험사고로 인하여 심하게 훼손되어서 이를 수선하기 위한 비용과 그 적하를 목적지까지 운송하기 위한 비용과의 합계액이 도착하는 때의 적하의 가액을 초과하리라고 예상될 경우

제712조 [대선에 의한 운송의 계속과 위부권의 소멸]
제710조 제2호의 경우에 선장이 지체 없이 다른 선박으로 적하의 운송을 계속한 때에는 피보험자는 그 적하를 위부할 수 없다.

1. 실질적 위부요건

가. 선박 또는 적하의 점유를 상실하여 이를 회복할 가능성이 없거나 회복하기 위한 비용이 회복하였을 때의 가액을 초과하리라고 예상되는 경우에 위부할 수 있다.

나. 선박이나 적하의 점유 상실원인을 묻지 않으므로 포획이나 압수 등이 피보험자의 고의 · 중과실에 의한 경우가 아닌 한 점유상실에 포함된다고 해석한다.

다. 선박이 보험사고로 인하여 심하게 훼손되어 이를 수선하기 위한 비용이 수선하였을 때의 가액을 초과하리라고 예상되는 경우 그 선박을 위부할 수 있다.

라. 수선비용은 선박이 구조를 통해 감항능력을 갖춘 선박으로 회복하는데 드는 합리적인 모든 비용을 말한다. → 단일사고를 기준

마. 수선하였을 때의 가액을 초과하는 경우에만 인정하므로 수선비용이 선박가액보다 적게 소요된다면 위부 할 수 없다.

바. 선박이 수선불능으로 된 경우에 원칙적으로 적하를 함께 위부할 수 있다.

사. 선장이 지체 없이 다른 선박으로 적하의 운송을 계속한 경우에는 위부할 수 없다.

아. 적하가 보험사고로 인하여 심하게 훼손되어서 이를 수선하기 위한 비용과 그 적하를 목적지까지 운송하기 위한 비용과의 합계액이 도착하는 때의 적하의 가액을 초과하리라고 예상되는 경우 그 적하를 위부할 수 있다.

2. 형식적 위부요건

> **제713조【위부의 통지】**
> ① 피보험자가 위부를 하고자 할 때에는 상당한 기간 내에 보험자에 대하여 그 통지를 발송하여야 한다.

가. 피보험자가 위부를 하고자 할 때에는 상당한 기간 내에 보험자에 대하여 그 통지를 하여야 한다. → 통지방식에 제한이 없으므로 서면·구두를 불문하지만 통지가 보험자에게 도달된 다음에는 위부를 철회할 수 없다.

> **제714조【위부권행사의 요건】**
> ① 위부는 무조건이어야 한다.
> ② 위부는 보험의 목적의 전부에 대하여 이를 하여야 한다. 그러나 위부의 원인이 그 일부에 대하여 생긴 때에는 그 부분에 대하여서만 이를 할 수 있다.
> ③ 보험가액의 일부를 보험에 붙인 경우에는 위부는 보험금액의 보험가액에 대한 비율에 따라서만 이를 할 수 있다.

나. 위부제도는 당사자 간의 법률관계를 신속·간편하게 처리하는 제도로서 위부에 조건이나 기한을 붙일 수 없다.

다. 위부는 보험의 목적 전부에 대하여 하여야 한다.

라. 위부의 원인이 보험의 목적의 일부에 대하여 생긴 때에는 그 부분에 대하여만 위부 할 수 있다.

마. 보험가액의 일부를 보험에 붙인 경우(일부보험)에는 위부는 보험금액의 보험가액에 대한 비율에 따라서만 할 수 있다.

바. 일부보험에서 위부의 대상이 되고 있는 보험의 목적에 대하여 피보험자가 위부권을 행사하게 되면 보험자와 피보험자가 공유자가 된다.

사. 보험자는 이 통지를 받을 때까지 보험금액의 지급을 거부할 수 있고, 보험금액의 지급에 관한 기간의 약정이 있는 때에 그 기간은 이 통지를 받은 날로부터 기산한다.

3. 위부의 승인과 불승인

1. 위부의 승인

가. 위부의 승인은 위부의 요건이 아니라 위부의 원인에 대한 증명을 더 이상 요구하지 않겠다는 행위이다.

나. 보험자가 위부를 승인한 후에는 그 위부에 대하여 이의를 하지 못하고, 피보험자는 위부의 원인을 증명하지 않아도 보험금을 청구할 수 있다.

2. 위부의 불승인

가. 보험자가 위부를 승인하지 아니한 때에 피보험자가 위부의 원인을 증명하지 아니하면 보험금액의 지급을 청구하지 못한다.

나. 피보험자는 구체적인 증거를 제시하여 그 위부원인을 증명하고 위부에 따른 권리를 행사할 수 있다.

4. 위부의 효과

> **제718조 [위부의 효과]**
> ① 보험자는 위부로 인하여 그 보험의 목적에 관한 피보험자의 모든 권리를 취득한다.
> ② 피보험자가 위부를 한 때에는 보험의 목적에 관한 모든 서류를 보험자에게 교부하여야 한다.

1. 보험자의 권리 의무

가. 보험자는 위부로 인하여 피보험자가 보험의 목적에 관하여 가지는 모든 권리를 취득한다.

나. 일부보험의 경우에는 그 비율에 따라 권리를 취득한다.

다. 권리취득의 시기는 보험위부의 의사표시가 보험자에게 도달한 때로 보는 견해가 지배적이다(도달주의).

라. 보험자 대위와는 달리 보험금지급 이전이라고 해도 보험자가 그 권리를 취득한다.

마. 보험자가 취득하는 권리는 모든 권리이므로 보험목적물이 현존하거나 잔존물이 있는 때에는 그 소유권을 취득하고, 제3자에 대하여 가지는 권리도 취득한다.

2. 피보험자의 권리와 의무

가. 피보험자가 보험의 목적을 위부한 때에는 보험금액의 전부를 청구할 수 있다.

나. 위부의 원인이 보험의 목적의 일부에 대하여 생긴 경우에 그 부분에 대한 보험금액의 전부를 청구할 수 있다.

다. 피보험자가 위부를 한 때에는 보험의 목적에 관한 모든 서류를 보험자에게 교부하여야 한다.⇨ 피보험자는 보험금액의 수령여부와 관계없이 이 의무를 부담하여야 한다.

라. 위부의 경우에도 피보험자는 보험계약상으로 손해방지의무를 지게 되며 , 그 비용을 청구할수 있다.

3. 잔존물대위와 보험위부의 비교

가. 잔존물대위 → 보험의 목적에 현실전손

나. 보험위부 → 보험의 목적이 추정전손

책임보험

제1절 책임보험

> **제719조 [책임보험자의 책임]**
> 책임보험계약의 보험자는 피보험자가 보험기간 중의 사고로 인하여 제3자에게 배상할 책임을 진 경우에 이를 보상할 책임이 있다.

1 책임보험의 정의

가. 피보험자가 보험기간 중의 사고로 인하여 제3자에게 배상할 책임을 진 경우에 그 책임이행에 따라 생기는 손해를 보상할 것을 목적으로 하는 보험계약이다.

나. 피보험자가 손해배상을 하게 됨으로써 입은 간접손해를 보상하는 점에서 소극보험에 해당한다.

다. 책임보험은 피보험자의 위험부담을 보험자에게 전가시킴으로써 피보험자의 재산손해를 방지하는 기능

라. 제3자(피해자)를 구제하는 기능

마. 사회보험으로서의 성격과 제3자를 위한 보험으로서의 성격이 있다.

2 책임보험의 보험의 목적과 가액

1. 보험의 목적

가. 피보험자의 전재산이라고 보는 견해가 일반적이다

나. 피보험자가 제3자에 대해 부담하는 배상책임이 곧 보험의 목적이라는 견해도 있다.

다. 피보험자가 제3자의 청구를 방어하기 위하여 지출한 재판상 또는 재판외의 필요비용은 이에 따라 손해배상책임을 지지 않게 되더라도 보험의 목적에 포함된다(다수설).

2. 책임보험의 피보험이익

가. 다수설, 긍정설 : 책임보험에서도 피보험자가 제3자에게 대하여 재산적 급여의 책임을 부담하지 않음으로써 가지는 경제적인 이익이 있으므로 이를 피보험이익이라고 보는 견해

나. 부정설 : 책임보험에서 부담하는 배상책임이 피보험자의 전재산을 초과하게 되는 경우에는 그 경제적 이익에 대한 논의가 무의미하다는 점에서 이를 부정하는 견해가 있다(부정설).

다. 동일한 사고에 대하여 배상책임을 지는 피보험자가 복수로 존재하는 경우에는 피보험이익도 개별적으로
독립하여 존재한다.

3. 보험가액

가. 손해액이 불확정적이므로 피보험이익의 금전평가(보험가액의 평가)는 원칙적으로 불가능하다.

나. 초과 · 일부보험이 준용되며, 손해보상은 보험금액과 손해액의 범위에서 결정된다.

다. 다수의 배상책임보험에 가입함으로써 피보험자가 수령하게 되는 보험금액의 합이 손해액을 초과하는
경우에는 보험가액의 개념이 없음에도 불구하고 중복보험 규정이 준용된디.

3 책임보험 보상 한도

1. 법률상 배상책임

가. 책임보험의 보험자는 피보험자가 제3자에게 부담하는 배상책임을 보상한다.

나. 불법행위 책임(민법 제750조) : 피보험자가 고의 또는 과실로 인한 위법행위로 타인의 권리나 이익을
침해하여 손해를 입힌 경우 그 손해를 배상할 책임을 진다.

다. 채무불이행 책임(민법 제390조) : 피보험자가 채무를 불이행한 경우에 채권자에 대하여 그 손해를 배상할
책임을 진다.

2. 보험사고

가. 손해사고설(다수설) : 보험자가제3자에 대 하여 배상책임을 지게 되는 원인이 되는 사고가 발생한 것을
보험사고로 보는 견해

나. 손해배상청구설 : 피보험자가 제3자로부터 현실적인 배상청구를 받은 것을 보험사고로 보는 견해

다. 법률상책임발생설 : 법률상의 배상책임을 부담하게 되는 것을 보험사고로 보는 견해

3. 손해보상액의 종류

가. 손해의 종류

> **제723조 [피보험자의 변제 등의 통지와 보험금액의 지급]**
> ① 피보험자가 제3자에 대하여 변제, 승인, 화해 또는 재판으로 인하여 채무가 확정된 때에는 지체 없이
> 보험자에게 그 통지를 발송하여야 한다.

a. 보험자는 피보험자가 제3자에 대하여 변제 · 승인 · 화해 또는 재판으로 인하여 확정된 채무를 보상한다.

b. 통상의 손해는 재산적 손해(적극손해, 소극손해)와 정신적 손해(위자료)로 구분된다.

c. 배상책임액을 정하기 위해서는 피해자의 과실과 손익을 고려한다.

나. 방어비용

a. 피해자가 보험사고로 인적·물적손해를 입고 피보험자를 상대로 손해배상청구를 한 경우에 그 방어를 위하여 지출한 재판상 또는 재판 외의 필요비용을 말한다.

b. 재판상 청구일 것을 요건으로 하는 것은 아니며 방어비용 지출에 있어서 보험자의 사전 동의가 반드시 필요한 것도 아니다.

c. 보험급여설 : 방어비용은 손해방지비용과 다르고 책임보험의 본질적 내용을 구성하는 보험급여의 일종이라는 것이 법원의 견해이다

d. 방어비용을 부담하는 자는 보험자이므로 이와 관련한 의무를 방어의무라고 한다.

    ☞ 참고 : 실무약관에서는 '보험자가 합의·절충·중재 또는 소송에 대한 협조 또는 대행할 수 있다.'고 하면서 방어의무와 관련한 조항을 두고 있다. 이 조항에 의하면 보험자는 포괄대리권이 있는 자에 해당하여 보험자의 합의·승인의 효력이 피보험자에게도 미친다(92다3328 판결).

e. 피보험자가 담보의 제공이나 공탁으로 재판집행을 면할 수 있다면 보험금액의 한도 내에서 보험자에게 방어비용을 청구할 수 있다.

f. 방어비용과 담보의 제공·공탁비용 → 보험자의 지시에 의한 경우 → 보험금액을 초과하여도 보상한다(상법 제720조).

4 보험금 지급시기

가. 보험자는 특별한 기간의 약정이 없으면 피보험자로부터 제3자에 대한 변제, 승인, 화해 또는 재판으로 인하여 채무가 확정되었다는 통지를 받은 날로부터 10일 내에 보험금액을 지급하여야 한다.

나. 피보험자가 제3자에게 배상을 하기 전에는 보험금을 지급할 수 없도록 함으로써 피해자를 위한 보호규정을 두고 있다.

다. 보험금청구권의 소멸시효 : 변제, 승인, 화해 또는 재판의 방법 등에 의하여 확정됨으로써 그 보험금청구권을 행사할 수 있는 때로부터 진행된다고 보고 있다(2002다30206, 2005다77305 판결 등).

5 책임보험계약의 효과 : 피보험자의 의무

1. 배상청구 사실 통지의무

> **제722조 [피보험자의 배상청구 사실 통지의무]**
> ① 피보험자가 제3자로부터 배상청구를 받았을 때에는 지체 없이 보험자에게 그 통지를 발송하여야 한다.
> ② 피보험자가 제1항의 통지를 게을리 하여 손해가 증가된 경우 보험자는 그 증가된 손해를 보상할 책임이 없다. 그러나 피보험자가 제657조 제1항의 통지를 발송한 경우에는 그러하지 아니하다.

가. 배상청구 사실 통지의무 : 피보험자가 제3자로부터 손해배상의 청구를 받은 경우에는 지체 없이 보험자에게 그 통지를 발송하여야 한다.

나. 개정이전의 상법은 배상청구 사실 통지의무 위반의 효과에 대한 언급이 없었으나 개정된 상법에서는 이 통지를 게을리 하여 증가된 손해에 대하여는 책임을 지지 않도록 정하였다.

다. 피보험자가 이미 사고발생통지의무를 이행하였다면 그 이후에 배상청구 사실 통지의무를 이행하지 않았다고 해서 별도의 불이익을 받지는 않도록 규정되어 있다.

2. 채무확정통지의무와 보험자에 대한 협력의무

> **제723조 [피보험자의 변제 등의 통지와 보험금액의 지급]**
> ① 피보험자가 제3자에 대하여 변제, 승인, 화해 또는 재판으로 인하여 채무가 확정된 때에는 지체 없이 보험자에게 그 통지를 발송하여야 한다.
> ③ 피보험자가 보험자의 동의없이 제3자에 대하여 변제, 승인 또는 화해를 한 경우에는 보험자가 그 책임을 면하게 되는 합의가 있는 때에도 그 행위가 현저하게 부당한 것이 아니면 보험자는 보상할 책임을 면하지 못한다.

가. 피보험자가 손해배상채무를 승인(변제 · 승인 · 화해)할 때에는 보험자에게 통지(채무확정통지의무)하여야 하고 이 경우 보험자의 사전 협의 또는 동의가 필요하다.

나. 피보험자가 보험자와 동의하지 않고 제3자에 대한 변제, 승인 또는 화해를 했더라도 그 행위가 현저히 부당한 것이 아니라면 보험자는 보상책임을 부담해야 한다.

다. 채무확정통지의무는 보험자의 손해보상의무에는 별도로 영향을 미치지 않는 간접의무의 일종이다. 이 의무를 위반한 경우에 대해서는 상법상 별다른 언급이 없다.

1. 정의

가. 책임보험에서 피해자는 보험계약과 무관한 제3자이므로 원칙적으로 보험자와 아무런 관련이 없다.

나. 책임보험에서 지급되는 보험금은 결국 피해자를 구제하는데 사용되므로 피해자를 보호하는 규정을 둘 필요가 있다.

다. 보험자는 피보험자가 책임을 질 사고로 인하여 생긴 손해에 대하여 제3자가 배상받기 전에는 보험금을 지급하지 못 한다.

라. 제3자는 피보험자가 책임을 질 사고로 입은 손해에 대하여 보험금액의 한도 내에서 보험자에게 직접 보상을 청구할 수 있다.

2. 피보험자에 대한 보험금지급의 제한

> **제724조【보험자와 제3자와의 관계】**
> ① 보험자는 피보험자가 책임을 질 사고로 인하여 생긴 손해에 대하여 제3자가 그 배상을 받기 전에는 보험금액의 전부 또는 일부를 피보험자에게 지급하지 못한다.

가. 지급거절규정 : 보험자는 피해자(제3자)가 그 배상을 받기 전에는 보험금액의 전부 또는 일부를 피보험자에게 지급하지 못한다. → 피해자 보호

나. 법원은 피보험자의 제3자에 대한 채무가 확정되었다면, 피보험자가 피해자에게 아직 손해배상금을 지급하지 않았어도 보험자는 피보험자의 보험금 청구를 거절할 수는 없다는 견해이다(94다17888 판결).

3. 피해자(제3자)의 직접청구권

> **제724조【보험자와 제3자와의 관계】**
> ② 제3자는 피보험자가 책임을 질 사고로 입은 손해에 대하여 보험금액의 한도 내에서 보험자에게 직접 보상을 청구할 수 있다. 그러나 보험자는 피보험자가 그 사고에 관하여 가지는 항변으로써 제3자에게 대항할 수 있다.
> ③ 보험자가 제2항의 규정에 의한 청구를 받은 때에는 지체 없이 피보험자에게 이를 통지하여야 한다.
> ④ 제2항의 경우에 피보험자는 보험자의 요구가 있을 때에는 필요한 서류 · 증거의 제출, 증언 또는 증인의 출석에 협조하여야 한다.

가. 정의 : 책임보험에서의 피해자가 피보험자를 통하지 않고서도 보험자에게 직접 손해의 보상을 청구할 수 있는 권리이다. → 피보험자가 보험금을 다른 곳에 유용하는 것을 방지 → 피해자를 보호하기 위한 규정으로서 개정상법(1993.1.1. 시행)을 통해 편입 → 피해자는 직접청구권을 통해 가해자의 불이행 및 무자력 등에도 불구하고 손해배상청구권을 확보할 수 있다.

나. 법적성질

  a. 손해배상청구권설

    보험계약관계가 없는 피해자가 보험금청구권을 갖지 못한다는 것을 전제로 한다.⇨ 판례의 견해

  b. 보험금청구권설

    이 견해는 보험자에게 손해사고에 대한 귀책사유가 없고, 보험자가 보험계약을 통해 피보험자의 손해의 보상을 약정한 것일 뿐 피보험자의 채무를 인수한 것으로 볼 수 없다는 것을 근거로 한다.

4. 피보험자에 대한 통지와 협조의무

기. 보험지기 피헤지인 제3지로부터 직접적인 청구를 받은 때에는 지체 없이 이를 피보험자에게 통지하여야 한다.

나. 피보험자의 보험금청구권에 영향을 미칠 뿐만 아니라 보험금 지급과정에서 피보험자의 협조가 필요하기 때문이다.

다. 피보험자는 보험자의 요구가 있을 때에는 필요한 서류, 증거의 제출, 증언 또는 증인의 출석에 협조하여야 한다.

라. 직접청구권은 법에 의하여 인정된 독립된 권리이지만 책임보험계약에 바탕을 두고 있다. → 보험자는 보험계약자 또는 피보험자에 대한 보험계약상의 항변사유로서 피해자에게 대항할 수 있다.

마. 피해자는 가해자인 피보험자에 대한 손해배상청구권을 전제로 하여 직접청구권을 가지는 것이므로, 보험자는 피보험자가 그 사고에 관하여 가지는 항변으로써 제3자에게 대항할 수도 있다.

바. 소멸 시효는 손해배상청구권으로 보면서 민법 제766조에 따른 소멸시효를 적용하고 있다. (손해 및 가해자를 안 날로 3년).

사. 피해자의 직접청구권과 피보험자의 보험금청구권은 병존하고 있으나 법원은 상법의 직접청구권 규정이 피보험자의 보험금청구권에 우선함을 선언하는 규정이라고 보고 있다.

아. 보험자대위 : 공동불법행위자의 보험자 중 일부가 피해자의 손해배상금을 보험금으로 모두 지급함으로써 공동으로 면책되었다면, 그 손해배상금을 지급한 보험자가 다른 공동불법행위자의 보험자에게 직접 구상권을 행사할 수 있다(98다44956 판결)

1. 종류

배상책임보험은 임의 · 의무배상책임보험, 개인 · 영업 · 전문직 배상책임보험, 대인 · 대물배상책임보험 등으로 구분할 수 있다.

상법은 이 중에서 영업배상책임보험과 보관자책임보험에 대하여 규정하고 있으며, 책임보험의 일종인 재보험에 대해서도 언급하고 있다.

2. 영업 책임보험

> **제721조 [영업책임보험의 목적]**
> 피보험자가 경영하는 사업에 관한 책임을 보험의 목적으로 한 때에는 피보험자의 대리인 또는 그 사업감독자의 제3자에 대한 책임도 보험의 목적에 포함된 것으로 한다.

가. 영업배상책임보험은 사업주인 피보험자가 자신의 사업에서 발생하는 손해배상 · 책임 위험을 담보하는 보험이다.

3. 보관자책임보험

> **제725조 [보관자의 책임보험]**
> 임차인 기타 타인의 물건을 보관하는 자가 그 지급할 손해배상을 위하여 그 물건을 보험에 붙인 경우에는 그 물건의 소유자는 보험자에 대하여 직접 그 손해의 보상을 청구할 수 있다.

가. 피보험자가 임차, 사용, 보호, 관리, 통제하는 재산에 피해를 입혔을 때 그 재산의 권리를 가진 자에게 손해액을 보상하는 보험으로서 피해자와 보험가액을 특정할 수 있는 배상책임보험이다.

4. 재보험(contract of reinsurance)

> **제661조 [재보험]**
> 보험자는 보험사고로 인하여 부담할 책임에 대하여 다른 보험자와 재보험계약을 체결할 수 있다. 이 재보험계약은 원보험계약의 효력에 영향을 미치지 아니한다.
>
> **제726조 [재보험에의 준용]**
> 이 절(節)의 규정은 그 성질에 반하지 아니하는 범위에서 재보험계약에 준용한다.

가. 정의 : 보험자(원보험)가 인수한 보험계약상의 책임의 전부 또는 일부를 다른 보험자(재보험자)에게 인수시키는 보험계약이다.

나. 원보험의 효력에 영향을 미치지 않는 별개의 보험이다.

다. 재보험계약은 원보험계약과 상관없이 책임보험계약으로 분류된다.

라. 원보험자는 원보험료의 미납을 이유로 재보험료의 지급을 거절할 수 없으며, 재보험자가 원보험계약자에게 직접 보험료를 청구할 수도 없다.

마. 원보험계약의 피보험자가 원보험사에게 보상을 받지 못하더라도 재보험회사에 대하여 보험금을 직접청구할 수 없다.

바. 운명추종조항(follow the fortune clause) : 재보험 계약에서는 재보험자가 원보험자의 언더라이팅, 손해사정, 청구권대위 등을 따르는 실무관행 → 우리 법원에서도 재보험계약에서의 청구권대위에 대한 상관습을 인정하고 있다(2012다10386 판결).

8 수개의 책임보험

> **제725조의2 [수개의 책임보험]**
> 피보험자가 동일한 사고로 제3자에게 배상책임을 짐으로써 입은 손해를 보상하는 수개의 책임보험계약이 동시 또는 순차로 체결된 경우에 그 보험금액의 총액이 피보험자의 제3자에 대한 손해배상액을 초과하는 때에는 제672조와 제673조의 규정을 준용한다.

가. 피보험자가 동일한 사고로 제3자에게 배상책임을 짐으로써 입은 손해를 보상하는 수개의 책임보험계약이 동시 또는 순차로 체결된 경우에 그 보험금액의 총액이 피보험자의 제3자에 대한 손해배상액을 초과하는 때에는 중복보험규정(상법 제672조, 제673조)을 준용한다(상법 제725조의2).

나. 보험금총액이 손해배상액을 초과하게 되면 보험자는 보험금액의 한도 내에서 보험금액 비율에 따른 연대책임을 지고, 보험계약자는 각 보험자에게 대하여 각 보험계약의 내용을 통지하여야 한다. 보험계약자의 보험자 1인에 대한 권리포기는 다른 보험자의 권리 · 의무에 영향을 미치지 않는다.

자동차보험

제1절 자동차보험 보상책임 (contract of car insurance)

> **제726조의2 [자동차보험자의 책임]**
> 자동차보험계약의 보험자는 피보험자가 자동차를 소유, 사용 또는 관리하는 동안에 발생한 사고로 인하여 생긴 손해를 보상할 책임이 있다.

1. 자동차보험의 정의

가. 피보험자가 자동차를 소유 · 사용 · 관리하는 동안에 발생한 사고로 인하여 생길 손해의 보상을 목적으로 하는 손해보험계약이다.

나. 자동차는 소유자뿐만 아니라 그 가족 · 친구 · 피용자 등 복수의 사람에 의하여 운행되는 것이 일반적이므로 자동차보험의 피보험자는 기명피보험자 · 승낙피보험자 · 허락피보험자 등으로 그 범위가 확대되는 특성이 있다.

2. 자동차보험증권의 기재사항

가. 자동차소유자와 그 밖의 보유자의 성명과 생년월일 또는 상호

나. 피보험자동차의 등록번호, 차대번호, 차형년식과 기계장치

다. 차량가액을 정한 때에는 그 가액을 기재하여야 한다.

3. 손해보상범위

자동차보험계약의 보험자는 피보험자가 자동차를 소유, 사용 또는 관리하는 동안에 발생한사고로 인하여 생긴 손해를 보상할 책임이 있다.

4. 자동차의 양도

> **제726조의4 [자동차의 양도]**
> ① 피보험자가 보험기간 중에 자동차를 양도한 때에는 양수인은 보험자의 승낙을 얻은 경우에 한하여 보험계약으로 인하여 생긴 권리와 의무를 승계한다.
> ② 보험자가 양수인으로부터 양수사실을 통지받은 때에는 지체 없이 낙부를 통지하여야 하고 통지받은 날부터 10일 내에 낙부의 통지가 없을 때에는 승낙한 것으로 본다.

가. 피보험사가 보험기간 중에 사동차를 양도(소유권의 이전)한 내에는 양수인은 보험자의 승낙을 얻은 경우에 한하여 보험계약으로 인하여 생긴 권리와 의무를 승계한다.

나. 보험자가 양수인으로부터 양수 사실을 통지받은 때에는 지체 없이 낙부를 통지하여야 하고 통지 받은 날부터 10일 내에 낙부의 통지가 없을 때에는 승낙한 것으로 본다.

기출문제

1. 자기신체사고보험 및 자동차상해보험특약에 관한 설명으로 옳지 않은 것은? (다툼이 있는 경우 판례에 의함) (47회 기출문제)

① 자기신체사고보험은 '인보험'의 일종이다.

② 자동차상해보험 중 피보험자가 상해의 결과 사망하여 사망보험금항목의 보험금이 지급되어도 그 부분이 생명보험이 되는 것은 아니다.

③ 음주운전면책조항은 자기신체사고보험에서 유효한 것과 달리 피해자의 구제를 강조하는 자동차상해보험특약에서는 무효이다.

④ 자동차상해보험특약은 자동차종합보험의 자기신체사고 보험을 대체하여 피보험자가 보상받는 것을 주된 목적으로 한다.

- - - - - - - - - -

답 ③

해 음주운전면책조항은 자기신체사고보험에서 유효한 것과 달리 피해자의 구제를 강조하는 자동차상해보험특약에서도 유효이다.

2. 자기신체사고 자동차보험에서 타 차량의 사고로 보험사고가 발생하여 피보험자가 상대 차량 자동차보험에 의한 보상을 받을 수 있는 경우에 약관에 정한 보험금에서 상대 차량 자동차보험 대인배상에서 보상받을 수 있는 금액을 공제한 액수만 지급하기로 한 약정은 효력이 있다.

지급기준 : 지급보험금 = 실제손해액 + 비용 - 공제액

보증보험

제1절 보증보험의 의의

1 보증보험의 정의(guarantee insurance)

> **제726조의5 [보증보험자의 책임]**
> 보증보험계약의 보험자는 보험계약자가 피보험자에게 계약상의 채무불이행 또는 법령상의 의무불이행으로 입힌 손해를 보상할 책임이 있다.

가. 채무자인 보험계약자가 채권자인 피보험자에게 계약상의 채무불이행 또는 법령상의 의무불이행으로 손해를 입힌 경우에 보험자가 그 손해를 보상하는 것을 목적으로 하는 보험이다

나. 개정상법은 보증보험에 관한 권리ㆍ의무 관계의 명확성을 제고하기 위하여 규정을 신설하였다.

다. 보증보험은 채무자에 의하여 계약이 체결되므로 채무불이행과 관련한 위험의 역선택ㆍ고의 사고의 가능성이 높다.

2 보증보험의 특성

1. 보험으로서의 특성

가. 채무불이행이 채무자의 고의ㆍ중과실에 비롯될 수도 있다는 점에서 보험계약자의 고의를 면책으로 하고 있는 일반적인 손해보험과는 차이가 있다.

나. 보증보험은 보험계약자의 채무불이행에 따른 배상책임을 보험자가 부담하는 것이므로 책임보험과 유사한 성격을 가진다.

다. 보험계약자인 채무자가 채권자인 피보험자를 위하여 체결하는 계약이므로 타인을 위한 보험이다.
→ 채무자는 채권자의 동의 없이 보증보험계약을 임의로 해지할 수 없다.

2. 민법상 보증과 보증보험의 차이점

가. 계약당사자

　　민법상 보증계약 : 보증인과 채권자

　　보증보험계약 : 보험자(보증인)와 보험계약자 → 보증보험계약에서 채권자는 피보험자로서의 지위를 갖는다.

나. 채권자가 주채무자에게 이행을 청구하지 않고 곧바로 보증인에게 채무의 이행을 청구하면 보증인이 주채무자의 변제자력과 집행용이성을 입증하여 먼저 주채무자에 청구할 것(최고의 항변권)과 주채무자의 재산에 대하여 집행할 것(검색의 항변권)을 항변할 수 있다.

다. 보증보험은 상행위에 해당하므로 주채무자와 보증인(보증보험자)은 연대하여 변제할 책임을 지게 되므로 보증보험자는 채권자에 대하여 최고·검색의 항변권을 행사할 수 없다.

기출문제

보증보험에 관한 설명으로 옳지 않은 것은?(47회 기출)

① 보험기간을 주계약의 하자담보책임기간과 동일하게 정한 경우 특단의 사정이 없으면 하자담보기간 내에 발생한 하자에 대하여는 비록 보험기간이 종료된 후에 보험사고가 발생하였다고 하여도 보증보험자가 책임을 진다.

② 보증보험은 언제나 타인을 위한 보험계약으로서, 보험자가 계약을 해지할 때에는 보험약관에 별도의 정함이 없는 한 피보험자가 아니라 보험계약자에 대하여 해지권을 행사하여야 한다.

③ 보증보험은 그 실질이 민법의 보증이므로 보증보험계약에 관하여는 보증채무에 관한 민법의 규정을 모두 준용한다.

④ 보증보험의 보험사고는 보험계약자의 고의 또는 과실을 전제로 하는 불법행위 또는 채무불이행 등으로 발생하는 것이므로 보험자가 면책하지 아니하나, 피보험자의 고의 사고의 경우에는 보험자가 면책한다.

- - - - - - - -

답　③

해　보증보험은 그 실질이 민법의 보증이므로 보증보험계약에 관하여는 보증채무에 관한 민법의 규정을 모두 준용하지 않는다.

　　보증보험계약에 관하여는 보험계약자의 사기, 고의 또는 중대한 과실이 있는 경우에도 이에 대하여 피보험자에게 책임이 있는 사유가 없으면 제651조, 제652조, 제653조 및 제659조제1항을 적용하지 아니한다.

1. 신용보험(credit insurance)

　가. 채무자의 채무불이행으로 인한 손해를 보상받기 위하여 채권자가 보험계약자·피보험자가 되어 보험에 가입하는 보험이다.

　나. 담보력이 부족한 개인이나 중소기업과의 상거래(신용거래, 외상)에서 채권회수를 위한 위험을 줄이고자 금융기관 등에서 주로 가입하는 보험을 말한다.

　다. 신용보험은 보증보험과 유사한 성격을 가지고 있으나, 채권자의 자기를 위한 보험이고 대수의 법칙을 적용하여 보험료를 산출할 수 있다. 이에 비하여 보증보험은 채무자가 채권자를 위하여 가입하는 보험(타인을 위한 보험)이며 보험료는 단순한 취급수수료의 형태이다.

2. 책임보험

　가. 책임보험은 가해자(또는 채무자)가 타인(또는 채권자)에게 손해를 입혀 손해배상책임을 부담하게 되는 위험을 담보하고자 가해자(또는 채무자)가 자기를 위하여 가입하는 보험이므로 타인을 위한 보험인 보증보험과 차이가 있다.

　나. 배상책임보험은 채무불이행책임뿐만 아니라 불법행위 책임을 담보할 수 있지만 보증보험은 채무불이행책임을 담보한다는 차이가 있다.

PART 3

인보험

인보험 계약

제1절 인보험계약 (contract of person insurance)

> **제727조 【인보험자의 책임】**
> ① 인보험계약의 보험자는 피보험자의 생명이나 신체에 관하여 보험사고가 발생할 경우에 보험계약으로 정하는 바에 따라 보험금이나 그 밖의 급여를 지급할 책임이 있다.
> ② 제1항의 보험금은 당사자 간의 약정에 따라 분할하여 지급할 수 있다.

1 인보험계약의 정의

가. 보험자가 보험계약자로부터 보험료를 받고 피보험자의 생명이나 신체에 관한 보험사고가 발생할 경우에 보험계약으로 정하는 바에 따라 보험금이나 그 밖의 기타의 급여를 지급하기로 하는 보험계약이다.

나. 상법상 인보험의 종류는 생명보험과 상해보험 그리고 질병보험이 있다.

다. 보험업법상 상해 · 질병 · 간병보험으로 구분되는 제3보험은 상법상 인보험 규정의 대부분이 적용된다.

2 인보험의 특징

1. 보험의 목적

가. 인보험의 목적 → 사람, 사람의 생명이나 신체에 관한 사고

나. 손해보험 → 물건 · 재산에 생기는 사고를 보험사고

다. 보험사고가 발생하면 계약에서 정한 일정한 보험금액을 지급하는 정액보험이다.

라. 인보험의 일종인 상해 · 질병보험 → 손해발생액을 보상하는 부정액보험(실손의료보험)의 형태로도 운영된다.

마. 피보험이익

　가) 상법은 손해보험에서만 피보험이익을 규정하고 있다.

　나) 인보험에서는 피보험이익의 개념을 인정하지 않는다. → 사람의 생명 또는 신체에 대하여 손해액의 정도나 평가를 위한 기준을 정하기 곤란하기 때문이다.

2. 보험자대위

> **제729조 [제3자에 대한 보험대위의 금지]**
>
> 보험자는 보험사고로 인하여 생긴 보험계약자 또는 보험수익자의 제3자에 대한 권리를 대위하여 행사하지 못한다. 그러나 상해보험계약의 경우에 당사자 간에 다른 약정이 있는 때에는 보험자는 피보험자의 권리를 해하지 아니하는 범위 안에서 그 권리를 대위하여 행사할 수 있다.

가. 인보험은 정액보험이고 보험수익자를 보호할 필요가 있으므로 보험자대위(청구권대위)를 원칙적으로 금지한다.

나. 상해보험에서 실제발생한 의료비·치료비 등을 지급하는 실손보험에서는 보험자대위를 부정할 이유가 없으므로 상법은 상해보험의 경우에 당사자 간 약정이 있는 경우에 한하여 대위권행사를 가능하게 하였다.

다. 인보험에 있어서는 보험계약자 등의 중과실로 보험사고가 발생하더라도 보험자가 책임을 지도록 하고 있다.

3. 인보험증권의 기재사항

> **제728조 [인보험증권]**
>
> 인보험증권에는 제666조에 게기한 사항 외에 다음의 사항을 기재하여야 한다.
> 1. 보험계약의 종류
> 2. 피보험자의 주소·성명 및 생년월일
> 3. 보험수익자를 정한 때에는 그 주소·성명 및 생년월일

3 생명보험의 정의

> **제730조 [생명보험자의 책임]**
>
> 생명보험계약의 보험자는 피보험자의 사망, 생존, 사망과 생존에 관한 보험사고가 발생할 경우에 약정한 보험금을 지급할 책임이 있다. [제목개정 2014.3.11.]

1. 정의

☞ 보험자가 보험계약자로부터 보험료를 받고 피보험자의 사망, 생존, 사망과 생존에 관한 보험사고가 발생할 경우에 약정한 보험금을 지급하기로 하는 보험계약이다.

2. 생명보험계약의 특징

가. 사망보험금 청구권 → 고유재산(상속재산이 아니다)

나. 보험사고가 계약자 또는 피보험자나 보험수익자의 고의로 인하여 생긴 때에는 보험자가 보험금지급책임을 면한다.

다. 사망보험에서 피보험자의 자살은 고의사고에 해당하지만 피보험자가 정신질환 등으로 자유로운 의사결정을 할 수 없는 상태에서 사망하게 된 경우는 보험자가 사망보험금의 지급책임을 부담한다.

라. 중과실로 인한 보험사고

↻ 개정상법은 둘 이상의 보험수익자 중 일부가 피보험자를 사망하게 한 경우 보험자가 다른 보험수익자에 대한 보험금 지급책임만은 부담하도록 정하였다.

↻ 이 조항은 악의의 수익자에 대해서만 면책을 적용하고 선의의 수익자는 보호하기 위한 것으로서 기존의 생명보험 · 제3보험 표준약관에서 정하던 것을 상법으로 인정한 것이다.

마. 중과실사고

a. 생명보험은 보험계약자 등의 중과실로 인한 사고가 발생한 경우에도 보험금을 지급하도록 규정하고 있다.

b. 상해보험과 질병보험에도 준용 된다.

c. 자동차상해보험에서 중대한 과실로 해석되는 음주 · 무면허사고를 면책하도록 정한 약관조항도 무효이다.

4 생명보험의 무효사항

1. 계약의 체결 시에 피보험자의 서면 동의 없는 타인의 생명보험은 무효이다.(단체보험 예외)

2. 15세 미만자 등의 사망보험

> **제732조 [15세미만자 등에 대한 계약의 금지]**
>
> 15세미만자, 심신상실자 또는 심신박약자의 사망을 보험사고로 한 보험계약은 무효로 한다. 그러나 심신박약자가 보험계약을 체결하거나 제735조의3에 따른 단체보험의 피보험자가 될 때에 의사능력이 있는 경우에는 그러하지 아니하다.

가. 상법은 15세미만자, 심신상실자 또는 심신박약자의 사망을 보험사고로 한 보험계약을 무효로 한다.
→ 사망담보 이외의 상해후유장해, 입원일당 등의 특약이 있는 경우에는 사망을 보험사고로 하는 부분만 무효이다

나. 정신능력, 판단능력, 의사결정능력이 완전하지 않는 자를 보호하고 생명보험의 악용과 도박화를 막기 위한 규정이다.

다. 종신ㆍ정기보험과 같은 순수한 사망보험뿐만 아니라 상해로 인한 사망을 담보하는 상해사망보험, 질병으로 인한 사망을 담보하는 질병사망보험에도 적용된다.

라. 15세 미만자를 정할 때에는 보험계약의 체결당시를 기준으로 하며, 보험약관상 '보험나이' 규정이 있다고 해도 '실제 나이'를 기준으로 한다.

마. 15세 미만자의 사망을 보험사고로 한 보험은 그 계약이 성립한 때부터 확정적 무효가 되므로, 보험계약자가 그 사실을 모르면서 보험료를 계속 지급한 상태에서 피보험자가 15세 이상으로 된 이후 보험사고가 발생하였다고 해도 보험자의 보험금지급책임은 발생하지 않는다.

바. 개정상법은 심신박약자 본인이 직접 보험계약을 체결할 때 또는 단체보험의 피보험자가 될 때에 의사능력이 있다고 인정되면 생명보험계약의 피보험자가 될 수 있도록 하였다.

🔍 판결

대법원 2004. 8. 20. 선고 2003다26075 판결 [보험금]

[공2004.10.1.(211),1574]
그 중 하나가 피보험자 등의 고의행위임을 주장하여 보험자가 면책되기 위하여는 그 행위가 단순히 공동원인의 하나이었다는 점을 입증하는 것으로는 부족하고 피보험자 등의 고의행위가 보험사고 발생의 유일하거나 결정적 원인이었음을 입증하여야 할 것이다.
자신이 유발한 교통사고로 중상해를 입은 동승자를 병원으로 후송하였으나 동승자에 대한 수혈을 거부함으로써 사망에 이르게 한 경우, 수혈거부가 사망의 유일하거나 결정적인 원인이었다고 단정할 수 없다면 수혈거부행위가 사망의 중요한 원인 중 하나이었다는 점만으로는 보험회사가 보험금의 지급책임을 면할 수 없다고 한 사례.

> **제736조 [보험적립금반환의무 등]**
> ① 제649조, 제650조, 제651조 및 제652조 내지 제655조의 규정에 의하여 보험계약이 해지된 때, 제659조와 제660조의 규정에 의하여 보험금액의 지급책임이 면제된 때에는 보험자는 보험수익자를 위하여 적립한 금액을 보험계약자에게 지급하여야 한다.
> 　그러나 다른 약정이 없으면 제659조 제1항의 보험사고가 보험계약자에 의하여 생긴 경우에는 그러하지 아니하다.

1. 보험료적립금 반환

가. 보험계약이 해지되면 미경과보험료를 반환한다.

나. 생명보험은 장기간 납입한 보험료적립금을 운용하여 보험계약자에게 돌려주는 기능을 하기때문에 생명보험계약이 해지되거나 면책 된 때에는 적립한 금액을 반환한다.

다. 보험료적립금 지급사유 : 보험계약자의 임의해지, 초회보험료의 미납으로 인한 해제 · 계속보험료 미납으로 인한 해지, 고지의무 · 위험변경통지의무 · 위험유지의무 위반으로 인한 해지, 면책사유

라. 약관에 다른 약정이 없는 한 보험사고가 → 보험계약자의 고의 · 중과실 → 보험자가 보험료적립금의 반환의무를 부담하지 않는다.

마. 피보험자, 보험수익자의 고의 · 중과실 → 보험 사고 → 보험료 적립금반환의무를 부담한다.

바. 보험계약자의 보험료 적립금 청구권의 소멸시효는 3년이다.

사. 해지환급금(보험료적립금)의 압류 및 추심명령 가능

2. 보험계약대출

생명보험 · 제3보험약관에서는 보험계약자가 해지환급금의 범위 내에서 대출을 받을 수 있도록 정하고 있다 (보험계약대출, 약관대출)

↻ 판례 : 보험계약약관대출은 보험금 또는 해지환급금의 선급금에 해당한다(2005다15598 전원합의체판결, 다수의견의 견해).

타인의 생명보험

제1절　타인의 생명보험

> **제731조 [타인의 생명의 보험]**
> ① 타인의 사망을 보험사고로 하는 보험계약에는 보험계약 체결 시에 그 타인의 서면(「전자서명법」제2조제2호에 따른 전자서명 또는 제2조제3호에 따른 공인전자서명이 있는 경우로서 대통령령으로 정하는 바에 따라 본인 확인 및 위조 · 변조 방지에 대한 신뢰성을 갖춘 전자문서를 포함한다)에 의한 동의를 얻어야 한다.
> ② 보험계약으로 인하여 생긴 권리를 피보험자가 아닌 자에게 양도하는 경우에도 제1항과 같다.

1　타인의 생명보험의 정의

가. 보험계약자가 타인을 피보험자로 하여 체결하는 사망보험 계약을 말한다.

나. 제3자가 타인의 동의를 받지 않고 타인을 보험계약자 및 피보험자로 하여 체결한 생명보험계약은 보험계약자 명의에도 불구하고 실질적으로는 타인의 생명보험계약에 해당한다.(2009다74007 판결).

다. 타인의 생명보험의 경우에는 피보험자의 서면동의가 필요 → 동의 없이 체결된 사망보험계약은 무효(동의주의, 상법 제731조 제1항).

2　피보험자의 서면동의

1. 서면동의 필요성

가. 생존보험을 제외한 생사혼합보험에서도 이 규정을 준용한다.

나. 사망보험 또는 생사혼합보험이라고 해도 단체보험의 경우에는 동의가 없어도 계약이 유효하다.

다. 타인의 생명보험계약이 성립한 후 보험수익자를 새롭게 지정 · 변경하는 경우에도 피보험자의 동의가 필요하다.

라. 피보험자를 보험수익자로 지정 · 변경하는 경우에는 피보험자의 동의가 필요 없다고 해석된다.

2. 피보험자의 서면동의 특징

가. 동의는 당사자 간의 특약으로도 배제할 수 없는 강행법으로서의 성질이 있으며, 계약의 성립요건이 아니라 효력발생요건이 된다.

나. 피보험자의 동의는 보험계약자나 보험자에게 도달하면 효력이 발생한다. → 상대방이 있는 일방적인 의사표시

다. 피보험자의 동의는 서면으로 하여야 한다. → 전자서명 또는 공인전자서명과 전자문서가 포함된다.

라. 서면동의의 대리 또는 대행이 가능한지에 대한 견해가 나뉘는데, 법원은 서면동의의 대리ㆍ대행이 유효하다고 하였다(2006다69141 판결).

마. 동의의 시기는 상법상 보험계약 체결당시이다 → 피보험자의 동의는 늦어도 보험계약의 성립당시(보험자의 승낙)까지는 이루어져야 하고, 그 때까지 동의를 얻지 않았으면 그 보험계약은 효력이 없다(확정적무효).

바. 피보험자의 동의 철회 : 보험계약의 성립 전이라면 철회할 수 있다 → 동의에 의하여 계약의 효력이 생긴 때에는 임의로 철회할 수 없고, 보험계약자 및 보험수익자의 동의가 있어야 철회할 수 있다고 해석한다.

3. 동의 없는 계약의 효력

가. 피보험자의 서면동의가 없는 계약은 확정적으로 무효 ⇨ 이미 무효가 된 보험계약을 추인하였다고 해도 그 보험계약은 유효로 될 수 없다.

나. 법원은 동의를 요하는 강행법규의 입법취지를 고려하여 신의성실 또는 금반언에 위배되는 것으로 볼 수 없다고 하였다(2004다56677, 96다37084 판결).

다. 설명의무 대상 : 타인의 생명보험 계약을 체결할 때 보험모집인, 보험설계사는 보험계약자에게 피보험자의 서면동의 등의 요건에 관하여 구체적이고 상세하게 설명하여 보험계약자로 하여금 그 요건을 구비할 수 있는 기회를 주어 유효한 보험계약이 성립하도록 조치할 주의의무가 있다.

3 단체보험의 특성

> **제735조의3 [단체보험]**
> ① 단체가 규약에 따라 구성원의 전부 또는 일부를 피보험자로 하는 생명보험계약을 체결하는 경우에는 제731조를 적용하지 아니한다.
> ② 제1항의 보험계약이 체결된 때에는 보험자는 보험계약자에 대하여서만 보험증권을 교부한다.
> ③ 제1항의 보험계약에서 보험계약자가 피보험자 또는 그 상속인이 아닌 자를 보험수익자로 지정할 때에는 단체의 규약에서 명시적으로 정하는 경우 외에는 그 피보험자의 서면 동의를 받아야한다.

1. 단체보험의 특징

가. 단체보험은 상법 제731조를 적용하지 않고 개별적인 피보험자의 동의 없이도 계약을 체결할 수 있다.

나. 규약의 요건을 갖추지 않음에도 불구하고 서면동의 없는 단체보험은 무효이며(2003다60259 판결), 이 경우 사용자가 피보험자에게 지급할 퇴직금의 적립을 위하여 체결하였다고 해서 사정이 달라지지는 않는다(91다47109 판결).

다. 단체보험계약이 체결되면 보험자는 보험계약자에 대하여만 보험증권을 교부한다.

라. 단체보험의 경우에도 보험계약자가 피보험자 또는 피보험자의 상속인이 아닌 자를 보험수익자로 할 수 있다
　☞ 단체규약에서 명시적으로 자기를 위한 단체보험의 서면동의를 배제하지 않은 이상 그 피보험자의 서면동의를 받도록 하였다(상법 제735조의3 제3항 신설).

타인을 위한 생명보험

제1절 타인을 위한 생명보험

제733조【보험수익자의 지정 또는 변경의 권리】

① 보험계약자는 보험수익자를 지정 또는 변경할 권리가 있다.

② 보험계약자가 제1항의 지정권을 행사하지 아니하고 사망한 때에는 피보험자를 보험수익자로 하고 보험계약자가 제1항의 변경권을 행사하지 아니하고 사망한 때에는 보험수익자의 권리가 확정된다. 그러나 보험계약자가 사망한 경우에는 그 승계인이 제1항의 권리를 행사할 수 있다는 약정이 있는 때에는 그러하지 아니하다.

③ 보험수익자가 보험존속 중에 사망한 때에는 보험계약자는 다시 보험수익자를 지정할 수 있다. 이 경우에 보험계약자가 지정권을 행사하지 아니하고 사망한 때에는 보험수익자의 상속인을 보험수익자로 한다.

④ 보험계약자가 제2항과 제3항의 지정권을 행사하기 전에 보험사고가 생긴 경우에는 피보험자 또는 보험수익자의 상속인을 보험수익자로 한다.

제734조【보험수익자지정권 등의 통지】

① 보험계약자가 계약체결 후에 보험수익자를 지정 또는 변경할 때에는 보험자에 대하여 그 통지를 하지 아니하면 이로써 보험자에게 대항하지 못한다.

② 제731조 제1항의 규정은 제1항의 지정 또는 변경에 준용한다.

1. 타인을 위한 생명보험 정의

가. 보험계약자가 타인을 보험수익자로 한 생명보험계약이다.

나. 보험계약자는 보험수익자를 지정할 권한을 갖는다.

2. 보험계약자의 보험수익자 지정 또는 변경의 권리

가. 보험계약자는 보험수익자를 지정 또는 변경할 권리가 있다.

나. 보험계약자가 자기를 위한 보험계약을 체결한 후에 다시 제3자를 보험수익자로 변경하는 것도 가능하다.

다. 보험수익자의 지정·변경권은 상법에서 인정한 고유권한 → 보험계약자가 보험자의 동의를 받지 않고 자유롭게 행사 → 형성권 → 상대방의 수령이 불필요한 단독행위이다.

3. 보험계약자의 보험수익자 지정 또는 변경

가. 방법에는 제한이 없다. → 서면 · 구두를 불문한다.

나. 보험계약자는 보험수익자를 1인 또는 수인으로 지정할 수 있다.

다. 수인의 보험수익자를 지정하면서 그 몫을 정하지 않은 경우에는 균등한 비율에 지급 ⇨ 보험수익자를 '상속인'으로 정한 경우라면 민법의 상속비율에 따른다.

4. 계약자의 사망

가. 보험계약자가 지징권을 행사하지 아니하고 사망한 때에는 피보험자를 보험수익자로 하고, 보험계약자가 수익자를 지정 한 후에 변경권을 행사하지 않고 사망한 때에는 보험수익자의 권리가 확정된다.

나. 보험수익자가 보험이 유지되는 중에 사망한 경우에는 보험계약자가 보험수익자를 재지정할 수 있다. 이 경우에 보험계약자가 지정권을 행사하지 않고 사망한 때에는 보험수익자의 상속인을 보험수익자로 한다.

다. 보험계약자가 보험수익자를 지정하거나 변경하는 권리를 행사하기 이전에 보험사고가 발생한 경우에는 그 권리를 행사할 수 없으므로(상법 제733조 제4항) 피보험자 또는 보험수익자의 지위가 그대로 인정된다. 그러므로 보험수익자를 미지정한 경우에는 피보험자가 보험수익자가 되며, 보험수익자를 지정하였으나 그 보험수익자가 사망한 경우에는 사망한 보험수익자의 상속인이 보험수익자가 된다.

라. 지정 · 변경의 통지
보험계약자가 계약체결 후에 보험수익자를 지정 또는 변경할 때에는 보험자에게 그 통지를 하지 않으면 보험자에게 대항하지 못한다.

5. 타인의 생명보험의 보험수익자 지정 · 변경

타인을 위한 보험이면서 동시에 타인의 생명보험계약인 경우, 보험계약자가 보험수익자를 변경하려면 피보험자를 보험수익자로 하는 경우 외에는 그 타인의 서면에 의한 동의를 얻어야 한다.

상해 · 질병보험

제1절 상해보험(contract of personal accident insurance)

> **제737조 [상해보험자의 책임]**
> 상해보험계약의 보험자는 신체의 상해에 관한 보험사고가 생길 경우에 보험금액 기타의 급여를 할 책임이 있다.

1 상해보험계약의 정의

가. 보험자가 피보험자의 신체에 상해를 입었을 때에 보험금액 기타의 급여를 할 것을 약정하는 보험계약이다.

나. 상해보험은 보험업법 상 제3보험에 속하는 것으로서 정액보험과 부정액보험의 성격을 함께 가진다.

2 보험증권의 기재사항

> **제738조 [상해보험증권]**
> 상해보험의 경우에 피보험자와 보험계약자가 동일인이 아닐 때에는 그 보험증권 기재사항 중 제728조 제2호에 게기한 사항에 갈음하여 피보험자의 직무 또는 직위만을 기재 할 수 있다.

가. 보험계약자와 피보험자가 동일인이 아닌 때에는 인보험증권의 기재사항인 '피보험자의 주소 · 성명 및 생년월일'에 갈음(대신)하여 '피보험자의 직무 또는 직위'만을 기재할 수 있다.

3 생명보험에 관한 규정의 준용

> **제739조 [준용규정]**
> 상해보험에 관하여는 제732조를 제외하고 생명보험에 관한 규정을 준용한다.

가. 생명보험의 준용사항

상해보험은 생명보험의 규정을 준용한다(상법 제739조). 그러므로 상해보험의 계약자는 보험수익자의 지정 · 변경권을 가지고(상법 제733조), 상해보험의 보험자는 생명보험과 마찬가지로 중과실로 인한 사고를 담보하며 보험료적립금의 반환의무도 부담한다.

나. 생명보험과의 차이점

　　상해보험에 관해서는 15세 미만자 · 심신상실자 · 심신박약자를 피보험자로 하는 것을 금지하는 상법 제732조의 규정을 준용하지 않는다. 그러므로 15세 미만자 등의 상해를 보험사고로 하는 계약은 유효이다.

　　→ 상해사망보험계약은 무효

4 손해보험에 관한 규정의 적용

가. 상해보험계약에서 당사자 간에 다른 약정이 있는 경우에 보험자는 피보험자의 권리를 해하지 않는 범위 인에서 그 권리를 대위하여 행사할 수 있다⇨청구권대위

나. 중복보험규정의 적용

　　손해보험성격의 상해보험에는 중복보험규정이 준용될 수 있다. 그러므로 무보험자동차 상해담보특약이 체결되고 그 보험금액의 총액이 피보험자가 입은 손해액을 초과하는 때에는 중복보험에 관한 법리가 적용된다.

5 보험사고

가. 상해보험의 보험사고는 피보험자 신체의 상해이다.

나. 외래의 사고

　　상해보험에서 외래의 사고란 상해 또는 사망의 원인이 피보험자의 신체적 결함, 즉 질병이나 체질적 요인 등에 기인한 것이 아닌 외부적 요인에 의해 초래된 모든 것을 의미하고, 신체의 내부적 원인에 기인한 것은 제외한다.

다. 우연한 사고

　　피보험자의 고의에 의한 것, 예측할 수 없는 사고로서 흔히 말하는 '사고'는 피보험자의 고의에 의한 것이 아닌 이상 비록 타인의 고의에 의한 것이라고 해도 우연성을 만족하는 것이 일반적이다.

> **🔍 참고**
>
> 술에 취한 상태에서 발생한 사고와 관련한 다수의 판례가 있다. 법원은 술에 취하여 자다가 구토로 인한 구토물이 기도를 막음으로써 사망한 경우에는 보험약관상의 급격성과 우연성이 충족된다고 보고 있다.(98다28114 판결)

라. 급격한 사고

　　상해보험에서 말하는 급격한 사고란 '돌발적 사고'를 말한다. '돌발적 사고' 라는 개념에는 시간적으로 급박한 상태라는 의미가 포함된다. 그러나 급격성은 반드시 사고가 시간적으로 갑작스럽게 일어난 것만을 의미하는 것이 아니고, 피보험자가 예견하지 아니하였거나 예견할 수 없었던 순간에 사고가 생긴 것을 말한다.

마. 입증 책임 : 상해보험금의 청구권자는 상해보험약관에서 담보하는 사고로 손해가 발생하였음을 입증하여야 한다.

> **제739조의2 [질병보험자의 책임]**
> 질병보험계약의 보험자는 피보험자의 질병에 관한 보험사고가 발생할 경우 보험금이나 그 밖의 급여를 지급할 책임이 있다.

1 질병보험계약의 정의

가. 보험자가 피보험자의 질병에 관한 보험사고가 발생할 경우 보험금이나 그 밖의 급여를 할 것을 약정하는 보험계약이다.

나. 보험업법 상 질병보험은 제3보험에 속한다. 기존의 상법은 질병보험에 관한 규정을 두지 않았으나 개정상법에서는 질병보험에 관하여 규정함으로써 법률관계의 명확성을 높이고 관련 법적분쟁을 해결할 수 있도록 하였다.

2 생명보험 · 상해보험 규정의 준용

> **제739조의3 [질병보험에 대한 준용규정]**
> 질병보험에 관하여는 그 성질에 반하지 아니하는 범위에서 생명보험 및 상해보험에 관한 규정을 준용한다.

가. 질병보험은 그 성질에 반하지 않는 범위 내에서 생명보험과 상해보험에 관한 규정을 준용한다.

나. 질병보험의 계약자에게는 보험수익자의 지정 · 변경권이 있으며(상법 제733조), 질병보험의 보험자는 생명 · 상해보험과 마찬가지로 중과실로 인한 사고를 담보하며(상법 제732조의2), 보험료적립금의 반환의무(상법 제736조)도 부담한다. 15세 미만자 · 심신상실자–심신박약자를 피보험자로 하는 질병보험계약도 유효하다(상법 제739조).

3 질병보험의 보험사고

가. 질병보험에서의 보험사고는 '피보험자의 질병'으로서 질병보험의 사고는 보험기간 중에 진단되어야 한다.

나. 의사로부터 진찰 또는 검사를 통하여 질병으로 확정진단(최종적 진단)을 받은 경우를 말한다. 의료실무상 질병의 진단 · 분류는 한국표준질병 · 사인분류(Korean Standard Classification of Diseases, KCD)에 의하므로 대부분의 질병보험약관은 한국표준질병 · 사인분류 중에 특정한 항목으로 분류되는 것을 기준으로 담보하고 있다.

제 2과목

보험업법

PART 1

총칙

보험업법의 개요

제1절　보험업법의 제정목적

제1조(목적)

이 법은 보험업을 경영하는 자의 건전한 경영을 도모하고 보험계약자, 피보험자, 그 밖의 이해관계인의 권익을 보호함으로써 보험업의 건전한 육성과 국민경제의 균형 있는 발전에 기여함을 목적으로 한다.

제2절　정의

제2조(정의)

이 법에서 사용하는 용어의 뜻은 다음과 같다.

1. "보험상품"이란 위험보장을 목적으로 우연한 사건 발생에 관하여 금전 및 그 밖의 급여를 지급할 것을 약정하고 대가를 수수(授受)하는 계약으로서(「국민건강보험법」에 따른 건강보험, 「고용보험법」에 따른 고용보험 등 보험계약자의 보호 필요성 및 금융거래 관행 등을 고려하여 대통령령으로 정하는 것은 제외한다)으로서 다음 각 목의 것을 말한다.
   가. 생명보험상품 : 위험보장을 목적으로 사람의 생존 또는 사망에 관하여 약정한 금전 및 그 밖의 급여를 지급할 것을 약속하고 대가를 수수하는 계약으로서 대통령령으로 정하는 계약
   나. 손해보험상품 : 위험보장을 목적으로 우연한 사건 (다목에 따른 질병·상해 및 간병은 제외한다)으로 발생하는 손해 (계약상 채무불이행 또는 법령상 의무불이행으로 발생하는 손해를 포함한다)에 관하여 금전 및 그 밖의 급여를 지급할 것을 약속하고 대가를 수수하는 계약으로서 대통령령으로 정하는 계약
   다. 제3보험상품 : 위험보장을 목적으로 사람의 질병·상해 또는 이에 따른 간병에 관하여 금전 및 그 밖의 급여를 지급할 것을 약속하고 대가를 수수하는 계약으로서 대통령령으로 정하는 계약
2. "보험업"이란 보험상품의 취급과 관련하여 발생하는 보험의 인수(引受), 보험료 수수 및 보험금 지급 등을 영업으로 하는 것으로서 생명보험업·손해보험업 및 제3보험업을 말한다.
3. "생명보험업"이란 생명보험상품의 취급과 관련하여 발생하는 보험의 인수, 보험료 수수 및 보험금 지급 등을 영업으로 하는 것을 말한다.
4. "손해보험업"이란 손해보험상품의 취급과 관련하여 발생하는 보험의 인수, 보험료 수수 및 보험금 지급 등을 영업으로 하는 것을 말한다.
5. "제3보험업"이란 제3보험상품의 취급과 관련하여 발생하는 보험의 인수, 보험료 수수 및 보험금 지급 등을 영업으로 하는 것을 말한다.
6. "보험회사"란 제4조에 따른 허가를 받아 보험업을 경영하는 자를 말한다.

7. "상호회사"란 보험업을 경영할 목적으로 이 법에 따라 설립된 회사로서 보험계약자를 사원(社員)으로 하는 회사를 말한다.

8. "외국보험회사"란 대한민국 이외의 국가의 법령에 따라 설립되어 대한민국 이외의 국가에서 보험업을 경영하는 자를 말한다.

9. "보험설계사"란 보험회사 · 보험대리점 또는 보험중개사에 소속되어 보험계약의 체결을 중개하는 자[법인이 아닌 사단(社團)과 재단을 포함한다]로서 제84조에 따라 등록된 자를 말한다.

10. "보험대리점"이란 보험회사를 위하여 보험계약의 체결을 대리하는 자(법인이 아닌 사단과 재단을 포함한다)로서 제87조에 따라 등록된 자를 말한다.

11. "보험중개사"란 독립적으로 보험계약의 체결을 중개하는 자(법인이 아닌 사단과 재단을 포함한다)로서 제89조에 따라 등록된 자를 말한다.

12. "모집"이란 보험계약의 체결을 중개하거나 대리하는 것을 말한다.

13. "신용공여"란 대출 또는 유가증권의 매입(자금 지원적 성격인 것만 해당한다)이나 그 밖에 금융거래상의 신용위험이 따르는 보험회사의 직접적 · 간접적 거래로서 대통령령으로 정하는 바에 따라 금융위원회가 정하는 거래를 말한다.

14. "총자산"이란 대차대조표에 표시된 자산에서 미상각신계약비(未償却新契約費), 영업권 등 대통령령으로 정하는 자산을 제외한 것을 말한다.

15. "자기자본"이란 납입자본금 · 자본잉여금 · 이익잉여금, 그 밖에 이에 준하는 것(자본조정은 제외한다)으로서 대통령령으로 정하는 항목의 합계액에서 영업권, 그 밖에 이에 준하는 것으로서 대통령령으로 정하는 항목의 합계액을 뺀 것을 말한다.

16. "동일차주"란 동일한 개인 또는 법인 및 이와 신용위험을 공유하는 자로서 대통령령으로 정하는 자를 말한다.

17. "대주주"란 다음 각 목의 어느 하나에 해당하는 주주를 말한다.

　가. 최대주주: 보험회사의 의결권 있는 발행주식 총수를 기준으로 본인 및 그와 대통령령으로 정하는 특수한 관계에 있는 자 (이하 "특수관계인"이라 한다)가 누구의 명의로 하든지 자기의 계산으로 소유하는 주식을 합하여 그 수가 가장 많은 경우의 그 본인

　나. 주요주주: 누구의 명의로 하든지 자기의 계산으로 보험회사의 의결권 있는 발행주식 총수의 100분의 10 이상의 주식을 소유하는 자 또는 임원의 임면 등의 방법으로 그 보험회사의 주요 경영사항에 대하여 사실상의 영향력을 행사하는 주주로서 대통령령으로 정하는 자

18. "자회사"란 보험회사가 다른 회사(「민법」 또는 특별법에 따른 조합을 포함한다)의 의결권 있는 발행주식(출자지분을 포함한다) 총수의 100분의 15를 초과하여 소유하는 경우의 그 다른 회사를 말한다.

19. "전문보험계약자"란 보험계약에 관한 전문성, 자산규모 등에 비추어 보험계약의 내용을 이해하고 이행할 능력이 있는 자로서 다음 각 목의 어느 하나에 해당하는 자를 말한다. 다만, 전문보험계약자 중 대통령령으로 정하는 자가 일반보험계약자와 같은 대우를 받겠다는 의사를 보험회사에 서면으로 통지하는 경우 보험회사는 정당한 사유가 없으면 이에 동의하여야 하며, 보험회사가 동의한 경우에는 해당 보험계약자는 일반보험계약자로 본다.

　가. 국가

　나. 한국은행

　나. 대통령령으로 성하는 금융기관

　라. 주권상장법인

　마. 그 밖에 대통령령으로 정하는 자

20. "일반보험계약자"란 전문보험계약자가 아닌 보험계약자를 말한다.

1) 생명보험 : 사람의 생존 또는 사망에 관하여 약정한 금전 및 그 밖의 급여를 지급할 것을 약속하고 대가를 수수하는 계약으로서 생명보험계약, 연금보험계약(퇴직보험계약을 포함)을 말한다.

2) 손해보험 : 화재보험, 해상보험계약, 자동차보험, 보증보험, 재보험, 책임보험, 기술보험, 권리보험, 도난보험, 원자력보험, 유리보험, 동물보험, 비용보험, 날씨보험 등의 계약을 말한다.

3) 제3보험 : 사람의 질병, 상해 또는 간병에 관하여 금전 및 그 밖의 급여를 지급할 것을 약속하고 대가를 수수하는 계약으로 상해, 질병, 간병보험이 있다.

4) 보험업 : 보험상품의 취급과 관련하여 발생하는 보험의 인수, 보험료 수수 및 보험금 지급 등을 영업으로 하는 것으로서 생명보험업, 손해보험업 및 제3보험업을 말한다.

5) 전문보험계약자

   (1) 국가

   (2) 한국은행

   (3) 대통령령으로 정하는 금융기관(보험, 은행, 금융지주, 각종 협동조합중앙회, 새마을 금고, 여신전문금융회사 및 이에 준하는 외국금융기관)

   (4) 주권상장법인

   (5) 그 밖에 대통령령으로 정하는 자(지방자치단체, 보험모집가능한 자, 보험협회, 보험관계단체, 금융감독원, 자산 관리공사 및 예금보험공사 및 정리금융기관 외 금융·투자관련공사. 한국예탁결제원 및 거래소 등)는 전문보험계약자에 해당한다. 다만, 기술보증기금법에 따른 기술보증기금과 신용보증기금법에 따른 신용보증기금은 전문계약자에서 일반보험계약자로 전환할 수 없다.

6) 일반계약자로 전환 가능 계약자

   전문계약자 중에서 지방자치단체, 주권상장법인, 외국금융기관, 법률에 따라 설립한

   기금운용법인(기술보증기금, 신용보증기금 제외), 해외 주권상장 국내법인

제3절　보험계약의 체결

1　보험계약의 체결

> **제3조(보험계약의 체결)**
> 누구든지 보험회사가 아닌 자와 보험계약을 체결하거나 중개 또는 대리하지 못한다. 다만, 대통령령으로 정하는 경우에는 그러하지 아니하다.

2　일반원칙

누구든지 보험회사가 아닌 자와 보험계약을 체결하거나 중개 또는 대리하지 못한다.

3　보험회사가 아닌 자와 보험계약을 체결할 수 있는 경우(시행령 제7조)

다음 각 호의 어느 하나에 해당하는 경우는 예외사항으로 한다.

1) 외국보험회사와 생명보험계약, 수출적하보험계약, 수입적하보험계약, 항공보험계약, 여행보험계약, 선박보험계약, 장기상해보험계약 또는 재보험계약을 체결하는 경우
2) 제1호 외의 경우로서 대한민국에서 취급하는 보험종목에 관하여 셋 이상의 보험회사로부터 가입이 거절되어 외국보험회사와 보험계약을 체결하는 경우
3) 대한민국에서 취급되지 아니하는 보험종목에 관하여 외국보험회사와 보험계약을 체결하는 경우
4) 외국에서 보험계약을 체결하고, 보험기간이 지나기 전에 대한민국에서 그 계약을 지속시키는 경우
5) 보험회사와 보험계약을 체결하기 곤란한 경우로서 금융위원회의 승인을 받은 경우

PART 2

보험업의 허가 등

보험업의 개요

제1절 　보험업의 허가

제4조(보험업의 허가)

① 보험업을 경영하려는 자는 다음 각 호에서 정하는 보험종목별로 금융위원회의 허가를 받아야 한다.

　1. 생명보험업의 보험종목

　　가. 생명보험

　　나. 연금보험(퇴직보험을 포함한다)

　　다. 그 밖에 대통령령으로 정하는 보험종목

　2. 손해보험업의 보험종목

　　가. 화재보험

　　나. 해상보험(항공 · 운송보험을 포함한다)

　　다. 자동차보험

　　라. 보증보험

　　마. 재보험(再保險)

　　바. 그 밖에 대통령령으로 정하는 보험종목

　3. 제3보험업의 보험종목

　　가. 상해보험

　　나. 질병보험

　　다. 간병보험

　　라. 그 밖에 대통령령으로 정하는 보험종목

② 제1항에 따른 허가를 받은 자는 해당 보험종목의 재보험에 대한 허가를 받은 것으로 본다.

③ 생명보험업이나 손해보험업에 해당하는 보험종목의 전부 (보증보험 및 재보험은 제외한다)에 관하여 제1항에 따른 허가를 받은 자는 제3보험업에 해당하는 보험종목에 대한 허가를 받은 것으로 본다.

④ 생명보험업 또는 손해보험업에 해당하는 보험종목의 전부 (보증보험 및 재보험은 제외한다)에 관하여 받은 자는 경제 질서의 건전성을 해친 사실이 없으면 해당 생명보험업 또는 손해보험업의 종목으로 신설되는 보험종목에 대한 허가를 받은 것으로 본다.

⑤ 제3보험업에 관하여 허가를 받은 자는 보험종목을 취급할 수 있다.

⑥ 보험업의 허가를 받을 수 있는 자는 주식회사, 상호회사 및 외국보험회사로 제한하며, 제1항에 따라 허가를 받은 외국보험회사의 국내지점(이하 "외국보험회사국내지점"이라 한다)은 이 법에 따른 보험회사로 본다.

⑦ 금융위원회는 제1항에 따른 허가에 조건을 붙일 수 있다.

1 허가의 대상

보험업의 허가대상은 주식회사, 상호회사, 외국보험회사로 한정된다. 그 이외의 개인, 단체 및 상법에 따른 유한회사, 합명회사, 합자회사 등은 허가의 대상이 아니다.

일반적으로 허가란 금지된 특정한 행위를 적법하게 만들어 주는 행정행위이다.

2 보험종목별 허가

보험업을 경영하려는 자는 다음 각 호에서 정하는 보험종목별로 금융위원회의 허가를 받아야 한다.

금융위원회는 허가에 조건을 붙일 수 있다.

1. 생명보험의 보험종목

(1) 생명보험

(2) 연금보험(퇴직보험을 포함한다)

2. 손해보험의 보험종목

(1) 화재보험

(2) 해상보험(항공, 운송보험을 포함한다)

(3) 자동차보험

(4) 보증보험

(5) 재보험

(6) 그 밖에 대통령령으로 정하는 보험종목

3. 제3보험업의 보험종목

(1) 상해보험

(2) 질병보험

(3) 간병보험

3 보험업의 허가

(1) 보험종목별 허가를 받아야 한다.

(2) 금융위원회의 허가를 받아야 한다.

(3) 금융위원회는 허가에 조건을 붙일 수 있다.

(4) 생명보험, 손해보험, 제3보험 어느 허가를 받았다면, 해당 보험종목의 재보험에 대해서도 허가를 받은 것으로 본다.

1 허가신청서

> **제5조(허가신청서 등의 제출)**
> 제4조제1항에 따라 허가를 받으려는 자는 신청서에 다음 각 호의 서류를 첨부하여 금융위원회에 제출하여야 한다. 다만, 보험회사가 취급하는 보험종목을 추가하려는 경우에는 제1호의 서류는 제출하지 아니할 수 있다.
> 1. 정관
> 2. 업무 시작 후 3년간의 사업계획서(추정재무제표를 포함한다)
> 3. 경영하려는 보험업의 보험종목별 사업방법서, 보험약관, 보험료 및 책임준비금의 산출방법서(이하 "기초서류"라 한다) 중 대통령령으로 정하는 서류
> 4. 제1호부터 제3호까지의 규정에 따른 서류 이외에 대통령령으로 정하는 서류

2 허가신청 서류

1) 정관

2) 업무 시작 후 3년간의 사업계획서(추정재무제표를 포함한다)

3) 경영하려는 보험업의 보험종목별 사업방법서, 보험약관, 보험료 및 책임준비금의 산출방법서(이하 "기초서류"라 한다) 중 대통령령으로 정하는 서류

3 신청서 기재사항

1) 상호

2) 주된 사무소의 소재지

3) 대표자 및 임원의 성명, 주민등록번호 및 주소

4) 자본금 또는 기금에 관한 사항

5) 시설, 설비 및 인력에 관한 사항

6) 허가를 받으려는 보험종목

제3절 허가의 요건 등

제6조(허가의 요건 등)

① 보험업의 허가를 받으려는 자(외국보험회사 및 제3항에 따라 보험종목을 추가하려는 보험회사는 제외한다)는 다음 각 호의 요건을 갖추어야 한다.

  1. 제9조제1항 및 제2항에 따른 자본금 또는 기금을 보유할 것

  2. 보험계약자를 보호할 수 있고 그 경영하려는 보험업을 수행하기 위하여 필요한 전문 인력과 전산설비 등 물적(物的) 시설을 충분히 갖추고 있을 것. 이 경우 대통령령으로 정하는 바에 따라 업무의 일부를 외부에 위탁하는 경우에는 그 위탁한 업무와 관련된 전문 인력과 물적 시설을 갖춘 것으로 본다.

  3. 사업계획이 타당하고 건전할 것

  4. 대주주(최대주주의 특수관계인인 주주를 포함한다. 이하 이 조에서 같다)가 제13조제1항 각 호의 어느 하나에 해당하지 아니하고, 충분한 출자능력과 건전한 재무상태를 갖추고 있으며, 건전한 경제질서를 해친 사실이 없을 것

② 보험업의 허가를 받으려는 외국보험회사는 다음 각 호의 요건을 갖추어야 한다.

  1. 제9조제3항에 따른 영업기금을 보유할 것

  2. 국내에서 경영하려는 보험업과 같은 보험업을 외국 법령에 따라 경영하고 있을 것

  3. 자산상황·재무건전성 및 영업건전성이 국내에서 보험업을 경영하기에 충분하고, 국제적으로 인정받고 있을 것

③ 보험종목을 추가하여 허가를 받으려는 보험회사는 다음 각 호의 요건을 갖추어야 한다.

  1. 제1항의 요건을 충족할 것(다만, 같은 항 제4호의 허가 요건은 같은 호에도 불구하고 대통령령으로 정하는 완화된 요건을 적용한다)

  2. 대통령령으로 정하는 건전한 재무상태와 사회적 신용을 갖출 것

④ 보험회사는 제1항제2호의 요건을 대통령령으로 정하는 바에 따라 보험업의 허가를 받은 이후에도 계속하여 유지하여야 한다. 다만, 보험회사의 경영건전성을 확보하고 보험가입자 등의 이익을 보호하기 위하여 대통령령으로 정하는 경우로서 금융위원회의 승인을 받은 경우에는 그러하지 아니하다.

⑤ 보험회사의 주식을 취득하여 대주주(대통령령으로 정하는 자는 제외한다)가 되려는 자는 제1항제4호의 요건 중 건전한 경영을 위하여 대통령령으로 정하는 요건을 갖추어야하며, 미리 금융위원회의 승인을 받아야 한다.

⑥ 금융위원회는 6개월 이내의 기간을 정하여 제5항에 따른 승인 없이 주식을 취득한 자에 대하여 그 주식을 처분할 것을 명할 수 있다.

⑦ 제5항에 따른 승인 없이 주식을 취득한 자는 그 승인을 받지 아니한 취득분에 대하여는 의결권을 행사할 수 없다.

---

1 허가의 요건

1. 보험업의 허가를 받으려는 자

자본금 또는 기금, 물적시설, 사업계획의 타당, 건전성, 대주주의 요건을 갖추어야 한다.

2 **업무의 일부를 외부에 위탁하는 경우**

보험업의 허가를 받으려는 자가 다음 각 호의 어느 하나에 해당하는 업무를 외부에 위탁하는 경우에는 그 업무와 관련된 전문 인력과 물적시설을 갖춘 것으로 본다.

1) 손해사정업무

2) 보험계약 심사를 위한 조사업무

3) 보험금 지급심사를 위한 보험사고 조사업무

4) 전산설비의 개발, 운영 및 유지, 보수에 관한 업무

1. 사업 계획의 타당·건전성

1) 사업계획이 지속적인 영업을 수행하기에 적합하고 추정재무제표 및 수익 전망이 사업계획에 비추어 타당성이 있을 것

2) 사업계획을 추진하는 데 드는 자본 등 자금의 조달방법이 적절할 것

3) 사업방법서가 보험계약자를 보호하기에 적절한 내용일 것

3 **외국보험회사의 허가요건**

1) 영업기금을 보유할 것

2) 국내에서 경영하려는 보험업과 같은 보험업을 외국법령에 따라 경영하고 있을 것

3) 자산상황, 재무건전성 및 영업건전성이 국내에서 보험업을 경영하기에 충분하고 국제적으로 인정받고 있을 것

4 **보험종목 추가 허가요건**

1) 허가의 요건 충족

2) 재무상태의 건전성 및 사회적 신용

　(1) 건전한 재무상태

　　　보험회사의 보험금 지급능력과 경영건전성을 확보하기 위한 것으로서 금융위원회가 고시하는 재무건전성 기준을 충족할 수 있는 상태

　(2) 사회적 신용

　　　다음 각 항목의 요건을 모두 충족할 것. 다만, 그 위반 등의 정도가 경미하다고 인정되는 경우는 제외한다.

　　　① 최근 3년간 벌금형 이상에 상당하는 형사처벌을 받은 사실이 없을 것

　　　② 최근 3년간 채무불이행 등으로 건전한 신용질서를 해친 사실이 없을 것

③「금융회사의 지배구조에 관한 법률」제2조 제7호에 따른 금융관계법령에 따라 금융위원회
,외국금융감독기관 등으로부터 지점이나 그 밖의 영업소의 폐쇄 또는 그 업무의 전부나 일부의 정지
이상의 조치를 받은 후 다음 구분에 따른 기간이 지났을 것

　가. 업무의 전부정지 : 업무정지가 끝난 날부터 3년

　나. 업무의 일부정지 : 업무정지가 끝난 날부터 2년

　다. 지점이나 그 밖의 영업소의 폐쇄 또는 그 업무의 전부나 일부의 정지 : 해당 조치를 받은 날부터 1년

5 허가요건의 유지

1. 일반원칙

보험회사는 대통령령으로 정하는 바에 따라 보험업의 허가를 받은 이후에도 계속하여 유지하여야 한다.
보험회사가 보험업허가를 받은 이후 전산설비의 성능향상이나 보안체계의 강화 등을 위하여 그 일부를
변경하는 경우에는 물적 시설을 유지한 것으로 본다.

2. 예외사항

다만, 보험회사의 경영건전성을 확보하고 보험가입자 등의 이익을 보호하기 위하여 대통령령으로 정하는
경우로서 금융위원회의 승인을 받은 경우에는 그러하지 아니하다. 단서에서"대통령령으로 정하는 경우"란
보험계약자의 이익 보호에 지장을 주지 아니하고 해당보험회사 의 경영효율성향상 등을 위하여 불가피한
경우로서 다음 각 호의 요건을 모두 충족하는 경우를 말한다.

(1) 개인정보 보호에 차질이 없을 것

(2) 보험서비스 제공의 지연 등으로 인한 민원 발생의 우려가 없을 것

(3) 보험계약과 관련한 신뢰성 있는 보험통계를 제때에 산출할 수 있을 것

(4) 해당 보험회사에 대한 감독, 검사 업무의 수행에 지장을 주지 아니할 것

6 대주주가 되려는 자에 대한 사전승인

(1) 금융위원회의 승인

(2) 의결권 있는 발행주식 총수 또는 지분의 100분의 1미만을 소유한 자는 승인을 받지 않아도 된다.

(3) 승인없이 주식을 취득하면 금융위원회는 6개월 이내의 기간을 정하여 주식처분을 명할 수 있다. 그 취득분에
　　대하여는 의결권을 행사할 수 없다.

1 예비허가

> **제7조(예비허가)**
>
> ① 제4조에 따른 허가(이하 이 조에서 "본허가"라 한다)를 신청하려는 자는 미리 금융위원회에 예비허가를 신청할 수 있다.
>
> ② 제1항에 따른 신청을 받은 금융위원회는 2개월 이내에 심사하여 예비허가 여부를 통지하여야 한다. 다만, 총리령으로 정하는 바에 따라 그 기간을 연장할 수 있다.
>
> ③ 금융위원회는 제2항에 따른 예비허가에 조건을 붙일 수 있다.
>
> ④ 금융위원회는 예비허가를 받은 자가 제3항에 따른 예비허가의 조건을 이행한 후 본허가를 신청하면 허가하여야 한다.
>
> ⑤ 예비허가의 기준과 그 밖에 예비허가에 관하여 필요한 사항은 총리령으로 정한다.

가. 본 허가를 신청하려는 자는 미리 금융위원회에 예비허가를 신청할 수 있다.

나. 신청을 받은 금융위원회는 2개월 이내에 심사하여 예비허가 여부를 통지하여야 한다. 다만, 총리령으로 정하는 바에 따라 그 기간을 연장할 수 있다.

다. 금융위원회는 예비허가에 조건을 붙일 수 있다.

라. 금융위원회는 예비허가를 받은 자가 예비허가의 조건을 이행한 후 본 허가를 신청하면 허가하여야 한다.

마. 예비허가의 기준과 그 밖에 예비허가에 관하여 필요한 사항은 총리령으로 정한다.

보험사업

제1절　상호 또는 명칭

제8조(상호 또는 명칭)

① 보험회사는 그 상호 또는 명칭 중에 주로 경영하는 보험업의 종류를 표시하여야 한다.

② 보험회사가 아닌 자는 그 상호 또는 명칭 중에 보험회사임을 표시하는 글자를 포함하여서는 아니 된다.

제2절　자본금 또는 기금

1　자본금 또는 기금

제9조(자본금 또는 기금)

① 보험회사는 300억원 이상의 자본금 또는 기금을 납입함으로써 보험업을 시작할 수 있다. 다만, 보험회사가 제4조제1항에 따른 보험종목의 일부만을 취급하려는 경우에는 50억원 이상의 범위에서 대통령령으로 자본금 또는 기금의 액수를 다르게 정할 수 있다.

② 제1항에도 불구하고 전화 · 우편 · 컴퓨터통신 등 통신수단을 이용하여 대통령령으로 정하는 바에 따라 모집을 하는 보험회사는 제1항에 따른 자본금 또는 기금의 3분의 2에 상당하는 금액 이상을 자본금 또는 기금으로 납입함으로써 보험업을 시작할 수 있다.

③ 외국보험회사가 대한민국에서 보험업을 경영하려는 경우에는 대통령령으로 정하는 영업기금을 제1항 또는 제2항의 자본금 또는 기금으로 본다.

1. 보험종목별 자본금 또는 기금의 액수

보험회사는 300억원 이상(주식회사)의 자본금 또는 기금(상호회사)을 납입함으로써 보험업을 시작할 수 있다.
다만, 보험회사가 보험종목의 일부만을 취급하려는 경우에는 50억원 이상의 범위에서 대통령령으로 자본금
또는 기금의 액수를 다르게 정할 수 있다.

(1) 생명보험 : 200억원

(2) 연금보험(퇴직보험 포함) : 200억원

(3) 화재보험 : 100억원

(4) 해상보험(항공·운송보험 포함) : 150억원

(5) 자동차보험 : 200억원

(6) 보증보험 : 300억원

(7) 재보험 : 300억원 (재보험을 전업으로 하려는 보험회사에 한정하여 적용 취급하고 있는 보험종목에 대한
　　재보험을 하려는 경우에는 그러하지 아니함)

(8) 책임보험 : 100억원

(9) 기술보험 : 50억원

(10) 권리보험 : 50억원

(11) 상해보험 : 100억원

(12) 질병보험 : 100억원

(13) 간병보험 : 100억원

(14) 제1호부터 제13호까지 외의 보험종목 : 50억원

300억	200억	150억	100억	50억	30억
종목전부 재보험 보증보험	자동차보험 연금보험 (퇴직포함) 생명보험	해상보험 (항공, 운송보험 포함)	간병보험 질병보험 화재보험 책임보험 상해보험	기술보험 권리보험 그 외 보험	외국보험 회사

2. 둘 이상의 보험종목을 취급하려는 경우

보험회사가 보험종목 중 둘이상의 보험종목을 취급하려는 경우에는 보험종목별 구분에 따른 금액의 합계액을
자본금 또는 기금으로 한다. 다만, 그 합계액이 300억원 이상인 경우에는 300억원으로 한다.

> **제13조의2(소액단기전문보험회사) (보험업법 시행령)**
>
> ① 법 제9조제2항제2호에서 "모집할 수 있는 보험상품의 종류, 보험기간, 보험금의 상한액, 연간 총보험료 상한액
> 등 대통령령으로 정하는 기준"이란 다음 각 호의 구분에 따른 기준을 말한다.
> > 1. 모집할 수 있는 보험상품의 종류: 다음 각 목의 보험상품
> > > 가. 생명보험상품 중 제1조의2제2항제1호에 따른 보험상품(생명보험)
> > > 나. 손해보험상품 중 제1조의2제3항제6호(책임보험계약), 제9호부터
> > > 　　 제11호까지(도난보험계약,유리보험계약,동물보험계약), 제13호(비용보험계약) 또는
> > > 　　 제14호(날씨보험계약)에 따른 보험상품
> > > 다. 제3보험상품 중 제1조의2제4항제1호(상해보험계약) 또는 제2호(질병보험계약)에 따른 보험상품
> > 2. 보험기간: 2년 이내의 범위에서 금융위원회가 정하여 고시하는 기간
> > 3. 보험금의 상한액: 5천만원
> > 4. 연간 총보험료 상한액: 500억원
> ② 법 제9조제2항제2호에서 "대통령령으로 정하는 금액"이란 20억원을 말한다.

3 통신판매전문보험회사의 자본금 또는 기금

1. 통신판매전문보험회사(시행령 제13조)

(1) 대통령령으로 정하는 바에 따라 모집을 하는 보험회사란 총 보험 계약건수 및 수입보험료의 100분의
　　 90이상을 전화, 우편, 컴퓨터 통신 등 통신수단을 이용하여 모집하는 보험회사 (이하 통신판매전문보험회사
　　 라 한다)를 말한다.

(2) 통신판매전문보험회사가 모집비율을 위반한 경우에는 그 비율을 충족할 때 까지 통신수단 외의 방법으로
　　 모집할 수 없다.

(3) 모집비율의 산정기준 등 통신수단을 이용한 모집에 필요한 사항은 금융위원회가 정하여 고시한다.

2. 자본금 또는 기금

통신판매전문보험회사는 위에서 정한자본금 또는 기금의 3분의 2에 상당하는 금액 이상을 자본금 또는
기금으로 납입함으로써 보험업을 시작할 수 있다.

4 외국보험회사의 영업기금

외국보험회사가 대한민국에서 보험업을 경영하려는 경우에는 대통령령으로 정하는 영업기금 (30억원 이상)을
자본금 또는 기금으로 한다.

1 보험업 겸영의 제한

> **제10조(보험업 겸영의 제한)**
> 보험회사는 생명보험업과 손해보험업을 겸영(兼營)하지 못한다. 다만, 다음 각 호의 어느 하나에 해당하는 보험종목은 그러하지 아니하다.
> 1. 생명보험의 재보험 및 제3보험의 재보험
> 2. 다른 법령에 따라 겸영할 수 있는 보험종목으로서 대통령령으로 정하는 보험종목
> 3. 대통령령으로 정하는 기준에 따라 제3보험의 보험종목에 부가되는 보험

1. 일반원칙

보험회사는 생명보험업과 손해보험업을 겸영하지 못 한다 .

2. 예외사항

다음 각 호의 어느 하나에 해당하는 보험종목은 예외적으로 겸영이 가능하다.

(1) 생명보험의 재보험 및 제3보험의 재보험

(2) 다른 법령에 따라 겸영 할 수 있는 보험종목으로서 대통령령으로 정하는 보험종목. 다만, 손해보험업의 보험종목 (재보험과 보증보험은 제외) 일부만을 취급하는 보험회사와 제3보험업만을 경영하는 보험회사는 겸영할 수 없다.

  ① 「조세특례제한법」연금저축계약

  ② 「근로자퇴직급여 보장법」보험계약 및 근로자퇴직급여보장법 퇴직보험계약

(3) 대통령령으로 정하는 기준에 따라 제3보험의 보험종목에 부가되는 보험 .이는 손해보험업의 보험종목전부를 취급하는 손해보험회사가 질병을 원인으로 하는 사망을 제3보험의 특약형식으로 담보하는 보험으로서 다음 각 호의 요건을 충족하는 보험을 말한다.

  ① 보험만기는 80세 이하일 것

  ② 보험금액의 한도는 개인당 2억원 이내일 것

  ③ 만기 시에 지급하는 환급금은 납입보험료 합계액의 범위 내일 것

2 보험회사의 겸영업무

제11조(보험회사의 겸영업무)

보험회사는 경영건전성을 해치거나 보험계약자 보호 및 건전한 거래질서를 해칠 우려가 없는 금융업무로서 다음 각 호에 규정된 업무를 할 수 있다. 이 경우 보험회사는 제1호 또는 제3호의 업무를 하려면 그 업무를 시작하려는 날의 7일 전까지 금융위원회에 신고하여야 한다. <개정 2020. 12. 8.>

1. 대통령령으로 정하는 금융 관련 법령에서 정하고 있는 금융업무로서 해당 법령에서 보험회사가 할 수 있도록 한 업무
2. 대통령령으로 정하는 금융업으로서 해당 법령에 따라 인가 · 허가 · 등록 등이 필요한 금융업무(예외 7일신고 사항아님)
3. 그 밖에 보험회사의 경영건전성을 해치거나 보험계약자 보호 및 건전한 거래질서를 해칠 우려가 없다고 인정되는 금융업무로서 대통령령으로 정하는 금융업무

제11조의2(보험회사의 부수업무)

① 보험회사는 보험업에 부수(附隨)하는 업무를 하려면 그 업무를 하려는 날의 7일 전까지 금융위원회에 신고하여야 한다.

② 금융위원회는 제1항에 따른 부수업무에 관한 신고내용이 다음 각 호의 어느 하나에 해당하면 그 부수업무를 하는 것을 제한하거나 시정할 것을 명할 수 있다.

1. 보험회사의 경영건전성을 해치는 경우
2. 보험계약자 보호에 지장을 가져오는 경우
3. 금융시장의 안정성을 해치는 경우

③ 제2항에 따른 제한명령 또는 시정명령은 그 내용 및 사유가 구체적으로 적힌 문서로 하여야 한다.

④ 금융위원회는 제1항에 따라 신고 받은 부수업무 및 제2항에 따라 제한명령 또는 시정명령을 한 부수업무를 대통령령으로 정하는 방법에 따라 인터넷 홈페이지 등에 공고하여야 한다.

제11조의3(겸영업무 · 부수업무의 구분계리)

보험회사가 제11조 및 제11조의2에 따라 다른 금융업 또는 부수업무를 하는 경우에는 대통령령으로 정하는 바에 따라 그 업무를 보험업과 구분하여 계리(計理)하여야 한다.

보험회사는 경영건전성을 해치거나 보험계약자 보호 및 건전한 거래질서를 해칠 우려가 없는 금융업무로서 다음 각 호에 규정된 업무를 할 수 있다. 이 경우 보험회사는 제1호 또는 제3호의 업무를 하려면 그 업무를 시작하려는 날의 7일 전까지 금융위원회에 신고하여야 한다. <개정 2020. 12. 8.>

1) 대통령령으로 정하는 금융 관련 법령에서 정하고 있는 금융업무로서 해당 법령에서 보험회사가 할 수 있도록 한 업무

2) 대통령령으로 정하는 금융업으로서 해당 법령에 따라 인가 · 허가 · 등록 등이 필요한 금융업무 → 예외, 신고없이 가능하다.

3) 그 밖에 보험회사의 경영건전성을 해치거나 보험계약자 보호 및 건전한 거래질서를 해칠 우려가 없다고 인정되는 금융업무로서 대통령령으로 정하는 금융업무[전문개정 2010. 7. 23.]

1. 금융 관련 법령에서 정하고 있는 금융업무

(1) 「자산유동화에 관한 법률」에 따른 유동화자산의 관리업무

(2) 「주택저당채권 유동화회사법」에 따른 유동화자산의 관리업무

(3) 「한국주택금융공사법」에 따른 채권유동화자산의 관리업무

(4) 「전자금융거래법」제28조 제2항 제1호에 따른 전자자금이체업무대통령령으로 정하는 금융업이란 다음 각 호의 어느 하나에 해당하는 업무를 말한다. (시행령 제16조 ②)

　① 「자본시장과 금융투자업에 관한 법률」따른 집합투자업

　② 「자본시장과 금융투자업에 관한 법률」따른 투자자문업

　③ 「자본시장과 금융투자업에 관한 법률」따른 투자일임업

　④ 「자본시장과 금융투자업에 관한 법률」따른 신탁업

　⑤ 「자본시장과 금융투자업에 관한 법률」따른 집합투자 증권에 대한 투자매매업

　⑥ 「자본시장과 금융투자업에 관한 법률」따른 집합투자 증권에 대한 투자중개업

　⑦ 「외국환거래법」따른 외국환업무

　⑧ 「근로자퇴직급여 보장법」따른 퇴직연금사업자의 업무

4 보험회사의 부수업무

1. **부수업무의 신고**

보험회사는 보험업에 부수하는 업무를 하려면 그 업무를 하려는 날의 7일전까지 금융위원회에 신고하여야 한다.

2. **부수업무의 제한 및 시정명령**

(1) 보험회사의 경영건전성을 해치는 경우

(2) 보험계약자 보호에 지장을 가져오는 경우

(3) 금융시장의 안정성을 해치는 경우

3. **부수업무 등의 공고**

(1) 부수업무의 공고

금융위원회는 보험회사가 보험업에 부수하는 업무를 신고한 경우에는 그 신고일로부터 7일 이내에 다음 각 호의 사항을 인터넷 홈페이지 등에 공고하여야 한다.

① 보험회사의 명칭

② 부수업무의 신고일

③ 부수업무의 개시 예정일

④ 부수업무의 내용

⑤ 그 밖에 보험계약자의 보호를 위하여 공시가 필요하다고 인정되는 사항으로서 금융위원회가 정하여 고시하는 사항

(2) 부수업무 제한 및 시정명령의 공고

금융위원회는 부수업무를 하는 것을 제한하거나 시정할 것을 명한 경우에는 그 내용과 사유를 인터넷 홈페이지 등에 공고하여야 한다.

1 사무소의 설치

> **제12조(외국보험회사 등의 국내사무소 설치 등)**
>
> ① 외국보험회사, 외국에서 보험대리 및 보험중개를 업(業)으로 하는 자 또는 그 밖에 외국에서 보험과 관련된 업을 하는 자(이하 "외국보험회사 등"이라 한다)는 보험시장에 관한 조사 및 정보의 수집이나 그 밖에 이와 비슷한 업무를 하기 위하여 국내에 사무소(이하 "국내사무소"라 한다)를 설치할 수 있다.
>
> ② 외국보험회사등이 제1항에 따라 국내사무소를 설치하는 경우에는 그 설치한 날부터 30일 이내에 금융위원회에 신고하여야 한다.
>
> ③ 국내사무소는 다음 각 호의 어느 하나에 해당하는 행위를 하여서는 아니 된다.
>   1. 보험업을 경영하는 행위
>   2. 보험계약의 체결을 중개하거나 대리하는 행위
>   3. 국내 관련 법령에 저촉되는 방법에 의하여 보험시장의 조사 및 정보의 수집을 하는 행위
>   4. 그 밖에 국내사무소의 설치 목적에 위반되는 행위로서 대통령령으로 정하는 행위
>
> ④ 국내사무소는 그 명칭 중에 사무소라는 글자를 포함하여야 한다.
>
> ⑤ 금융위원회는 국내사무소가 이 법 또는 이 법에 따른 명령 또는 처분을 위반한 경우에는 6개월 이내의 기간을 정하여 업무의 정지를 명하거나 국내사무소의 폐쇄를 명할 수 있다.

2 외국보험회사 등의 국내사무소

1) 외국보험회사, 외국에서 보험대리 및 보험중개를 업(業)으로 하는 자 또는 그 밖에 외국에서 보험과 관련된 업을 하는 자는 보험시장에 관한 조사 및 정보의 수집이나 그 밖에 이와 비슷한 업무를 하기 위하여 국내에 사무소를 설치할 수 있다.

2) 국내사무소는 그 명칭 중에 사무소라는 글자를 포함하여야 한다.

3) 외국보험회사 등이 국내사무소를 설치하는 경우에는 그 설치한 날부터 30일 이내에 금융위원회에 신고하여야 한다.

3 금지행위

국내사무소는 다음 각 호의 어느 하나에 해당하는 행위를 하여서는 아니 된다.

1) 보험업을 경영하는 행위

2) 보험계약의 체결을 중개하거나 대리하는 행위

3) 국내관련법령에 저촉 되는 방법에 의하여 보험시장의 조사 및 정보의 수집을 하는 행위

4) 그 밖에 국내사무소의 설치목적에 위반되는 행위로서 대통령령으로 정하는 행위

PART 3

보험회사

주식회사

제1절 자본 감소

제18조(자본감소)
① 보험회사인 주식회사(이하 "주식회사"라 한다)가 자본감소를 결의한 경우에는 그 결의를 한 날부터 2주 이내에 결의의 요지와 대차대조표를 공고하여야 한다.
② 제1항에 따른 자본감소를 결의할 때 대통령령으로 정하는 자본감소를 하려면 미리 금융위원회의 승인을 받아야 한다.

1 자본감소의 결의 및 공고

1) 보험회사인 주식회사가 자본감소를 결의한 경우에는 그 결의를 한 날부터 2주 이내에 결의의 요지와 대차대조표를 공고하여야 한다.
2) 공고에는 보험계약자로서 이의가 있는 자는 일정한 기간 동안 이의를 제출 할 수 있다는 뜻을 덧붙여야 한다. 다만, 그 기간은 1개월 이상으로 하여야 한다.
3) 기간에 이의를 제기한 보험계약자가 보험계약자 총수의 10분의 1을 초과하거나 그 보험금액이 보험금총액의 10분의 1을 초과하는 경우에는 자본감소를 하지 못한다.

2 금융위원회의 승인

자본감소를 결의할 때 대통령령으로 정하는 자본감소를 하려면 미리 금융위원회의 승인을 받아야 한다.

3 자본감소의 효력

자본감소는 이의를 제기한 보험계약자나 그 밖에 보험계약으로 발생한 권리를 가진 자에 대하여도 그 효력이 미친다.

제20조(조직 변경)

① 주식회사는 그 조직을 변경하여 상호회사로 할 수 있다.

② 제1항에 따른 상호회사는 제9조에도 불구하고 기금의 총액을 300억원 미만으로 하거나 설정하지 아니할 수 있다.

③ 제1항의 경우에는 손실 보전(補塡)에 충당하기 위하여 금융위원회가 필요하다고 인정하는 금액을 준비금으로 적립하여야 한다.

제21조(조직 변경 결의)

① 주식회사의 조직 변경은 주주총회의 결의를 거쳐야 한다.

제22조(조직 변경 결의의 공고와 통지)

① 주식회사가 조직 변경을 결의한 경우 그 결의를 한 날부터 2주 이내에 결의의 요지와 대차대조표를 공고하고 주주명부에 적힌 질권자(質權者)에게는 개별적으로 알려야 한다.

제23조(조직 변경 결의 공고 후의 보험계약)

① 주식회사는 공고를 한 날 이후에 보험계약을 체결하려면 보험계약자가 될 자에게 조직 변경 절차가 진행 중임을 알리고 그 승낙을 받아야 한다.

② 제1항에 따른 승낙을 한 보험계약자는 조직 변경 절차를 진행하는 중에는 보험계약자가 아닌 자로 본다.

제24조(보험계약자 총회의 소집)

① 공고에 대하여 규정하는 기간에 이의를 제출한 보험계약자의 수와 그 보험금이 규정하는 비율을 초과하지 아니하는 경우에는 이사는 절차가 끝나면 7일 이내에 보험계약자 총회를 소집하여야 한다.

제25조(보험계약자 총회 대행기관)

① 주식회사는 조직 변경을 결의할 때 보험계약자 총회를 갈음하는 기관에 관한 사항을 정할 수 있다.

② 제1항에 따른 기관에 대하여는 보험계약자 총회에 관한 규정을 준용한다.

제26조(보험계약자 총회의 결의방법)

① 보험계약자 총회는 보험계약자 과반수의 출석과 그 의결권의 4분의 3 이상의 찬성으로 결의한다.

제27조(보험계약자 총회에서의 보고)

주식회사의 이사는 조직 변경에 관한 사항을 보험계약자 총회에 보고하여야 한다.

제28조(보험계약자 총회의 결의 등)

① 보험계약자 총회는 정관의 변경이나 그 밖에 상호회사의 조직에 필요한 사항을 결의하여야 한다.

② 제21조제1항에 따른 결의는 제1항의 결의로 변경할 수 있다. 이 경우 주식회사의 채권자의 이익을 해치지 못한다.

③ 제2항에 따른 변경으로 주주에게 손해를 입히게 되는 경우에는 주주총회의 동의를 받아야 한다.

1 의의 및 요건

1) 주식회사는 그 조직을 변경하여 상호회사로 할 수 있다.

2) 상호회사는 기금의 총액을 300억원 미만으로 하거나 설정하지 아니 할 수 있다.

3) 손실보전에 충당하기 위하여 금융위원회가 필요하다고 인정하는 금액을 준비금으로 적립하여야 한다.

2 조직변경의 절차

1. 조직 변경 결의

주식회사의 조직 변경은 주주총회의 결의를 거쳐야 한다.

출석한 주주의 의결권의 3분의 2 이상의 수와 발행주식 총수의 3분의 1이상의 수로써 하여야 한다.

2. 조직 변경 결의의 공고와 통지

(1) 주식회사가 조직변경을 결의한 경우 그 결의를 한날부터 2주 이내에 결의의 요지와 대차 대조표를 공고하고 주주명부에 적힌 질권자에게는 개별적으로 알려야 한다.

(2) 공고에는 이의가 있는 자는 일정한 기간 동안 이의를 제출 할 수 있다는 뜻을 덧붙여야 한다. 다만, 그 기간을 1개월 이상으로 하여야 한다.

(3) 이의를 제기한 보험계약자가 보험계약자 총수의 10분의 1을 초과하거나 그 보험금액이 보험금총액의 10분의 1을 초과하는 경우에는 조직변경을 하지 못한다.

3. 조직 변경 결의 공고 후의 보험계약

주식회사는 공고를 한 날 이후에 보험계약을 체결하려면 보험계약자가 될 자에게 조직변경 절차가 진행 중임을 알리고 그 승낙을 받아야 한다. 이에 따른 승낙을 한 보험계약자는 조직변경절차를 진행하는 중에는 보험계약자가 아닌 자로 본다.

4. 보험계약자 총회

(1) 총회의 소집

조직변경에 대하여 이의제출절차가 끝나면 7일 이내에 보험게약자 총회를 소집하어아 한다.

(2) 보험계약자 총회 대행기관

주식회사는 조직변경을 결의 할 때 보험계약자총회를 갈음하는 기관에 관한 사항을 정할 수 있다. 이에 따른 기관에 대하여는 보험계약자총회에 관한 규정을 준용한다. 또한 이에 따른 기관에 관한 사항을 정한 경우에는 그 기관의 구성방법을 조직변경 결의에 따른 공고의 내용에 포함하여야 한다.

(3) 보험계약자 총회의 결의방법

① 보험계약자 총회는 보험계약자 과반수의 출석과 그 의결권의 4분의 3이상의 찬성으로 결의한다.

② 보험계약자는 총회에서 각 1개의 의결권을 가진다. 다만, 정관에 특별한 규정이 있는 경우에는 그러하지 아니하다.

(4) 보험계약자 총회에서의 보고

주식회사의 이사는 조직 변경에 관한 사항을 보험계약자 총회에 보고하여야 한다.

(5) 보험계약자 총회의 결의 등

① 보험계약자 총회는 정관의 변경이나 그 밖에 상호회사의 조직에 필요한 사항을 결의하여야 한다.

② 조직변경에 따른 결의는 총회의 결의로 변경할 수 있다. 이 경우 주식회사의 채권자의 이익을 해치지 못한다.

③ 총회의 결의에 관하여는 소집통지서에 그 뜻의 기재가 없는 경우에도 이를 할 수 있다.

5. 조직 변경의 등기

(1) 등기의 기간 및 종류

주식회사가 그 조직을 변경한 경우에는 변경 한 날부터 본점과 주된 사무소의 소재지에서는 2주 이내에, 지점과 종된 사무소의 소재지에서는 3주 이내에 주식회사는 해산의 등기를 하고 상호회사는 설립등기를 하여야 한다.

6. 조직 변경에 따른 입사

주식회사의 보험계약자는 조직 변경에 따라 해당 상호회사의 사원이 된다.

1. 보험계약자 등의 우선취득권

2. 예탁자산에 대한 우선변제권

(1) 보험계약자나 보험금을 취득할 자는 피보험자를 위하여 적립한 금액을 주식회사가 이 법에 따른

금융위원회의 명령에 따라 예탁한 자산에서 다른 채권자보다 우선하여 변제를 받을 권리를 가진다.

(2) 이 경우에도 특별계정이 설정된 경우에는 특별계정과 그 밖의 계정을 구분하여 적용한다.

4　우선취득권, 우선변제권

제32조(보험계약자 등의 우선취득권)

① 보험계약자나 보험금을 취득할 자는 피보험자를 위하여 적립한 금액을 다른 법률에 특별한 규정이 없으면
주식회사의 자산에서 우선하여 취득한다.

② 제108조에 따라 특별계정이 설정된 경우에는 제1항은 특별계정과 그 밖의 계정을 구분하여 적용한다.

제33조(예탁자산에 대한 우선변제권)

① 보험계약자나 보험금을 취득할 자는 피보험자를 위하여 적립한 금액을 주식회사가 이 법에 따른 금융위원회의
명령에 따라 예탁한 자산에서 다른 채권자보다 우선하여 변제를 받을 권리를 가진다.

② 제1항의 경우에는 제32조제2항을 준용한다.

1. 우선취득권

보험계약자나 보험금을 취득할 자는 피보험자를 위하여 적립한 금액을 다른 법률에 특별한 규정이 없으면
주식회사의 자산에서 우선하여 취득한다. 회사의 파산 등에 있어서 계약자 등이 일반 채권자에 우선하여 변제
받을 수 있도록 한 규정이다.

2. 우선변제권

보험계약자나 보험금을 취득할 자는 피보험자를 위하여 적립한 금액을 주식회사가 이 법에 따른 금융위원회의
명령에 따라 예탁한 자산에서 다른 채권자보다 우선하여 변제를 받을 권리를 가진다.

상호회사

1 정관기재사항

제34조(정관기재사항)

상호회사의 발기인은 정관을 작성하여 다음 각 호의 사항을 적고 기명날인하여야 한다.

1. 취급하려는 보험종목과 사업의 범위
2. 명칭
3. 사무소 소재지
4. 기금의 총액
5. 기금의 갹출자가 가질 권리
6. 기금과 설립비용의 상각 방법
7. 잉여금의 분배 방법
8. 회사의 공고 방법
9. 회사 성립 후 양수할 것을 약정한 자산이 있는 경우에는 그 자산의 가격과 양도인의 성명
10. 존립시기 또는 해산사유를 정한 경우에는 그 시기 또는 사유

제35조(명칭)

상호회사는 그 명칭 중에 상호회사라는 글자를 포함하여야 한다.

제36조(기금의 납입)

① 상호회사의 기금은 금전 이외의 자산으로 납입하지 못한다.

제37조(사원의 수)

상호회사는 100명 이상의 사원으로써 설립한다.

제38조(입사청약서)

① 발기인이 아닌 자가 상호회사의 사원이 되려면 입사청약서 2부에 보험의 목적과 보험금액을 적고 기명날인하여야 한다. 다만, 상호회사가 성립한 후 사원이 되려는 자는 그러하지 아니하다.

② 발기인은 제1항에 따른 입사청약서를 다음 각 호의 사항을 포함하여 작성하고, 이를 비치(備置)하여야 한다.

  1. 정관의 인증 연월일과 그 인증을 한 공증인의 이름

  2. 제34조 각 호의 사항

  3. 기금 갹출자의 이름·주소와 그 각자가 갹출하는 금액

  4. 발기인의 이름과 주소

  5. 발기인이 보수를 받는 경우에는 그 보수액

  6. 설립 시 모집하려는 사원의 수

  7. 일정한 시기까지 창립총회가 끝나지 아니하면 입사청약을 취소할 수 있다는 뜻

제39조(창립총회)

① 상호회사의 발기인은 상호회사의 기금의 납입이 끝나고 사원의 수가 예정된 수가 되면 그 날부터 7일 이내에 창립총회를 소집하여야 한다.

② 창립총회는 사원 과반수의 출석과 그 의결권의 4분의 3 이상의 찬성으로 결의한다.

제40조(설립등기)

① 상호회사의 설립등기는 창립총회가 끝난 날부터 2주 이내에 하여야 한다.

② 제1항에 따른 설립등기에는 다음 각 호의 사항이 포함되어야 한다.

  1. 제34조 각 호의 사항

  2. 이사와 감사의 이름 및 주소

  3. 대표이사의 이름

  4. 여러 명의 대표이사가 공동으로 회사를 대표할 것을 정한 경우에는 그 규정

③ 제1항과 제2항에 따른 설립등기는 이사 및 감사의 공동신청으로 하여야 한다.

제41조(등기부)

관할 등기소에 상호회사 등기부를 비치하여야 한다.

제42조(배상책임)

이사가 다음 각 호의 어느 하나에 해당하는 행위로 상호회사에 손해를 입힌 경우에는 사원총회의 동의가 없으면 그 손해에 대한 배상책임을 면제하지 못한다.

  1. 위법한 이익 배당에 관한 의안을 사원총회에 제출하는 행위

  2. 다른 이사에게 금전을 대부하는 행위

  3. 그 밖의 부당한 거래를 하는 행위

2 명칭

상호회사는 그 명칭 중에 상호회사라는 글자를 포함하여야 한다.

3 기금의 납입

상호회사의 기금은 금전 이외의 자산으로 납입하지 못한다.

4 **사원의 수**

상호회사는 100명 이상의 사원으로써 설립한다. 그러나 회사의 설립 후 사원이 100명 미만이 되었다고 하여 해산하는 것은 아니다.

5 **입사청약서**

1) 발기인이 아닌 자가 상호회사의 사원이 되려면 입사청약서 2부에 보험의 목적과 보험금액을 적고 기명날인하여야 한다. 다만, 상호회사가 성립한 후 사원이 되려는 자는 그러하지 아니하다.

2) 발기인은 제1항에 따른 입사청약서를 다음 각 호이 사항을 포함하여 자선하고, 이를 비치하여아 한다.

(1) 정관의 인증 연월일과 그 인증을 한 공증인의 이름

(2) 정관기재사항 각 호의 사항

(3) 기금 각출자의 이름, 주소와 그 각자가 갹출하는 금액

(4) 발기인의 이름과 주소

(5) 발기인이 보수를 받는 경우에는 그 보수액

(6) 설립 시 모집하려는 사원의 수

(7) 일정한 시기까지 창립총회가 끝나지 아니하면 입사청약을 취소 할 수 있다는 뜻

6 **창립총회**

1) 상호회사의 발기인은 상호회사의 기금의 납입이 끝나고 사원의 수가 예정된 수가 되면 그 날부터 7일 이내에 창립총회를 소집하여야 한다.

2) 창립총회는 사원 과반수의 출석과 그 의결권의 4분의 3이상의 찬성으로 결의한다.

7 설립등기

1) 상호회사의 설립등기는 창립총회가 끝난 날부터 2주 이내에 하여야 한다.

2) 설립등기에는 다음 각 호의 사항이 포함되어야 한다.

   (1) 정관기재사항 각 호의 사항

   (2) 이사와 감사의 이름 및 주소

   (3) 대표이사의 이름

   (4) 여러 명의 대표이사가 공동으로 회사를 대표할 것을 정한 경우에는 그 규정

3) 설립등기는 이사 및 감사의 공동신청으로 하여야 하며, 관할 등기소에 상호회사 등기부를 비치하여야 한다.

8 배상책임

이사가 다음 각 호의 어느 하나에 해당하는 행위로 상호회사에 손해를 입힌 경우에는 사원총회의 동의가 없으면 그 손해에 대한 배상책임을 면제하지 못 한다.

1) 위법한 이익 배당에 관한 의안을 사원총회에 제출하는 행위

2) 다른 이사에게 금전을 대부하는 행위

3) 그 밖의 부당한 거래를 하는 행위

제2절 사원의 권리와 의무

제46조(간접책임)

상호회사의 사원은 회사의 채권자에 대하여 직접적인 의무를 지지 아니한다.

제47조(유한책임)

상호회사의 채무에 관한 사원의 책임은 보험료를 한도로 한다.

제48조(상계의 금지)

상호회사의 사원은 보험료의 납입에 관하여 상계(相計)로써 회사에 대항하지 못한다.

제49조(보험금액의 삭감)

상호회사는 정관으로 보험금액의 삭감에 관한 사항을 정하여야 한다.

제50조(생명보험계약 등의 승계)

생명보험 및 제3보험을 목적으로 하는 상호회사의 사원은 회사의 승낙을 받아 타인으로 하여금 그 권리와 의무를 승계하게 할 수 있다.

제51조(손해보험의 목적의 양도)

손해보험을 목적으로 하는 상호회사의 사원이 보험의 목적을 양도한 경우에는 양수인은 회사의 승낙을 받아 양도인의 권리와 의무를 승계할 수 있다.

제52조(사원명부)

상호회사의 사원명부에는 다음 각 호의 사항을 적어야 한다.

1. 사원의 이름과 주소
2. 각 사원의 보험계약의 종류, 보험금액 및 보험료

제53조(통지와 최고)

상호회사의 입사청약서나 사원에 대한 통지 및 최고(催告)에 관하여는 「상법」 제353조를 준용한다. 다만, 보험관계에 속하는 사항의 통지 및 최고에 관하여는 그러하지 아니하다.

---

1 간접책임

상호회사의 사원은 회사의 채권자에 대하여 직접적인 의무를 지지 아니한다.

2 유한책임

상호회사의 채무에 관한 사원의 책임은 보험료를 한도로 한다.

3 상계의 금지

상호회사의 사원은 보험료의 납입에 관하여 상계로써 회사에 대항하지 못한다.

4 **보험금액의 삭감**

상호회사는 정관으로 보험금액의 삭감에 관한 사항을 정하여야 한다.

5 **생명보험계약 등의 승계**

생명보험 및 제3보험을 목적으로 하는 상호회사의 사원은 회사의 승낙을 받아 타인으로 하여금 그 권리와 의무를 승계하게 할 수 있다.

6 **손해보험의 목적의 양도**

손해보험을 목적으로 하는 상호회사의 사원이 보험의 목적을 양도한 경우에는 양수인은 회사의 승낙을 받아 양도인의 권리와 의무를 승계할 수 있다.

7 **사원명부**

상호회사의 사원명부에는 다음 각 호의 사항을 적어야 한다.

1) 사원의 이름과 주소

2) 각 사원의 보험계약의 종류, 보험금액 및 보험료

제3절 상호회사의 기관

제54조(사원총회 대행기관)

① 상호회사는 사원총회를 갈음할 기관을 정관으로 정할 수 있다.

② 제1항에 따른 기관에 대하여는 사원총회에 관한 규정을 준용한다.

제55조(의결권)

상호회사의 사원은 사원총회에서 각각 1개의 의결권을 가진다. 다만, 정관에 특별한 규정이 있는 경우에는 그러하지 아니하다.

제56조(총회소집청구권)

① 상호회사의 100분의 5 이상의 사원은 회의의 목적과 그 소집의 이유를 적은 서면을 이사에게 제출하여 사원총회의 소집을 청구할 수 있다. 다만, 이 권리의 행사에 관하여는 정관으로 다른 기준을 정할 수 있다.

제57조(서류의 비치와 열람 등)

① 상호회사의 이사는 정관과 사원총회 및 이사회의 의사록을 각 사무소에, 사원명부를 주된 사무소에 비치하여야 한다.

② 상호회사의 사원과 채권자는 영업시간 중에는 언제든지 제1항의 서류를 열람하거나 복사할 수 있고, 회사가 정한 비용을 내면 그 등본 또는 초본의 발급을 청구할 수 있다.

제58조(상호회사의 소수사원권의 행사)

상호회사에 관하여는 제19조를 준용한다. 이 경우 "발행주식 총수"는 "사원 총수"로, "주식을 대통령령으로 정하는 바에 따라 보유한 자"는 "사원"으로 본다.

---

1 사원총회 대행기관

상호회사는 사원총회를 갈음할 기관을 정관으로 정할 수 있다. 이에 따른 기관에 대하여는 사원총회에 관한 규정을 준용한다.

2 의결권

상호회사의 사원은 사원총회에서 각각 1개의 의결권 가진다. 다만, 정관에 특별한 규정이 있는 경우에는 그러하지 아니하다.

3 총회소집청구권

상호회사의 100분의 5이상의 사원은 회의의 목적과 그 소집의 이유를 적은 서면을 이사에게 제출하여 사원총회의 소집을 청구 할 수 있다. 다만, 이 권리의 행사에 관하여는 정관으로 다른 기준을 정할 수 있다.

4 **서류의 비치와 열람 등**

1) 상호회사의 이사는 사원총회 및 이사회의 의사록을 각 사무소에, 사원명부를 주된 사무소에 비치하여야 한다.

2) 상호회사의 사원과 채권자는 영업시간 중에는 언제든지 제1항의 서류를 열람 하거나 복사 할 수 있고 ,
회사가 정한비용을 내면 그 등본 또는 초본의 발급을 청구할 수 있다.

5 **상호회사의 소수사원권의 행사**

상호회사에 관하여는 발행 주식총수는 사원총수로, 주식을 대통령령으로 정하는 바에 따라 보유한 자는
사원으로 본다.

6 **「상법」 등의 준용**

상호회사의 사원총회, 이사, 감사에 관하여는 상법을 준용한다.

제4절　회사의 계산

1 　손실보전준비금

상호회사는 손실을 보전하기 위하여 각 사업연도의 잉여금 중에서 준비금을 적립하여야 한다. 이에 따른 준비금의 총액과 매년 적립할 최저액은 정관으로 정한다.

2 　기금이자 지급 등의 제한

1) 상호회사는 손실을 보전하기 전에는 기금이자를 지급하지 못한다.

2) 상호회사는 설립비용과 사업비의 전액을 상각하고 준비금을 공제하기 전에는 기금의 상각 또는 잉여금의 분배를 하지 못한다.

3) 상호회사가 이를 위반하여 기금이자의 지급, 기금의 상각 또는 잉여금의 분배를 한 경우에는 회사의 채권자는 이를 반환하게 할 수 있다.

3 　기금상각적립금

상호회사가 기금을 상각 할 때에는 상각하는 금액과 같은 금액을 적립하여야 한다.

4 　잉여금의 분배

상호회사의 잉여금은 정관에 특별한 규정이 없으면 각 사업연도 말 당시 사원에게 분배한다.

제60조(손실보전준비금)

① 상호회사는 손실을 보전하기 위하여 각 사업연도의 잉여금 중에서 준비금을 적립하여야 한다.

② 제1항에 따른 준비금의 총액과 매년 적립할 최저액은 정관으로 정한다.

제61조(기금이자 지급 등의 제한)

① 상호회사는 손실을 보전하기 전에는 기금이자를 지급하지 못한다.

② 상호회사는 설립비용과 사업비의 전액을 상각(償却)하고 제60조제1항에 따른 준비금을 공제하기 전에는 기금의 상각 또는 잉여금의 분배를 하지 못한다.

③ 상호회사가 제1항 또는 제2항을 위반하여 기금이자의 지급, 기금의 상각 또는 잉여금의 분배를 한 경우에는 회사의 채권자는 이를 반환하게 할 수 있다.

제62조(기금상각적립금)

상호회사가 기금을 상각할 때에는 상각하는 금액과 같은 금액을 적립하여야 한다.

제63조(잉여금의 분배)

상호회사의 잉여금은 정관에 특별한 규정이 없으면 각 사업연도 말 당시 사원에게 분배한다.

제65조(정관의 변경)

① 상호회사의 정관을 변경하려면 사원총회의 결의를 거쳐야 한다.

제66조(퇴사이유)

① 상호회사의 사원은 다음 각 호의 사유로 퇴사한다.
  1. 정관으로 정하는 사유의 발생
  2. 보험관계의 소멸

② 상호회사의 사원이 사망한 경우

제67조(환급청구권)

① 상호회사에서 퇴사한 사원은 정관이나 보험약관으로 정하는 바에 따라 그 권리에 따른 금액의 환급을 청구할 수 있다.

② 퇴사한 사원이 회사에 대하여 부담한 채무가 있는 경우에는 회사는 제1항의 금액에서 그 채무액을 공제할 수 있다.

제68조(환급기한 및 시효)

① 상호회사에서 퇴사한 사원의 권리에 따른 금액의 환급은 퇴사한 날이 속하는 사업연도가 종료한 날부터 3개월 이내에 하여야 한다.

② 퇴사원의 환급청구권은 제1항의 기간이 지난 후 2년 동안 행사하지 아니하면 시효로 소멸한다.

제6절　사원의 퇴사

1　퇴사이유

1. 상호회사의 사원은 다음 각 호의 사유로 퇴사한다.

(1) 정관으로 정하는 사유의 발생

(2) 보험관계의 소멸

2. 사원의 사망

상호회사의 사원이 사망한 경우에는 「상법」제283조 제7항을 준용한다.

3. 환급청구권

상호회사에서 퇴사한 사원은 정관이나 보험약관으로 정하는 바에 따라 그 권리에 따른 금액의 환급을 청구할 수 있다. 이때 퇴사한 사원이 회사에 대하여 부담 한 채무가 있는 경우에는 회사는 이 금액에서 그 채무액을 공제 할 수 있다.

4. 환급기한 및 시효

상호회사에서 퇴사 한 사원의 권리에 따른 금액의 환급은 퇴사한 날이 속하는 사업연도가 종료한 날부터 3개월 이내에 하여야 한다. 퇴사원의 환급청구권은 이 기간이 지난 후 2년 동안 행사하지 아니하면 시효로 소멸한다.

1 해산과 청산

> **제69조(해산의 공고)**
>
> ① 상호회사가 해산을 결의한 경우에는 그 결의가 제139조에 따라 인가를 받은 날부터 2주 이내에 결의의 요지와 대차대조표를 공고하여야 한다.
>
> **제71조(청산)**
>
> 상호회사가 해산한 경우에는 합병과 파산의 경우가 아니면 이 관의 규정에 따라 청산을 하여야 한다.
>
> **제72조(자산 처분의 순위 등)**
>
> ① 상호회사의 청산인은 다음 각 호의 순위에 따라 회사자산을 처분하여야 한다.
>
> 1. 일반채무의 변제
> 2. 사원의 보험금액과 제158조제2항에 따라 사원에게 환급할 금액의 지급
> 3. 기금의 상각
>
> ② 제1항에 따른 처분을 한 후 남은 자산은 상호회사의 정관에 특별한 규정이 없으면 잉여금을 분배할 때와 같은 비율로 사원에게 분배하여야 한다.

상호회사가 해산을 결의한 경우에는 인가를 받은 날부터 2주 이내에 결의의 요지와 대차대조표를 공고하여야 한다. 또한 상호회사가 해산한 경우에는 합병과 파산의 경우가 아니면 법의 해당 규정에 따라 청산을 하여야 한다.

2 청산인의 자산 처분의 순위 등

상호회사의 청산인은

1) 일반채무의 변제

2) 사원의 보험금액과 피보험자를 위하여 적립한 금액 및 미경과보험료를 지급

3) 기금의 상각의 순위에 따라 회사자산을 처분하여야 한다.

이에 따른 처분을 한 후 남은 자산은 상호회사의 정관에 특별 한 규정이 없으면 잉여금을 분배 할 때와 같은 비율로 사원에게 분배하여야 한다.

외국보험회사 국내지점

제1절 외국보험회사 국내지점의 허가취소 등

제74조(외국보험회사국내지점의 허가취소 등)

① 금융위원회는 외국보험회사의 본점이 다음 각 호의 어느 하나에 해당하게 되면 그 외국보험회사국내지점에 대하여 청문을 거쳐 보험업의 허가를 취소할 수 있다.

1. 합병, 영업양도 등으로 소멸한 경우
2. 위법행위, 불건전한 영업행위 등의 사유로 외국감독기관으로부터 제134조제2항에 따른 처분에 상당하는 조치를 받은 경우
3. 휴업하거나 영업을 중지한 경우

② 금융위원회는 외국보험회사국내지점이 이 법 또는 이 법에 따른 명령이나 처분을 위반하거나 외국보험회사의 본점이 그 본국의 법령을 위반하는 등의 사유로 해당 외국보험회사국내지점의 보험업 수행이 어렵다고 인정되면 공익 또는 보험계약자 보호를 위하여 영업정지 또는 그 밖에 필요한 조치를 하거나 청문을 거쳐 보험업의 허가를 취소할 수 있다.

③ 외국보험회사국내지점은 그 외국보험회사의 본점이 제1항 각 호의 어느 하나에 해당하게 되면 그 사유가 발생한 날부터 7일 이내에 그 사실을 금융위원회에 알려야 한다.

제75조(국내자산 보유의무)

① 외국보험회사국내지점은 대한민국에서 체결한 보험계약에 관하여 제120조에 따라 적립한 책임준비금 및 비상위험준비금에 상당하는 자산을 대한민국에서 보유하여야 한다.

② 제1항에 따라 대한민국에서 보유하여야 하는 자산의 종류 및 범위 등에 관하여는 대통령령으로 정한다.

제76조(국내 대표자)

① 외국보험회사국내지점에 관하여는 「상법」 제209조를 준용한다.

② 외국보험회사국내지점의 대표자는 퇴임한 후에도 후임 대표자의 이름 및 주소에 관하여 「상법」 제614조제3항에 따른 등기가 있을 때까지는 계속하여 대표자의 권리와 의무를 가진다.

③ 외국보험회사국내지점의 대표자는 이 법에 따른 보험회사의 임원으로 본다.

제77조(잔무처리자)

① 제4조에 따라 허가를 받은 외국부험회사의 본점이 부험업을 폐업하거나 해산한 경우 또는 대한민국에서의 보험업을 폐업하거나 그 허가가 취소된 경우에는 금융위원회가 필요하다고 인정하면 잔무(殘務)를 처리할 자를 선임하거나 해임할 수 있다.

1 본점의 허가취소 사유

금융위원회는 외국보험회사의 본점이 다음 각호의 어느 하나에 해당하게 되면 그 외국보험회사국내지점에
대하여 청문을 거쳐 보험업의 허가를 취소 할 수 있다. 외국보험회사 국내지점은 그 외국보험회사의 본점이 다음
각 호의 어느 하나에 해당하게 되면 그 사유가 발생 날 부터 7일 이내에 그 사실을 금융위원회에 알려야 한다.

1) 합병, 영업양도 등으로 소멸한 경우

2) 위법행위, 불건전한 영업행위 등의 사유로 외국감독기관으로부터 조치를 받은 경우

3) 휴업하거나 영업을 중지한 경우

2 국내지점의 허가취소 사유

금융위원회는 외국보험회사 국내지점이 이 법 또는 이 법에 따른 명령이나 처분을 위반하거나 외국보험회사의
본점이 그 본국의 법령을 위반하는 등의 사유로 해당외국보험회사 국내 지점의 보험업 수행이 어렵다고
인정되면 공익 또는 보험계약자 보호를 위하여 영업 정지 또는 그 밖에 필요한 조치를 하거나 청문을 거쳐
보험업의 허가를 취소할 수 있다.

제2절　국내자산 보유의무

1　의의

외국보험회사국내지점은 대한민국에서 체결한 보험계약에 관하여 책임준비금 및 비상위험준비금에 상당하는 자산을 대한민국에서 보유하여야 한다.

2　자산의 종류 및 범위

1) 현금 또는 국내 금융기관에 대한 예금, 적금 및 부금
2) 국내에 예탁하거나 보관된 증권
3) 국내에 있는 자에 대한 대여금, 그 밖의 채권
4) 국내에 있는 고정자산
5) 미상각신계약비
6) 국내에 적립된 재보험자산
7) 제1호부터 제6호까지의 자산과 유사한 자산으로서 금융위원회가 정하여 고시하는 자산

제3절　국내 대표자

외국보험회사국내지점에 관하여는 상법을 준용한다. 외국보험회사국내지점의 대표자는 퇴임한 후에도 후임 대표자의 이름 및 주소에 관하여 상법에 따른 등기가 있을 때까지는 계속하여 대표자의 권리와 의무를 가진다. 외국보험회사국내지점의 대표자는 이 법에 따른 보험회사의 임원으로 본다.

1 잔무처리자의 선임과 해임

외국보험회사의 본점이 보험업을 폐업하거나 해산한 경우 또는 대한민국에서 보험업을 폐업하거나 그 허가가 취소된 경우에는 금융위원회가 필요하다고 인정하면 잔무를 처리할 자를 선임하거나 해임 할 수 있다.

2 잔무처리자의 권한 및 보수

1) 잔무처리자는 대표자의 권한과 동일하여 재판상 또는 재판외의 모든 행위를 할 권한이 있으나, 이에 대한 제한은 선의의 제삼자에게 대항하지 못한다.

2) 잔무처리자를 선임하는 경우에는 외국보험회사국내지점으로 하여금 금융위원회가 정하는 보수를 지급하게 할 수 있다.

3 잔무처리자의 감독

금융위원회는 잔무처리자를 감독하기 위하여 보험회사의 잔무처리업무와 자산상황을 검사하고, 자산의 공탁을 명하며, 그 밖에 잔무처리의 감독상 필요한 명령을 할 수 있다.

제5절 | 등기

1 등기부

상호회사인 외국보험회사 국내지점에 관하여는 법 제41조를 준용하여 관할등기소에 상호회사 등기부를 비치하여야 한다.

PART 4

모집

모집종사자

제1절 모집을 할 수 있는 자

1 모집할 수 있는 자

> **제83조(모집할 수 있는 자)**
> ① 모집을 할 수 있는 자는 다음 각 호의 어느 하나에 해당하는 자이어야 한다.
>   1. 보험설계사
>   2. 보험대리점
>   3. 보험중개사
>   4. 보험회사의 임원(대표이사 · 사외이사 · 감사 및 감사위원은 제외한다. 이하 이 장에서 같다) 또는 직원
> ② 제91조에 따른 금융기관보험대리점등은 대통령령으로 정하는 바에 따라 그 금융기관 소속 임직원이 아닌 자로 하여금 모집을 하게 하거나, 보험계약 체결과 관련한 상담 또는 소개를 하게하고 상담 또는 소개의 대가를 지급하여서는 아니 된다.

1. 모집의 정의

모집이란 보험계약의 체결을 중개하거나 대리하는 것을 말한다.

2. 모집을 할 수 있는 자는 다음 각 호의 어느 하나에 해당하는 자이어야 한다.

(1) 보험설계사

(2) 보험대리점

(3) 보험중개사

(4) 보험회사의 임원(대표이사, 사외이사, 감사 및 감사위원은 제외) 또는 직원

2 금지사항

1. 원칙

금융기관보험대리점 등은 그 금융기관소속 임직원이 아닌 자로 하여금 모집을 하게 하거나, 보험계약 체결과 관련한 상담 또는 소개를 하고 상담 또는 소개의 대가를 지급하여서는 아니 된다.

2. 예외사항

다음 각 호의 이느 하니에 해당하는 지는 소속 임직원이 이닌 지로 히여금 모집을 하게 하거나, 보험계약 체결과 관련한 상담 또는 소개를 하게하고 상담 또는 소개의 대가를 지급 할 수 있다.

(1) 신용카드업자

(2) 조합(「농업협동조합법」 따라 설립된 농협생명보험 또는 농협손해보험이 판매하는 보험상품을 모집하는 경우로 한정한다. 이에 따라 보험을 모집하거나 보험계약을 상담 또는 소개하게 할 수 있는 조합의 소속 임직원이 아닌 자는 보험설계사로서 구체적인 범위는 금융위원회가 정하여 고시한다.

제84조(보험설계사의 등록)

① 보험회사 · 보험대리점 및 보험중개사(이하 이 절에서 "보험회사등" 이라 한다)는 소속 보험설계사가 되려는 자를 금융위원회에 등록하여야 한다.

② 다음 각 호의 어느 하나에 해당하는 자는 보험설계사가 되지 못한다.

1. 피성년후견인 또는 피한정후견인

2. 파산선고를 받은 자로서 복권되지 아니한 자

3. 이 법에 따라 벌금 이상의 형을 선고받고 그 집행이 끝나거나(집행이 끝난 것으로 보는 경우를 포함한다) 집행이 면제된 날부터 2년이 지나지 아니한 자

4. 이 법에 따라 금고 이상의 형의 집행유예를 선고받고 그 유예기간 중에 있는 자

5. 이 법에 따라 보험설계사 · 보험대리점 또는 보험중개사의 등록이 취소된 후 2년이 지나지 아니한 자

6. 제5호에도 불구하고 이 법에 따라 보험설계사 · 보험대리점 또는 보험중개사 등록취소 처분을 2회 이상 받은 경우 최종 등록취소 처분을 받은 날부터 3년이 지나지 아니한 자

7. 이 법에 따라 과태료 또는 과징금 처분을 받고 이를 납부하지 아니하거나 업무정지 및 등록취소 처분을 받은 보험대리점 · 보험중개사 소속의 임직원이었던 자(처분사유의 발생에 관하여 직접 또는 이에 상응하는 책임이 있는 자로서 대통령령으로 정하는 자만 해당한다)로서 과태료 · 과징금 · 업무정지 및 등록취소 처분이 있었던 날부터 2년이 지나지 아니한 자

8. 영업에 관하여 성년자와 같은 능력을 가지지 아니한 미성년자로서 그 법정대리인이 제1호부터 제7호까지의 규정 중 어느 하나에 해당하는 자

9. 법인 또는 법인이 아닌 사단이나 재단으로서 그 임원이나 관리인 중에 제1호부터 제7호까지의 규정 중 어느 하나에 해당하는 자가 있는 자

10. 이전에 모집과 관련하여 받은 보험료, 대출금 또는 보험금을 다른 용도에 유용(流用)한 후 3년이 지나지 아니한 자

③ 보험설계사의 구분 · 등록요건 · 영업기준 및 영업범위 등에 관하여 필요한 사항은 대통령령으로 정한다.

제85조(보험설계사에 의한 모집의 제한)

① 보험회사등은 다른 보험회사등에 소속된 보험설계사에게 모집을 위탁하지 못한다.

② 보험설계사는 자기가 소속된 보험회사등 이외의 자를 위하여 모집을 하지 못한다.

③ 다음 각 호의 어느 하나에 해당하는 경우에는 제1항 및 제2항을 적용하지 아니한다.

1. 생명보험회사 또는 제3보험업을 전업(專業)으로 하는 보험회사에 소속된 보험설계사가 1개의 손해보험회사를 위하여 모집을 하는 경우

2. 손해보험회사 또는 제3보험업을 전업으로 하는 보험회사에 소속된 보험설계사가 1개의 생명보험회사를 위하여 모집을 하는 경우

3. 생명보험회사나 손해보험회사에 소속된 보험설계사가 1개의 제3보험업을 전업으로 하는 보험회사를 위하여 모집을 하는 경우

④ 제3항을 적용받는 보험회사 및 보험설계사가 모집을 할 때 지켜야 할 사항은 대통령령으로 정한다.

제85조의2(보험설계사 등의 교육)

① 보험회사등은 대통령령으로 정하는 바에 따라 소속 보험설계사에게 보험계약의 모집에 관한 교육을 하여야 한다.

② 법인이 아닌 보험대리점 및 보험중개사는 대통령령으로 정하는 바에 따라 제1항에 따른 교육을 받아야 한다.

제85조의3(보험설계사에 대한 불공정 행위 금지)

① 보험회사등은 보험설계사에게 보험계약의 모집을 위탁할 때 다음 각 호의 행위를 하여서는 아니 된다.

1. 보험모집 위탁계약서를 교부하지 아니하는 행위
2. 위탁계약서상 계약사항을 이행하지 아니하는 행위
3. 위탁계약서에서 정한 해지요건 외의 사유로 위탁계약을 해지하는 행위
4. 정당한 사유 없이 보험설계사가 요청한 위탁계약 해지를 거부하는 행위
5. 위탁계약서에서 정한 위탁업무 외의 업무를 강요하는 행위
6. 정당한 사유 없이 보험설계사에게 지급되어야 할 수수료의 전부 또는 일부를 지급하지 아니하거나 지연하여 지급하는 행위
7. 정당한 사유 없이 보험설계사에게 지급한 수수료를 환수하는 행위
8. 보험설계사에게 보험료 대납(代納)을 강요하는 행위
9. 그 밖에 대통령령으로 정하는 불공정한 행위

② 제175조에 따른 보험협회(이하 "보험협회"라 한다)는 보험설계사에 대한 보험회사등의 불공정한 모집위탁행위를 막기 위하여 보험회사등이 지켜야 할 규약을 정할 수 있다.

제86조(등록의 취소 등)

① 금융위원회는 보험설계사가 다음 각 호의 어느 하나에 해당하는 경우에는 그 등록을 취소하여야 한다.

1. 제84조제2항 각 호의 어느 하나에 해당하게 된 경우
2. 등록 당시 제84조제2항 각 호의 어느 하나에 해당하는 자이었음이 밝혀진 경우
3. 거짓이나 그 밖의 부정한 방법으로 제84조에 따른 등록을 한 경우
4. 이 법에 따라 업무정지 처분을 2회 이상 받은 경우

② 금융위원회는 보험설계사가 다음 각 호의 어느 하나에 해당하는 경우에는 6개월 이내의 기간을 정하여 그 업무의 정지를 명하거나 그 등록을 취소할 수 있다.

1. 모집에 관한 이 법의 규정을 위반한 경우
2. 보험계약자, 피보험자 또는 보험금을 취득할 자로서 제102조의2를 위반한 경우
3. 제102조의3을 위반한 경우
4. 이 법에 따른 명령이나 처분을 위반한 경우
5. 이 법에 따라 과태료 처분을 2회 이상 받은 경우

③ 금융위원회는 제1항 또는 제2항에 따라 등록을 취소하거나 업무의 정지를 명하려면 보험설계사에 대하여 청문을 하여야 한다.

④ 금융위원회는 보험설계사의 등록을 취소하거나 업무의 정지를 명한 경우에는 지체 없이 그 이유를 적은 문서로 보험설계사 및 해당 보험설계사가 소속된 보험회사등에 그 뜻을 알려야 한다.

1. 등록

보험회사, 보험대리점 및 보험중개사는 소속 보험설계사가 되려는 자를 금융위원회에 등록하여야 한다.

2. 결격사유

다음 각 호의 어느 하나에 해당하는 자는 보험설계사가 되지 못한다.

(1) 피성년후견인 또는 피한정후견인

(2) 파산선고를 받은 자로서 복권되지 아니한 자

(3) 이 법에 따라 벌금이상의 형을 선고 받고 그 집행이 끝나거나(집행이 끝난 것으로 보는 경우를 포함) 집행이 면제 된 날부터 2년이 지나지 아니한 자

(4) 이 법에 따라 금고 이상의 형의 집행유예를 선고 받고 그 유예기간 중에 있는 자

(5) 이 법에 따라 보험설계사, 보험대리점 또는 보험중개사의 등록이 취소된 후 2년이 지나지 아니한 자

(6) 제5호에도 불구하고 이 법에 따라 보험설계사, 보험대리점 또는 보험중개사 등록 취소 처분을 2회 이상 받은 경우 최종등록 취소처분을 받은 날부터 3년이 지나지 아니한 자

(7) 이 법에 따라 과태료 또는 과징금처분을 받고 이를 납부하지 아니하거나 업무정지 및 등록 취소처분을 받은 보험대리점, 보험중개사소속의 임직원이었던 자 (처분사유의 발생에 관하여 직접 또는 이에 상응하는 책임이 있는 자로서 대통령령으로 정하는 자만 해당한다)로서 과태료, 과징금, 업무정지 및 등록취소 처분이 있었던 날부터 2년이 지나지 아니한 자

(8) 영업에 관하여 성년자와 같은 능력을 가지지 아니한 미성년자로서 그 법정대리인이 제1호부터 제7호까지의 규정 중 어느 하나에 해당하는 자

(9) 법인 또는 법인이 아닌 사단이나 재단으로서 그 임원이나 관리인 중에 제1호부터 제7호까지의 규정 중 어느 하나에 해당하는 자가 있는 자

(10) 이전에 모집과 관련하여 받은 보험료, 대출금 또는 보험금을 다른 용도에 유용한 후 3년이 지나지 아니한 자

3. 보험설계사의 구분 및 등록요건

(1) 보험설계사의 구분

보험설계사는 생명보험설계사, 손해보험설계사 [제30조 제1항에 따른 단종손해보험대리점 소속의 손해보험설계사를 포함] 및 제3보험설계사로 구분한다.

(2) 보험설계사의 등록요건

① 금융위원회가 정하여 고시하는 바에 따라 모집에 관한 연수과정을 이수 한 사람 금융위원회가 정하여 고시하는 관계 업무에 1년 이상 종사한 경력이 있는 사람(등록신청일부터 3년 이내에 해당 업무에 종사한 사람으로 한정) 으로서 교육을 이수한 사람

② 개인인보험대리점의 등록요건을 갖춘 사람 (법인보험대리점의 소속 보험설계사가 되려는 사람만 해당)

③ 개인인보험중개사의 등록요건을 갖춘 사람 (법인보험중개사의 소속보험설계사가 되려는 사람만 해당)

④ 보험설계사가 되려는 사람의 등록신청 유효기간은 연수과정 또는 교육이수 후 1년으로 한다.

4. 보험설계사의 영업범위

(1) 생명보험설계사

생명보험, 연금보험(퇴직보험 포함), 그 밖에 대통령령으로 정하는 보험종목

(2) 손해보험설계사

화재보험, 해상보험 (항공, 운송보험을 포함), 자동차보험, 보증보험, 재보험, 그 밖에 대통령령으로 정하는 보험종목. 다만, 단종손해보험설계사의 영업범위는 단종손해보험대리점이 영위하는 본업과의 관련성 등을 고려하여 금융위원회가 정하여 고시하는 보험종목으로 한다.

(3) 제3보험설계사

상해보험, 질병보험, 간병보험, 그 밖에 대통령령으로 정하는 보험종목.

2 **보험설계사에 의한 모집의 제한**

1. 일사전속

(1) 보험회사 등은 다른 보험회사 등에 소속된 보험설계사에게 모집을 위탁 하지 못한다.

(2) 보험설계사는 자기가 소속된 보험회사 등 이외의 자를 위하여 모집을 하지 못한다.

2. 교차모집의 허용

다음 각 호의 어느 하나에 해당하는 경우에는 교차모집을 허용한다.

(1) 생명보험회사 또는 제3보험업을 전업으로 하는 보험회사에 소속된 보험 설계사가 1개의 손해보험회사를 위하여 모집을 하는 경우

(2) 손해보험회사 또는 제3보험업을 전업으로 하는 보험회사에 소속된 보험 설계사가 1개의 생명보험회사를 위하여 모집을 하는 경우

(3) 생명보험회사나 손해보험회사에 소속된 보험설계사가 1개의 제3보험업 을 전업으로 하는 보험회사를 위하여 모집을 하는 경우

3. 교차모집 보험설계사에 대한 보험회사의 금지행위

교차모집보험설계사의 소속보험회사 또는 교차모집을 위탁한 보험회사는 다음 각 호의 행위를 하여서는 아니 된다.

(1) 교차모집보험설계사에게 자사 소속의 보험설계사로 전환하도록 권유하는 행위

(2) 교차모집보험설계사에게 자사를 위하여 모집하는 경우 보험회사가 정한 수수료, 수당 외에 추가로 대가를 지급하기로 약속하거나 이를 지급하는 행위

(3) 교차모집보험설계사가 다른 보험회사를 위하여 모집한 보험계약을 자사의 보험계약으로 처리하도록 유도하는 행위

(4) 교차모집보험설계사에게 정당한 사유 없이 위탁계약 해지, 위탁범위 제한 등 불이익을 주는 행위

(5) 교차모집보험설계사의 소속 영업소를 변경하거나 모집한 계약의 관리자를 변경하는 등 교차모집을 제약, 방해하는 행위

(6) 그 밖에 보험계약자 보호와 모집질서 유지를 위하여 총리령으로 정하는 행위

4. 교차모집 보험설계사의 금지행위

교차모집보험설계사는 다음 각 호의 어느 하나에 해당하는 행위를 하여서는 아니 된다.

(1) 업무상 알게 된 특정보험회사의 정보를 다른 보험회사와의 보험계약 체결을 권유

(2) 보험계약을 체결하려는 자의 의사에 반하여 다른 보험회사와의 보험계약체결을 권유하는 등 모집을 위탁한 보험회사 중 어느 한쪽의 보험회사만을 위하여 모집하는 행위

(3) 모집을 위탁한 보험회사에 대하여 회사가 정한 수수료, 수당 외에 추가로 대가를 지급하도록 요구하는 행위

(4) 그 밖에 보험계약자 보호와 모집질서 유지를 위하여 총리령으로 정하는 행위

3 보험설계사 등의 교육

1) 보험회사, 보험대리점 및 보험중개사는 소속 보험설계사에게 등록한 날부터 2년이 지날 때마다 2년이 된 날부터 6개월 이내에 기준에 따라 교육을 하여야 한다.

2) 법인이 아닌 보험대리점 및 보험중개사는 등록한 날부터 2년이 지날 때마다 2년이 된 날부터 6개월 이내에 기준에 따라 교육을 받아야 한다.

3) 보험협회, 보험회사 등은 교육을 효율적으로 실시하기 위하여 필요한 단체를 구성, 운영할 수 있다.

4) 교육의 세부적인 기준, 방법 및 절차, 단체의 구성 및 운영에 필요한 사항은 금융위원회가 정하여 고시한다.

4 보험설계사에 대한 불공정 행위 금지

1. 불공정 행위 금지

보험회사 등은 보험설계사에게 보험계약의 모집을 위탁 할 때 다음 각 호의 행위를 하여서는 아니 된다.

(1) 보험모집 위탁계약서를 교부하지 아니하는 행위

(2) 위탁계약서상 계약사항을 이행하지 아니하는 행위

(3) 위탁계약서에서 정한 해지요건 외의 사유로 위탁계약을 해지하는 행위

(4) 정당한 사유 없이 보험설계사가 요청한 위탁계약 해지를 거부하는 행위

(5) 위탁계약서에서 정한 위탁업무 외의 업무를 강요하는 행위

(6) 정당한 사유 없이 보험설계사에게 지급되어야 할 수수료의 전부 또는 일부를 지급하지 아니하거나 지연하여 지급하는 행위

(7) 정당한 사유 없이 보험설계사에게 지급한 수수료를 환수하는 행위

(8) 보험설계사에게 보험료 대납을 강요하는 행위

2. 보험협회의 규약

보험협회는 보험설계사에 대한 보험회사 등의 불공정한 모집위탁행위를 막기 위하여 보험회사 등이 지켜야 할 규약을 정할 수 있다.

1) 보험회사는 고객을 직접 응대하는 직원을 고객의 폭언이나 성희롱, 폭행 등으로부터 보호하기 위하여 다음 각 호의 조치를 하여야 한다.

   (1) 직원이 요청하는 경우 해당 고객으로부터의 분리 및 업무담당자 교체

   (2) 직원에 대한 치료 및 상담 지원

   (3) 고객을 직접 응대하는 직원을 위한 상시적 고충처리 기구 마련. 다만, 「근로자참여 및 협력증진에 관한 법률」에 따라 고충처리위원을 두는 경우에는 고객을 직접 응대하는 직원을 위한 전담고충처리위원의 선임 또는 위촉

   (4) 고객응대직원의 보호를 위한 조치

     ① 고객의 폭언이나 성희롱, 폭행 등이 관계 법률의 형사처벌 규정에 위반된다고 판단되고 그 행위로 피해를 입은 직원이 요청하는 경우 : 관할수사기관 등에 고발

     ② 고객의 폭언 등이 관계법률의 형사처벌 규정에 위반되지는 아니하나 그 행위로 피해를 입은 직원의 피해정도 및 그 직원과 다른 직원에 대한 장래피해 발생가능성 등을 고려하여 필요하다고 판단되는 경우 : 관할수사기관 등에 필요한 조치 요구

     ③ 직원이 직접폭언 등의 행위를 한 고객에 대한 관할수사기관 등에 고소, 고발, 손해배상 청구 등의 조치를 하는데 필요한 행정적, 절차적 지원

     ④ 고객의 폭언 등을 예방하거나 이에 대응하기 위한 직원의 행동요령 등에 대한 교육 실시

     ⑤ 그 밖에 고객의 폭언 등으로부터 직원을 보호하기 위하여 필요한 사항으로서 금융위원회가 정하여 고시하는 조치

6 **등록의 취소**

1. 등록 취소 사유

금융위원회는 보험설계사가 다음 각 호의 어느 하나에 해당하는 경우에는 그 등록을 취소하여야 한다.

(1) 제84조 제2항 각 호의 어느 하나에 해당하게 된 경우

(2) 등록 당시 제84조 제2항 각 호의 어느 하나에 해당하는 자이었음이 밝혀진 경우

(3) 거짓이나 그 밖의 부정한 방법으로 등록을 한 경우

(4) 이 법에 따라 업무정지 처분을 2회 이상 받은 경우

2. 업무의 정지 명령 또는 등록 취소

금융위원회는 보험설계사가 다음 각 호의 어느 하나에 해당하는 경우에는 6개월 이내의 기간을 정하여 그 업무의 정지를 명하거나 그 등록을 취소할 수 있다.

(1) 모집에 관한 이 법의 규정을 위반한 경우

(2) 보험계약자, 피보험자 또는 보험금을 취득할 자로서 제102조의2를 위반한 경우

(3) 제102조의3을 위반한 경우

(4) 이 법에 따른 명령이나 처분을 위반한 경우

(5) 이 법에 따라 과태료 처분을 2회 이상 받은 경우

3. 청문의 실시

금융위원회는 등록을 취소하거나 업무의 정지를 명하려면 보험설계사에 대하여 청문을 하여야 한다.

4. 등록 취소 등 사유의 통지

금융위원회는 보험설계사의 등록을 취소하거나 업무의 정지를 명한 경우에는 지체 없이 그 이유를 적은 문서로 보험설계사 및 해당보험설계사가 소속된 보험회사 등에 그 뜻을 알려야 한다.

7 보험설계사, 보험대리점, 보험중개사의 등록제한

보험설계사	보험대리점	보험중개사
1. 피성년후견인 또는 피한정후견인 2. 파산선고 후 미복권자 3. 업법상 벌금이상 집행 후 2년 4. 업법상 금고이상 집행유예 중 5. 업법상 모집인 등록 취소 후 2년 6. 업법상 등록취소 2회 이상 받은 자 3년 7. 업법상 과태료, 과징금 미납, 업무정지, 등록 취소된 보험대리점, 중개사소속의 책임있는 임직원(직무정지, 정직) 2년 8. 영업에 관하여 성년자와 같은 능력을 가지지 아니한 미성년자로서 법정대리인이 위 1~7에 해당하는 자 9. 법인 또는 비법인 사단. 재단으로서 그 임원이나 관리인 중에 위 1~7에 해당하는 자 10. 과거 모집과 관련한 대출금, 보험료, 보험금 등을 다른 용도에 유용한 후 3년	1 ~ 10 좌동 11. 설계사, 중개사로 등록된 자 12. 다른 보험회사 등의 임직원 13. 외국법에 의해 1~10 해당 자 14. 그 밖에 불공정 모집의 우려가 있는 자	1~10 좌동 11. 설계사, 대리점으로 등록된 자 12. ~14 좌동 15. 부채가 자산을 초과하는 법인

제87조(보험대리점의 등록)

① 보험대리점이 되려는 자는 개인과 법인을 구분하여 대통령령으로 정하는 바에 따라 금융위원회에 등록하여야 한다.

② 다음 각 호의 어느 하나에 해당하는 자는 보험대리점이 되지 못한다.

  1. 제84조제2항 각 호의 어느 하나에 해당하는 자

  2. 보험설계사 또는 보험중개사로 등록된 자

  3. 다른 보험회사 등의 임직원

  4. 외국의 법령에 따라 제1호에 해당하는 것으로 취급되는 자

  5. 그 밖에 경쟁을 실질적으로 제한하는 등 불공정한 모집행위를 할 우려가 있는 자로서 대통령령으로 정하는 자

③ 금융위원회는 제1항에 따른 등록을 한 보험대리점으로 하여금 금융위원회가 지정하는 기관에 영업보증금을 예탁하게 할 수 있다.

④ 보험대리점의 구분, 등록요건, 영업기준 및 영업보증금의 한도액 등에 관하여 필요한 사항은 대통령령으로 정한다.

제88조(보험대리점의 등록취소 등)

① 금융위원회는 보험대리점이 다음 각 호의 어느 하나에 해당하는 경우에는 그 등록을 취소하여야 한다.

  1. 제87조제2항 각 호의 어느 하나에 해당하게 된 경우

  2. 등록 당시 제87조제2항 각 호의 어느 하나에 해당하는 자이었음이 밝혀진 경우

  3. 거짓이나 그 밖에 부정한 방법으로 제87조에 따른 등록을 한 경우

  4. 제87조의3제1항을 위반한 경우

  5. 제101조를 위반한 경우

② 금융위원회는 보험대리점이 다음 각 호의 어느 하나에 해당하는 경우에는 6개월 이내의 기간을 정하여 그 업무의 정지를 명하거나 그 등록을 취소할 수 있다.

  1. 모집에 관한 이 법의 규정을 위반한 경우

  2. 보험계약자, 피보험자 또는 보험금을 취득할 자로서 제102조의2를 위반한 경우

  3. 제102조의3을 위반한 경우

  4. 이 법에 따른 명령이나 처분을 위반한 경우

  5. 해당 보험대리점 소속 보험설계사가 제1호 및 제4호에 해당하는 경우

③ 보험대리점에 관하여는 제86조제3항 및 제4항을 준용한다.

제87조의2(법인보험대리점 임원의 자격)

① 다음 각 호의 어느 하나에 해당하는 자는 법인인 보험대리점(이하 "법인보험대리점"이라 한다)의 임원(이사·감사 또는 사실상 이와 동등한 지위에 있는 자로서 대통령령으로 정하는 자를 말한다)이 되지 못한다.

  1. 금고 이상의 실형을 선고받고 그 집행이 끝나거나(집행이 끝난 것으로 보는 경우를 포함한다) 집행이 면제된 날부터 3년이 지나지 아니한 자

  2. 이 법에 따라 벌금 이상의 형을 선고받고 그 집행이 끝나거나(집행이 끝난 것으로 보는 경우를 포함한다) 집행이 면제된 날부터 3년이 지나지 아니한 자

② 제1항에 따른 임원의 자격요건에 관하여 구체적인 사항은 대통령령으로 정한다.

제87조의3(법인보험대리점의 업무범위 등)

① 법인보험대리점은 보험계약자 보호 등을 해칠 우려가 없는 업무로서 대통령령으로 정하는 업무 또는 보험계약의 모집 업무 이외의 업무를 하지 못한다.

② 법인보험대리점은 경영현황 등 대통령령으로 정하는 업무상 주요 사항을 대통령령으로 정하는 바에 따라 공시하고 금융위원회에 알려야 한다.

1 보험대리점의 등록

1. 등록

보험대리점이 되려는 자는 개인과 법인을 구분하여 금융위원회에 등록하여야 한다.

2. 구분 및 등록요건

(1) 보험대리점의 구분

보험대리점은 개인 보험대리점과 법인 보험대리점으로 구분한다.

(2) 보험대리점의 등록요건

① 개인보험 대리점

가. 금융위원회가 정하여 고시하는 바에 따라 대리점에 관한 연수과정을 이수한 사람

나. 금융위원회가 정하여 고시하는 관계 업무에 2년 이상 종사한 경력이 있는 사람(등록신청 일부터 4년 이내에 해당업무에 종사한 사람으로 한정)으로서 교육을 이수한 사람

다. 개인보험대리점이 되려는 사람의 등록신청 유효기간은 연수과정 또는 교육 이수 후 2년으로 한다.

② 법인보험 대리점

가. 개인인보험대리점의 등록 요건의 어느 하나에 해당하는 사람을 1명 이상 두고 있는 법인

나. 임직원수가 100명 이상인 법인의 경우 소속 임직원의 10분의 1이상이 보험설계사 등록요건을 갖춘 법인

3. 결격사유

다음 각 호의 어느 하나에 해당하는 자는 보험대리점이 되지 못한다.

(1) 제84조 제2항 각 호의 어느 하나에 해당하는 자

(2) 보험설계사 또는 보험중개사로 등록된 자

(3) 다른 보험회사 등의 임직원

(4) 외국의 법령에 따라 제1호에 해당하는 것으로 취급되는 자

(5) 그 밖에 경쟁을 실질적으로 제한하는 등 불공정한 모집행위를 할 우려가 있는 자로서 대통령령으로 정하는 자

4. 영업보증금의 예탁

금융위원회는 등록을 한 보험대리점으로 하여금 금융위원회가 지정하는 기관에 영업보증금을 예탁하게 할 수 있다.

(1) 영업보증금의 범위

보험대리점의 영업보증금은 1억원 (법인보험대리점의 경우에는 3억원)의 범위에서 보험회사 와 대리점이 협의하여 정할 수 있다. 다만, 금융기관보험대리점에 대해서는 영업보증금 예탁의무를 면제한다.

(2) 영업보증금 증액 명령

금융위원회는 보험계약자의 보호와 모집질서의 유지를 위하여 필요하다고 인정하면 영업보증금의 증액을 명할 수 있다.

(3) 영업보증금 미 예탁

보험대리점의 등록을 한자는 영업보증금을 금융위원회가 지정하는 기관에 예탁하지 아니하고는 영업을 할 수 없다.

(4) 영업보증금 예탁 방법

영업보증금은 현금 또는 다음 각 호의 어느 하나에 해당하는 증권 등으로 예탁할 수 있다.

① 거래소에 상장된 증권 등 금융위원회가 인정하는 증권

② 금융위원회가 인정하는 보증보험증권

③ 금융위원회가 인정하는 기관이 발행한 지급보증서

(5) 영업보증금 미달 및 보험기간 만료

보험대리점의 등록을 한자는 예탁된 증권 등이 그 평가액의 변동으로 기준금액에 미치지 못 하게 되었거나 보험기간이 만료되었을 때에는 금융위원회가 정하는 기간 내에 그 부족한 금액을 보전하거나 기준금액에 해당하는 영업보증금을 다시 예탁하여야 한다.

(6) 평가방법 및 평가액 결정

예탁된 증권 등의 평가방법 및 평가액결정은「금융위원회의 설치 등에 관한 법률」에 따른 금융감독원장이 정하는 바에 따른다.

5. 보험대리점의 영업기준 등

(1) 법인보험대리점의 요건

보험설계사가 100명 이상인 법인보험대리점으로서 금융위원회가 정하여 고시하는 법인보험대리점은 다음 각 호의 요건을 모두 갖추어야 한다.

① 법령을 준수하고 보험계약자를 보호하기 위한 업무지침을 정할 것

② 제1호에 따른 업무지침의 준수여부를 점검하고 그 위반사항을 조사하는 임원 또는 직원을 1명 이상 둘 것

③ 보험계약자를 보호하고 보험계약의 모집업무를 수행하기 위하여 필요한 전산설비 등 물적 시설을 충분히 갖출 것

(2) 보험대리점 상호의 사용

보험대리점과 그 보험대리점에 소속된 임직원 및 보험설계사는 다음 각 호의 자료 또는 광고에서

보험대리점의 상호를 사용하는 경우에는 그 상호 중에"보험대리점"이라는 글자를 사용하여야 한다.

① 보험안내자료 등 보험계약의 체결 또는 모집을 위하여 제공하는 자료

② 보험상품에 관한 광고

(3) 회계장부 등의 보관 및 관리

보험대리점은 그 보험대리점에 소속된 보험설계사와의 위탁계약서, 수입 및 지출 명세에 관한 회계장부

등을 보관하고 관리하여야 한다.

2 법인보험대리점

1. 임원의 자격 및 결격사유

다음 각 호의 어느 하나에 해당하는 자는 법인인 보험대리점의 임원이 되지 못한다.

(1) 금고 이상의 실형을 선고받고 그 집행이 끝나거나 (집행이 끝난 것으로 보는 경우 포함) 집행이 면제된

날부터 3년이 지나지 아니한 자

(2) 이 법에 따라 벌금 이상의 형을 선고받고 그 집행이 끝나거나 (집행이 끝난 것으로 보는 경우 포함) 집행이

면제된 날부터 3년이 지나지 아니한 자

2. 법인보험대리점의 업무범위 등

(1) 금지행위

법인보험대리점은 다음 각 호의 어느 하나에 해당하는 업무를 하지 못한다.

① 「방문판매 등에 관한 법률」에 따른 다단계판매업

② 「대부업 등의 등록 및 금융이용자 보호에 관한 법률」에 따른 대부업 또는 대부중개업

(2) 경영현황 등 업무상 주요 사항

법인보험대리점은 경영현황 등 업무상 주요사항을 공시하고 금융위원회에 알려야 하는데, 이는 다음 각

호의 사항을 말한다.

① 경영하고 있는 업무의 종류

② 모집조직에 관한 사항

③ 모집실적에 관한 사항

④ 그 밖에 보험계약자 보호를 위하여 금융위원회가 정하여 고시하는 사항

(3) 공시 자료의 제공 등

공시를 위하여 보험회사는 공시에 필요한 자료를 모집에 관한 위탁계약을 체결한 법인보험 대리점에

제공하여야하며, 보험회사 또는 보험협회는 법인보험대리점을 대신하여 업무상 주요 사항을 금융위원회에

알릴 수 있다.

(4) 인터넷 홈페이지 등의 공시

법인보험대리점은 업무상 주요사항을 보험협회의 인터넷 홈페이지 등을 통하여 반기별로 공시하여야 한다.

3 보험대리점의 등록취소 등

1. 등록 취소 사유

금융위원회는 보험대리점이 다음 각 호의 어느 하나에 해당하는 경우에는 그 등록을 취소하여야 한다.

(1) 보험대리점의 결격사유에 해당하게 된 경우

(2) 등록 당시 보험대리점의 결격사유의 어느 하나에 해당하는 자이었음이 밝혀진 경우

(3) 거짓이나 그 밖에 부정한 방법으로 등록을 한 경우

(4) 법인보험대리점이 보험계약자 보호 등을 해칠 우려가 없는 업무로서 대통령령으로 정하는 업무 또는
보험계약의 모집업무 이외의 업무를 한 때

2. 업무의 정지 명령 또는 등록취소

금융위원회는 보험대리점이 다음 각 호의 어느 하나에 해당하는 경우에는 6개월 이내의 기간을 정하여 그

업무의 정지를 명하거나 그 등록을 취소할 수 있다.

(1) 모집에 관한 이 법의 규정을 위반한 경우

(2) 보험계약자, 피보험자 또는 보험금을 취득할 자로서 제102조의 2를 위반한 경우

3. 청문의 실시

금융위원회는 등록을 취소하거나 업무의 정지를 명하려면 보험대리점에 대하여 청문을 하여야 한다.

4. 등록 취소 등 사유의 통지

금융위원회는 보험대리점의 등록을 취소하거나 업무의 정지를 명한 경우에는 지체 없이 그 이유를 적은 문서로

보험대리점 및 해당보험대리점이 소속된 보험회사 등에 그 뜻을 알려야 한다.

제4절 　보험중개사

제89조(보험중개사의 등록)

① 보험중개사가 되려는 자는 개인과 법인을 구분하여 대통령령으로 정하는 바에 따라 금융위원회에 등록하여야 한다.

② 다음 각 호의 어느 하나에 해당하는 자는 보험중개사가 되지 못한다.

    1. 제84조제2항 각 호의 어느 하나에 해당하는 자

    2. 보험설계사 또는 보험대리점으로 등록된 자

    3. 다른 보험회사등의 임직원

    4. 제87조제2항제4호 및 제5호에 해당하는 자

    5. 부채가 자산을 초과하는 법인

③ 금융위원회는 제1항에 따른 등록을 한 보험중개사가 보험계약 체결 중개와 관련하여 보험계약자에게 입힌 손해의 배상을 보장하기 위하여 보험중개사로 하여금 금융위원회가 지정하는 기관에 영업보증금을 예탁하게 하거나 보험 가입, 그 밖에 필요한 조치를 하게 할 수 있다.

④ 보험중개사의 구분, 등록요건, 영업기준 및 영업보증금의 한도액 등에 관하여 필요한 사항은 대통령령으로 정한다.

제90조(보험중개사의 등록취소 등)

① 금융위원회는 보험중개사가 다음 각 호의 어느 하나에 해당하는 경우에는 그 등록을 취소하여야 한다.

    1. 제89조제2항 각 호의 어느 하나에 해당하게 된 경우. 다만, 같은 항 제5호의 경우 일시적으로 부채가 자산을 초과하는 법인으로서 대통령령으로 정하는 법인인 경우에는 그러하지 아니하다.

    2. 등록 당시 제89조제2항 각 호의 어느 하나에 해당하는 자이었음이 밝혀진 경우

    3. 거짓이나 그 밖의 부정한 방법으로 제89조에 따른 등록을 한 경우

    3의2. 제89조의3제1항을 위반한 경우

    4. 제101조를 위반한 경우

② 금융위원회는 보험중개사가 다음 각 호의 어느 하나에 해당하는 경우에는 6개월 이내의 기간을 정하여 그 업무의 정지를 명하거나 그 등록을 취소할 수 있다.

    1. 모집에 관한 이 법의 규정을 위반한 경우

    2. 보험계약자, 피보험자 또는 보험금을 취득할 자로서 제102조의2를 위반한 경우

    3. 제102조의3을 위반한 경우

    4. 이 법에 따른 명령이나 처분을 위반한 경우

    5. 해당 보험중개사 소속 보험설계사가 제1호 및 제4호에 해당하는 경우

③ 보험중개사에 관하여는 제86조제3항 및 제4항을 준용한다.

제92조(보험중개사의 의무 등)

① 보험중개사는 보험계약의 체결을 중개할 때 그 중개와 관련된 내용을 대통령령으로 정하는 바에 따라 장부에 적고 보험계약자에게 알려야 하며, 그 수수료에 관한 사항을 비치하여 보험계약자가 열람할 수 있도록 하여야 한다.

② 보험중개사는 보험회사의 임직원이 될 수 없으며, 보험계약의 체결을 중개하면서 보험회사 · 보험설계사 · 보험대리점 · 보험계리사 및 손해사정사의 업무를 겸할 수 없다.

1　보험중개사의 등록

1. 등록

보험중개사가 되려는 자는 개인과 법인을 구분하여 금융위원회에 등록하여야 한다.

2. 구분 및 등록요건 등

(1) 보험중개사의 구분

보험중개사는 개인인 보험중개사와 법인인 보험중개사로 구분하고, 각각 생명보험중개사, 손해보험중개사
및 제3보험중개사로 구분한다.

(2) 보험중개사의 등록요건

① 개인보험중개사

가. 소정의 교육을 이수하고 보험중개사 시험에 합격한 사람

나. 개인인 보험중개사로 2년 이상 종사한 경력이 있는 사람 (등록 신청일부터 4년 이내에 해당 업무에
종사한 사람으로 한정)으로서 소정의 교육을 이수한 사람

다. 가목의 요건을 충족하는 사람으로서 법인보험중개사의 소속보험설계사로 2년 이상 종사 한 경력이
있는 사람 (등록신청일로부터 4년 이내에 해당 업무에 종사한 사람으로 한정)으로서 소정의 교육을
이수한 사람

라. 개인보험중개사가 되려는 사람의 등록신청 유효기간은 교육이수 또는 시험 합격 후 2년으로 한다.

② 법인보험중개사

　　임직원의 3분의 1이상이 개인보험중개사 가목에 해당하는 자격을 갖추고 상근하는 법인

3. 결격사유

다음 각 호의 어느 하나에 해당하는 자는 보험중개사가 되지 못한다.

(1) 보험설계사 등록 결격사유의 어느 하나에 해당하는 자

(2) 보험설계사 또는 보험대리점으로 등록된 자

(3) 다른 보험회사 등의 임직원

(4) 외국의 법령에 따라 보험설계사 등록 결격사유에 해당하는 것으로 취급 되는 자

(5) 그 밖에 경쟁을 실질적으로 제한하는 등 불공정한 모집행위를 할 우려가 있는 자로서 대통령령으로 정하는 자

(6) 부채가 자산을 초과하는 법인

4. 영업보증금의 예탁

보험계약자에게 입힌 손해의 배상을 보장하기 위하여 보험중개사로 하여금 금융위원회가 지정하는 기관에
영업보증금을 예탁하게 하거나 보험가입, 그 밖에 필요한 조치를 하게 할 수 있다.

(1) 영업보증금의 범위

　　보험중개사의 영업보증금은 개인은 1억원 이상, 법인은 3억원 이상으로 하며, 그 구체적인 금액은
　　해당보험중개사의 영업규모를 고려하여 총리령으로 정한다. 다만, 금융기관보험 중개사에 대해서는
　　영업보증금 예탁의무를 면제 한다.

(2) 영업보증금 증액 명령

　　금융위원회는 보험계약자의 보호와 모집질서의 유지를 위하여 필요하다고 인정하면 최근사업 연도의
　　보험중개와 관련된 총수입금액의 5배의 범위에서 영업보증금의 증액을 명할 수 있다.

(3) 영업보증금의 반환

　　금융위원회는 보험중개사가 다음 각 호의 어느 하나에 해당하는 경우에는 총리령으로 정하는 바에 따라
　　영업보증금의 전부 또는 일부를 반환한다.

　　① 보험중개사가 보험중개업무를 폐지한 경우

　　② 보험중개사인 개인이 사망한 경우

　　③ 보험중개사인 법인이 파산 또는 해산하거나 합병으로 소멸한 경우

　　④ 법 제90조 제1항에 따라 등록이 취소된 경우

　　⑤ 보험중개사의 업무상황 변화 등으로 이미 예탁한 영업보증금이 예탁하여야 할 영업보증금을 초과하게 된 경우

(4) 영업보증금 미 예탁

　　보험중개사의 등록을 한 자는 영업보증금을 금융위원회가 지정하는 기관에 예탁하지 아니하고는 영업을 할
　　수 없다.

(5) 영업보증금 예탁 방법

영업보증금은 현금 또는 다음 각 호의 어느 하나에 해당하는 증권 등으로 예탁할 수 있다.

① 거래소에 상장된 증권 등 금융위원회가 인정하는 증권

② 금융위원회가 인정하는 보증보험증권

③ 금융위원회가 인정하는 기관이 발행한 지급보증서

(6) 영업보증금 미달 및 보험기간 만료

(7) 평가방법 및 평가액 결정

예탁된 증권 등의 평가방법 및 평가액결정은「금융위원회의 설치 등에 관한 법률」에 따른 금융감독원장이 정하는 바에 따른다.

5. 보험중개사의 영업기준 등

(1) 법인보험중개사의 요건

법인보험중개사로서 금융위원회가 정하여 고시하는 법인보험중개사는 다음 각 호의 요건을 모두 갖추어야 한다.

① 법령을 준수하고 보험계약자를 보호하기 위한 업무지침을 정할 것

② 제1호에 따른 업무지침의 준수 여부를 점검하고 그 위반사항을 조사하는 임원 또는 직원을 1명 이상 둘 것

③ 보험계약자를 보호하고 보험계약의 모집 업무를 수행하기 위하여 필요한 전산설비 등 물적 시설을 충분히 갖출 것

(2) 보험중개사 상호의 사용

보험중개사와 그 보험중개사에 소속된 임직원 및 보험설계사는 다음 각 호의 자료 또는 광고에서 보험중개사의 상호를 사용하는 경우에는 그 상호 중에 "보험중개사"라는 글자를 사용하여야 한다.

① 보험안내자료 등 보험계약의 중개를 위하여 소비자에게 제공하는 자료

② 보험상품에 관한 광고

(3) 회계장부 등의 보관 및 관리

보험중개사는 그 보험중개사에 소속된 보험설계사와의 위탁계약서, 수입 및 지출 명세에 관한 회계장부 등을 보관하고 관리하여야 한다.

2 **법인보험중개사**

1. 임원의 자격 및 결격사유

다음 각 호의 어느 하나에 해당하는 자는 법인인 보험중개사의 임원이 되지 못한다.

(1) 금고이상의 실형을 선고 받고 그 집행이 끝나거나 (집행이 끝난 것으로 보는 경우 포함) 집행이 면제된 날부터 3년이 지나지 아니한 자

(2) 이 법에 따라 벌금 이상의 형을 선고 받고 그 집행이 끝나거나 (집행이 끝난 것으로 보는 경우 포함) 집행이 면제된 날부터 3년이 지나지 아니한 자

2. 법인보험중개사의 업무범위 등

(1) 금지행위

법인보험중개사는 보험계약자 보호 등을 해칠 우려가 없는 업무로서 대통령령으로 정하는 다음의 업무 또는 보험계약의 모집업무 이외의 업무를 하지 못한다.

① 「방문판매 등에 관한 법률」에 따른 다단계판매업

② 「대부업등의 등록 및 금융이용자보호에 관한법률」에 따른 대부업 또는 대부중개업

(2) 경영현황 등 업무상 주요 사항

법인보험중개사는 경영 현황 등 업무상 주요사항을 공시하고 금융위원회에 알려야 하는데, 이는 다음 각 호의 사항을 말한다.

① 경영하고 있는 업무의 종류

② 모집조직에 관한 사항

③ 모집실적에 관한 사항

④ 그 밖에 보험계약자 보호를 위하여 금융위원회가 정하여 고시하는 사항

(3) 공시 자료의 제공 등

공시를 위하여 보험회사는 공시에 필요한 자료를 보험계약체결을 중개한 법인보험중개사에 제공하여야 한다.

(4) 인터넷 홈페이지 등의 공시

법인보험중개사는 업무상 주요사항을 법인보험중개사의 인터넷 홈페이지 등을 통하여 반기별로 공시하여야 한다.

3   보험중개사의 등록취소 등

1. 등록 취소 사유

금융위원회는 보험중개사가 다음 각 호의 어느 하나에 해당하는 경우에는 그 등록을 취소하여야 한다.

(1) 보험중개사의 결격사유에 해당하게 된 경우. 다만, 같은 항 제5호의 경우 일시적으로 부채가 자산을 초과하는 법인으로서 대통령령으로 정하는 법인인 경우에는 그러하지 아니하다

(2) 등록 시 보험중개사의 결격사유의 어느 하나에 해당하는 자이었음이 밝혀진 경우

(3) 거짓이나 그 밖에 부정한 방법으로 등록을 한 경우

2. 업무의 정지 명령 또는 등록취소

금융위원회는 보험중개사가 다음 각 호의 어느 하나에 해당하는 경우에는 6개월 이내의 기간을 정하여 그 업무의 정지를 명하거나 그 등록을 취소할 수 있다.

(1) 모집에 관한 이 법의 규정을 위반한 경우

(2) 보험계약자, 피보험자 또는 보험금을 취득할 자로서 제102조의 2를 위반한 경우

(3) 제102조의3을 위반한 경우

(4) 이 법에 따른 명령이나 처분을 위반한 경우

(5) 해당 보험중개사 소속 보험설계사가 제1호 및 제4호에 해당하는 경우

3. 청문의 실시

금융위원회는 등록을 취소하거나 업무의 정지를 명하려면 보험중개사에 대하여 청문을 하여야 한다.

4   보험중개사의 의무 등

1. 보험중개사의 알릴 의무

보험중개사는 보험계약의 체결을 중개 할 때 그 중개와 관련된 내용을 대통령령으로 정하는 바에 따라 장부에 적고 보험계약자에게 알려야하며, 그 수수료에 관한 사항을 비치하여 보험계약자가 열람할 수 있도록 하여야 한다.

2. 보험중개사의 겸업금지

보험중개사는 보험회사의 임직원이 될 수 없으며, 보험계약의 체결을 중개하면서 보험회사, 보험대리점, 보험계리사 및 손해사정사의 업무를 겸할 수 없다.

제5절　금융기관보험대리점

제91조(금융기관보험대리점 등의 영업기준)

① 다음 각 호의 어느 하나에 해당하는 기관(이하 "금융기관"이라 한다)은 제87조 또는 제89조에 따라 보험대리점 또는 보험중개사로 등록할 수 있다.

　1.「은행법」에 따라 설립된 은행

　2.「자본시장과 금융투자업에 관한 법률」에 따른 투자매매업자 또는 투자중개업자

　3.「상호저축은행법」에 따른 상호저축은행

　4. 그 밖에 다른 법률에 따라 금융업무를 하는 기관으로서 대통령령으로 정하는 기관

② 제1항에 따라 보험대리점 또는 보험중개사로 등록한 금융기관(이하 "금융기관보험대리점등"이라 한다)이 모집할 수 있는 보험상품의 범위는 금융기관에서의 판매 용이성(容易性), 불공정거래 가능성 등을 고려하여 대통령령으로 정한다.

③ 금융기관보험대리점등의 모집방법, 모집에 종사하는 모집인의 수, 영업기준 등과 그 밖에 필요한 사항은 대통령령으로 정한다.

제91조의2(금융기관보험대리점등에 대한 특례)

　금융기관보험대리점등에 대하여는 제87조의2제1항 및 제87조의3을 적용하지 아니한다.

1　등록 가능 기관

1)「은행법」에 따라 설립된 은행

2)「자본시장과 금융투자업에 관한 법률」에 따른 투자매매업자 또는 투자중개업자

3)「상호저축은행법」에 따른 상호저축은행

4) 그 밖에 다른 법률에 따라 금융업무를 하는 기관으로서 대통령령으로 정하는 기관

보험대리점 또는 보험중개사로 등록한 금융기관이 모집 할 수 있는 보험상품의 범위는 금융기관에서의 판매용이성, 불공정거래가능성 등을 고려하여 대통령령으로 정하며, 다음과 같다. 다만, 신용카드업자가 모집 할 수 있는 보험상품의 범위는 금융기관보험대리점 등이 아닌 보험대리점이 모집 할 수 있는 보험상품의 범위와 같다.

(1) 생명보험

　　① 개인저축성 보험

　　　　가. 개인연금

　　　　나. 일반연금

　　　　다. 교육보험

　　　　라. 생사혼합보험

　　② 신용생명보험

　　③ 개인보장성 보험 중 제3보험 (주계약으로 한정하고 저축성보험 특별약관 및 질병사망 특별약관을 부가한 상품은 제외)

(2) 손해보험

　　① 개인연금

　　② 장기저축성 보험

　　③ 화재보험(주택)

　　④ 상해보험(단체상해보험은 제외)

　　⑤ 종합보험

　　⑥ 신용손해보험

　　⑦ 개인장기보장성 보험 중 제3보험(주계약으로 한정하고, 저축성보험 특별약관 및 질병사망 특별약관을 부가한 상품은 제외)

3 **모집의 방법**

금융기관보험대리점등은 다음 각 호의 어느 하나에 해당하는 방법으로 모집하여야 한다. 다만 제3호의 방법은 신용카드업자만 사용할 수 있다.

(1) 금융기관보험대리점등의 점포내의 지정된 장소에서 보험계약자와 직접 대면하여 모집하는 방법

(2) 인터넷 홈페이지를 이용하여 불특정 다수를 대상으로 보험상품을 안내하거나 설명하여 모집하는 방법

(3) 법 제96조 제1항에 따른 전화, 우편, 컴퓨터 통신수단을 이용하여 모집하는 방법

4   모집에 종사하는 모집인의 수

금융기관보험대리점 등 (신용카드업자제외)은 그 금융기관보험대리점 등의 본점, 지점 등 점포별로 2명 (보험설계사자격을 갖춘 사람으로서 금융위원회가 정한기준과 방법에 따라 채용 된 사람은 제외) 의 범위에서 등록된 소속임원 또는 직원으로 하여금 모집에 종사하게 할 수 있다.

5   모집총액의 제한

금융기관보험대리점 등 (최근사업연도말 현재자산총액이 2조원이상인기관만 해당)이 모집 할 수 있는 1개 생명보험회사 또는 1개 손해보험회사 상품의 모집액은 매사업연도별로 해당 금융기관 보험대리점 등이 신규로 모집하는 생명보험회사 상품의 모집총액 또는 손해보험회사 상품의 모집 총액 각각의 100분의 25 보험회사상품의 모집액을 합산하여 계산하는 경우에 는 100분의 33)를 초과할 수 없다.

6   모집액의 합산

1개 보험회사 상품의 모집액 산정 시 금융기관보험 대리점 등과 대리점계약을 체결한 보험회사와 다음 각 호의 어느 하나에 해당하는 관계에 있는 보험회사 상품의 모집액은 합산하여 계산한다.

(1) 최대주주가 동일한 보험회사

(2) 체약보험회사 지분의 100분의 15이상을 소유한 금융기관보험 대리점 등이 지분의 100분의 15 이상을 소유한 보험회사

(3) 체약보험회사 지분의 100분의 15이상을 소유한 금융기관보험대리점 등의 지주회사가 지분의 100분의 15 이상을 소유한 보험회사

7   설명의무

금융기관보험대리점 등은 보험계약의 체결을 대리하거나 중개 할 때에는 금융위원회가 정하여 고시하는 바에 따라 다음 각호의 모든 사항을 보험계약자에게 설명하여야 한다.

(1) 대리하거나 중개하는 보험계약의 주요 보장 내용

(2) 대리하거나 중개하는 보험계약의 환급금

(3) 그 밖에 불완전판매를 방지하기 위하여 필요한 경우로서 금융위원회가 정하여 고시하는 사항

8   금융감독원장의 보고서 작성

금융감독원장은 금융기관보험대리점 등의 모집총액과 모집 수수료율 등에 관한 보고서를 금융기관보험대리점등의 사업 연도별로 작성하여 야 한다.

제93조(신고사항)

① 보험설계사 · 보험대리점 또는 보험중개사는 다음 각 호의 어느 하나에 해당하는 경우에는 지체 없이 그 사실을 금융위원회에 신고하여야 한다.

 1. 제84조 · 제87조 및 제89조에 따른 등록을 신청할 때 제출한 서류에 적힌 사항이 변경된 경우

 2. 제84조제2항 각 호의 어느 하나에 해당하게 된 경우

 3. 모집업무를 폐지한 경우

 4. 개인의 경우에는 본인이 사망한 경우

 5. 법인의 경우에는 그 법인이 해산한 경우

 6. 법인이 아닌 사단 또는 재단의 경우에는 그 단체가 소멸한 경우

 7. 보험대리점 또는 보험중개사가 소속 보험설계사와 보험모집에 관한 위탁을 해지한 경우

 8. 제85조제3항에 따라 보험설계사가 다른 보험회사를 위하여 모집을 한 경우나, 보험대리점 또는 보험중개사가 생명보험계약의 모집과 손해보험계약의 모집을 겸하게 된 경우

② 제1항제4호의 경우에는 그 상속인, 같은 항 제5호의 경우에는 그 청산인 · 업무집행임원이었던 자 또는 파산관재인, 같은 항 제6호의 경우에는 그 관리인이었던 자가 각각 제1항의 신고를 하여야 한다.

③ 보험회사는 모집을 위탁한 보험설계사 또는 보험대리점이 제1항 각 호의 어느 하나에 해당하는 사실을 알게 된 경우에는 제1항 및 제2항에도 불구하고 그 사실을 금융위원회에 신고하여야 한다.

④ 보험대리점 및 보험중개사에 관하여는 제3항을 준용한다. 이 경우 "보험설계사 또는 보험대리점"은 "보험설계사"로 본다.

제94조(등록수수료)

 제84조 · 제87조 및 제89조에 따라 보험설계사 · 보험대리점 또는 보험중개사가 되려는 자가 등록을 신청하는 경우에는 총리령으로 정하는 바에 따라 수수료를 내야 한다.

1 **신고사항**

1. 신고해야 하는 경우

보험설계사, 보험대리점 또는 보험중개사는 다음 각 호의 어느 하나에 해당하는 경우에는 지체 없이 그 사실을 금융위원회에 신고하여야 한다.

(1) 등록을 신청할 때 제출한 서류에 적힌 사항이 변경된 경우

(2) 보험설계사의 등록 결격사유 중 어느 하나에 해당하게 된 경우

(3) 모집업무를 폐지한 경우

(4) 개인의 경우에는 본인이 사망한 경우

(5) 법인의 경우에는 그 법인이 해산한 경우

(6) 법인이 아닌 사단 또는 재단의 경우에는 그 단체가 소멸한 경우

(7) 보험대리점 또는 보험중개사가 소속 보험설계사와 보험모집에 관한 위탁을 해지한 경우

(8) 보험설계사가 다른 보험회사를 위하여 모집을 한 경우나, 보험대리점 또는 보험중개사가 생명보험계약의 모집과 손해보험계약의 모집을 겸하게 된 경우

모집 관련 준수사항

제1절 보험안내자료

제95조(보험안내자료)

① 모집을 위하여 사용하는 보험안내자료(이하 "보험안내자료"라 한다)에는 다음 각 호의 사항을 명백하고 알기 쉽게 적어야 한다.

   1. 보험회사의 상호나 명칭 또는 보험설계사 · 보험대리점 또는 보험중개사의 이름 · 상호나 명칭

   2. 보험 가입에 따른 권리 · 의무에 관한 주요 사항

   3. 보험약관으로 정하는 보장에 관한 사항

   3의2. 보험금 지급제한 조건에 관한 사항

   4. 해약환급금에 관한 사항

   5. 「예금자보호법」에 따른 예금자보호와 관련된 사항

   6. 그 밖에 보험계약자를 보호하기 위하여 대통령령으로 정하는 사항

② 보험안내자료에 보험회사의 자산과 부채에 관한 사항을 적는 경우에는 제118조에 따라 금융위원회에 제출한 서류에 적힌 사항과 다른 내용의 것을 적지 못한다.

③ 보험안내자료에는 보험회사의 장래의 이익 배당 또는 잉여금 분배에 대한 예상에 관한 사항을 적지 못한다. 다만, 보험계약자의 이해를 돕기 위하여 금융위원회가 필요하다고 인정하여 정하는 경우에는 그러하지 아니하다.

④ 방송 · 인터넷 홈페이지 등 그 밖의 방법으로 모집을 위하여 보험회사의 자산 및 부채에 관한 사항과 장래의 이익 배당 또는 잉여금 분배에 대한 예상에 관한 사항을 불특정다수인에게 알리는 경우에는 제2항 및 제3항을 준용한다.

1 기재사항

모집을 위하여 사용하는 보험안내자료에는 다음 각 호의 사항을 명백하고 알기 쉽게 적어야 한다.

1) 보험회사의 상호나 명칭 또는 보험설계사, 보험대리점 또는 보험중개사의 이름, 상호나 명칭

2) 보험 가입에 따른 권리, 의무에 관한 주요 사항

3) 보험약관으로 정하는 보장에 관한 사항

3-2) 보험금 지급제한 조건에 관한 사항

4) 해약환급금에 관한 사항

5) 「예금자보호법」에 따른 예금자보호와 관련된 사항

6) 그 밖에 보험계약자를 보호하기 위하여 대통령령으로 정하는 사항

2 기재금지사항

1. 자산과 부채에 관한 사항

보험안내자료에 보험회사의 자산과 부채에 관한 사항을 적는 경우에는 금융위원회에 제출한 서류에 적힌 사항과 다른 내용의 것을 적지 못한다.

2. 장래의 이익 배당 또는 잉여금 분배에 대한 예상

보험안내자료에는 보험회사의 장래의 이익배당 또는 잉여금분배에 대한 예상에 관한사항을 적지 못한다. 다만, 보험계약자의 이해를 돕기 위하여 금융위원회가 필요하다고 인정하여 정하는 경우에는 그러하지 아니하다.

> **제95조의2(설명의무 등)**
>
> ① 보험회사 또는 보험의 모집에 종사하는 자는 일반보험계약자에게 보험계약 체결을 권유하는 경우에는 보험료, 보장범위, 보험금 지급제한 사유 등 대통령령으로 정하는 보험계약의 중요 사항을 일반보험계약자가 이해할 수 있도록 설명하여야 한다.
>
> ② 보험회사 또는 보험의 모집에 종사하는 자는 제1항에 따라 설명한 내용을 일반보험계약자가 이해하였음을 서명, 기명날인, 녹취, 그 밖에 대통령령으로 정하는 방법으로 확인을 받아야 한다.
>
> ③ 보험회사는 보험계약의 체결 시부터 보험금 지급 시까지의 주요 과정을 대통령령으로 정하는 바에 따라 일반보험계약자에게 설명하여야 한다. 다만, 일반보험계약자가 설명을 거부하는 경우에는 그러하지 아니하다.
>
> ④ 보험회사는 일반보험계약자가 보험금 지급을 요청한 경우에는 대통령령으로 정하는 바에 따라 보험금의 지급절차 및 지급내역 등을 설명하여야 하며, 보험금을 감액하여 지급하거나 지급하지 아니하는 경우에는 그 사유를 설명하여야 한다.

1　일반보험계약자에 대한 설명의무

보험회사 또는 보험의 모집에 종사하는 자는 일반보험계약자에게 보험계약체결을 권유하는 경우에는 보험료, 보장범위, 보험금 지급 제한사유 대통령령으로 정하는 보험계약의 중요 사항을 일반 보험계약자가 이해 할 수 있도록 설명하여야 한다. 이는 다음 각 호의 사항을 말한다.

1) 주계약 및 특약별 보험료

2) 주계약 및 특약별로 보장하는 사망, 질병, 상해 등 주요 위험 및 보험금

3) 보험료 납입기간 및 보험기간

4) 보험회사의 명칭, 보험상품의 종목 및 명칭

5) 청약의 철회에 관한 사항

6) 지급한도, 면책사항, 감액지급 사항 등 보험금 지급제한 조건

7) 고지의무 위반의 효과

8) 계약의 취소 및 무효에 관한 사항

9) 해약환급금에 관한 사항

10) 분쟁조정절차에 관한 사항

11) 그 밖에 보험계약자 보호를 위하여 금융위원회가 정하여 고시하는 사항

2 단계별 중요 사항의 설명

보험회사는 보험계약의 체결 시부터 보험금 지급 시까지의 주요과정을 대통령령으로 정하는 바에 따라 일반보험계약자에게 설명하여야 한다. 다만, 일반보험계약자가 설명을 거부하는 경우에는 그러하지 아니하다. 다음 각 호 중 제1호에 따른 보험계약체결단계 (보험계약승낙거절 시 거절사유로 한정) 제2호에 따른 보험금청구단계 또는 제3호에 따른 보험금심사, 지급단계의 경우 일반보험계약 자가 계약체결 전에 또는 보험금청구권자가 보험금청구단계에서 동의 한 경우에 한정하여서 서면, 문자메시지, 전자우편 또는 모사전송 등으로 중요사항을 통보하는 것으로 이를 대신 할 수 있다.

1. 보험계약 체결 단계

(1) 보험의 모집에 종사하는 자의 성명, 연락처 및 소속

(2) 보험의 모집에 종사하는 자가 보험회사를 위하여 보험계약의 체결을 대리할 수 있는지 여부

(3) 보험의 모집에 종사하는 자가 보험료나 고지의무사항을 보험회사를 대신하여 수령할 수 있는지 여부

(4) 보험계약의 승낙절차

(5) 보험계약 승낙거절 시 거절 사유

(6) 3개월 이내에 해당 보험계약을 취소 할 수 있다는 사실 및 그 취소 절차, 방법

(7) 그 밖에 일반보험계약자가 보험계약 체결 단계에서 설명 받아야 하는 사항으로서 금융위원회가 정하여 고시하는 사항

2. 보험금 청구 단계

(1) 담당 부서, 연락처 및 보험금 청구에 필요한 서류

(2) 보험금 심사 절차, 예상 심사기간 및 예상 지급일

(3) 일반보험계약자가 보험사고 조사 및 손해사정에 관하여 설명 받아야 하는 사항으로서 금융위원회가 정하여 고시하는 사항

(4) 그 밖에 일반보험계약자가 보험금 청구 단계에서 설명 받아야 하는 사항으로서 금융위원회가 정하여 고시하는 사항

3. 보험금 심사 · 지급 단계

(1) 보험금 지급일 등 지급절차

(2) 보험금 지급 내역

(3) 보험금 심사 지연 시 지연 사유 및 예상 지급일

(4) 보험금을 감액하여 지급하거나 지급하지 아니하는 경우에는 그 사유

(5) 그 밖에 일반보험계약자가 보험금 심사, 지급 단계에서 설명 받아야 하는 사항으로서 금융위원회가 정하여 고시하는 사항

제95조의3(적합성의 원칙)

① 보험회사 또는 보험의 모집에 종사하는 자는 일반보험계약자가 보험계약을 체결하기 전에 면담 또는 질문을 통하여 보험계약자의 연령, 재산상황, 보험가입의 목적 등 대통령령으로 정하는 사항을 파악하고 일반보험계약자의 서명(「전자서명법」 제2조제2호에 따른 전자서명을 포함한다), 기명날인, 녹취, 그 밖에 대통령령으로 정하는 방법으로 확인을 받아 유지ㆍ관리하여야 하며, 확인받은 내용은 일반보험계약자에게 지체 없이 제공하여야 한다.

② 보험회사 또는 보험의 모집에 종사하는 자는 일반보험계약자의 연령, 재산상황, 보험가입의 목적 등에 비추어 그 일반보험계약자에게 적합하지 아니하다고 인정되는 보험계약의 체결을 권유하여서는 아니 된다.

③ 제1항 및 제2항을 적용받는 보험상품은 대통령령으로 정한다.

④ 보험회사 및 보험의 모집에 종사하는 자가 제1항에 따라 확인을 받아야 할 내용 및 확인 내용의 유지ㆍ관리기간은 대통령령으로 정한다.

1 적합성 원칙의 확인 내용

보험회사 또는 보험의 모집에 종사하는 자는 일반보험계약자가 보험계약을 체결하기 전에 면담 또는 질문을 통하여 보험계약자의 연령, 재산상황, 보험가입의 목적 등 대통령령으로 정하는 사항을 파악하고 일반보험계약자의 서명, 기명날인, 녹취, 그 밖에 대통령령으로 정하는 방법으로 확인을 받아 유지ㆍ관리하여야 하며, 확인받은 내용은 일반보험계약자에게 지체 없이 제공하여야 한다.

1. 보험계약 체결 전 확인 사항

(1) 보험계약자의 연령

(2) 월 소득 및 월 소득에서 보험료 지출이 차지하는 비중

(3) 보험가입의 목적

(4) 변액보험계약 및 「자본시장과 금융투자업에 관한 법률」 제9조 제21항에 따른 집합투자증권의 가입 여부

(5) 그 밖에 보험계약자에게 적합한 보험계약의 체결을 권유하기 위하여 필요하다고 인정되는 사항으로서 금융위원회가 정하여 고시하는 사항

2. 확인의 방법 및 유지 등

보험회사 또는 보험의 모집에 종사하는 자는 확인된 사항에 대하여 일반보험계약자의 서명, 기명날인, 녹취, 그 밖에 대통령령으로 정하는 방법으로 확인을 받아 보험계약체결 이후 종료일부터 2년간 유지, 관리하여야하며, 확인 받은 내용은 일반보험계약자에게 지체 없이 제공하여야 한다.

3. 부적합한 보험계약 체결 권유 금지

보험회사 또는 보험의 모집에 종사하는 자는 일반보험계약자의 연령, 재산상황, 보험가입의 목적 등에 비추어 그 일반보험계약자에게 적합하지 아니하다고 인정되는 보험계약의 체결을 권유하여서는 아니 된다.

4. 적용받는 보험상품

위 사항을 적용 받는 보험상품은 대통령령으로 정한다. 이는 변액보험 계약이다.

제95조의4(모집광고 관련 준수사항)

① 보험회사 또는 보험의 모집에 종사하는 자가 보험상품에 관하여 광고를 하는 경우에는 보험계약자가 보험상품의 내용을 오해하지 아니하도록 명확하고 공정하게 전달하여야 한다.

② 보험회사 또는 보험의 모집에 종사하는 자가 보험상품에 관하여 광고를 하는 경우에는 다음 각 호의 내용이 포함되어야 한다.

1. 보험계약 체결 전에 상품설명서 및 약관을 읽어 볼 것을 권유하는 내용

2. 보험계약자가 기존에 체결했던 보험계약을 해지하고 다른 보험계약을 체결하면 보험인수가 거절되거나 보험료가 인상되거나 보장내용이 달라질 수 있다는 내용

3. 변액보험 계약과 관련하여 대통령령으로 정하는 내용

4. 그 밖에 대통령령으로 정하는 내용

③ 보험회사 또는 보험의 모집에 종사하는 자가 보험상품에 대하여 광고를 하는 경우에는 다음 각 호의 행위를 하여서는 아니 된다.

1. 보험금 지급한도, 지급제한 조건, 면책사항, 감액지급 사항 등을 누락하거나 충분히 고지하지 아니하여 제한 없이 보험금을 수령할 수 있는 것으로 오인하게 하는 행위

2. 보장금액이 큰 특정 내용만을 강조하거나 고액 보험금 수령 사례 등을 소개하여 보험금을 많이 지급하는 것으로 오인하게 하는 행위

3. 보험료를 일할로 분할하여 표시하거나 보험료 산출기준(보험가입금액, 보험료 납입기간, 보험기간, 성별, 연령 등)을 불충분하게 설명하여 보험료가 저렴한 것으로 오인하게 하는 행위

4. 만기 시 자동갱신되는 보험상품의 경우 갱신 시 보험료가 인상될 수 있음을 보험계약자가 인지할 수 있도록 충분히 고지하지 아니하는 행위

5. 금리 및 투자실적에 따라 만기환급금이 변동이 될 수 있는 보험상품의 경우 만기환급금이 보험만기일에 확정적으로 지급되는 것으로 오인하게 하는 행위

6. 그 밖에 보험계약자 보호를 위하여 대통령령으로 정하는 행위

④ 제1항 및 제2항 각 호에 관한 구체적인 내용, 보험회사 또는 보험의 모집에 종사하는 자가 광고를 하는 방법 및 절차, 그 밖에 필요한 사항은 대통령령으로 정한다.

⑤ 보험회사 또는 보험의 모집에 종사하는 자가 광고를 할 때 「표시ㆍ광고의 공정화에 관한 법률」 제4조제1항에 따른 표시ㆍ광고사항이 있는 경우에는 같은 법에서 정하는 바에 따른다.

⑥ 보험협회는 필요하면 보험회사 또는 보험의 모집에 종사하는 자로부터 광고물을 미리 제출받아 보험회사등의 광고가 이 법이 정한 광고기준을 지키는지를 확인할 수 있다.

1　의의

보험회사 또는 보험의 모집에 종사하는 자가 보험상품에 관하여 광고를 하는 경우에는 보험계약자가 보험상품의 내용을 오해하지 아니하도록 명확하고 공정하게 전달하여야 한다.

2 광고에 포함되어야 할 사항

보험회사 또는 보험의 모집에 종사하는 자가 보험상품에 관하여 광고를 하는 경우에는 다음 각 호의 내용이 포함되어야 한다.

1) 보험계약 체결 전에 상품설명서 및 약관을 읽어 볼 것을 권유하는 내용

2) 보험계약자가 기존에 체결했던 보험계약을 해지하고 다른 보험계약을 체결하면 보험인수가 거절되거나 보험료가 인상되거나 보장내용이 달라질 수 있다는 내용

3) 변액보험계약과 관련하여 대통령령으로 정하는 내용으로, 다음 각 호의 사항을 말한다.

   (1) 자산운용의 성과에 따라 보험금이 변동될 수 있다는 내용

   (2) 「예금자보호법」이 적용되는 보험금의 범위

4) 그 밖에 대통령령으로 정하는 내용으로 다음 각 호의 사항을 말한다.

   (1) 보험회사 및 보험상품의 명칭

   (2) 주계약 및 특약별 보험료 예시

   (3) 주계약 및 특약별로 보장하는 사망, 질병, 상해 등 주요 위험 및 보험금 예시

   (4) 해약환급금 예시

   (5) 지급한도, 면책사항, 감액지급 사항 등 보험금 지급제한 조건

   (6) 금리연동형 상품인 경우 적용이율에 관한 사항

3 광고 관련 금지행위

보험회사 또는 보험의 모집에 종사하는 자가 보험상품에 대하여 광고를 하는 경우에는 다음 각 호의 행위를 하여서는 아니 된다.

1) 보험금 지급한도, 지급제한 조건, 면책사항, 감액지급사항 등을 누락하거나 충분히 고지하지 아니하여 제한 없이 보험금을 수령 할 수 있는 것으로 오인하게 하는 행위

2) 보장금액이 큰 특정내용 만을 강조하거나 고액 보험금 수령 사례 등을 소개하여 보험금을 많이 지급하는 것으로 오인하게 하는 행위

3) 보험료를 일 할로 분할하여 표시하거나 보험료 산출기준 (보험가입금액, 보험료 납입기간, 보험기간, 성별, 연령 등)을 불충분하게 설명하여 보험료가 저렴한 것으로 오인하게 하는 행위

4) 만기 시 자동 갱신되는 보험상품의 경우 갱신 시 보험료가 인상 될 수 있음을 보험계약자가 인지할 수 있도록 충분히 고지하지 아니하는 행위

5) 금리 및 투자실적에 따라 만기환급금이 변동이 될 수 있는 보험상품의 경우 만기환급금이 보험만기일에 확정적으로 지급되는 것으로 오인하게 하는 행위

6) 그 밖에 보험계약자 보호를 위하여 대통령령으로 정하는 행위로 다음 각 호의 행위를 말한다.

   (1) 지급사유 또는 지급시점이 다른 두개 이상의 보험금을 더하여 하나의 보험사고 발생 시에 지급될 수 있는 것으로 오인하게 하는 행위

   (2) 방송채널 사용사업자로 승인된 보험대리점이 법 제83 조에 따른 모집을 할 수 있는 자가 아닌 자로 하여금 보험상품을 설명하게 하는 행위

4 **광고의 방법 및 절차**

보험회사 또는 보험의 모집에 종사하는 자는 보험상품에 관하여 광고를 할 때에 다음 각 호에 따른 방법 및 절차를 지켜야 한다.

1) 보장내용을 표시하는 글씨의 크기와 보험금 지급 제한 조건을 표시하는 글씨의 크기가 비슷할 것

2) 만기 시 자동 갱신되는 보험상품의 경우 갱신 시 보험료가 인상 될 수 있음을 안내하는 글씨의 크기와 보험료를 예시하는 글씨의 크기가 비슷할 것

3) 보장내용을 설명하는 음성의 강도 속도와 내용을 설명하는 음성의 강도 속도가 비슷할 것

4) 보험회사 또는 방송 채널 사용사업자로 승인된 보험 대리점이 방송으로 광고를 한 경우에는 그 광고를 한 날부터 15영업일 이내에 광고한 매체 및 기간을 명시하여 해당 보험회사 또는 보험대리점의 인터넷 홈페이지에 그 광고를 게재할 것

5) 보험상품 광고에 대하여 사전에 해당보험회사의 준법감시인의 확인을 받을 것

5 **보험협회의 확인**

보험협회는 필요하면 보험회사 또는 보험의 모집에 종사하는 자로부터 광고물을 미리 제출 받아 보험회사 등의 광고가 이 법이 정한 광고 기준을 지키는지를 확인할 수 있다.

> **제95조의5(중복계약 체결 확인 의무)**
> ① 보험회사 또는 보험의 모집에 종사하는 자는 대통령령으로 정하는 보험계약을 모집하기 전에 보험계약자가 되려는 자의 동의를 얻어 모집하고자 하는 보험계약과 동일한 위험을 보장하는 보험계약을 체결하고 있는지를 확인하여야 하며 확인한 내용을 보험계약자가 되려는 자에게 즉시 알려야 한다.
> ② 제1항의 중복계약 체결의 확인 절차 등에 관하여 필요한 사항은 대통령령으로 정한다.

1 중복계약 체결의 확인

보험회사 또는 보험의 모집에 종사하는 자는 대통령령으로 정하는 보험계약을 모집하기 전에 보험계약자가 되려는 자의 동의를 얻어 모집하고자 하는 보험계약과 동일한 위험을 보장하는 보험계약을 체결하고 있는지를 확인하여야 하며 확인한 내용을 보험계약자가 되려는 자에게 즉시 알려야 한다.

2 확인 대상 보험계약

대통령령으로 정하는 보험계약이란 실제 부담 한 의료비만 지급하는 제3보험상품 계약 (실손의료보험계약)을 말한다. 다만, 다음 각 호의 보험계약은 제외한다.

1) 여행 중 발생한 위험을 보장하는 보험계약으로서 다음 각 항목의 어느 하나에 해당하는 보험 계약

    (1) 「관광진흥법」제4조에 따라 등록한 여행업자가 여행자를 위하여 일괄 체결하는 보험계약

    (2) 특정 단체가 그 단체의 구성원을 위하여 일괄 체결한 보험계약

2) 국외여행, 연수 또는 유학 등 국외체류 중 발생한 위험을 보장하는 보험 계약

3 중복계약 체결의 확인 절차 등

1. 중복계약 여부 확인

보험회사 또는 보험의 모집에 종사하는 자가 실손의료보험계약을 모집하는 경우에는 피보험자가 되려는 자가 이미 다른 실손의료보험계약의 피보험자로 되어 있는지를 확인하여야 한다.

2. 보험금 비례분담 등 세부 사항 안내

피보험자가 되려는 자가 다른 실손 의료보험계약의 피보험자로 되어 있는 경우에는 보험금 비례분담 등 보장금 지급에 관한 세부 사항을 안내하여야 한다.

> **제96조(통신수단을 이용한 모집 · 철회 및 해지 등 관련 준수사항)**
>
> ① 전화 · 우편 · 컴퓨터통신 등 통신수단을 이용하여 모집을 하는 자는 제83조에 따라 모집을 할 수 있는 자이어야 하며, 다른 사람의 평온한 생활을 침해하는 방법으로 모집을 하여서는 아니 된다.
>
> ② 보험회사는 다음 각 호의 어느 하나에 해당하는 경우 통신수단을 이용할 수 있도록 하여야 한다.
>
> 　1. 보험계약을 청약한 자가 청약의 내용을 확인 · 정정 요청하거나 청약을 철회하고자 하는 경우
>
> 　2. 보험계약자가 체결한 계약의 내용을 확인하고자 하는 경우
>
> 　3. 보험계약자가 체결한 계약을 해지하고자 하는 경우(보험계약자가 계약을 체결하기 전에 통신수단을 이용한 계약해지에 동의한 경우에 한한다)
>
> ③ 제1항에 따른 통신수단을 이용하여 모집을 하는 방법과 제2항에 따른 통신수단을 이용한 청약 철회 등을 하는 방법에 관하여 필요한 사항은 대통령령으로 정한다.

1　통신수단을 이용한 모집 및 대상

전화 · 우편 · 컴퓨터통신 등 통신수단을 이용하여 모집을 하는 자는 제83조에 따라 모집을 할 수 있는 자이어야 하며, 다른 사람의 평온한 생활을 침해하는 방법으로 모집을 하여서는 아니 된다. 이에 따른 통신수단을 이용한 모집은 통신수단을 이용한 모집에 대하여 동의를 한 자를 대상으로 하여야 한다.

2　통신수단의 이용이 가능한 경우

보험회사는 다음 각 호의 어느 하나에 해당하는 경우 통신수단을 이용 할 수 있도록 하여야 한다.

1) 보험계약을 청약한 자가 청약의 내용을 확인, 정정 요청하거나 청약을 철회하고자 하는 경우

2) 보험계약자가 체결한 계약의 내용을 확인하고자 하는 경우

3) 보험계약자가 체결한 계약을 해지하고자하는 경우 (보험계약자가 계약을 체결하기 전에 통신수단을 이용한 계약해지에 동의한 경우에 한한다)

3　전화를 이용한 모집 관련 준수사항

1) 통신수단 중 전화를 이용하여 모집하는 자는 보험계약의 청약이 있는 경우 보험계약자의 동의를 받아 청약내용, 보험료의 납입, 보험기간, 고지의무, 약관의 주요내용 등 보험계약 체결을 위하여 필요한 사항을 질문 또는 설명하고 그에 대한 보험계약자의 답변 및 확인 내용을 음성 녹음하는 등 증거자료를 확보, 유지하여야 하며, 우편이나 팩스 등을 통하여 지체 없이 보험계약자로부터 청약서에 자필서명을 받아야 한다. 그럼에도 불구하고 청약자의 신원을 확인 할 수 있는 증명자료가 있는 등 금융위원회가 정하여 고시하는 경우에는 자필서명을 받지 아니할 수 있다.

2) 보험회사는 보험계약을 청약한 자가 전화를 이용하여 청약의 내용을 확인, 정정요청 하거나 청약을 철회하려는 경우에는 상대방의 동의를 받아 청약내용, 청약자 본인 인지를 확인 하고 그 내용을 음성 녹음하는 등 증거 자료를 확보, 유지하여야 한다.

3) 보험회사는 보험계약자가 전화를 이용하여 체결한 계약을 해지하려는 경우에는 상대방의 동의를 받아 다음 각 호의 내용을 확인하고 그 내용을 음성 녹음하는 등 증거 자료를 확보, 유지하여야 한다.

(1) 보험계약자 본인인지 여부

(2) 계약체결 전에 통신수단을 이용한 계약해지에 동의하였는지 여부

4 사이버몰을 이용한 모집 관련 준수사항

1) 사이버몰에는 보험약관의 주요내용을 표시하여야 하며 보험계약자의 청약내용에 대해서는 다음 각 항목의 어느 하나에 해당하는 경우 외에는 보험계약자로부터 자필서명을 받을 것

(1) 「전자서명법」제2조 제3호에 따른 공인전자서명을 받은 경우

(2) 그 밖에 금융위원회가 정하는 기준을 준수하는 안전성과 신뢰성이 확보 될 수 있는 수단을 활용하여 청약내용에 대하여 보험계약자의 확인을 받은 경우

2) 보험약관 또는 보험증권을 전자문서로 발급하는 경우에는 보험계약자가 해당 문서를 수령 하였는지를 확인하여야 하며 보험계약자가 서면으로 발급해 줄 것을 요청하는 경우에는 서면으로 발급할 것

3) 금융위원회는 사이버몰의 표시사항, 통신수단을 이용한 모집, 청약 내용의 확인, 청약의 철회, 계약내용이 확인 및 계약의 해지에 필요한 세부사항을 정하여 고시 할 수 있다. 다만,「전자상거래 등에서의 소비자보호에 관한법률」등 소비자관련 법령에서 규율하고 있는 사항에 대해서는 그러 하지 아니하다.

5 컴퓨터통신을 이용한 모집 관련 준수사항

1) 보험회사는 보험계약을 청약한 자가 컴퓨터 통신을 이용하여 청약의 내용을 확인, 정정 요청하거나 청약을 철회하려는 경우에는 다음 각 호의 어느 하나에 해당하는 방법을 이용하여 청약자 본인인지를 확인하여야 한다.

(1) 「전자서명법」제2조 제3호에 따른 공인전자서명

(2) 그 밖에 금융위원회가 정하는 기준을 준수하는 안전성과 신뢰성이 확보 될 수 있는 수단을 활용하여 청약자 본인인지를 확인하는 방법

2) 보험회사는 보험계약자가 컴퓨터 통신을 이용하여 체결한 계약을 해지하려는 경우에는 다음 각 호의 내용을 확인하여야 한다.

(1) 보험계약자 본인인지 여부. 이 경우 본인 확인 방법은 1항과 같다

(2) 계약체결 전에 통신수단을 이용한 계약해지에 동의하였는지 여부

제97조(보험계약의 체결 또는 모집에 관한 금지행위)

① 보험계약의 체결 또는 모집에 종사하는 자는 그 체결 또는 모집에 관하여 다음 각 호의 어느 하나에 해당하는 행위를 하여서는 아니 된다. <개정 2014. 1. 14.>

1. 보험계약자나 피보험자에게 보험상품의 내용을 사실과 다르게 알리거나 그 내용의 중요한 사항을 알리지 아니하는 행위 (2020.3.24. 삭제)

2. 보험계약자나 피보험자에게 보험상품의 내용의 일부에 대하여 비교의 대상 및 기준을 분명하게 밝히지 아니하거나 객관적인 근거 없이 다른 보험상품과 비교하여 그 보험상품이 우수하거나 유리하다고 알리는 행위 (2020.3.24. 삭제)

3. 보험계약자나 피보험자가 보험상품의 중요한 사항을 보험회사에 알리는 것을 방해하거나 알리지 아니할 것을 권유하는 행위 (2020.3.24. 삭제)

4. 보험계약자나 피보험자가 보험상품의 중요한 사항에 대하여 부실한 사항을 보험회사에 알릴 것을 권유하는 행위 (2020.3.24. 삭제)

5. 보험계약자 또는 피보험자로 하여금 이미 성립된 보험계약(이하 이 조에서 "기존보험계약"이라 한다)을 부당하게 소멸시킴으로써 새로운 보험계약(대통령령으로 정하는 바에 따라 기존보험계약과 보장 내용 등이 비슷한 경우만 해당한다. 이하 이 조에서 같다)을 청약하게 하거나 새로운 보험계약을 청약하게 함으로써 기존보험계약을 부당하게 소멸시키거나 그 밖에 부당하게 보험계약을 청약하게 하거나 이러한 것을 권유하는 행위

6. 실제 명의인이 아닌 자의 보험계약을 모집하거나 실제 명의인의 동의가 없는 보험계약을 모집하는 행위

7. 보험계약자 또는 피보험자의 자필서명이 필요한 경우에 보험계약자 또는 피보험자로부터 자필서명을 받지 아니하고 서명을 대신하거나 다른 사람으로 하여금 서명하게 하는 행위

8. 다른 모집 종사자의 명의를 이용하여 보험계약을 모집하는 행위

9. 보험계약자 또는 피보험자와의 금전대차의 관계를 이용하여 보험계약자 또는 피보험자로 하여금 보험계약을 청약하게 하거나 이러한 것을 요구하는 행위

10. 정당한 이유 없이 「장애인차별금지 및 권리구제 등에 관한 법률」 제2조에 따른 장애인의 보험가입을 거부하는 행위

11. 보험계약의 청약철회 또는 계약 해지를 방해하는 행위

② 제1항제2호에 따른 보험상품의 내용의 일부에 대한 비교 금지규정은 다음 각 호의 어느 하나에 해당하는 자가 보험계약자의 합리적인 보험상품 선택을 위하여 비교하는 경우에는 적용하지 아니한다. (2020.3.24. 삭제))

1. 제85조제3항에 따라 다른 보험회사를 위하여 모집을 하는 보험설계사

2. 제87조에 따라 등록한 보험대리점 중 각각 2 이상의 생명보험업을 경영하는 보험회사
   · 손해보험업을 경영하는 보험회사(보증보험업만을 경영하는 보험회사는 제외한다) 또는 제3보험업을 경영하는 보험회사와 모집에 관한 위탁계약을 체결한 보험대리점

3. 제89조에 따라 등록한 보험중개사

③ 보험계약의 체결 또는 모집에 종사하는 자가 다음 각 호의 어느 하나에 해당하는 행위를 한 경우에는 제1항제5호를 위반하여 기존보험계약을 부당하게 소멸시키거나 소멸하게 하는 행위를 한 것으로 본다.

1. 기존보험계약이 소멸된 날부터 1개월 이내에 새로운 보험계약을 청약하게 하거나 새로운 보험계약을 청약하게 한 날부터 1개월 이내에 기존보험계약을 소멸하게 하는 행위. 다만, 보험계약자가 기존 보험계약 소멸 후 새로운 보험계약 체결 시 손해가 발생할 가능성이 있다는 사실을 알고 있음을 자필로 서명하는 등 대통령령으로 정하는 바에 따라 본인의 의사에 따른 행위임이 명백히 증명되는 경우에는 그러하지 아니하다.

2. 기존보험계약이 소멸된 날부터 6개월 이내에 새로운 보험계약을 청약하게 하거나 새로운 보험계약을 청약하게 한 날부터 6개월 이내에 기존보험계약을 소멸하게 하는 경우로서 해당 보험계약자 또는 피보험자에게 기존보험계약과 새로운 보험계약의 보험기간 및 예정 이자율 등 대통령령으로 정하는 중요한 사항을 비교하여 알리지 아니하는 행위

④ 보험계약자는 보험계약의 체결 또는 모집에 종사하는 자(보험중개사는 제외한다. 이하 이 항에서 같다)가 제1항제5호를 위반하여 기존보험계약을 소멸시키거나 소멸하게 하였을 때에는 그 보험계약의 체결 또는 모집에 종사하는 자가 속하거나 모집을 위탁한 보험회사에 대하여 그 보험계약이 소멸한 날부터 6개월 이내에 소멸된 보험계약의 부활을 청구하고 새로운 보험계약은 취소할 수 있다.

⑤ 제4항에 따라 보험계약의 부활의 청구를 받은 보험회사는 특별한 사유가 없으면 소멸된 보험계약의 부활을 승낙하여야 한다.

⑥ 제4항과 제5항에 따라 보험계약의 부활을 청구하는 절차 및 방법과 그 밖에 보험계약의 부활에 관하여 필요한 사항은 대통령령으로 정한다.

1 보험상품의 내용 허위 설명 금지

보험계약자나 피보험자에게 보험상품의 내용을 사실과 다르게 알리거나 그 내용의 중요한 사항을 알리지 아니하는 행위

2 보험상품의 내용 일부 비교 금지

보험계약자나 피보험자에게 보험상품의 내용의 일부에 대하여 비교의 대상 및 기준을 분명하게 밝히지 아니하거나 객관적인 근거 없이 다른 보험상품과 비교하여 그 보험상품이 우수하거나 유리하다고 알리는 행위. 다만, 보험상품의 내용의 일부에 대한 비교 금지규정은 다음 각 호의 어느 하나에 해당하는 자가 보험계약자의 합리적인 보험상품 선택을 위하여 비교하는 경우에는 적용하지 아니한다.

1) 보험회사를 위하여 모집을 하는 보험설계사

2) 보험대리점 중 각각 2개 이상의 생명보험업을 경영하는 보험회사, 손해보험업을 경영하는 보험회사 (부증부험업만을 경영하는 보험회사는 제외) 또는 제3보험업을 경영하는 보험회사와 모집에 관한 위탁계약을 체결한 보험대리점

3) 보험중개사

3 고지의무위반의 권유 금지

보험계약자나 피보험자가 중요한 사항을 보험회사에 알리는 것을 방해하거나 알리지 아니할 것을 권유하는 행위

4 부실 고지 권유 금지

보험계약자나 피보험자가 중요한 사항에 대하여 부실한 사항을 보험회사에 알릴 것을 권유하는 행위

5 기존보험계약 소멸 후 새로운 보험계약 청약 금지

1. 의의 및 기준

보험계약자 또는 피보험자로 하여금 이미 성립된 보험계약을 부당하게 소멸시킴으로써 새로 운 보험계약(대통령령으로 정하는 바에 따라 기존보험계약과 보장 내용 등이 비슷한 경우만 해당)을 청약하게 하거나 새로운 보험계약을 청약하게 함으로써 기존보험계약을 부당하게 소멸 시키거나 그 밖에 부당하게 보험계약을 청약하게 하거나 이러한 것을 권유 하는 행위. 다음 각 호의 어느 하나에 해당하는 행위를 한 경우에는 이를 위반하여 기존 보험계약을 부당하게 소멸시키거나 소멸하게 하는 행위를 한 것으로 본다.

(1) 기존보험계약이 소멸 된 날부터 1개월 이내에 새로운 보험계약을 청약하게 하거나 새로운 보험계약을 청약하게 한 날부터 1개월 이내에 기존보험 계약을 소멸하게 하는 행위. 다만, 보험계약자가 기존보험계약소멸 후 새로운 보험계약 체결 시 손해가 발생할 가능성이 있다는 사실을 알고 있음을 자필로 서명하는 등 대통령령으로 정하는 바에 따라 본인의 의사에 따른 행위임이 명백히 증명되는 경우에는 그러하지 아니하다.

(2) 기존 보험계약이 소멸 된 날부터 6개월 이내에 새로운 보험계약을 청약하게 하거나 새로 운 보험계약을 청약하게 한 날부터 6개월 이내에 기존보험계약을 소멸하게 하는 경우로서 해당 보험계약자 또는 피보험자에게 기존 보험계약과 새로운 보험계약의 보험기간 및 예정 이자율 등 대통령령으로 정하는 중요한 사항을 비교하여 알리지 아니하는 행위

2. 소멸된 보험계약의 부활

보험계약자는 보험계약의 체결 또는 모집에 종사하는 자가 이를 위반하여 기존 보험계약을 소멸시키거나 소멸하게 하였을 때에는 그 보험계약의 체결 또는 모집에 종사하는 자가 속하거나 모집을 위탁한 보험회사에 대하여 그 보험계약이 소멸 한 날부터 6개월 이내에 소멸 된 보험계약의 부활을 청구하고 새로운 보험계약은 취소 할 수 있다. 이에 따라 보험계약의 부활의 청구를 받은 보험회사는 특별한 사유가 없으면 소멸된 보험계약의 부활을 승낙하여야 한다.

3. 보험계약의 부활 청구 절차 등

(1) 소멸된 보험계약의 부활을 청구하고 새로운 보험계약을 취소하려는 보험계약자는 보험 계약부활 청구서에 다음 각 호의 서류를 첨부하여 보험회사에 제출하여야 한다.

① 기존보험계약의 소멸을 증명하는 서류

② 새로운 보험계약의 보험증권

(2) 보험회사는 제1항에 따른 서류를 접수하였을 때에는 접수증을 발급하고 부활사유 및 제출된 서류의 기재사항 등을 확인하여야 한다.

(3) 보험회사는 보험계약의 부활청구를 받은 날 (건강진단을 받는 계약의 경우에는 진단일)부터 30일 이내에 승낙 또는 거절의 통지를 하여야 하며 그 기간에 통지가 없을 때에는 승낙한 것으로 본다.

(4) 소멸 된 보험계약의 부활 및 새로운 보험계약의 취소의 효력은 다음 각 호의 요건을 충족하였을 때에 발생한다.

① 기존보험계약의 소멸로 인하여 보험계약자가 수령한 해약환급금의 반환

② 새로운 보험계약으로부터 보험계약자가 제급부금을 수령한 경우 그 반환

(5) 보험계약의 부활 및 취소는 해당 보험계약이 같은 보험회사를 대상으로 한 계약에만 적용한다.

6 기타 금지행위

1) 실제 명의인이 아닌 자의 보험계약을 모집하거나 실제 명의인의 동의가 없는 보험계약을 모집하는 행위

2) 보험계약자 또는 피보험자의 자필 서명이 필요한 경우에 보험계약자 또는 피보험자로부터 자필서명을 받지 아니하고 서명을 대신하거나 다른 사람으로 하여금 서명하게 하는 행위

3) 다른 모집 종사자의 명의를 이용하여 보험계약을 모집하는 행위

4) 보험계약자 또는 피보험자와의 금전대차의 관계를 이용하여 보험계약자 또는 피보험자로 하여금 보험계약을 청약하게 하거나 이러한 것을 요구하는 행위

제98조(특별이익의 제공 금지)
보험계약의 체결 또는 모집에 종사하는 자는 그 체결 또는 모집과 관련하여 보험계약자나 피보험자에게 다음 각 호의 어느 하나에 해당하는 특별이익을 제공하거나 제공하기로 약속하여서는 아니 된다.
1. 금품(대통령령으로 정하는 금액을 초과하지 아니하는 금품은 제외한다)
2. 기초서류에서 정한 사유에 근거하지 아니한 보험료의 할인 또는 수수료의 지급
3. 기초서류에서 정한 보험금액보다 많은 보험금액의 지급 약속
4. 보험계약자나 피보험자를 위한 보험료의 대납
5. 보험계약자나 피보험자가 해당 보험회사로부터 받은 대출금에 대한 이자의 대납
6. 보험료로 받은 수표 또는 어음에 대한 이자 상당액의 대납
7. 「상법」 제682조에 따른 제3자에 대한 청구권 대위행사의 포기

1 특별이익의 제공금지

1) 금품(보험계약 체결 시부터 최초 1년간 납입되는 보험료의 100분의 10과 3만원 중 적은 금액은 제외한다. 단, 보험계약에 따라 보장되는 위험을 감소시키는 물품의 경우에는 20만원 중 적은 금액을 제공하는 행위)
2) 기초서류에서 정한 사유에 근거하지 아니한 보험료의 할인 또는 수수료의 지급
3) 기초서류에서 정한 보험금액보다 많은 보험금액의 지급 약속
4) 보험계약자나 피보험자를 위한 보험료의 대납
5) 보험계약자나 피보험자가 해당 보험회사로부터 받은 대출금에 대한 이자의 대납
6) 보험료로 받은 수표 또는 어음에 대한 이자 상당액의 대납
7) 제3자에 대한 청구권 대위행사의 포기 (잔존물대위는 가능)

제9절 수수료 지급 등의 금지

제99조(수수료 지급 등의 금지)

① 보험회사는 제83조에 따라 모집할 수 있는 자 이외의 자에게 모집을 위탁하거나 모집에 관하여 수수료, 보수, 그 밖의 대가를 지급하지 못한다. 다만, 다음 각 호의 어느 하나에 해당하는 경우에는 그러하지 아니하다.

  1. 기초서류에서 정하는 방법에 따른 경우

  2. 보험회사가 대한민국 밖에서 외국보험사와 공동으로 원보험계약(原保險契約)을 인수하거나 대한민국 밖에서 외국의 모집조직(외국의 법령에 따라 모집을 할 수 있도록 허용된 경우만 해당한다)을 이용하여 원보험계약 또는 재보험계약을 인수하는 경우

  3. 그 밖에 대통령령으로 정하는 경우

② 모집에 종사하는 자는 다음 각 호의 어느 하나에 해당하는 경우 이외에는 타인에게 모집을 하게 하거나 그 위탁을 하거나, 모집에 관하여 수수료 · 보수나 그 밖의 대가를 지급하지 못한다.(2020.3.24. 삭제)

  1. 보험설계사: 같은 보험회사등에 소속된 다른 보험설계사에 대한 경우(2020.3.24. 삭제)

  2. 보험대리점: 같은 보험회사와 모집에 관한 위탁계약이 체결된 다른 보험대리점이나 소속 보험설계사에 대한 경우(2020.3.24. 삭제)

  3. 보험중개사: 다른 보험중개사나 소속 보험설계사에 대한 경우(2020.3.24. 삭제)

③ 보험중개사는 대통령령으로 정하는 경우 이외에는 보험계약 체결의 중개와 관련한 수수료나 그 밖의 대가를 보험계약자에게 청구할 수 없다.

1 보험회사의 모집 위탁 및 수수료 지급 등 금지

보험회사는 제83조에 따라 모집할 수 있는 자 이외의 자에게 모집을 위탁하거나 모집에 관하여 수수료, 보수, 그 밖의 대가를 지급하지 못한다. 다만, 다음 각 호의 어느 하나에 해당하는 경우에는 그러하지 아니하다.

1) 기초서류에서 정하는 방법에 따른 경우

2) 보험회사가 대한민국 밖에서 외국보험회사와 공동으로 원보험계약을 인수하거나 대한민국 밖에서 외국의 모집조직 (외국의 법령에 따라 모집을 할 수 있도록 허용된 경우만 해당)을 이용하여 원보험계약 또는 재보험계약을 인수하는 경우

2 모집종사자의 위탁 및 수수료 등의 지급 금지

모집에 종사하는 자는 다음 각 호의 어느 하나에 해당하는 경우 이외에는 타인에게 모집을 하게하거나 그 위탁을 하거나, 모집에 관하여 수수료, 보수나 그 밖의 대가를 지급하지 못한다.

1) 보험설계사 : 같은 보험회사 등에 소속된 다른 보험설계사에 대한 경우

2) 보험대리점 : 같은 보험회사와 모집에 관한 위탁계약이 체결 된 다른 보험대리점이나 소속 보험설계사에 대한 경우

3) 보험중개사 : 다른 보험중개사나 소속 보험설계사에 대한 경우

3 **수수료 지급 등의 금지 예외**

1) 보험중개사는 보험계약 체결의 중개와는 별도로 보험계약자에게 특별히 제공한 서비스에 대하여 일정 금액으로 표시되는 보수나 그 밖의 대가를 지급할 것을 미리 보험계약자와 합의한 서면약정서에 의하여 청구하는 경우 이외에는 보험계약 체결의 중개와 관련한 수수료나 그 밖의 대가를 보험계약자에게 청구할 수 없다.

2) 보험중개사는 이에 따른 보수나 그 밖의 대가를 청구하려는 경우에는 해당 서비스를 제공하기 전에 제공 할 서비스별 내용이 표시 된 보수 명세표를 보험계약자에게 알려야 한다.

제10절 금융기관보험대리점 등의 금지행위

제100조(금융기관보험대리점등의 금지행위 등)

① 금융기관보험대리점등은 모집을 할 때 다음 각 호의 어느 하나에 해당하는 행위를 하여서는 아니 된다.

1. 대출 등 해당 금융기관이 제공하는 용역(이하 이 조에서 "대출 등"이라 한다)을 제공하는 조건으로 대출등을 받는 자에게 그 금융기관이 대리 또는 중개하는 보험계약을 체결할 것을 요구하거나 특정한 보험회사와 보험계약을 체결할 것을 요구하는 행위(2020.3.24. 삭제)
2. 대출 등을 받는 자의 동의를 미리 받지 아니하고 보험료를 대출 등의 거래에 포함시키는 행위
3. 해당 금융기관의 임직원(제83조에 따라 모집할 수 있는 자는 제외한다)에게 모집을 하도록 하거나 이를 용인하는 행위
4. 해당 금융기관의 점포 외의 장소에서 모집을 하는 행위
5. 모집과 관련이 없는 금융거래를 통하여 취득한 개인정보를 미리 그 개인의 동의를 받지 아니하고 모집에 이용하는 행위
6. 그 밖에 제1호부터 제5호까지의 행위와 비슷한 행위로서 대통령령으로 정하는 행위

② 금융기관보험대리점등은 모집을 할 때 다음 각 호의 사항을 지켜야 한다.

1. 해당 금융기관이 대출 등을 받는 자에게 보험계약의 청약을 권유하는 경우 대출등을 받는 자가 그 금융기관이 대리하거나 중개하는 보험계약을 체결하지 아니하더라도 대출등을 받는 데 영향이 없음을 알릴 것
2. 해당 금융기관이 보험회사가 아니라 보험대리점 또는 보험중개사라는 사실과 보험계약의 이행에 따른 지급책임은 보험회사에 있음을 보험계약을 청약하는 자에게 알릴 것
3. 보험을 모집하는 장소와 대출 등을 취급하는 장소를 보험계약을 청약하는 자가 쉽게 알 수 있을 정도로 분리할 것
4. 제1호부터 제3호까지의 사항과 비슷한 사항으로서 대통령령으로 정하는 사항

③ 금융기관보험대리점등이나 금융기관보험대리점등이 되려는 자는 보험계약 체결을 대리하거나 중개하는 조건으로 보험회사에 대하여 다음 각 호의 어느 하나의 행위를 하여서는 아니 된다.

1. 해당 금융기관을 계약자로 하는 보험계약의 할인을 요구하거나 그 금융기관에 대한 신용공여, 자금지원 및 보험료 등의 예탁을 요구하는 행위
2. 보험계약 체결을 대리하거나 중개하면서 발생하는 비용 또는 손실을 보험회사에 부당하게 떠넘기는 행위
3. 그 밖에 금융기관의 우월적 지위를 이용하여 부당한 요구 등을 하는 행위로서 대통령령으로 정하는 행위

④ 제3항에 따른 행위의 구체적 기준은 대통령령으로 정하는 바에 따라 금융위원회가 정한다.

1 금융기관보험대리점 등의 금지행위

금융기관보험대리점 등은 모집을 할 때 다음 각 호의 어느 하나에 해당하는 행위를 하여서는 아니 된다.

1) 대출 등 해당금융기관이 제공하는 용역을 제공하는 조건으로 대출 등을 받는 자에게 그 금융기관이 대리 또는 중개하는 보험계약을 체결 할 것을 요구하거나 특정한 보험회사와 보험계약을 체결할 것을 요구하는 행위

2) 대출 등을 받는 자의 동의를 미리 받지 아니하고 보험료를 대출 등의 거래에 포함시키는 행위

3) 해당금융기관의 임직원 (제83조에 따라 모집 할 수 있는 자는 제외)에게 모집을 하도록 하거나 이를 용인하는 행위

4) 해당 금융기관의 점포 외의 장소에서 모집을 하는 행위

5) 모집과 관련이 없는 금융거래를 통하여 취득한 개인정보를 미리 그 개인의 동의를 받지 아니하고 모집에 이용하는 행위

6) 그 밖에 제1호부터 제5호까지의 행위와 비슷한 행위로서 대통령령으로 정하는 행위로 다음 각 호의 어느 하나에 해당하는 행위를 말한다.

    (1) 모집에 종사하는 자 외에 소속임직원으로 하여금 보험상품의 구입에 대한 상담 또는 소개를 하게 하거나 상담 또는 소개의 대가를 지불하는 행위

    (2) 대출을 조건으로 차주의 의사에 반하여 보험가입을 강요하는 행위

    (3) 대출과 관련하여 중소기업의 대표자 . 임원 등 금융위원회가 정하여 고시하는 차주의 관계인의 의사에 반하여 보험가입을 강요하는 행위

    (4) 대출과 관련하여 차주인 중소기업, 그 밖에 금융위원회가 정하여 고시하는 차주 및 차주의 관계인에게 대출실행일 전후 1개월 이내에 보험상품을 판매하는 행위로서 해당 차주 및 차주의 관계인을 보호하기 위한 목적으로 보험상품의 특성판매 금액 등을 고려하여 금융위원회가 정하여 고시하는 요건에 해당하는 행위

    (5) 그 밖에 건전한 거래질서를 해칠 우려가 있는 행위로서 금융위원회가 정하여 고시하는 행위

2 금융기관보험대리점 등의 모집 시 준수사항

금융기관보험대리점 등은 모집을 할 때 다음 각 호의 사항을 지켜야 한다.

1) 해당금융기관이 대출 등을 받는 자에게 보험계약의 청약을 권유하는 경우 대출 등을 받는 자가 그 금융기관이 대리하거나 중개하는 보험계약을 체결하지 아니하더라도 대출 등을 받는 데 영향이 없음을 알릴 것
2) 해당금융기관이 보험회사가 아니라 보험대리점 또는 보험중개사라는 사실과 보험계약의 이 행에 따른 지급책임은 보험회사에 있음을 보험계약을 청약하는 자에게 알릴 것
3) 보험을 모집하는 장소와 대출 등을 취급하는 장소를 보험계약을 청약하는 자가 쉽게 알 수 있을 정도로 분리할 것
4) 제1호부터 제3호까지의 사항과 비슷한 사항으로서 대통령령으로 정하는 사항. 이는 보험 계약자 등의 보험민원을 접수하여 처리 할 전담 창구를 해당 금융기관의 본점에 설치, 운영하는 것을 말한다.

3 금융기관보험대리점 등의 보험회사에 대한 금지행위

1) 해당금융기관을 계약자로 하는 보험계약의 할인을 요구하거나 그 금융기관에 대한 신용공여, 자금 지원 및 보험료 등의 예탁을 요구하는 행위
2) 보험계약체결을 대리하거나 중개하면서 발생하는 비용 또는 손실을 보험회사에 부당하게 떠넘기는 행위
3) 그 밖에 금융기관의 우월적 지위를 이용하여 부당한 요구 등을 하는 행위로서 대통령령으로 정하는 행위. 이는 모집수수료 외에 금융기관 보험대리점 등이 모집한 보험계약에서 발생 한 이익의 배분을 요구하는 행위 (금융위원회가 정하여 고시하는 기준에 따라 이익의 배분을 요구하는 경우는 제외)를 말한다.

4 금융기관보험대리점 등의 금지행위 기준

금융기관보험대리점 등 또는 금융기관보험대리점 등이 되려는 자의 금지행위 기준은 다음 각 호와 같다.

1) 금융기관보험대리점 등이 요구하는 행위가 일반적인거래조건에 비추어 명백히 보험회사의 이익에 반하는 것으로 인정될 수 있을 것
2) 해당 행위가 보험회사의 경영건전성이나 보험계약자의 이익, 그 밖에 건전한 모집질서를 명백히 해치는 것으로 인정될 수 있을 것

제11절 자기계약의 금지

제101조(자기계약의 금지)

① 보험대리점 또는 보험중개사는 자기 또는 자기를 고용하고 있는 자를 보험계약자 또는 피보험자로 하는 보험을 모집하는 것을 주된 목적으로 하지 못한다.

② 보험대리점 또는 보험중개사가 모집한 자기 또는 자기를 고용하고 있는 자를 보험계약자나 피보험자로 하는 보험의 보험료 누계액(累計額)이 그 보험대리점 또는 보험중개사가 모집한 보험의 보험료의 100분의 50을 초과하게 된 경우에는 그 보험대리점 또는 보험중개사는 제1항을 적용할 때 자기 또는 자기를 고용하고 있는 자를 보험계약자 또는 피보험자로 하는 보험을 모집하는 것을 그 주된 목적으로 한 것으로 본다.

③ 보험회사 임직원의 제3자에 대한 모집위탁에 관하여는 「금융소비자 보호에 관한 법률」 제25조제1항 각 호 외의 부분 및 같은 항 제2호를 준용한다. 이 경우 "금융상품판매대리·중개업자는"은 "보험회사 임직원은"으로, "금융상품판매대리·중개업자가 대리·중개하는 업무"는 "보험회사 임직원의 모집 업무"로 한다.(신설)

1 자기계약의 금지

보험대리점 또는 보험중개사는 자기 또는 자기를 고용하고 있는 자를 보험계약자 또는 피보험자로 하는 보험을 모집하는 것을 주된 목적으로 하지 못한다. 보험대리점, 보험중개사가 모집한 자기 또는 자기를 고용하고 있는 자를 보험계약자나 피보험자로 하는 보험의 보험료 누계액이 그 보험대리점 또는 보험중개사가 모집한 보험의 보험료의 100분의 50을 초과하게 된 경우에는 자기를 위한 계약으로 금지한다.

계약자의 권리

제1절　모집을 위탁한 보험회사의 배상책임 등

1　모집을 위탁한 보험회사의 배상책임

제102조(모집을 위탁한 보험회사의 배상책임)

① 보험회사는 그 임직원 · 보험설계사 또는 보험대리점(보험대리점 소속 보험설계사를 포함한다. 이하 이 조에서 같다)이 모집을 하면서 보험계약자에게 손해를 입힌 경우 배상할 책임을 진다. 다만, 보험회사가 보험설계사 또는 보험대리점에 모집을 위탁하면서 상당한 주의를 하였고 이들이 모집을 하면서 보험계약자에게 손해를 입히는 것을 막기 위하여 노력한 경우에는 그러하지 아니하다.

② 제1항은 해당 임직원 · 보험설계사 또는 보험대리점에 대한 보험회사의 구상권(求償權) 행사를 방해하지 아니한다.

③ 제1항에 따라 발생한 청구권에 관하여는 「민법」 제766조를 준용한다.
　제102조의2(보험계약자 등의 의무) 보험계약자, 피보험자, 보험금을 취득할 자, 그 밖에 보험계약에 관하여 이해관계가 있는 자는 보험사기행위를 하여서는 아니 된다.

제102조의3(보험 관계 업무 종사자의 의무)

보험회사의 임직원, 보험설계사, 보험대리점, 보험중개사, 손해사정사, 그 밖에 보험 관계 업무에 종사하는 자는 다음 각 호의 어느 하나에 해당하는 행위를 하여서는 아니 된다.

　1. 보험계약자, 피보험자, 보험금을 취득할 자, 그 밖에 보험계약에 관하여 이해가 있는 자로 하여금 고의로 보험사고를 발생시키거나 발생하지 아니한 보험사고를 발생한 것처럼 조작하여 보험금을 수령하도록 하는 행위

　2. 보험계약자, 피보험자, 보험금을 취득할 자, 그 밖에 보험계약에 관하여 이해가 있는 자로 하여금 이미 발생한 보험사고의 원인, 시기 또는 내용 등을 조작하거나 피해의 정도를 과장하여 보험금을 수령하도록 하는 행위

제103조(영업보증금에 대한 우선변제권)

　보험계약자나 보험금을 취득할 자가 보험중개사의 보험계약체결 중개행위와 관련하여 손해를 입은 경우에는 그 손해액을 제89조제3항에 따른 영업보증금에서 다른 채권자보다 우선하여 변제받을 권리를 가진다.

1. 의의

보험회사는 그 임직원·보험설계사 또는 보험대리점(보험대리점 소속 보험설계사를 포함한다. 이하 이 조에서 같다)이 모집을 하면서 보험계약자에게 손해를 입힌 경우 배상할 책임을 진다. 다만, 보험회사가 보험설계사 또는 보험대리점에 모집을 위탁하면서 상당한 주의를 하였고 이들이 모집을 하면서 보험계약자에게 손해를 입히는 것을 막기 위하여 노력한 경우에는 그러하지 아니하다.

2. 보험회사의 구상권 행사

해당임직원, 보험설계사 또는 보험대리점에 대한 보험회사의 구상권 행사를 방해하지 아니한다.

2 보험계약자 등의 의무

보험계약자, 피보험자, 보험금을 취득할 자, 그 밖에 보험계약에 관하여 이해관계가 있는 자는 보험사기행위를 하여서는 아니 된다.

3 보험 관계 업무 종사자의 의무

보험회사의 임직원, 보험설계사, 보험대리점, 보험중개사, 손해사정사, 그 밖에 보험관계업무에 종사하는 자는 다음 각호의 어느 하나에 해당하는 행위를 하여서는 아니 된다.

1) 보험계약자, 피보험자, 보험금을 취득할 자, 그 밖에 보험계약에 관하여 이해가 있는 자로 하여금 고의로 보험사고를 발생시키거나 발생하자 아니한 보험사고를 발생한 것처럼 조작하여 보험금을 수령하도록 하는 행위
2) 보험계약자, 피보험자, 보험금을 취득 할 자, 그 밖에 보험계약에 관하여 이해가 있는 자로 하여금 이미 발생한 보험사고의 원인, 시기 또는 내용 등을 조작하거나 피해의 정도를 과장하여 보험금을 수령하도록 하는 행위

4 영업보증금에 대한 우선변제권

보험계약자나 보험금을 취득 할 자가 보험중개사의 보험계약 체결 중개행위와 관련하여 손해를 입은 경우에는 그 손해액을 영업보증금에서 다른 채권자보다 우선하여 변제받을 권리를 가진다.

> **제102조의4(청약철회)**
>
> ① 보험회사는 일반보험계약자로서 보험회사에 대하여 대통령령으로 정하는 보험계약을 청약한 자(이하 이 절에서 "청약자"라 한다)가 보험증권을 받은 날로부터 15일(거래 당사자 사이에 15일보다 긴 기간으로 약정한 경우에는 그 기간) 이내에 대통령령으로 정하는 바에 따라 청약철회의 의사를 표시하는 경우에는 특별한 사정이 없는 한 이를 거부할 수 없다. 다만, 청약을 한 날로부터 30일을 초과한 경우에는 그러하지 아니하다.
>
> ② 보험증권의 교부에 관하여 다툼이 있으면 보험회사가 이를 증명하여야 한다.
>
> **제102조의5(청약철회의 효과)**
>
> ① 보험회사는 제102조의4제1항에 따른 청약의 철회를 접수한 날로부터 3일 이내에 이미 납입 받은 보험료를 반환하여야 하며, 보험료 반환이 늦어진 기간에 대하여는 대통령령으로 정하는 바에 따라 계산한 금액을 더하여 지급하여야 한다.
>
> ② 보험회사는 청약자에 대하여 그 청약의 철회에 따른 손해배상 또는 위약금 등 금전의 지급을 청구할 수 없다.
>
> ③ 보험계약 청약의 철회 당시 이미 보험금의 지급사유가 발생한 경우에는 그 청약 철회의 효력은 발생하지 아니한다. 다만, 청약자가 보험금의 지급사유가 발생했음을 알면서 해당 보험계약의 청약을 철회한 경우에는 그러하지 아니한다.

1 의의

보험회사는 일반보험계약자로서 보험회사에 대하여 대통령령으로 정하는 보험계약을 청약한 자(이하 이 절에서 "청약자"라 한다)가 보험증권을 받은 날로부터 15일 (거래 당사자 사이에 15일보다 긴 기간으로 약정한 경우에는 그 기간) 이내에 대통령령으로 정하는 바에 따라 청약철회의 의사를 표시하는 경우에는 특별한 사정이 없는 한 이를 거부할 수 없다. 다만, 청약을 한 날로부터 30일을 초과한 경우에는 그러하지 아니하다.

2 청약 철회 불가 대상이 되는 보험계약

1) 보험계약을 체결하기 위하여 피보험자가 건강진단을 받아야하는 보험계약
2) 보험기간이 90일미만인 보험계약
3) 「자동차손해배상 보장법」제5조에 따라 가입할 의무가 있는 보험계약
4) 타인을 위한 보증보험계약(일반보험계약자가 청약철회에 관하여 타인의 동의를 얻은 경우는 제외)
5) 그 밖에 일반 보험계약자의 보호에 지장을 주지 아니하는 경우로서 금융위원회가 정하여 고시하는 보험계약

3 청약철회의 의사표시

청약철회의 의사표시는 다음 각 호의 어느 하나에 해당하는 방법으로 한다.

1) 청약철회의 의사를 표시하는 서면을 보험회사에 제출하는 방법
2) 법 제96조 제2항에 따라 통신수단을 이용하는 방법

4 청약철회의 효과

1. 납입보험료의 반환

보험회사는 청약이 철회를 접수 한 날로부터 3일 이내에 이미 납입 받은 보험료를 반환하여야 하며, 보험료 반환이 늦어진 기간에 대하여는 대통령령으로 정하는 바에 따라 계산한 금액을 더하여 지급하여야 한다.

2. 손해배상청구 등의 금지

보험회사는 청약자에 대하여 그 청약의 철회에 따른 손해배상 또는 위약금 등 금전의 지급을 청구할 수 없다.

3. 철회의 효력 미발생

보험계약청약의 철회 당시 이미 보험금의 지급사유가 발생한 경우에는 그 청약철회의 효력은 발생하지 아니한다. 다만, 청약자가 보험금의 지급사유가 발생했음을 알면서 해당 보험계약의 청약을 철회한 경우에는 그러하지 아니한다.

PART 5

자산운용

자산운용의 원칙

제1절　자산운용의 원칙

1　자산운용의 원칙, 비율, 금지, 제한

제104조(자산운용의 원칙)

① 보험회사는 그 자산을 운용할 때 안정성ㆍ유동성ㆍ수익성 및 공익성이 확보되도록 하여야 한다.

② 보험회사는 선량한 관리자의 주의로써 그 자산을 운용하여야 한다.

제105조(금지 또는 제한되는 자산운용)

보험회사는 그 자산을 다음 각 호의 어느 하나에 해당하는 방법으로 운용하여서는 아니 된다.

1. 대통령령으로 정하는 업무용 부동산이 아닌 부동산(저당권 등 담보권의 실행으로 취득하는 부동산은 제외한다)의 소유
2. 제108조제1항제2호에 따라 설정된 특별계정을 통한 부동산의 소유
3. 상품이나 유가증권에 대한 투기를 목적으로 하는 자금의 대출
4. 직접ㆍ간접을 불문하고 해당 보험회사의 주식을 사도록 하기 위한 대출
5. 직접ㆍ간접을 불문하고 정치자금의 대출
6. 해당 보험회사의 임직원에 대한 대출(보험약관에 따른 대출 및 금융위원회가 정하는 소액대출은 제외한다)
7. 자산운용의 안정성을 크게 해칠 우려가 있는 행위로서 대통령령으로 정하는 행위

제106조(자산운용의 방법 및 비율)

① 보험회사는 일반계정(제108조제1항제1호 및 제4호의 특별계정을 포함한다. 이하 이 조에서 같다)에 속하는 자산과 제108조제1항제2호에 따른 특별계정(이하 이 조에서 특별계정이라 한다)에 속하는 자산을 운용할 때 다음 각 호의 비율을 초과할 수 없다.

1. 동일한 개인 또는 법인에 대한 신용공여

　　가. 일반계정: 총자산의 100분의 3

　　나. 특별계정: 각 특별계정 자산의 100분의 5

2. 동일한 법인이 발행한 채권 및 주식 소유의 합계액

　　가. 일반계정: 총자산의 100분의 7

　　나. 특별계정: 각 특별계정 자산의 100분의 10

3. 동일차주에 대한 신용공여 또는 그 동일차주가 발행한 채권 및 주식 소유의 합계액

　　가. 일반계정: 총자산의 100분의 12

　　나. 특별계정: 각 특별계정 자산의 100분의 15

4. 동일한 개인 · 법인, 동일차주 또는 대주주(그의 특수 관계인을 포함한다. 이하 이 절에서 같다)에 대한 총자산의 100분의 1을 초과하는 거액 신용공여의 합계액

5. 대주주 및 대통령령으로 정하는 자회사에 대한 신용공여

　　가. 일반계정: 자기자본의 100분의 40(자기자본의 100분의 40에 해당하는 금액이 총자산의 100분의 2에 해당하는 금액보다 큰 경우에는 총자산의 100분의 2)

　　나. 특별계정: 각 특별계정 자산의 100분의 2

6. 대주주 및 대통령령으로 정하는 자회사가 발행한 채권 및 주식 소유의 합계액

　　가. 일반계정: 자기자본의 100분의 60(자기자본의 100분의 60에 해당하는 금액이 총자산의 100분의 3에 해당하는 금액보다 큰 경우에는 총자산의 100분의 3)

　　나. 특별계정: 각 특별계정 자산의 100분의 3

7. 동일한 자회사에 대한 신용공여

　　가. 일반계정: 자기자본의 100분의 10

　　나. 특별계정: 각 특별계정 자산의 100분의 4

8. 부동산의 소유

　　가. 일반계정: 총자산의 100분의 25

　　나. 특별계정: 각 특별계정 자산의 100분의 15

9. 「외국환거래법」에 따른 외국환이나 외국부동산의 소유(외화표시 보험에 대하여 지급보험금과 같은 외화로 보유하는 자산의 경우에는 금융위원회가 정하는 바에 따라 책임준비금을 한도로 자산운용비율의 산정대상에 포함하지 아니한다)

　　가. 일반계정: 총자산의 100분의 50 (2020년 개정)

　　나. 특별계정: 각 특별계정 자산의 100분의 50 (2020년 개정)

10. 「자본시장과 금융투자업에 관한 법률」에 따른 파생상품거래(금융위원회가 정하는 바에 따른 위험회피 수단 요건에 해당하는 경우는 제외한다)를 위한 대통령령으로 정하는 바에 따른 위탁증거금(장외파생상품거래의 경우에는 약정금액)의 합계액

　　가. 일반계정: 총자산의 100분의 6(장외파생상품거래에 관하여는 총자산의 100분의 3 미만)

　　나. 특별계정: 각 특별계정 자산의 100분의 6(장외파생상품거래에 관하여는 각 특별계정 자산의 100분의 3 미만)

② 제1항 각 호에 따른 자산운용비율은 자산운용의 건전성 향상 또는 보험계약자 보호에 필요한 경우에는 대통령령으로 정하는 바에 따라 그 비율의 100분의 50의 범위에서 인하하거나, 발행주체 및 투자수단 등을 구분하여 별도로 정할 수 있다.

③ 제1항에도 불구하고 대통령령으로 정하는 금액 이하의 특별계정에 대하여는 일반계정에 포함하여 자산운용비율을 적용한다.

2 의의

1) 보험회사는 그 자산을 운용할 때 안정성, 유동성, 수익성 및 공익성이 확보되도록 하여야 한다.

2) 보험회사는 선량한 관리자의 주의로써 그 자산을 운용하여야 한다.

3 금지 또는 제한되는 자산운용

보험회사는 그 자산을 다음 각 호의 어느 하나에 해당하는 방법으로 운용하여서는 아니 된다.

1) 대통령령으로 정하는 업무용 부동산이 아닌 부동산 (저당권 등 담보권의 실행으로 취득하는 부동산은
제외)의 소유

2) 퇴직보험계약에 따라 설정된 특별계정을 통한 부동산의 소유

3) 상품이나 유가증권에 대한 투기를 목적으로 하는 자금의 대출

4) 직접, 간접을 불문하고 해당 보험회사의 주식을 사도록 하기 위한 대출

5) 직접, 간접을 불문하고 정치자금의 대출

6) 해당 보험회사의 임직원에 대한 대출 (보험약관에 따른 대출 및 금융위원회가 정하는 소액대출은 제외)

7) 자산운용의 안정성을 크게 해칠 우려가 있는 행위로서 대통령령으로 정하는 행위

4 자산운용의 방법 및 비율

1) 보험회사는 일반계정 (연금저축계약 및 금융위원회가 필요하다고 인정하는 보험계약의 특별계정을 포함)에 속하는 자산과 퇴직보험의 특별계정에 속하는 자산을 운용할 때 다음 각 호의 비율을 초과할 수 없다.

    (1) 동일한 개인 또는 법인에 대한 신용공여

        ① 일반계정 : 총자산의 100분의 3

        ② 특별계정 : 각 특별계정 자산의 100분의 5

    (2) 동일한 법인이 발행한 채권 및 주식 소유의 합계액

        ① 일반계정 : 총지산의 100분의 7

        ② 특별계정 : 각 특별계정 자산의 100분의 10

    (3) 동일차주에 대한 신용공여 또는 그 동일차주가 발행한 채권 및 주식 소유의 합계액

        ① 일반계정 : 총자산의 100분의 12

        ② 특별계정 : 각 특별계정 자산의 100분의 15

    (4) 동일한 개인, 법인, 동일차주 또는 대주주(그의 특수관계인 포함)에 대한 총자산의 100분의 1을 초과하는 거액 신용공여의 합계액

        ① 일반계정 : 총자산의 100분의 20

        ② 특별계정 : 각 특별계정 자산의 100분의 20

    (5) 대주주 및 대통령령으로 정하는 자회사에 대한 신용공여

        ① 일반계정 : 자기자본의 100분의 40 (자기자본의 100분의 40에 해당하는 금액이 총자산의 100분의 2에 해당하는 금액보다 큰 경우에는 총자산의 100분의 2)

        ② 특별계정 : 각 특별계정 자산의 100분의 2

    (6) 대주주 및 대통령령으로 정하는 자회사가 발행한 채권 및 주식 소유의 합계액

        ① 일반계정 : 자기자본의 100분의 60(자기자본의 100분의 60에 해당하는 금액이 총자산의 100분의 3에 해당하는 금액보다 큰 경우에는 총 자산의 100분의 3)

        ② 특별계정 : 각 특별계정 자산의 100분의 3

    (7) 동일한 자회사에 대한 신용공여

        ① 일반계정 : 자기자본의 100분의 10

        ② 특별계정 : 각 특별계정 자산의 100분의 4

    (8) 부동산의 소유

        ① 일반계정 : 총자사의 100분의 25(총자산의 100분의 15로 인하)

        ② 특별계정 : 각 특별계정 자산의 100분의 15

제108조(특별계정의 설정 · 운용)

① 보험회사는 다음 각 호의 어느 하나에 해당하는 계약에 대하여는 대통령령으로 정하는 바에 따라 그 준비금에
상당하는 자산의 전부 또는 일부를 그 밖의 자산과 구별하여 이용하기 위한 계정(이하 "특별계정"이라 한다)을 각각
설정하여 운용할 수 있다.

  1.「조세특례제한법」 제86조의2에 따른 연금저축계약

  2.「근로자퇴직급여 보장법」 제16조제2항에 따른 보험계약 및 법률 제7379호 근로자퇴직급여보장법 부칙
    제2조제1항에 따른 퇴직보험계약

  3. 변액보험계약(보험금이 자산운용의 성과에 따라 변동하는 보험계약을 말한다)

  4. 그 밖에 금융위원회가 필요하다고 인정하는 보험계약

② 보험회사는 특별계정에 속하는 자산은 다른 특별계정에 속하는 자산 및 그 밖의 자산과 구분하여 계리하여야 한다.

③ 보험회사는 특별계정에 속하는 이익을 그 계정상의 보험계약자에게 분배할 수 있다.

④ 특별계정에 속하는 자산의 운용방법 및 평가, 이익의 분배, 자산운용실적의 비교 · 공시, 운용전문인력의 확보, 의결권
행사의 제한 등 보험계약자 보호에 필요한 사항은 대통령령으로 정한다.

1 특별계정의 설정·운용

1) 보험회사는 다음 각 호의 어느 하나에 해당하는 계약에 대하여는 대통령령으로 정하는 바에 따라 그
준비금에 상당하는 자산의 전부 또는 일부를 그 밖의 자산과 구별하여 이용하기 위한 계정을 각각 설정하여
운용할 수 있다.

  (1)「조세특례제한법」 제86조의2에 따른 연금저축계약

  (2)「근로자퇴직급여보장법」 제16조 제2항에 따른 보험계약 및 법률 제 7379호 근로자퇴직급여보장법 부칙
    제2조 제1항에 따른 퇴직보험계약

  (3) 변액보험계약 (보험금이 자산운용이 성과에 따라 변동하는 보험계약을 말한다)

  (4) 그 밖에 금융위원회가 필요하다고 인정하는 보험계약

2) 보험회사는 특별계정에 속하는 이익을 그 계정상의 보험계약자에게 분배 할 수 있다.

2　특별계정자산의 운용비율

1. 특별계정의 자산으로 취득한 주식에 대한 의결권

보험회사는 특별계정 (변액보험계약에 따라 설정된 특별계정은 제외)의 자산으로 취득한 주식에 대하여 의결권을 행사 할 수 없다. 다만, 주식을 발행한 회사의 합병, 영업의 양도, 양수, 임원의 선임, 그 밖에 이에 준하는 사항으로서 특별계정의 자산에 손실을 초래 할 것 이 명백하게 예상되는 사항에 관하여는 그러하지 아니하다.

2. 특별계정자산과 관련한 차입

보험회사는 퇴직보험계약에 대하여 설정된 특별계정의 부담으로 차입 할 수 없다. 다만, 각 특별계정별로 자산의 100분의 10의 범위에서 다음 각 호의 어느 하나에 해당하는 방법으로 차입하는 경우에는 그러하지 아니하다.

(1) 「은행법」에 따른 은행으로부터의 당좌차월

(2) 금융기관으로부터의 만기 1개월 이내의 단기자금 차입

(3) 일반계정으로부터의 만기 1개월 이내의 단기자금차입. 이 경우 금리는 금융위원회가 정하여 고시하는 기준에 따른다.

3. 특별계정자산 운용 시 금지행위

보험회사는 특별계정의 자산을 운용 할 때 다음 각 호의 어느 하나에 해당하는 행위를 하여서는 아니 된다.

(1) 보험계약자의 지시에 따라 자산을 운용하는 행위

(2) 변액보험계약에 대하여 사전수익률을 보장하는 행위

(3) 특별계정에 속하는 자산을 일반계정 또는 다른 특별계정에 편입하거나 일반계정의 자산을 특별계정에 편입하는 행위. 다만, 다음 각 항목의 어느 하나에 해당하는 행위는 제외한다.

　① 특별계정의 원활한 운영을 위하여 금융위원회가 정하여 고시하는 바에 따라 초기투자자금을 일반계정에서 편입 받는 행위

　② 특별계정이 일반계정으로부터 만기 1개월 이내의 단기 자금을 금융위원회가 정하여 고시하는 금리 기준에 따라 차입 받는 행위

　③ 법률 제7379호 근로자퇴직급여보장법 부칙 제2조 제1항에 따른 퇴직보험계약을 같은 법 제 16조 제2항에 따른 보험계약으로 전환하면서 자산을 이전하는 행위

　④ 법 제108조 제1항 제3호에 따른 모자형 집합투자기구로 전환하면서 모집 집합투자기구로 집합투자기구의 자산을 이전하는 행위

(4) 보험료를 어음으로 수납하는 행위

(5) 특정한 특별계정 자산으로 제3자의 이익을 꾀하는 행위

1) 보험회사는 특별계정 (변액보험계약에 따라 설정된 특별계정은 제외)의 자산운용에 관한 다음 각 호의 사항을 공시하여야 한다.

   (1) 매월 말 현재의 특별계정별 자산·부채 및 자산구성 내용

   (2) 자산운용에 대한 보수 및 수수료

   (3) 그 밖에 보험계약자의 보호를 위하여 공시가 필요하다고 인정되는 사항으로서 금융위원회가 정하여 고시하는 사항

2) 보험협회는 보험회사별로 보험회사가 설정하고 있는 특별계정별 자산의 기준가격 및 수익률 등 자산운용실적을 비교·공시할 수 있다.

3) 보험회사는 특별계정 (변액보험계약에 따라 설정된 특별계정은 제외)으로 설정·운용되는 보험계약의 관리내용을 매 년 1회 이상 보험계약자에게 제공하여야 한다.

제3절 다른 회사에 대한 출자 제한 등

1 다른 회사에 대한 출자 제한

제109조(다른 회사에 대한 출자 제한)
보험회사는 다른 회사의 의결권 있는 발행주식(출자지분을 포함한다) 총수의 100분의 15를 초과하는 주식을 소유할 수 없다. 다만, 제115조에 따라 금융위원회의 승인(신고로써 갈음하는 경우를 포함한다)을 받은 자회사의 주식은 그러하지 아니하다.

제110조(자금지원 관련 금지행위)
① 보험회사는 다른 금융기관(「금융산업의 구조개선에 관한 법률」 제2조제1호에 따른 금융기관을 말한다. 이하 이 조에서 같다) 또는 회사와 다음 각 호의 행위를 하여서는 아니 된다. <개정 2013. 4. 5.>
  1. 제106조와 제108조에 따른 자산운용한도의 제한을 피하기 위하여 다른 금융기관 또는 회사의 의결권 있는 주식을 서로 교차하여 보유하거나 신용공여를 하는 행위
  2. 「상법」 제341조와 「자본시장과 금융투자업에 관한 법률」 제165조의3에 따른 자기주식 취득의 제한을 피하기 위한 목적으로 서로 교차하여 주식을 취득하는 행위
  3. 그 밖에 보험계약자의 이익을 크게 해칠 우려가 있는 행위로서 대통령령으로 정하는 행위
② 보험회사는 제1항을 위반하여 취득한 주식에 대하여는 의결권을 행사할 수 없다.
③ 금융위원회는 제1항을 위반하여 주식을 취득하거나 신용공여를 한 보험회사에 대하여 그 주식의 처분 또는 공여한 신용의 회수를 명하는 등 필요한 조치를 할 수 있다.

제110조의3(금리인하 요구)
① 보험회사와 신용공여 계약을 체결한 자는 재산 증가나 신용등급 또는 개인신용평점 상승 등 신용상태 개선이 나타났다고 인정되는 경우 보험회사에 금리인하를 요구할 수 있다. <개정 2020.2.4>
② 보험회사는 신용공여 계약을 체결하려는 자에게 제1항에 따라 금리인하를 요구할 수 있음을 알려야 한다.
③ 그 밖에 금리인하 요구의 요건 및 절차에 관한 구체적 사항은 대통령령으로 정한다.
④ 제110조의3제2항을 위반하여 신용공여 계약을 체결하려는 자에게 금리인하 요구를 할 수 있음을 알리지 아니한 보험회사에는 2천만원 이하의 과태료를 부과한다.

제111조(대주주와의 거래제한 등)
① 보험회사는 직접 또는 간접으로 그 보험회사의 대주주와 다음 각 호의 행위를 하여서는 아니 된다.
  1. 대주주가 다른 회사에 출자하는 것을 지원하기 위한 신용공여
  2. 자산을 대통령령으로 정하는 바에 따라 무상으로 양도하거나 일반적인 거래 조건에 비추어 해당 보험회사에 뚜렷하게 불리한 조건으로 자산에 대하여 매매ㆍ교환ㆍ신용공여 또는 재보험계약을 하는 행위
② 보험회사는 그 보험회사의 대주주에 대하여 대통령령으로 정하는 금액 이상의 신용공여를 하거나 그 보험회사의 대주주가 발행한 채권 또는 주식을 대통령령으로 정하는 금액 이상으로 취득하려는 경우에는 미리 이사회의 의결을 거쳐야 한다. 이 경우 이사회는 재적이사 전원의 찬성으로 의결하여야 한다.

③ 보험회사는 그 보험회사의 대주주와 다음 각 호의 어느 하나에 해당하는 행위를 하였을 때에는 7일 이내에 그 사실을 금융위원회에 보고하고 인터넷 홈페이지 등을 이용하여 공시하여야 한다.

1. 대통령령으로 정하는 금액 이상의 신용공여
2. 해당 보험회사의 대주주가 발행한 채권 또는 주식을 대통령령으로 정하는 금액 이상으로 취득하는 행위
3. 해당 보험회사의 대주주가 발행한 주식에 대한 의결권을 행사하는 행위

④ 보험회사는 해당 보험회사의 대주주에 대한 신용공여나 그 보험회사의 대주주가 발행한 채권 또는 주식의 취득에 관한 사항을 대통령령으로 정하는 바에 따라 분기별로 금융위원회에 보고하고, 인터넷 홈페이지 등을 이용하여 공시하여야 한다.

⑤ 보험회사의 대주주는 해당 보험회사의 이익에 반하여 대주주 개인의 이익을 위하여 다음 각 호의 어느 하나에 해당하는 행위를 하여서는 아니 된다.

1. 부당한 영향력을 행사하기 위하여 해당 보험회사에 대하여 외부에 공개되지 아니한 자료 또는 정보의 제공을 요구하는 행위. 다만, 제19조제5항(제58조에 따라 준용되는 경우를 포함한다)에 해당하는 경우는 제외한다.
2. 경제적 이익 등 반대급부를 제공하는 조건으로 다른 주주 또는 출자자와 담합(談合)하여 해당 보험회사의 인사 또는 경영에 부당한 영향력을 행사하는 행위
3. 제106조제1항제4호 및 제5호에서 정한 비율을 초과하여 보험회사로부터 신용공여를 받는 행위
4. 제106조제1항제6호에서 정한 비율을 초과하여 보험회사에게 대주주의 채권 및 주식을 소유하게 하는 행위
5. 그 밖에 보험회사의 이익에 반하여 대주주 개인의 이익을 위한 행위로서 대통령령으로 정하는 행위

⑥ 금융위원회는 보험회사의 대주주(회사만 해당한다)의 부채가 자산을 초과하는 등 재무구조가 부실하여 보험회사의 경영건전성을 뚜렷하게 해칠 우려가 있는 경우로서 대통령령으로 정하는 경우에는 그 보험회사에 대하여 다음 각 호의 조치를 할 수 있다

1. 대주주에 대한 신규 신용공여 금지
2. 대주주가 발행한 유가증권의 신규 취득 금지
3. 그 밖에 대주주에 대한 자금지원 성격의 거래제한 등 대통령령으로 정하는 조치

제112조(대주주 등에 대한 자료 제출 요구)

금융위원회는 보험회사 또는 그 대주주가 제106조 및 제111조를 위반한 혐의가 있다고 인정되는 경우에는 보험회사 또는 그 대주주에 대하여 필요한 자료의 제출을 요구할 수 있다.

제113조(타인을 위한 채무보증의 금지)

보험회사는 타인을 위하여 그 소유자산을 담보로 제공하거나 채무보증을 할 수 없다. 다만, 이 법 및 대통령령으로 정하는 바에 따라 채무보증을 할 수 있는 경우에는 그러하지 아니하다.

제114조(자산평가의 방법 등)

보험회사가 취득·처분하는 자산의 평가방법, 채권 발행 또는 자금차입의 제한 등에 관하여 필요한 사항은 대통령령으로 정한다.

2 **다른 회사에 대한 출자 제한**

보험회사는 다른 회사의 의결권 있는 발행주식 (출자지분 포함) 총수의 100분의 15를 초과하는 주식을 소유할 수 없다. 다만, 제115조에 따라 금융위원회의 승인 (신고로써 갈음하는 경우를 포함)을 받은 자회사의 주식은 그러하지 아니하다.

3 **자금지원 관련 금지행위**

1) 보험회사는 다른 금융기관 또는 회사와 다음 각 호의 행위를 하여서는 아니 된다.

    (1) 자산운용한도의 제한을 피하기 위하여 다른 금융기관 또는 회사의 의결권 있는 주식을 서로 교차하여 보유하거나 신용공여를 하는 행위

    (2) 「자본시장과 금융투자업에 관한법률」 자기주식 취득의 제한을 피하기 위한 목적으로 서로 교차하여 주식을 취득하는 행위

    (3) 그 밖에 보험계약자의 이익을 크게 해칠 우려가 있는 행위로서 대통령령으로 정하는 행위

2) 보험회사는 제1항을 위반하여 주식을 취득하거나 신용공여를 한 보험회사에 대하여는 의결권을 행사할 수 없다.

3) 금융위원회는 제1항을 위반하여 주식을 취득하거나 신용공여를 한 보험회사에 대하여 그 주식의 처분 또는 공여한 신용의 회수를 명하는 등 필요한 조치를 할 수 있다.

4 **불공정한 대출의 금지 등**

1) 금리인하 요구

    ① 보험회사와 신용공여 계약을 체결한 자는 재산 증가나 신용등급 또는 개인신용평점 상승 등 신용상태 개선이 나타났다고 인정되는 경우 보험회사에 금리인하를 요구할 수 있다. <개정 2020.2.4>

    ② 보험회사는 신용공여 계약을 체결하려는 자에게 제1항에 따라 금리인하를 요구할 수 있음을 알려야 한다.

    ③ 그 밖에 금리인하 요구의 요건 및 절차에 관한 구체적 사항은 대통령령으로 정한다.

    ④ 제110조의3제2항을 위반하여 신용공여 계약을 체결하려는 자에게 금리인하 요구를 할 수 있음을 알리지 아니한 보험회사에는 2천만원 이하의 과태료를 부과한다.

2) 제1항에 따른 불공정한 대출의 구체적인 유형은 다음 각 호와 같다.

    (1) 대출과 관련하여 차주의 의사에 반하여 보험상품의 가입을 강요하는 행위

    (2) 대출과 관련하여 차주 또는 제3자로부터 담보 또는 보증을 취득 할 때 정당한 사유 없이 포괄근담보 또는 포괄근보증을 요구하는 행위

    (3) 대출과 관련하여 제3자인 담보제공자에게 연대보증을 요구하는 행위

    (4) 대출과 관련하여 중소기업의 대표자, 임원 등 금융위원회가 정하여 고시하는 차주의 관계인의 의사에 반하여 보험가입을 강요하는 행위

(5) 대출과 관련하여 차주인 중소기업, 그 밖에 금융위원회가 정하여 고시하는 차주 및 차주 의 관계인에게 대출실행 일 전후 1개 월 이내에 보험상품을 판매하는 행위로서 해당 차주 및 차주의 관계인을 보호하기 위한목적으로 보험상품의 특성판매금액 등을 고려하여 금융위원회가 정하여 고시하는 요건에 해당하는 행위

(6) 그 밖에 보험회사가 우월적 지위를 이용하여 할 수 있는 불공정 한 행위로서 금융위원회가 정하여 고시하는 행위

3) 금융위원회는 제1항의 위반행위가 있는 경우에는 해당보험회사에 대하여 불공정한 대출의 중지 또는 시정조치를 명할 수 있다.

(1) 보험회사는 자회사(외국에서 보험업을 경영하는 자회사)를 위한 채무보증을 할 수 있다. 이 경우 다음 각 호의 요건을 모두 갖추어야 한다.

① 채무보증 한도액이 보험회사 총자산의 100분의 3 이내일 것

② 보험회사의 직전 분기 말 지급여력비율이 100분의 200 이상일 것

③ 보험금 지급 채무에 대한 채무보증일 것

④ 보험회사가 채무보증을 하려는 자회사의 의결권 있는 발행주식(출자지분포함)총 수의 100분의 50을 초과하여 소유할 것(외국 정부에서 최대 소유 한도를 정하는 경우 그 한도까지 소유하는 것을 말한다)

(2) 금융위원회는 제2항 각 호의 요건을 갖추었는지를 확인하기 위하여 보험회사에 필요한 자료의 제출을 요구할 수 있다.

(3) 제2항에 따른 채무보증 한도액, 지급여력비율의 산정 및 제3항에 따른 자료 제출 요청 방법 등에 관한 구체적인 사항은 금융위원회가 정하여 고시 한다.

5 자산평가의 방법 등

1) 보험회사가 자산의 취득, 처분 또는 대출 등을 위한 감정을 필요로 하는 경우에는 「감정평가 및 감정평가사에 관한 법률」에 따라야 한다.

2) 보험회사는 재무건전성 기준을 충족시키기 위한 경우 또는 적정한 유동성을 유지하기 위 한 경우에만 다음 각 호의 어느 하나에 해당하는 방법으로 자금을 차입할 수 있다.

(1) 「은행법」에 따른 은행으로부터의 당좌차월

(2) 사채 또는 어음의 발행

(3) 환매조건부채권의 매도

(4) 후순위차입

(5) 그 밖에 보험회사의 경영건전성을 해칠 우려가 없는 자금차입방법으로서 금융위원회가 정하여 고시하는 방법

3) 제2항 제2호에 따른 사채의 발행한도는 직전 분기 말 현재 자기 자본의 범위 내로 한다.

4) 금융위원회는 사채 또는 어음의 발생 조건 등 제2항 각 호에 따른 자금차입방법에 관하여 필요한 세부 사항을 정하여 고시할 수 있다.

6 **자산운용 제한의 적용 예외 사유**

1) 보험회사에 적용되는 회계처리기준의 변경으로 보험회사의 자산 또는 자기자본 상태가 변동된 경우

2) 보험회사가 재무건전성 기준을 지키기 위하여 필요한 경우로서 금융위원회의 승인을 받은 경우

3) 보험회사가 「기업구조조정 촉진법」에 따른 출자전환 또는 채무재조정 등 기업의 구조조정을 지원하기 위하여 필요한 경우로서 금융위원회의 승인을 받은 경우

자회사

제115조(자회사의 소유)

① 보험회사는 다음 각 호의 어느 하나에 해당하는 업무를 주로 하는 회사를 금융위원회의 승인을 받아 자회사로 소유할 수 있다. 다만, 보험업 경영과 밀접한 관련이 있는 업무 등으로서 대통령령으로 정하는 업무를 주로 하는 회사를 자회사로 소유하려는 경우에는 신고로써 승인을 갈음할 수 있다.

  1. 「금융산업의 구조개선에 관한 법률」 제2조제1호에 따른 금융기관이 경영하는 금융업
  2. 「신용정보의 이용 및 보호에 관한 법률」에 따른 신용정보업(같은 법 제2조제12호에 따른 신용평가업무는 제외한다)
  3. 보험계약의 유지ㆍ해지ㆍ변경 또는 부활 등을 관리하는 업무
  4. 그 밖에 보험업의 건전성을 저해하지 아니하는 업무로서 대통령령으로 정하는 업무

② 제1항제1호에도 불구하고 보험회사의 대주주가 「은행법」 제16조의2제1항에 따른 비금융주력자인 경우에는 그 보험회사는 「은행법」에 따른 은행을 자회사로 소유할 수 없다.

③ 보험회사가 소유하고 있는 자회사가 업무를 추가하거나 변경하는 경우에는 제1항을 준용한다.

④ 제1항에 따른 승인의 요건 등 필요한 사항은 대통령령으로 정한다.

제116조(자회사와의 금지행위)

보험회사는 자회사와 다음 각 호의 행위를 하여서는 아니 된다.

  1. 자산을 대통령령으로 정하는 바에 따라 무상으로 양도하거나 일반적인 거래 조건에 비추어 해당 보험회사에 뚜렷하게 불리한 조건으로 매매ㆍ교환ㆍ신용공여 또는 재보험계약을 하는 행위
  2. 자회사가 소유하는 주식을 담보로 하는 신용공여 및 자회사가 다른 회사에 출자하는 것을 지원하기 위한 신용공여
  3. 자회사 임직원에 대한 대출(보험약관에 따른 대출과 금융위원회가 정하는 소액대출은 제외한다)

제117조(자회사에 관한 보고의무 등)

① 보험회사는 자회사를 소유하게 된 날부터 15일 이내에 그 자회사의 정관과 대통령령으로 정하는 서류를 금융위원회에 제출하여야 한다.

② 보험회사는 자회사의 사업연도가 끝난 날부터 3개월 이내에 자회사의 대차대조표와 대통령령으로 정하는 서류를 금융위원회에 제출하여야 한다.

③ 보험회사의 자회사가 대통령령으로 정하는 자회사인 경우에는 제1항 및 제2항에 따른 제출서류 일부를 대통령령으로 정하는 바에 따라 제출하지 아니할 수 있다.

1 **금융위원회의 승인**

1) 보험회사는 다음 각 호의 어느 하나에 해당하는 업무를 주로 하는 회사를 금융위원회의 승인을 받아 자회사로 소유할 수 있다.

    (1) 「금융산업의 구조개선에 관한 법률」제2조 제1호에 따른 금융기관이 경영하는 금융업

    (2) 「신용정보의 이용 및 보호에 관한 법률」에 따른 신용정보업

    (3) 보험계약의 유지, 해지, 변경 또는 부활 등을 관리하는 업무

    (4) 그 밖에 보험업의 건전성을 저해하지 아니하는 업무로서 대통령령으로 정하는 업무로 다음과 같다.

        ① 외국에서 하는 사업

        ② 기업의 후생복지에 관한 상담 및 사무처리 대행업무

2) 자회사의 소유에 대하여 승인을 받으려는 보험회사는 다음 각 호의 요건을 모두 갖추어야 한다.

    (1) 보험회사의 재무상태와 경영관리상태가 건전할 것

    (2) 자회사의 재무상태가 적정할 것

    (3) 자산운용의 비율 한도를 초과하지 아니할 것

3) 금융위원회는 승인 신청을 받은 경우에는 2개월 이내에 이를 심사하여 승인 여부를 신청인에게 알려야 한다.

4) 위에서 규정한 사항 외에 자회사 승인의 요건에 필요한 세부 사항은 금융위원회가 정하여 고시한다.

2 **신고로써 승인 갈음**

다만, 보험업경영과 밀접한 관련이 있는 업무 등으로서 대통령령으로 정하는 업무를 주로 하는 회사를 자회사로 소유하려는 경우에는 신고로써 승인을 갈음할 수 있다. 이는 다음 각 호의 어느 하나에 해당하는 업무를 말한다.

1) 보험회사의 사옥관리업무

2) 보험수리업무

3) 손해사정업무

4) 보험대리업무

5) 보험사고 및 보험계약 조사업무

6) 보험에 관한 교육, 연수, 도서출판, 금융리서치, 경영컨설팅 업무

7) 보험업과 관련된 전산시스템, 소프트웨어 등의 대여, 판매 및 컨설팅 업무

8) 보험계약 및 대출 등과 관련된 상담업무

9) 보험에 관한 인터넷 정보서비스의 제공업무

10) 자동차와 관련된 긴급출동, 차량관리, 운행정도 등 부가서비스 업무

11) 보험계약자 등에 대한 위험관리 업무

12) 건강, 장묘, 장기간병, 신체장애 등의 사회복지 사업 및 이와 관련된 조사, 분석, 조언 업무

13) 「노인복지법」 제31조에 따른 노인복지시설의 설치, 운영에 관한 업무 및 이와 관련된 조사, 분석, 조언 업무

14) 외국에서 하는 보험업, 보험수리업무, 손해사정업무, 보험대리업무, 보험에 관한 리서치 업무, 투자자문업, 투자일임업, 집합투자업 또는 부동산업

15) 「사회기반시설에 대한 민간투자법」에 따른 사회기반시설사업 및 사회 기반시설사업에 대한 투융자사업

16) 「자산유동화에 관한법률」에 따른 자산유동화 업무 및 유동화 자산의 관리업무

17) 「중소기업창업지원법」에 따른 중소기업창업투자회사 또는 중소기업창업투자조합이 하는 업무

18) 「자본시장과 금융투자업에 관한법률」에 따른 투자회사 또는 경영 참여형 사모집합 투자기구가 하는 업무

19) 「부동산투자회사법」에 따른 부동산투자회사가 하는 업무

20) 「선박투자회사법」에 따른 선박투자회사가 하는 업무

21) 「벤처기업육성에 관한 특별조치법」에 따른 신기술사업투자조합이하는 업무

22) 「여신전문금융업법」에 따른 신기술사업투자조합이 하는 업무

3 대주주가 비금융주력자인 경우

보험회사의 대주주가「은행법」제16조의 2제1항에 따른 비금융주력자인 경우에는 그 보험회사는「은행법」에 따른 은행을 자회사로 소유할 수 없다.

4 자회사의 업무 추가 및 변경

보험회사가 소유하고 있는 자회사가 업무를 추가 하거나 변경하는 경우에는 제1항을 준용하여 금융위원회의 승인 또는 신고가 필요하다.

제2절 자회사와의 금지행위

보험회사는 자회사와 다음 각 호의 행위를 하여서는 아니 된다.

1. 자산을 대통령령으로 정하는 바에 따라 무상으로 양도하거나 일반적인 거래조건에 비추어 해당 보험회사에 뚜렷하게 불리한 조건으로 매매, 교환, 신용공여 또는 재보험계약을 하는 행위

2. 자회사가 소유하는 주식을 담보로 하는 신용공여 및 자회사가 다른 회사에 출자하는 것을 지원하기 위한 신용공여

3. 자회사 임직원에 대한대출(보험약관에 따른 대출과 금융위원회가 정하는 소액대출은 제외한다)

제3절 자회사에 관한 보고의무 등

1. 보험회사는 자회사를 소유하게 된 날부터 15일 이내에 그 자회사의 정관과 대통령령으로 정하는 서류를 금융위원회에 제출하여야 한다. 이는 다음 각 호의 서류를 말한다.

   1) 정관

   2) 업무의 종류 및 방법을 적은 서류

   3) 주주현황

   4) 대차대조표 및 손익계산서 등의 재무제표와 영업보고서

   5) 자회사가 발행주식 총수의 100분의 10을 초과하여 소유하고 있는 회사의 현황

2. 보험회사는 자회사의 사업연도가 끝난 날부터 3개월 이내에 자회사의 대차대조표와 대통령령으로 정하는 서류를 금융위원회에 제출하여야 한다. 이는 다음 각 호의 서류를 말한다.

   1) 대차대조표 및 손익계산서 등의 재무제표와 영업보고서

   2) 자회사와의 주요거래 상황을 적은 서류

3. 보험회사의 자회사가 대통령령으로 정하는 자회사인 경우에는 위에 따른 제출서류 일부를 대통령령으로 정하는 바에 따라 제출하지 아니할 수 있다.

   1) "대통령령으로 정하는 자회사"란 다음 각 호의 어느 하나에 해당 하는 회사를 말한다.

      (1) 「자본시장과 금융투자업에 관한 법률」에 따른 투자회사 및 외국에서 이와 같은 유형의 사업을 수행하는 회사

      (2) 설립일부터 1년이 지나지 아니한 회사

   2) 위 항에 따른 자회사를 소유한 보험회사는 다음 각 호의 구분에 따른 서류를 제출하지 아니할 수 있다.

      (1) 위 항 (1)에 해당하는 자회사를 소유한 경우 : 정관, 업무의 종류 및 방법을 적은 서류, 자회사와의 주요거래 상황을 적은 서류

      (2) 위 항 (2)에 해당하는 자회사를 소유한 경우 : 대차대조표 및 손익 계산서 등의 재무제표와 영업보고서

PART 6

계산·감독

계산

제1절   재무제표 등의 제출

제118조(재무제표 등의 제출)

① 보험회사는 매년 대통령령으로 정하는 날에 그 장부를 폐쇄하여야 하고 장부를 폐쇄한 날부터 3개월 이내에 금융위원회가 정하는 바에 따라 재무제표(부속명세서를 포함한다) 및 사업보고서를 금융위원회에 제출하여야 한다.

② 보험회사는 매월의 업무 내용을 적은 보고서를 다음 달 말일까지 금융위원회가 정하는 바에 따라 금융위원회에 제출하여야 한다.

③ 보험회사는 제1항 및 제2항에 따른 제출서류를 대통령령으로 정하는 바에 따라 전자문서로 제출할 수 있다.

제119조(서류의 비치 등)

보험회사는 제118조제1항에 따른 재무제표 및 사업보고서를 일반인이 열람할 수 있도록 금융위원회에 제출하는 날부터 본점과 지점, 그 밖의 영업소에 비치하거나 전자문서로 제공하여야 한다.

제120조(책임준비금 등의 적립)

① 보험회사는 결산기마다 보험계약의 종류에 따라 대통령령으로 정하는 책임준비금과 비상위험준비금을 계상(計上)하고 따로 작성한 장부에 각각 기재하여야 한다.

② 제1항에 따른 책임준비금과 비상위험준비금의 계상에 관하여 필요한 사항은 총리령으로 정한다.

③ 금융위원회는 제1항에 따른 책임준비금과 비상위험준비금의 적정한 계상과 관련하여 필요한 경우에는 보험회사의 자산 및 비용, 그 밖에 대통령령으로 정하는 사항에 관한 회계처리기준을 정할 수 있다.

제121조(배당보험계약의 구분계리 등)

① 보험회사는 배당보험계약(해당 보험계약으로부터 발생하는 이익의 일부를 보험회사가 보험계약자에게 배당하기로 약정한 보험계약을 말한다. 이하 이 조에서 같다)에 대하여는 대통령령으로 정하는 바에 따라 다른 보험계약과 구분하여 계리하여야 한다.

② 보험회사는 대통령령으로 정하는 바에 따라 배당보험계약의 보험계약자에게 배당을 할 수 있다.

③ 제2항에 따른 보험계약자에 대한 배당기준은 배당보험계약자의 이익과 보험회사의 재무건전성 등을 고려하여 정하여야 한다.

제121조의2(배당보험계약 이외의 보험계약에 대한 구분계리)

보험회사는 배당보험계약 이외의 보험계약에 대하여 자산의 효율적 관리와 계약자 보호를 위하여 필요한 경우에는 보험계약별로 대통령령으로 정하는 바에 따라 금융위원회의 승인을 받아 자산 또는 손익을 구분하여 계리할 수 있다.

제122조(재평가적립금의 사용에 관한 특례)

보험회사가 「자산재평가법」에 따른 재평가를 한 경우 그 재평가에 따른 재평가적립금은 같은 법 제28조제2항 각 호에 따른 처분 이외에 금융위원회의 허가를 받아 보험계약자에 대한 배당을 위하여도 처분할 수 있다.

1 보험회사의 계산

보험회사는 매년 대통령령으로 정하는 날에 그 장부를 폐쇄하여야 하고 장부를 폐쇄한 날부터 3개월 이내에 금융위원회가 정하는 바에 따라 재무제표(부속명세서를 포함한다) 및 사업보고서를 금융위원회에 제출하여야 한다.

2 보고서의 제출

보험회사는 매월의 업무내용을 적은 보고서를 다음 달 말일까지 금융위원회가 정하는 바에 따라 금융위원회에 제출하여야 한다.

3 전자문서의 제출

보험회사는 정보통신망을 이용한 전자문서로 제출 할 수 있다. 금융위원회는 이에 따른 서류 제출방법에 관하여 필요한 세부 기준을 정하여 고시할 수 있다.

4 서류의 비치 등

보험회사는 재무제표 및 사업보고서를 일반인이 열람 할 수 있도록 금융위원회에 제출하는 날부터 본점과 지점, 그 밖의 영업소에 비치하거나 전자문서로 제공하여야 한다.

보험회사는 결산기 마다 보험계약의 종류에 따라 대통령령으로 정하는 책임준비금과 비상위험준비금을 계상하고 따로 작성한 장부에 각각 기재하여야 한다.

1 재보험에 가입하는 경우 책임준비금

1. 책임준비금의 적립

보험회사가 다음 각 호의 요건을 모두 충족하는 재보험에 가입하는 경우에 재보험을 받은 보험회사는 재보험을 받은 부분에 대한책임준비금을 적립하여야 하며, 보험회사는 재보험을 받은 보험회사가 적립한 책임준비금을 별도의 자산으로 표기하여야 한다.

(1) 보험위험의 전가가 있을 것

(2) 해당 재보험계약으로 인하여 재보험을 받은 회사에 손실 발생 가능성이 있을 것

2. 재보험자산 감액

보험회사는 재보험을 받은 회사가 다음 각 호의 어느 하나에 해당하는 경우에는 금융위원회가 정하여 고시하는 방법에 따라 재보험자산을 감액하여야 한다.

(1) 국내외 감독기관이 정하는 재무건전성에 관한 기준을 충족하지 못하는 경우

(2) 국제적으로 인정받는 신용평가 기관에서 실시한 최근 3년 이내의 신용평가에서 평가 등급이 투자적격이 아닌 경우. 다만, 외국정부가 자본금의 2분의 1이상을 출자한 외국보험회사로서 국제적으로 인정받는 신용평가 기관에서 실시한 최근 3년 이내의 신용평가에서 해당 정부가 받은 국가신용 등급이 투자적격인 경우는 제외한다.

2 비상위험준비금의 계상

손해보험업을 경영하는 보험회사는 법 제120조 제1항에 따라 해당 사업연도의 보험료 합계액의 100분의 50(보증보험의 경우 100분의 150)의 범위에서 금융위원회가 정하여 고시하는 기준에 따라 비상위험준비금을 계상하여야 한다.

3 회계처리기준

금융위원회는 책임준비금과 비상위험준비금의 적정한 계상과 관련하여 필요한 경우에는 보험 회사의 자산 및 비용, 그 밖에 대통령령으로 정하는 사항에 관한 회계처리 기준을 정할 수 있다. 여기서"대통령령으로 정하는 사항"이란 다음 각 호의 사항을 말한다.

1) 장래의 손실 보전을 목적으로 하는 준비금의 적립에 관한 사항
2) 책임준비금 및 비상위험준비금의 계상과 관련된 손익의 처리에 관한 사항

1　배당보험계약의 회계처리 등

1. 손실보전 준비금의 적립

보험회사는 매결산기말에 배당보험계약의 손익과 무배당 보험계약의 손익을 구분하여 회계처리하고, 배당보험계약이익의 계약자 지분 중 일부는 금융위원회가 정하여 고시하는 범위에서 배당보험계약의 손실보전을 위한준비금으로 적립할 수 있다.

2. 배당보험계약의 이익배분기준 등

보험회사는 배당을 할 때 이익 발생에 대한 기여도, 보험회사의 재무건전성 등을 고려하여 대통령령 또는 총리령으로 정하는 다음 기준에 따라 계약자 지분과 주주지분을 정하여야 한다.

(1) 보험회사는 배당보험계약에서 발생하는 이익의 100분의 10이하를 주주지분으로 하고, 나머지 부분을 계약자지분으로 계리하여야 한다.

(2) 보험회사는 배당보험계약에서 발생한 손실을 배당보험 계약손실보전준비금으로 보전하고도 손실이 남는 경우에는 그 남은 손실을 우선 주주지분으로 보전한 후, 주주지분으로 보전 한 손실을 주주지분의 결손이나 배당 보험계약의 이월결손으로 계리할 수 있다.

(3) 배당보험계약의 이월결손은 이월결손이 발생한 해당사업연도 종료일부터 5년 이내에 신규로 적립되는 배당보험 계약손실보전준비금으로 보전하거나 주주지분의 결손으로 계리하여야 한다.

3. 배당보험계약에 대한 배당의 재원

보험회사는 다음 각 호의 어느 하나의 재원으로 배당보험계약에 대하여 배당을 할 수 있다. 다만, 제1호의 재원은 손실보전준비금적립의 재원으로 사용할 수 있다.

(1) 해당 회계연도에 배당보험계약에서 발생한 계약자 지분

(2) 해당 회계연도 이전에 발생한 계약자 지분 중 배당에 지급되지 아니하고 총액으로 적립된 금액

(3) 제1호 및 제2호의 재원으로 배당재원이 부족한 경우에는 주주지분

4. 배당보험계약의 손실 발생

배당보험계약에서 손실이 발생한 경우에는 손실보전 준비금을 우선 사용하여 보전하고, 손실이 남는 경우에는 이익배분기준 방법에 따라 이를 보전한다.

5. 배당보험계약의 계약자 지분

배당보험 계약의 계약자지분은 계약자배당을 위한 재원과 배당보험 계약의 손실을 보전하기 위한 목적 외에 다른 용도로 사용할 수 없다.

2 배당보험계약 이외의 보험계약에 대한 회계처리

보험회사는 배당보험계약이외의 보험계약에 대하여 자산의 효율적 관리와 계약자보호를 위하여 필요한 경우에는 보험계약별로 대통령령으로 정하는 바에 따라 금융위원회의 승인을 받아 자산 또는 손익을 구분하여 회계처리 할 수 있다. 이는 디음 각 호의 이느 히나에 헤당하는 방식으로 한다.

1) 자산을 보헌계약별로 구분하지 아니하고 통합하여 운용하되, 이 경우 발생한 손익을 전체보험계약의 평균책임준비금에 대한 보험계약별 평균 책임준비금의 비율을 기준으로 구분하여 보험계약별로 배분하는 방식

2) 자산을 보험계약별로 구분하지 아니하고 통합하여 운용하되, 이 경우 발생한 손익을 자산을 취득 할 때 필요한 자금에 대한 보험계약별로 조성 된 자금의 비율을 기준으로 구분하여 보험계약별로 배분하는 방식

3) 자산을 보험계약별로 구분하여 운용하되, 이 경우 발생한 손익을 보험계약별로 직접 배분하는 방식

4) 그 밖에 금융위원회가 합리적이라고 인정하는 배분 방식미리 금융위원회의 승인을 받아야 한다.

제4절 재평가적립금의 사용에 관한 특례

보험회사가 「자산재평가법」에 따른 재평가를 한 경우 그 재평가에 따른 재평가적립금은 같은 법 제28조 제2항 각 호에 따른 처분 이외에 금융위원회의 허가를 받아 보험계약자에 대한 배당을 위하여도 처분할 수 있다.

제1절　재무건전성의 유지

> **제123조(재무건전성의 유지)**
> ① 보험회사는 보험금 지급능력과 경영건전성을 확보하기 위하여 다음 각 호의 사항에 관하여 대통령령으로 정하는 재무건전성 기준을 지켜야 한다.
> 　1. 자본의 적정성에 관한 사항
> 　2. 자산의 건전성에 관한 사항
> 　3. 그 밖에 경영건전성 확보에 필요한 사항
> ② 금융위원회는 보험회사가 제1항에 따른 기준을 지키지 아니하여 경영건전성을 해칠 우려가 있다고 인정되는 경우에는 대통령령으로 정하는 바에 따라 자본금 또는 기금의 증액명령, 주식 등 위험자산의 소유 제한 등 필요한 조치를 할 수 있다.

1　재무건전성의 유지

보험회사는 보험금 지급능력과 경영건전성을 확보하기 위하여 다음 각 호의 사항에 관하여 대통령령으로 정하는 재무건전성 기준을 지켜야 한다.

1) 자본의 적정성에 관한 사항
2) 자산의 건전성에 관한 사항
3) 그 밖에 경영건전성 확보에 필요한 사항

2　관련 용어의 정의

1) "지급여력금액"이란 자본금, 계약자배당을 위한준비금, 대손충당금, 후순위차입금, 그 밖에 이에 준하는 것으로서 금융위원회가 정하여 고시하는 금액을 합산한 금액에서 미상각신계약비, 영업권, 그 밖에 이에 준하는 것으로서 금융위원회가 정하여 고시하는 금액을 뺀 금액을 말한다.
2) "지급여력기준금액 "이란 보험업을 경영함에 따라 발생하게 되는 위험을 금융위원회가 정하여 고시하는 방법에 의하여 금액으로 환산한 것을 말한다.
3) "지급여력비율"이란 지급여력금액을 지급여력기준금액으로 나눈 비율을 말한다.

3 **재무건전성 기준**

1) 지급여력비율은 100분의 100 이상을 유지할 것

2) 대출채권 등 보유자산의 건전성을 정기적으로 분류하고 대손충당금을 적립할 것

3) 보험회사의 위험, 유동성 및 재보험의 관리에 관하여 금융위원회가 정하여 고시하는 기준을 충족할 것

4 **금융위원회의 조치**

금융위원회는 보험회사가 기준을 지키지 아니하여 경영건전성을 해 칠 우려가 있다고 인정 되 는 경우에는 대통령령으로 정하는 바에 따라 자본금 또는 기금의 증액명령, 주식 등 위험 자산의 소유 제한 등 필요한 조치를 할 수 있다.

이 경우에는 다음 각 호의 사항을 고려하여야 한다.

1) 해당 조치가 보험계약자의 보호를 위하여 적절한지 여부

2) 해당 조치가 보험회사의 부실화를 예방하고 건전한 경영을 유도하기 위하여 필요한지 여부

제2절 공시

> **제124조(공시 등)**
>
> ① 보험회사는 보험계약자를 보호하기 위하여 필요한 사항으로서 대통령령으로 정하는 사항을 금융위원회가 정하는 바에 따라 즉시 공시하여야 한다.
>
> ② 보험협회는 보험료 · 보험금 등 보험계약에 관한 사항으로서 대통령령으로 정하는 사항을 금융위원회가 정하는 바에 따라 비교 · 공시할 수 있다.
>
> ③ 보험협회가 제2항에 따른 비교 · 공시를 하는 경우에는 대통령령으로 정하는 바에 따라 보험상품공시위원회를 구성하여야 한다.
>
> ④ 보험회사는 제2항에 따른 비교 · 공시에 필요한 정보를 보험협회에 제공하여야 한다.
>
> ⑤ 보험협회 이외의 자가 보험계약에 관한 사항을 비교 · 공시하는 경우에는 제2항에 따라 금융위원회가 정하는 바에 따라 객관적이고 공정하게 비교 · 공시하여야 한다.
>
> ⑥ 금융위원회는 제2항 및 제5항에 따른 비교 · 공시가 거짓이거나 사실과 달라 보험계약자 등을 보호할 필요가 있다고 인정되는 경우에는 공시의 중단이나 시정조치 등을 요구할 수 있다.

1 경영공시

보험회사는 보험계약자를 보호하기 위하여 필요한 사항으로서 대통령령으로 정하는 사항을 금융위원회가 정하는 바에 따라 즉시 공시하여야 한다. 이는 다음 각 호의 사항을 말한다.

1) 재무 및 손익에 관한 사항

2) 자금의 조달 및 운용에 관한 사항

3) 보험약관 및 사업방법서, 보험료 및 해약환급금, 공시이율 등 보험료 비교에 필요한 자료

4) 그 밖에 보험계약자의 보호를 위하여 공시가 필요하다고 인정되는 사항으로서 금융위원회가 정하여 고시하는 사항

2 보험상품의 비교·공시

1. 보험협회의 비교, 공시

보험협회는 보험료, 보험금 등 보험계약에 관한사항으로서 대통령령으로 정하는 사항을 금융위원회가 정하는 바에 따라 비교, 공시 할 수 있다. 이는 다음 각 호의 사항을 말한다.

(1) 보험료, 보험금, 보험기간, 보험계약에 따라 보장되는 위험, 보험회사의 면책사유, 공시이율 등 보험료 비교에 필요한 자료

(2) 그 밖에 보험계약자 보호 및 보험계약체결에 필요하다고 인정되는 사항으로 금융위원회가 정하여 고시하는 사항

2. 보험상품공시위원회 구성

보험협회가 비교, 공시를 하는 경우에는 대통령령으로 정하는 바에 따라 보험상품 공시위원회를 구성하여야 한다. 이는 보험상품의 비교, 공시에 관한 중요사항을 심의, 의결한다.

(1) 위원회는 위원장 1명을 포함하여 9명의 위원으로 구성한다.

(2) 위원회의위원장은 위원 중에서 호선하며, 위원회의위원은 금융감독원 상품담당부서장, 보험협회의 상품담당임원, 보험요율산출기관의 상품담당임원 및 보험협회의 장이 위촉하는 다음 각 호의 사람으로 구성한다.

　① 보험회사 상품담당 임원 또는 선임계리사 2명

　② 판사, 검사 또는 변호사의 자격이 있는 사람 1명

　③ 소비자단체에서 추천하는 사람 2명

　④ 보험에 관한 학식과 경험이 풍부한 사람 1명

(3) 위원의 임기는 2년으로 한다. 다만, 금융감독원 상품담당부서장과 보험협회의 상품담당 임원 및 보험요율산출기관의 상품담당임원인위원의 임기는 해당 직에 재직하는 기간으로 한다.

(4) 위원회의회의는 재적위원과 과반수의 출석으로 개의하고 출석위원과 과반수의 찬성으로 의결한다.

(5) 규정한 사항 외에 위원회의 구성 및 운영에 필요한 사항은 위원회의 의결을 거쳐 위원장이 정한다.

3. 보험협회 이외의 자의 비교. 공시

보험협회 이외의 자가 보험계약에 관한 사항을 비교, 공시하는 경우에는 금융위원회가 정하는 바에 따라 객관적이고 공정하게 비교, 공시하여야 한다.

4. 보험계약자 등의 보호

금융위원회는 비교, 공시가 거짓이거나 사실과 달라 보험계약자 등을 보호할 필요가 있다고 인정되는 경우에는 공시의 중단이나 시정조치 등을 요구할 수 있다.

제125조(상호협정의 인가)

① 보험회사가 그 업무에 관한 공동행위를 하기 위하여 다른 보험회사와 상호협정을 체결(변경하거나 폐지하려는 경우를 포함한다)하려는 경우에는 대통령령으로 정하는 바에 따라 금융위원회의 인가를 받아야 한다. 다만, 대통령령으로 정하는 경미한 사항을 변경하려는 경우에는 신고로써 갈음할 수 있다.

② 금융위원회는 공익 또는 보험업의 건전한 발전을 위하여 특히 필요하다고 인정되는 경우에는 보험회사에 대하여 제1항에 따른 협정의 체결·변경 또는 폐지를 명하거나 그 협정의 전부 또는 일부에 따를 것을 명할 수 있다.

③ 금융위원회는 제1항 또는 제2항에 따라 상호협정의 체결·변경 또는 폐지의 인가를 하거나 협정에 따를 것을 명하려면 미리 공정거래위원회와 협의하여야 한다. 다만, 대통령령으로 정하는 경미한 사항을 변경하려는 경우에는 그러하지 아니하다.

1 상호협정의 체결·변경 또는 폐지

보험회사가 그 업무에 관한 공동행위를 하기 위하여 다른 보험회사와 상호협정을 체결 (변경 하거나 폐지하려는 경우 포함)하려는 경우에는 대통령령으로 정하는 바에 따라 금융위원회의 인가를 받아야 한다.

1. 신청서 및 제출서류

상호협정의 체결, 변경 또는 폐지의 인가를 받으려는 경우에는 다음 각 호의 사항을 적은 신청서에 총리령으로 정하는 서류를 첨부하여 금융위원회에 제출하여야 한다.

(1) 상호협정을 체결하는 경우

　　① 상호협정 당사자의 상호 또는 명칭과 본점 또는 주된 사무소의 소재지

　　② 상호협정의 명칭과 그 내용

　　③ 상호협정의 효력의 발생시기와 기간

　　④ 상호협정을 하려는 사유

　　⑤ 상호협정에 관한 사무를 총괄하는 점포 또는 사무소가 있는 경우에는 그 명칭과 소재지

　　⑥ 외국보험회사와의 상호협정인 경우에는 그 보험회사의 영업 종류와 현재 수행 중인 사업의 개요 및 현황

(2) 상호협정을 변경하는 경우

　　① 제(1) ①항 및 ②항의 기재사항

　　② 변경될 상호협정의 효력의 발생시기와 기간

　　③ 상호협정을 변경하려는 사유 및 변경 내용

(3) 상호협정을 폐지하는 경우

　　① 폐지할 상호협정의 명칭

　　② 상호협정 폐지의 효력 발생 시기

　　③ 상호협정을 폐지하려는 사유

2. **신고로써 갈음 가능한 경우**

대통령령으로 정하는 경미한 사항을 변경하려는 경우에는 신고로써 갈음 할 수 있다. 이는 다음 각 호의 어느 하나에 해당하는 사항을 말한다.

(1) 보험회사의 상호변경, 보험회사간의 합병, 보험회사의 신설 등으로 상호협정의 구성원이 변경되는 사항

(2) 조문체제의 변경, 자구수정 등 상호협정의 실질적인 내용이 변경되지 아니하는 사항

3. **금융위원회의 인가 여부 결정**

금융위원회는 신청서를 받았을 때에는 다음 각 호의 사항을 심사하어 그 인가 여부를 결정하여야 한다.

(1) 상호협정의 내용이 보험회사 간의 공정한 경쟁을 저해하는지 여부

(2) 상호협정의 내용이 보험계약자의 이익을 침해하는지 여부

2 **금융위원회의 명령**

금융위원회는 공익 또는 보험업의 건전한 발전을 위하여 특히 필요하다고 인정되는 경우에는 보험회사에 대하여 협정의 체결, 변경 또는 폐지를 명하거나 그 협정의 전부 또는 일부에 따를 것을 명할 수 있다.

3 **공정거래위원회와의 협의**

금융위원회는 상호협정의 체결, 변경 또는 폐지의 인가를 하거나 협정에 따를 것을 명하려면 미리 공정거래위원회와 협의 하여야 한다. 다만, 대통령령으로 정하는 경미한 사항을 변경하려는 경우에는 그러하지 아니하다.

★주의 : "공정거래위원회와 협의할 수 있다." 는 틀린 지문이다.

제126조(정관변경의 보고)

보험회사는 정관을 변경한 경우에는 변경한 날부터 7일 이내에 금융위원회에 알려야 한다.

제127조(기초서류의 신고)

① 보험회사는 취급하려는 보험상품에 관한 기초서류를 작성하여야 한다.

② 보험회사는 기초서류를 작성하거나 변경하려는 경우 그 내용이 다음 각 호의 어느 하나에 해당하는 경우에는 미리 금융위원회에 신고하여야 한다.

  1. 법령의 제정·개정에 따라 새로운 보험상품이 도입되거나 보험상품 가입이 의무가 되는 경우

  2. 보험회사가 금융기관보험대리점등을 통하여 모집하는 경우

  3. 보험계약자 보호 등을 위하여 대통령령으로 정하는 경우

③ 금융위원회는 기초서류의 내용이 제2항 각 호의 어느 하나에 해당하지 아니하더라도 보험계약자 보호 등을 위하여 필요하다고 인정되면 보험회사에 대하여 기초서류에 관한 자료 제출을 요구할 수 있다.

④ 제2항 및 제3항에 따른 신고 또는 제출의 절차 및 방법과 그 밖에 필요한 사항은 대통령령으로 정한다.

제127조의2(기초서류의 변경 권고)

① 금융위원회는 보험회사가 제127조제2항에 따라 신고한 기초서류의 내용 및 같은 조 제3항에 따라 제출한 기초서류에 관한 자료의 내용이 제128조의3 및 제129조를 위반하는 경우에는 대통령령으로 정하는 바에 따라 기초서류의 변경을 권고할 수 있다.

② 제1항에 따른 변경권고는 그 내용 및 사유가 구체적으로 적힌 문서로 하여야 한다.

제127조의3(기초서류 기재사항 준수의무)

보험회사는 기초서류에 기재된 사항을 준수하여야 한다.

제128조(기초서류에 대한 확인)

① 금융위원회는 보험회사가 제127조제2항에 따라 기초서류를 신고할 때 필요하면 금융감독원의 확인을 받도록 할 수 있다.

② 금융위원회는 보험회사가 제127조제2항에 따라 기초서류를 신고하는 경우 보험료 및 책임준비금 산출방법서에 대하여 제176조에 따른 보험요율 산출기관 또는 대통령령으로 정하는 보험계리업자(이하 "독립계리업자"라 한다)의 검증확인서를 첨부하도록 할 수 있다.

제128조의2(기초서류 관리기준)

① 보험회사는 기초서류를 작성하거나 변경할 때 지켜야 할 절차와 기준(이하 "기초서류관리기준"이라 한다)을 정하고 이를 지켜야 한다.

② 기초서류관리기준에는 다음 각 호의 사항이 포함되어야 한다.

  1. 기초서류 작성·변경의 절차 및 기준

  2. 기초서류의 적정성에 대한 내부·외부 검증 절차 및 방법

  3. 기초서류 작성 오류에 대한 통제 및 수정 방법

  4. 기초서류 작성 및 관리과정을 감시·통제·평가하는 방법 및 관련 임직원 또는 제181조제2항에 따른 선임계리사의 역할과 책임

  5. 그 밖에 기초서류관리기준의 제정·개정 절차 등 대통령령으로 정하는 사항

③ 보험회사는 기초서류관리기준을 제정 · 개정하는 경우에는 금융위원회에 보고하여야 하며, 금융위원회는 해당 기준이나 그 운용이 부당하다고 판단되면 기준의 변경 또는 업무의 개선을 명할 수 있다.

④ 제1항부터 제3항까지에 규정한 사항 외에 기초서류관리기준의 작성 및 운용 등에 필요한 사항은 대통령령으로 정한다.

제128조의3(기초서류 작성 · 변경 원칙)

① 보험회사는 기초서류를 작성 · 변경할 때 다음 각 호의 사항을 지켜야 한다.

  1. 이 법 또는 다른 법령에 위반되는 내용을 포함하지 아니할 것

  2. 정당한 사유 없는 보험계약자의 권리 축소 또는 의무 확대 등 보험계약자에게 불리한 내용을 포함하지 아니할 것

  3. 그 밖에 보험계약자 보호, 재무건전성 확보 등을 위하여 대통령령으로 정하는 바에 따라 금융위원회가 정하는 기준에 적합할 것

② 보험회사가 기초서류를 작성 · 변경할 때 그 내용이 제127조제2항 각 호의 어느 하나에 해당하지 아니하면 제1항 각 호의 사항을 지켜 작성 · 변경한 것으로 추정(推定)한다.

---

1 **정관변경의 보고**

보험회사는 정관을 변경한 경우에는 변경한 날 부터 7일 이내에 금융위원회에 알려야 한다.

2 **기초서류의 신고**

보험회사는 취급하려는 보험상품에 관한 기초서류를 작성하여야 한다.

1. 기초서류 작성 및 변경 신고

보험회사는 기초서류를 작성하거나 변경하려는 경우 그 내용이 다음 각 호의 어느 하나에 해당하는 경우에는 미리 금융위원회에 신고하여야 한다. 다만, 제2호에 해당하는 경우로서 대통령령으로 정하는 경미한 사항을 변경하려는 경우에는 그러하지 아니하다,

(1) 법령의 제정, 개정에 따라 새로운 보험상품이 도입되거나 보험상품 가입이 의무가 되는 경우

(2) 보험회사가 금융기관보험대리점등을 통하여 모집하는 경우

(3) 보험계약자 보호 등을 위하여 대통령령으로 정하는 경우

2. 기초서류의 신고대상

보험회사가 기초서류를 작성하거나 변경하려는 경우 미리 금융위원회에 신고하여야 하는 사항은 다음과 같다. 다만, 주문체제의 변경, 자구수정 등 보험회사가 이미 신고한 기초서류의 내용의 본래취지를 벗어나지 아니하는 범위에서 기초서류를 변경하는 경우는 제외한다.

(1) 보험회사가 이미 신고 또는 판매되지 않는 위험을 보장 하거나 새로운 위험 구분 단위 등을 적용하여 설계하는 경우. 다만, 다른 보험회사가 이미 신고 또는 판매하고 있는 보험상품의 경우는 제외한다.

(2) 법령에 따라 정부나 지방자치단체가 보험료의 일부를 지원하는 보험으로서 다음 각 호의 어느 하나에
해당하는 보험의 경우
① 「농어업재해보험법」에 따른 농작물재해보험, 임산물재해보험, 가축재해 보험, 양식 수산물재해 보험
② 「풍수해보험법」에 따른 풍수해보험
(3) 제1호 및 제2호에서 규정한 사항 외에 보험계약자 보호 등을 위하여 필요한 사항으로서 금융위원회가
정하여 고시하는 사항에 해당하는 경우

3. 보험상품 신고서의 제출

보험회사는 기초서류를 신고하는 경우에는 판매 개시일 30일전까지 금융위원회가 정하여 고시하는 보험상품
신고서에 다음 각 호의 서류를 첨부하여 제출하여야 한다. 다만, 다른 법령의 개정에 따라 기초서류의 내용을
변경하는 경우 등 금융위원회가 정하여 고시하는 경우에는 고시하는 기한까지 보험상품 신고서를 제출할 수 있다.
(1) 선임계리사가 검증, 확인한 기초서류
(2) 보험료, 책임준비금 및 위험률산출의 변경이 있는 경우에는 그 변경이 적절한지에 대한 보험요율 산출기관
또는 독립계리업자의 검증확인서

4. 보험상품 판매 목록 제출

금융위원회는 보험계약자 보호 등에 필요하다고 인정되면 보험회사로 하여금 매분기종료일의 다음 달
말일까지 금융위원회가 정하여 고시하는 바에 따라 분기별 보험상품 판매 목록을 제출하게 할 수 있다.

3 보험상품 적절성 검증

금융위원회는 위 항에 따라 확인한 보험상품에 대하여 보험료 및 책임준비금의 적절성 검증이 필요하다고 판단한
경우에는 그 사유를 적어 서면으로 제출서류 외에 보험요율산출기관 또는 독립계리업자의 검증확인서 및
보험상품 신고서를 제출하도록 요구 할 수 있다. 이 경우 보험회사는 제출 요구일부터 30일 이내에 검증확인서를
제출하여야 한다.

1. 기초서류에 관한 자료제출 요구

금융위원회는 기초서류의 내용이 위의 어느 하나에 해당하지 아니 하더라도 보험계약자 보호 등을 위하여 필요
하다고 인정되면 보험회사에 대하여 기초서류에 관한 자료 제출을 요구할 수 있다.

4 기초서류의 변경 권고

1) 금융위원회는 보험회사가 신고한 기초서류의 내용 및 제출한 기초서류에 관한 자료의 내용이 제128조의 3 및 제129조를 위반하는 경우에는 신고접수일 또는 제출 접수일부터 20일 (권고 받은 사항에 대하여 다시 변경을 권고 하는 경우에는 10일) 이내에 그 기초서류의 변경을 권고할 수 있다.

2) 제1항에 따른 변경 권고는 그 내용 및 사유가 구체적으로 적힌 문서로 하여야 한다.

5 기초서류 기재사항 준수의무

보험회사는 기초서류에 기재된 사항을 준수하여아 한다.

6 기초서류에 대한 확인

1) 금융위원회는 보험회사가 기초서류를 신고 할 때 필요하면 금융감독원의 확인을 받도록 할 수 있다.

2) 금융위원회는 보험회사가 기초서류를 신고하는 경우 보험료 및 책임준비금산출방법서에 대하여 보험요율산출기관 또는 보험계리업자의 검증 확인서를 첨부하도록 할 수 있다.

7 기초서류 관리기준

1) 보험회사는 기초서류를 작성하거나 변경 할 때 지켜야 할 절차와 기준을 정하고 이를 지켜야 한다.

2) 기초서류관리기준에는 다음 각 호의 사항이 포함되어야 한다.

　(1) 기초서류 작성, 변경의 절차 및 기준

　(2) 기초서류의 적정성에 대한 내부, 외부 검증 절차 및 방법

　(3) 기초서류 작성 오류에 대한 통제 및 수정 방법

　(4) 기초서류작성 및 관리과정을 감시, 통제, 평가하는 방법 및 관련 임직원 또는 선임계리사의 역할과 책임

　(5) 그 밖에 기초서류 관리기준의 제정, 개정절차 등 대통령령으로 정하는 사항으로 다음 각 호의 사항을 말한다.

　　① 기초서류관리기준의 제정 및 개정 절차

　　② 기초서류 작성, 변경과 관련한 업무의 분장 및 기초서류 관리책임자에 관한 사항

　　③ 임직원의 기초서류관리기준 준수 여부를 확인하는 절차, 방법과 그 기준을 위반한 임직원의 처리에 관한 사항

　　④ 그 밖에 법령을 준수하고 보험계약자를 보호하기 위하여 기초서류를 작성, 변경할 때 따라야 할 사항으로서 금융위원회가 정하여 고시하는 사항

3) 보험회사는 기초서류관리기준을 제정, 개정하는 경우에는 금융위원회에 보고하여야 하며, 금융위원회는 해당기준이나 그 운용이 부당하다고 판단되면 보고일부터 15일 이내에 기준의 변경 또는 업무의 개선을 명할 수 있다.

8 기초서류 작성, 변경 원칙

1) 보험회사는 기초서류를 작성, 변경할 때 다음 각 호의 사항을 지켜야 한다.

(1) 이 법 또는 다른 법령에 위반되는 내용을 포함하지 아니할 것

(2) 정당한 사유 없는 보험계약자의 권리 축소 또는 의무 확대 등 보험계약자에게 불리한 내용을 포함하지 아니할 것

(3) 그 밖에 보험계약자 보호, 재무건전성확보 등을 위하여 대통령령으로 정하는 바에 따라 금융위원회가 정하는 기준에 적합할 것. 이는 다음과 같다.

① 법 또는 이 영에 따른 생명보험업과 손해보험업 겸영 제한에 위배되지 않을 것

② 보험료, 책임준비금 및 해약환급금을 금융위원회가 정하여 고시하는 기준에 따라 산출, 적립할 것

③ 규정된 사항 외에 보험계약자 보호, 재무건전성 확보 등을 위하여 필요한 사항으로서 금융위원회가 정하여 고시하는 사항을 지킬 것

2) 보험회사가 기초서류를 작성, 변경 할 때 그 내용이 제 127조 제2항 각 호의 어느 하나에 해당 하지 아니하면 제1항 각 호의 사항을 지켜 작성, 변경한 것으로 추정한다.

제5절　보험약관 등의 이해도 평가 (2020년 개정)

제128조의4(보험약관 등의 이해도 평가)

① 금융위원회는 보험소비자와 보험의 모집에 종사하는 자 등 대통령령으로 정하는 자(이하 이 조에서 "보험소비자등"이라 한다)를 대상으로 다음 각 호의 사항에 대한 이해도를 평가하고 그 결과를 대통령령으로 정하는 바에 따라 공시할 수 있다.

1. 보험약관
2. 보험안내자료 중 금융위원회가 정하여 고시하는 자료

② 금융위원회는 제1항에 따른 보험약관과 보험안내자료(이하 이 조에서 "보험약관등"이라 한다)에 대한 보험소비자등의 이해도를 평가하기 위해 평가대행기관을 지정할 수 있다.

③ 제2항에 따라 지정된 평가대행기관은 조사대상 보험약관 등에 대하여 보험소비자등의 이해도를 평가하고 그 결과를 금융위원회에 보고하여야 한다.

④ 보험약관 등의 이해도 평가에 수반되는 비용의 부담, 평가 시기, 평가 방법 등 평가에 관한 사항은 금융위원회가 정한다.

1　보험약관 등의 이해도 평가

금융위원회는 보험소비자와 보험의 모집에 종사하는 자 등 대통령령으로 정하는 자(이하 이 조에서 "보험소비자등"이라 한다)를 대상으로 보험약관에 대하여 보험약관의 이해도를 평가하고 그 결과를 대통령령으로 정하는 바에 따라 공시할 수 있다.

2　이해도 평가대상자

1) 금융감독원장이 추천하는 보험소비자 3명

2) 「소비자기본법」에 따라 설립된 한국소비자원 의장이 추천하는 보험소비자 3명

3) 삭제

4) 보험요율 산출기관의 장이 추천하는 보험 관련 전문가 1명

5) 보험협회 중 생명보험회사로 구성된 협회의장이 추천하는 보험의 모집에 종사하는 자 1명

6) 보험협회 중 손해보험회사로 구성된 협회의장이 추천하는 보험의 모집에 종사하는 자 1명

7) 금융위원회의 허가를 받아 설립 된 사단법인 보험연구원의장이 추천하는 보험 관련 법률전문가 1인

3 **평가결과에 대한 공시기준**

1. 공시대상
보험약관의 이해도 평가 기준 및 해당 기준에 따른 평가 결과

2. 공시방법
법 제128조의4제2항에 따라 지정된 평가대행기관의 홈페이지에 공시

3. 공시주기
연 2회 이상

4 **평가대행기관**

금융위원회는 보험소비자 등의 보험약관에 대한 이해도를 평가하기 위해 평가 대행기관을 지정 할 수 있다.

이에 따라 지정된 평가 대행기관은 조사대상 보험약관에 대하여 보험소비자 등의 이해도를 평가하고 그 결과를 금융위원회에 보고하여야 한다.

★주의 : "지정하여야 한다" 는 틀린 지문이다.

제6절 보험요율 산출의 원칙

제129조(보험요율 산출의 원칙)

보험회사는 보험요율을 산출할 때 객관적이고 합리적인 통계자료를 기초로 대수(大數)의 법칙 및 통계신뢰도를 바탕으로 하여야 하며, 다음 각 호의 사항을 지켜야 한다.

　1. 보험요율이 보험금과 그 밖의 급부(給付)에 비하여 지나치게 높지 아니할 것
　2. 보험요율이 보험회사의 재무건전성을 크게 해칠 정도로 낮지 아니할 것
　3. 보험요율이 보험계약자 간에 부당하게 차별적이지 아니할 것

보험회사는 보험요율을 산출할 때 객관적이고 합리적인 통계자료를 기초로 대수(大數)의 법칙 및 통계신뢰도를 바탕으로 하여야 하며, 다음 각 호의 사항을 지켜야 한다.

1. 보험요율이 보험금과 그 밖의 급부에 비하여 지나치게 높지 아니할 것

2. 보험요율이 보험회사의 재무건전성을 크게 해칠 정도로 낮지 아니할 것

3. 보험요율이 보험계약자 간에 부당하게 차별적이지 아니할 것

4. 자동차보험의 보험요율인 경우 보험금과 그 밖의 급부와 비교 할 때 공정하고 합리적인 수준일 것

> **제130조(보고사항)**
> 보험회사는 다음 각 호의 어느 하나에 해당하는 사유가 발생한 경우에는 그 사유가 발생한 날부터 5일 이내에
> 금융위원회에 보고하여야 한다.
> 1. 상호나 명칭을 변경한 경우
> 2. 임원을 선임하거나 해임한 경우
> 3. 본점의 영업을 중지하거나 재개(再開)한 경우
> 4. 최대주주가 변경된 경우
> 5. 대주주가 소유하고 있는 주식 총수가 의결권 있는 발행주식 총수의 100분의 1 이상만큼 변동된 경우
> 6. 그 밖에 해당 보험회사의 업무 수행에 중대한 영향을 미치는 경우로서 대통령령으로 정하는 경우

1 보고사항

보험회사는 다음 각 호의 어느 하나에 해당하는 사유가 발생한 경우에는 그 사유가 발생한 날부터 5일 이내에
금융위원회에 보고하여야 한다.

(1) 자본금 또는 기금을 증액한 경우

(2) 조직 변경의 결의를 한 경우

(3) 법 제13장에 따른 처벌을 받은 경우

(4) 조세 체납처분을 받은 경우 또는 조세에 관한 법령을 위반하여 형벌을 받은 경우

(5) 「외국환 거래법」에 따른 해외투자를 하거나 외국에 영업소, 그 밖의 사무소를 설치한 경우

(6) 보험회사의 주주 또는 주주였던 자가 제기한 소송의 당사자가 된 경우

제131조(금융위원회의 명령권)

① 금융위원회는 보험회사의 업무운영이 적정하지 아니하거나 자산상황이 불량하여 보험계약자 및 피보험자 등의 권익을 해칠 우려가 있다고 인정되는 경우에는 다음 각 호의 어느 하나에 해당하는 조치를 명할 수 있다.

1. 업무집행방법의 변경
2. 금융위원회가 지정하는 기관에의 자산 예탁
3. 자산의 장부가격 변경
4. 불건전한 자산에 대한 적립금의 보유
5. 가치가 없다고 인정되는 자산의 손실처리
6. 그 밖에 대통령령으로 정하는 필요한 조치

② 금융위원회는 보험회사의 업무 및 자산상황, 그 밖의 사정의 변경으로 공익 또는 보험계약자의 보호와 보험회사의 건전한 경영을 크게 해칠 우려가 있거나 보험회사의 기초서류에 법령을 위반하거나 보험계약자에게 불리한 내용이 있다고 인정되는 경우에는 청문을 거쳐 기초서류의 변경 또는 그 사용의 정지를 명할 수 있다. 다만, 대통령령으로 정하는 경미한 사항에 관하여 기초서류의 변경을 명하는 경우에는 청문을 하지 아니할 수 있다.

③ 금융위원회는 제2항에 따라 기초서류의 변경을 명하는 경우 보험계약자ㆍ피보험자 또는 보험금을 취득할 자의 이익을 보호하기 위하여 특히 필요하다고 인정하면 이미 체결된 보험계약에 대하여도 장래에 향하여 그 변경의 효력이 미치게 할 수 있다.

④ 금융위원회는 제3항에도 불구하고 제2항에 따라 변경명령을 받은 기초서류 때문에 보험계약자ㆍ피보험자 또는 보험금을 취득할 자가 부당한 불이익을 받을 것이 명백하다고 인정되는 경우에는 이미 체결된 보험계약에 따라 납입된 보험료의 일부를 되돌려주거나 보험금을 증액하도록 할 수 있다.

⑤ 보험회사는 제2항에 따른 명령을 받은 경우에는 대통령령으로 정하는 바에 따라 그 요지를 공고하여야 한다.

제131조의2(보험금 지급불능 등에 대한 조치)

금융위원회는 보험회사의 파산 또는 보험금 지급불능 우려 등 보험계약자의 이익을 크게 해칠 우려가 있다고 인정되는 경우에는 보험계약 체결 제한, 보험금 전부 또는 일부의 지급정지 또는 그 밖에 필요한 조치를 명할 수 있다.

제132조(준용)

국내사무소ㆍ보험대리점 및 보험중개사에 관하여는 제131조제1항을 준용한다. 이 경우 "보험회사"는 "국내사무소"ㆍ"보험대리점" 또는 "보험중개사"로 본다.

제133조(자료 제출 및 검사 등)

① 금융위원회는 공익 또는 보험계약자 등을 보호하기 위하여 보험회사에 이 법에서 정하는 감독업무의 수행과 관련한 주주 현황, 그 밖에 사업에 관한 보고 또는 자료 제출을 명할 수 있다.

② 보험회사는 그 업무 및 자산상황에 관하여 금융감독원의 검사를 받아야 한다.

③ 금융감독원장은 제2항에 따른 검사를 할 때 필요하다고 인정하면 보험회사에 대하여 업무 또는 자산에 관한 보고, 자료의 제출, 관계인의 출석 및 의견의 진술을 요구할 수 있다.

④ 제2항에 따라 검사를 하는 자는 그 권한을 표시하는 증표를 지니고 이를 관계인에게 내보여야 한다.

⑤ 금융감독원장은 제2항에 따라 검사를 한 경우에는 그 결과에 따라 필요한 조치를 하고, 그 내용을 금융위원회에 보고하여야 한다.

⑥ 금융감독원장은 「주식회사의 외부감사에 관한 법률」에 따라 보험회사가 선임한 외부감사인에게 그 보험회사를 감사한 결과 알게 된 정보나 그 밖에 경영건전성과 관련되는 자료의 제출을 요구할 수 있다.

제10절　보험회사에 대한 제재

제134조(보험회사에 대한 제재)

① 금융위원회는 보험회사(그 소속 임직원을 포함한다)가 이 법 또는 이 법에 따른 규정·명령 또는 지시를 위반하여 보험회사의 건전한 경영을 해칠 우려가 있다고 인정되는 경우에는 금융감독원장의 건의에 따라 다음 각 호의 어느 하나에 해당하는 조치를 하거나 금융감독원장으로 하여금 제1호의 조치를 하게 할 수 있다.

1. 보험회사에 대한 주의·경고 또는 그 임직원에 대한 주의·경고·문책의 요구
2. 해당 위반행위에 대한 시정명령
3. 임원의 해임권고·직무정지의 요구
4. 6개월 이내의 영업의 일부정지

② 금융위원회는 보험회사가 다음 각 호의 어느 하나에 해당하는 경우에는 6개월 이내의 기간을 정하여 영업 전부의 정지를 명하거나 청문을 거쳐 보험업의 허가를 취소할 수 있다.

1. 거짓이나 그 밖의 부정한 방법으로 보험업의 허가를 받은 경우
2. 허가의 내용 또는 조건을 위반한 경우
3. 영업의 정지기간 중에 영업을 한 경우
4. 제1항제2호에 따른 시정명령을 이행하지 아니한 경우

③ 금융위원회는 금융감독원장의 건의에 따라 보험회사가 제1항에 따른 조치, 제2항에 따른 영업정지 또는 허가취소 처분을 받은 사실을 대통령령으로 정하는 바에 따라 공표하도록 할 수 있다.

1. 금융위원회는 보험회사가 같은 조 제1항 및 제2항에 따른 제재를 받은 경우에는 그 사실을 다음 각 호의 구분에 따라 공표하도록 할 수 있다.

   1) 보험회사에 대한 경고, 임원의 해임권고·직무정지의 요구 : 해당 보험회사의 인터넷 홈페이지에 7영업일 이상 게재
   2) 시정 명령, 영업의 일부 또는 전부의 정지, 허가취소 : 전국적으로 배포되는 일간신문에 1회 이상 게재 및 해당 보험회사의 본점과 영업소에 7영업일 이상 게시

제135조(퇴임한 임원 등에 대한 조치 내용의 통보)

① 금융위원회는 보험회사의 퇴임한 임원 또는 퇴직한 직원이 재임 또는 재직 중이었더라면 제134조제1항제1호 및 제3호에 해당하는 조치를 받았을 것으로 인정되는 경우에는 그 조치의 내용을 금융감독원장으로 하여금 그 보험회사의 장에게 통보하도록 할 수 있다.

② 제1항에 따른 통보를 받은 보험회사의 장은 이를 해당 임직원에게 알리고, 인사기록부에 기록·유지하여야 한다.

제136조(준용)

① 국내사무소·보험대리점 및 보험중개사에 관하여는 제133조 및 제134조를 준용한다. 이 경우 "보험회사"는 각각 "국내사무소"·"보험대리점" 또는 "보험중개사"로 본다.

② 보험업과 밀접하게 관련된 업무로서 대통령령으로 정하는 업무를 하는 자회사에 관하여는 제133조를 준용한다. 이 경우 "보험회사"는 "자회사"로 본다.

③ 보험업과 밀접하게 관련된 업무로서 대통령령으로 정하는 업무를 보험회사로부터 위탁받은 자에 관하여는 제133조를 준용한다. 이 경우 "보험회사"는 "위탁받은 자"로 본다.

PART 7

해산·청산

해산

제1절 해산사유

제137조(해산사유 등)

① 보험회사는 다음 각 호의 사유로 해산한다.

   1. 존립기간의 만료, 그 밖에 정관으로 정하는 사유의 발생

   2. 주주총회등의 결의

   3. 회사의 합병

   4. 보험계약 전부의 이전

   5. 회사의 파산

   6. 보험업의 허가취소

   7. 해산을 명하는 재판

② 보험회사가 제1항제6호의 사유로 해산하면 금융위원회는 7일 이내에 그 보험회사의 본점과 지점 또는 각 사무소 소재지의 등기소에 그 등기를 촉탁(囑託)하여야 한다.

③ 등기소는 제2항의 촉탁을 받으면 7일 이내에 그 등기를 하여야 한다.

1 해산사유

1) 존립기간의 만료, 그 밖에 정관으로 정하는 사유의 발생

2) 주주총회 또는 사원총회의 결의

3) 회사의 합병

4) 보험계약 전부의 이전

5) 회사의 파산

6) 보험업의 허가취소

7) 해산을 명하는 재판

2 해산등기

1) 보험회사가 제1항 제6호의 사유로 해산하면 금융위원회는 7일 이내에 그 보험회사의 본점 과 지점 또는 각 사무소 소재지의 등기소에 그 등기를 촉탁하여야 한다.

2) 등기소는 촉탁을 받으면 7일 이내에 그 등기를 하여야 한다.

제2절 해산 · 합병 등의 결의 및 인가

제138조(해산 · 합병 등의 결의)

해산 · 합병과 보험계약의 이전에 관한 결의는 제39조제2항 또는 「상법」 제434조에 따라 하여야 한다.

제139조(해산 · 합병 등의 인가)

해산의 결의 · 합병과 보험계약의 이전은 금융위원회의 인가를 받아야 한다.

제3절 보험계약 등의 이전

제140조(보험계약 등의 이전)

① 보험회사는 계약의 방법으로 책임준비금 산출의 기초가 같은 보험계약의 전부를 포괄하여 다른 보험회사에 이전할 수 있다.

② 보험회사는 제1항에 따른 계약에서 회사자산을 이전할 것을 정할 수 있다. 다만, 금융위원회가 그 보험회사의 채권자의 이익을 보호하기 위하여 필요하다고 인정하는 자산은 유보하여야 한다.

제141조(보험계약 이전 결의의 공고와 이의 제기)

① 보험계약을 이전하려는 보험회사는 제138조에 따른 결의를 한 날부터 2주 이내에 계약 이전의 요지와 각 보험회사의 대차대조표를 공고하여야 한다.

② 제1항에 따른 공고에는 이전될 보험계약의 보험계약자로서 이의가 있는 자는 일정한 기간 동안 이의를 제출할 수 있다는 뜻을 덧붙여야 한다. 다만, 그 기간은 1개월 이상으로 하여야 한다.

③ 제2항의 기간에 이의를 제기한 보험계약자가 이전될 보험계약자 총수의 10분의 1을 초과하거나 그 보험금액이 이전될 보험금 총액의 10분의 1을 초과하는 경우에는 보험계약을 이전하지 못한다. 제143조에 따라 계약조항의 변경을 정하는 경우에 이의를 제기한 보험계약자로서 그 변경을 받을 자가 변경을 받을 보험계약자 총수의 10분의 1을 초과하거나 그 보험금액이 변경을 받을 보험계약자의 보험금 총액의 10분의 1을 초과하는 경우에도 또한 같다.

④ 상호회사가 제54조제1항의 기관에 의하지 아니하고 보험계약 이전의 결의를 한 경우에는 제2항 및 제3항을 적용하지 아니한다.

제142조(신계약의 금지)

보험계약을 이전하려는 보험회사는 주주총회등의 결의가 있었던 때부터 보험계약을 이전하거나 이전하지 아니하게 될 때까지 그 이전하려는 보험계약과 같은 종류의 보험계약을 하지 못한다.

제143조(계약조건의 변경)

보험회사는 보험계약의 전부를 이전하는 경우에 이전할 보험계약에 관하여 이전계약의 내용으로 다음 각 호의 사항을 정할 수 있다.

　　1. 계산의 기초의 변경
　　2. 보험금액의 삭감과 장래 보험료의 감액
　　3. 계약조항의 변경

제144조(자산 처분의 금지 등)

① 제143조에 따라 보험금액을 삭감하기로 정하는 경우에는 보험계약을 이전하려는 보험회사는 주주총회등의 결의가 있었던 때부터 보험계약을 이전하거나 이전하지 아니하게 될 때까지 그 자산을 처분하거나 채무를 부담하려는 행위를 하지 못한다. 다만, 보험업을 유지하기 위하여 필요한 비용을 지출하는 경우 또는 자산의 보전이나 그 밖의 특별한 필요에 따라 금융위원회의 허가를 받아 자산을 처분하는 경우에는 그러하지 아니하다.

② 보험계약이 이전된 경우에는 보험계약에 따라 발생한 채권으로서 제1항에 따라 지급이 정지된 것에 관하여 이전계약에서 정한 보험금액 삭감의 비율에 따라 그 금액을 삭감하여 지급하여야 한다.

③ 제143조에 따라 계약조항의 변경을 정하는 경우에 그 변경을 하려는 보험회사에 대하여도 제1항을 적용한다. 다만, 보험계약으로 발생한 채무를 변제하거나 금융위원회의 허가를 받아 그 변경과 관계없는 행위를 하는 경우에는 그러하지 아니하다.

제145조(보험계약 이전의 공고)

보험회사는 보험계약을 이전한 경우에는 7일 이내에 그 취지를 공고하여야 한다. 보험계약을 이전하지 아니하게 된 경우에도 또한 같다.

제146조(권리 · 의무의 승계)

① 보험계약을 이전한 보험회사가 그 보험계약에 관하여 가진 권리와 의무는 보험계약을 이전받은 보험회사가 승계한다. 이전계약으로써 이전할 것을 정한 자산에 관하여도 또한 같다.

② 보험계약 이전의 결의를 한 후 이전할 보험계약에 관하여 발생한 수지(收支)나 그 밖에 이전할 보험계약 또는 자산에 관하여 발생한 변경은 이전을 받은 보험회사에 귀속된다.

제147조(계약 이전으로 인한 입사)

보험계약이 이전된 경우 이전을 받은 보험회사가 상호회사인 경우에는 그 보험계약자는 그 상호회사에 입사한다.

제148조(해산 후의 계약 이전 결의)

① 보험회사는 해산한 후에도 3개월 이내에는 보험계약 이전을 결의할 수 있다.

② 제1항의 경우에는 제158조를 적용하지 아니한다. 다만, 보험계약을 이전하지 아니하게 된 경우에는 그러하지 아니하다.

제149조(해산등기의 신청)

보험계약의 이전에 따른 해산등기의 신청서에는 다음 각 호의 모든 서류를 첨부하여야 한다.

　　1. 이전계약서
　　2. 각 보험회사 주주총회등의 의사록
　　3. 제141조의 공고 및 이의에 관한 서류
　　4. 보험계약 이전의 인가를 증명하는 서류

제150조(영업양도 · 양수의 인가)

보험회사는 그 영업을 양도 · 양수하려면 금융위원회의 인가를 받아야 한다.

제151조(합병 결의의 공고)

① 보험회사가 합병을 결의한 경우에는 그 결의를 한 날부터 2주 이내에 합병계약의 요지와 각 보험회사의 대차대조표를 공고하여야 한다.

② 합병의 경우에는 제141조제2항부터 제4항까지, 제145조 및 제149조를 준용한다.

③ 제1항 및 제2항에 따른 합병은 이의를 제기한 보험계약자나 그 밖에 보험계약으로 발생한 권리를 가진 자에 대하여도 그 효력이 미친다.

제152조(계약조건의 변경)

① 보험회사가 합병을 하는 경우에는 합병계약으로써 그 보험계약에 관한 계산의 기초 또는 계약조항의 변경을 정할 수 있다.

② 제1항에 따라 계약조항의 변경을 정하는 경우 그 변경을 하려는 보험회사에 관하여는 제142조 및 제144조제3항을 준용한다

1 보험계약 등의 이전

1) 보험회사는 계약의 방법으로 책임준비금 산출의 기초가 같은 보험계약의 전부를 포괄하여 다른 보험회사에 이전할 수 있다.

2) 보험회사는 제1항에 따른 계약에서 회사 자산을 이전 할 것을 정할 수 있다. 다만, 금융위원회가 그 보험회사의 채권자의 이익을 보호하기 위하여 필요하다고 인정하는 자산은 유보하여야 한다.

2 보험계약 이전 결의의 공고와 이의 제기

1) 보험계약을 이전하려는 보험회사는 결의를 한 날부터 2주 이내에 계약 이전의 요지와 각 보험회사의 대차대조표를 공고하여야 한다.

2) 공고에는 이전 될 보험계약의 보험계약자로서 이의가 있는 자는 일정한 기간 동안 이의를 제출 할 수 있다는 뜻을 덧붙여야 한다. 다만 그 기간은 1개월 이상으로 하여야 한다.

3) 기간에 이의를 제기한 보험계약자가 이전 될 보험계약자 총수의 10분의 1을 초과하거나 그 보험금액이 이전 될 보험금 총액의 10분의 1을 초과하는 경우에는 보험계약을 이전하지 못 한다. 제143조에 따라 계약조항의 변경을 정하는 경우에 이의를 제기한 보험계약자로서 그 변경을 받을 자가 변경을 받은 보험계약자 총수의 10분의 1을 초과하거나 그 보험금액이 변경을 받을 보험계약자의 보험금 총액의 10분의 1을 초과하는 경우에도 또한 같다.

4) 상호회사가 제54조 제1항의 기관에 의하지 아니하고 보험계약 이전의 결의를 한 경우에는 제2항 및 제3항을 적용하지 아니한다.

3 신계약의 금지

보험계약을 이전하려는 보험회사는 주주총회 등의 결의가 있었던 때부터 보험계약을 이전하거나 이전하지 아니하게 될 때까지 그 이전하려는 보험계약과 같은 종류의 보험계약을 하지 못한다.

4 계약조건의 변경

보험회사는 보험계약의 전부를 이전하는 경우에 이전할 보험계약에 관하여 이전계약의 내용으로 다음 각 호의 사항을 정할 수 있다.

1) 계산의 기초의 변경

2) 보험금액의 삭감과 장래 보험료의 감액

3) 계약조항의 변경

5 **자산처분의 금지 등**

1) 보험금액을 삭감하기로 정하는 경우에는 보험계약을 이전하려는 보험회사는 주주총회 등 의결의가 있었던 때부터 보험계약을 이전하거나 이전하지 아니하게 될 때까지 그 자산을 처분하거나 채무를 부담하려는 행위를 하지 못한다. 다만, 보험업을 유지하기 위하여 필요한 비용을 지출하는 경우 또는 자산의 보전이나 그 밖의 특별한 필요에 따라 금융위원회의 허가를 받아 자산을 처분하는 경우에는 그러하지 아니하다.

2) 보험계약이 이전 된 경우에는 보험계약에 따라 발생한 채권으로서 제1항에 따라 지급이 정지 된 것에 관하여 이전계약에서 정한 보험금액삭감의 비율에 따라 그 금액을 삭감하여 지급하여야 한다.

3) 계약조항의 변경을 정하는 경우에 그 변경을 하려는 보험회사에 대하여도 제1항을 적용 한다. 다만, 보험계약으로 발생한 채무를 변제하거나 금융위원회의 허가를 받아 그 변경관계 없는 행위를 하는 경우에는 그러하지 아니하다.

6 **보험계약 이전의 공고**

보험회사는 보험계약을 이전한 경우에는 7일 이내에 그 취지를 공고하여야 한다. 보험계약을 이전하지 아니하게 된 경우에도 또한 같다.

7 **권리. 의무의 승계**

1) 보험계약을 이전한 보험회사가 그 보험계약에 관하여 가진 권리와 의무는 보험계약을 이전 받은 보험회사가 승계한다. 이전 계약으로써 이전 할 것을 정한 자산에 관하여도 또한 같다.

2) 보험계약 이전의 결의를 한 후 이전 할 보험계약에 관하여 발생한 수지나 그 밖에 이전 할 보험계약 또는 자산에 관하여 발생한 변경은 이전을 받은 보험회사에 귀속된다.

8 **계약 이전으로 인한 입사**

보험계약이 이전된 경우 이전을 받은 보험회사가 상호회사인 경우에는 그 보험계약자는 그 상호회사에 입사한다.

9 **해산 후의 계약 이전 결의**

1) 보험회사는 해산 한 후에도 3개월 이내에는 보험계약 이전을 결의 할 수 있다.

2) 제1항의 경우에는 제158조를 적용하지 아니한다. 다만, 보험계약을 이전하지 아니하게 된 경우에는 그러하지 아니하다.

해산등기의 신청

보험계약의 이전에 따른 해산 등기의 신청서에는 다음 각호의 모든 서류를 첨부하여야 한다.

1) 이전계약서

2) 각 보험회사 주주총회 등의 의사록

3) 제141조의 공고 및 이의에 관한 서류

4) 보험계약 이전의 인가를 증명하는 서류

> **제153조(상호회사의 합병)**
>
> ① 상호회사는 다른 보험회사와 합병할 수 있다.
>
> ② 제1항의 경우 합병 후 존속하는 보험회사 또는 합병으로 설립되는 보험회사는 상호회사이어야 한다. 다만, 합병하는 보험회사의 한 쪽이 주식회사인 경우에는 합병 후 존속하는 보험회사 또는 합병으로 설립되는 보험회사는 주식회사로 할 수 있다.
>
> ③ 상호회사와 주식회사가 합병하는 경우에는 이 법 또는 「상법」의 합병에 관한 규정에 따른다.
>
> ④ 합병계약서에 적을 사항이나 그 밖에 합병에 관하여 필요한 사항은 대통령령으로 정한다.
>
> **제154조(합병의 경우의 사원관계)**
>
> ① 제153조에 따른 합병이 있는 경우 합병 후 존속하는 보험회사 또는 합병으로 설립되는 보험회사가 상호회사인 경우에는 합병으로 해산하는 보험회사의 보험계약자는 그 회사에 입사하고, 주식회사인 경우에는 상호회사의 사원은 그 지위를 잃는다. 다만, 보험관계에 속하는 권리와 의무는 합병계약에서 정하는 바에 따라 합병 후 존속하는 주식회사 또는 합병으로 설립된 주식회사가 승계한다.
>
> ② 제1항에 따라 합병 후 존속하는 상호회사에 입사할 자는 「상법」 제526조제1항에 따른 사원총회에서 사원과 같은 권리를 가진다. 다만, 합병계약에 따로 정한 것이 있으면 그러하지 아니하다.
>
> **제155조(정리계획서의 제출)**
>
> 보험회사가 그 보험업의 전부 또는 일부를 폐업하려는 경우에는 그 60일 전에 사업 폐업에 따른 정리계획서를 금융위원회에 제출하여야 한다.

1 상호회사의 합병

1) 상호회사는 다른 보험회사와 합병할 수 있다.

2) 제1항의 경우 합병 후 존속하는 보험회사 또는 합병으로 설립되는 보험회사는 상호회사이어야 한다. 다만, 합병하는 보험회사의 한쪽이 주식회사인 경우에는 합병 후 존속하는 보험회사 또는 합병으로 설립되는 보험회사는 주식회사로 할 수 있다.

3) 상호회사와 주식회사가 합병하는 경우에는 이 법 또는 상법의 규정에 따른다.

4) 합병계약서에 적을 사항이나 그 밖에 합병에 관하여 필요한 사항은 대통령령으로 정한다.

2 **합병의 경우의 사원관계**

1) 제153조에 따른 합병이 있는 경우 합병 후 존속하는 보험회사 또는 합병으로 설립되는 보험회사가 상호회사인 경우에는 합병으로 해산하는 보험회사의 보험계약자는 그 회사에 입사 하고, 주식회사인 경우에는 상호회사의 사원은 그 지위를 잃는다. 다만, 보험관계에 속하는 권리와 의무는 합병 계약에서 정하는 바에 따라 합병 후 존속하는 주식회사 또는 합병으로서 설립된 주식회사가 승계한다.

2) 합병 후 존속하는 상호회사에 입사할 자는 사원총회에서 사원과 같은 권리를 가진다.

3 **정리계획서의 제출**

보헌회사가 그 보험업의 전부 또는 일부를 폐업하려는 경우에는 그 60일전에 사업 폐업에 따른 정리계획서를 금융위원회에 제출하여야 한다.

제1절 청산인

제156조(청산인)

① 보험회사가 보험업의 허가취소로 해산한 경우에는 금융위원회가 청산인을 선임한다.

②「상법」제193조·제252조 및 제531조제2항에 따른 청산인은 금융위원회가 선임한다. 이 경우 이해관계인의 청구 없이 선임할 수 있다.

③ 금융위원회는 다음 각 호의 어느 하나에 해당하는 자의 청구에 따라 청산인을 해임할 수 있다.
  1. 감사
  2. 3개월 전부터 계속하여 자본금의 100분의 5 이상의 주식을 가진 주주
  3. 100분의 5 이상의 사원

④ 상호회사는 제4항에 따른 청구를 하는 사원에 관하여 정관으로 다른 기준을 정할 수 있다.

⑤ 금융위원회는 중요한 사유가 있으면 제4항의 청구 없이 청산인을 해임할 수 있다.

제157조(청산인의 보수)

제156조에 따라 청산인을 선임하는 경우에는 청산 중인 회사로 하여금 금융위원회가 정하는 보수를 지급하게 할 수 있다.

제158조(해산 후의 보험금 지급)

① 보험회사는 제137조제1항제2호·제6호 또는 제7호의 사유로 해산한 경우에는 보험금 지급 사유가 해산한 날부터 3개월 이내에 발생한 경우에만 보험금을 지급하여야 한다.

② 보험회사는 제1항의 기간이 지난 후에는 피보험자를 위하여 적립한 금액이나 아직 지나지 아니한 기간에 대한 보험료를 되돌려주어야 한다.

제159조(채권신고기간 내의 변제)

보험회사에 관하여 「상법」 제536조제2항을 적용할 때 "법원"은 "금융위원회"로 본다.

제160조(청산인의 감독)

금융위원회는 청산인을 감독하기 위하여 보험회사의 청산업무와 자산상황을 검사하고, 자산의 공탁을 명하며, 그 밖에 청산의 감독상 필요한 명령을 할 수 있다.

제161조(해산 후의 강제관리)

① 금융위원회는 해산한 보험회사의 업무 및 자산상황으로 보아 필요하다고 인정하는 경우에는 업무와 자산의 관리를 명할 수 있다.

1 **청산인의 선임**

1) 보험회사가 보험업이 허가취소로 해산한 경우에는 금융위원회가 청산인을 선임한다.

2) 청산인은 금융위원회가 선임한다. 이 경우 이해관계인의 청구 없이 선임 할 수 있다.

3) 금융위원회는 다음 각 호의 어느 하나에 해당하는 자의 청구에 따라 청산인을 해임할 수 있다.

    가. 감사

    나. 3개월 전부터 계속하여 자본금의 100분의 5 이상의 주식을 가진 주주

    다. 100분의 5 이상의 사원

4) 상호회사는 위 항에 따른 청구를 하는 사원에 관하여 정관으로 다른 기준을 정할 수 있다.

5) 금융위원회는 중요한 사유가 있으면 위 항의 청구 없이 청산인을 해임할 수 있다.

2 **청산인의 보수**

청산인을 선임하는 경우에는 청산 중인 회사로 하여금 금융위원회가 정하는 보수를 지급하게 할 수 있다.

3 **청산인의 감독**

금융위원회는 청산인을 감독하기 위하여 보험회사의 청산업무와 자산상황을 검사하고, 자산의 공탁을 명하며, 그 밖에 청산의 감독에 필요한 명령을 할 수 있다.

1) 보험회사는 해산한 경우에는 보험금 지급사유가 해산한 날부터 3개월 이내에 발생한 경우에만 보험금을 지급하여야 한다.
2) 보험회사는 제1항의 기간이 지난 후에는 피보험자를 위하여 적립한 금액이나 아직 지나지 아니한 기간에 대한 보험료를 되돌려 주어야 한다.

제3절   채권신고기간 내의 변제

1) 청산인은 채권신고 기간 내에는 채권자에 대하여 변제를 하지 못 한다. 그러나 회사는 그 변제의 지연으로 인한 손해배상의 책임을 면하지 못한다.
2) 청산인은 전 항의 규정에도 불구하고 소액의 채권, 담보 있는 채권 기타 변제로 인하여 다른 채권자를 해 할 염려가 없는 채권에 대하여는 금융위원회의 허가를 얻어 이를 변제할 수 있다.

제4절   해산 후의 강제관리

금융위원회는 해산한 보험회사의 업무 및 자산상황으로 보아 필요하다고 인정하는 경우에는 업무와 자산의 관리를 명할 수 있다.

PART 8

관계자에 대한 조사

관계자에 대한 조사

제1절   조사대상 및 방법

제162조(조사대상 및 방법 등)

① 금융위원회는 다음 각 호의 어느 하나에 해당하는 경우에는 보험회사, 보험계약자, 피보험자, 보험금을 취득할 자, 그 밖에 보험계약에 관하여 이해관계가 있는 자(이하 이 장에서 "관계자"라 한다)에 대한 조사를 할 수 있다.

  1. 이 법 및 이 법에 따른 명령 또는 조치를 위반한 사실이 있는 경우

  2. 공익 또는 건전한 보험거래질서의 확립을 위하여 필요한 경우

② 금융위원회는 제1항에 따른 조사를 위하여 필요하다고 인정되는 경우에는 관계자에게 다음 각 호의 사항을 요구할 수 있다.

  1. 조사사항에 대한 사실과 상황에 대한 진술서의 제출

  2. 조사에 필요한 장부, 서류, 그 밖의 물건의 제출

③ 제1항 및 제2항의 조사에 관하여는 제133조제4항을 준용한다.

④ 금융위원회는 관계자가 제1항에 따른 조사를 방해하거나 제2항에 따라 제출하는 자료를 거짓으로 작성하거나 그 제출을 게을리 한 경우에는 관계자가 소속된 단체의 장에게 관계자에 대한 문책 등을 요구할 수 있다.

1   조사대상

금융위원회는 다음 각 호의 어느 하나에 해당하는 경우에는 보험회사, 보험계약자, 피보험자, 보험금을 취득할 자, 그 밖에 보험계약에 관하여 이해관계가 있는 자(이하 이 장에서 "관계자"라 한다)에 대한 조사를 할 수 있다.

1) 이 법 및 이 법에 따른 명령 또는 조치를 위반한 사실이 있는 경우

2) 공익 또는 건전한 보험거래질서의 확립을 위하여 필요한 경우

2   조사 요구사항

금융위원회는 제1항에 따른 조사를 위하여 필요하다고 인정되는 경우에는 관계자에게 다음 각 호의 사항을 요구할 수 있다.

1) 조사사항에 대한 사실과 상황에 대한 진술서의 제출

2) 조사에 필요한 장부, 서류, 그 밖의 물건의 제출

3 관계자에 대한 문책 요구

금융위원회는 관계자가 조사를 방해하거나 제출하는 자료를 거짓으로 작성하거나 그 제출을 게을리 한 경우에는 관계자가 소속된 단체의 장에게 관계자에 대한 문책 등을 요구할 수 있다.

제2절 보험조사협의회

제163조(보험조사협의회)

① 제162조제1항에 따른 조사업무를 효율적으로 수행하기 위하여 금융위원회에 보건복지부, 금융감독원, 보험 관련 기관 및 단체 등으로 구성되는 보험소사협의회를 눌 수 있다.

② 제1항에 따른 보험조사협의회의 구성·운영 등에 관하여 필요한 사항은 대통령령으로 정한다.

1 보험조사협의회의 구성(시행령 제76조)

보험조사협의회는 다음 각 호의 사람 중에서 금융위원회가 임명하거나 위촉하는 15명 이내의 위원으로 구성 할 수 있다. 협의회의의장은 위원중에서 호선하며, 협의회 위원의 임기는 2년으로 한다.

1) 금융위원회가 지정하는 소속 공무원 1명

2) 보건복지부장관이 지정하는 소속 공무원 1명

3) 경찰청장이 지정하는 소속 공무원 1명

4) 해양경찰청장이 지정하는 소속 공무원 1명

5) 금융감독원장이 추천하는 사람 1명

6) 생명보험협회의장, 손해보험협회의장, 보험요율산출기관의장이 추천하는 사람 각 1명

7) 보험사고의 조사를 위하여 필요하다고 금융위원회가 지정하는 보험 관련 기관 및 단체의 장이 추천하는 사람

8) 그 밖에 보험계약자, 피보험자, 이해관계인의 권익보호 또는 보험사고의 조사 등 보험에 관한 학식과 경험이 있는 사람

보험상품비교 공시위원회	(1) 위원회는 위원장 1명을 포함하여 9명의 위원으로 구성한다. (2) 위원회의위원장은 위원 중에서 호선하며, 위원회의위원은 금융감독원 상품담당부서장, 보험협회의 상품담당임원, 보험요율산출기관의 상품담당임원 및 보험협회의 장이 위촉하는 다음 각 호의 사람으로 구성한다. 　① 보험회사 상품담당 임원 또는 선임계리사 2명 　② 판사, 검사 또는 변호사의 자격이 있는 사람 1명 　③ 소비자단체에서 추천하는 사람 2명 　④ 보험에 관한 학식과 경험이 풍부한 사람 1명 (3) 위원의 임기는 2년으로 한다.
이해도 평가	1) 금융감독원장이 추천하는 보험소비자 3명 2)「소비자기본법」에 따라 설립된 한국소비자원 의장이 추천하는 보험소비자 3명 4) 보험요율 산출기관의 장이 추천하는 보험 관련 전문가 1명 5) 보험협회 중 생명보험회사로 구성된 협회의장이 추천하는 보험의 모집에 종사하는 자 1명 6) 보험협회 중 손해보험회사로 구성된 협회의장이 추천하는 보험의 모집에 종사하는 자 1명 7) 금융위원회의 허가를 받아 설립 된 사단법인 보험연구원의장이 추천하는 보험 관련 법률전문가 1인
실손전산 시스템운영 위원회의 구성 (보험업법 시행령)	1. 보건복지부 · 금융위원회의 고위공무원단에 속하는 일반직공무원 또는 3급 공무원으로서 해당 기관의 장이 지명하는 사람 각 1명 2. 금융감독원 소속 임직원 중에서 금융감독원의 장이 지명하는 사람 1명 3. 전송대행기관 소속 임직원 중에서 전송대행기관의 장이 지명하는 사람 1명 4. 보험협회 중 생명보험회사로 구성된 협회(이하 "생명보험협회"라 한다)의 장이 지명하는 사람 2명 5. 보험협회 중 손해보험회사로 구성된 협회(이하 "손해보험협회"라 한다)의 장이 지명하는 사람 3명 6.「의료법」제28조제1항에 따른 의사회, 치과의사회 및 한의사회의 장이 지명하는 사람 각 1명 7.「의료법」제52조에 따른 의료기관단체 중 같은 법 제3조제2항제3호가목 및 라목부터 바목까지의 규정에 따른 의료기관의 장으로 구성된 의료기관단체의 장이 지명하는 사람 1명 8.「약사법」제11조에 따른 대한약사회의 장이 지명하는 사람 1명 9. 보험 소비자 보호, 의료 소비자 보호, 보험 또는 보건의료 분야에 관한 학식과 경험이 풍부한 사람으로서 전송대행기관의 장이 위촉하는 사람 4명

2 협의회 위원의 해임 및 해촉

금융위원회는 협의회위원이 다음 각 호의 어느 하나에 해당하는 경우에는 해당 위원을 해임 또는 해촉 할 수 있다.

1) 심신장애로 인하여 직무를 수행할 수 없게 된 경우

2) 직무와 관련된 비위사실이 있는 경우

3) 직무태만, 품위손상, 그 밖의 사유로 인하여 위원으로 적합하지 아니 하다고 인정되는 경우

4) 위원 스스로 직무를 수행하는 것이 곤란하다고 의사를 밝히는 경우

3 협의회의 기능

협의회는 보험조사와 관련된 다음 각 호의 사항을 심의한다.

1) 조사업무의 효율적 수행을 위한 공동 대책의 수립 및 시행에 관한 사항

2) 조사한 정보의 교환에 관한 사항

3) 공동조사의 실시 등 관련 기관 간 협조에 관한 사항

4) 조사 지원에 관한 사항

5) 그 밖에 협의회장이 협의회의 회의에 부친 사항

4 협의회의 운영

1) 협의회장은 협의회를 대표하고 회의를 총괄한다.

2) 협의회 회의는 협의회장이 필요하다고 인정하거나 재적위원 3분의 1 이상이 요구할 때에 협의회장이 소집한다.

3) 협의회의 회의는 재적위원 과반수이상의 출석으로 개의하고 출석위원 과반수이상의 찬성으로 의결한다.

4) 협의회장은 회의를 소집하려는 경우에는 회의 개최 2일 전까지 회의의 일시, 장소 및 회의에 부치는 사항을 위원에게 서면으로 알려야 한다. 다만, 긴급한 사정이 있거나 부득이한 경우에는 그러하지 아니하다.

5) 협의회는 보험조사에 필요한 경우 제76조 제1항 제7호에 따른 기관 및 단체에 자료 제공을 요청할 수 있다.

6) 협의회의 운영에 필요한 사항은 협의회의 의결을 거쳐 협의회장이 정한다.

제164조(조사 관련 정보의 공표)

금융위원회는 관계자에 대한 조사실적, 처리결과, 그 밖에 관계자의 위법행위 예방에 필요한 정보 및 자료를 대통령령으로 정하는 바에 따라 공표할 수 있다.

손해보험계약의 제3자 보호

제1절 제3자의 보험금 지급보장

제165조(제3자의 보험금 지급보장)

손해보험회사는 손해보험계약의 제3자가 보험사고로 입은 손해에 대한 보험금의 지급을 이 장에서 정하는 바에 따라 보장하여야 한다.

제166조(적용범위)

이 장의 규정은 법령에 따라 가입이 강제되는 손해보험계약(자동차보험계약의 경우에는 법령에 따라 가입이 강제되지 아니하는 보험계약을 포함한다. 이하 이 장에서 같다)으로서 대통령령으로 정하는 손해보험계약에만 적용한다. 다만, 대통령령으로 정하는 법인을 계약자로 하는 손해보험계약에는 적용하지 아니한다.

제167조(지급불능의 보고)

① 손해보험회사는 「예금자보호법」 제2조제7호의 사유로 손해보험계약의 제3자에게 보험금을 지급하지 못하게 된 경우에는 즉시 그 사실을 보험협회 중 손해보험회사로 구성된 협회(이하 "손해보험협회"라 한다)의 장에게 보고하여야 한다.

② 손해보험회사는 「예금자보호법」 제2조제7호 나목에 따른 보험업 허가취소 등이 있었던 날부터 3개월 이내에 제3자에게 보험금을 지급하여야 할 사유가 발생하면 즉시 그 사실을 손해보험협회의 장에게 보고하여야 한다.

1 의의

손해보험회사는 손해보험계약의 제3자가 보험사고로 입은 손해에 대한 보험금의 지급을 정하는 바에 따라 보장하여야 한다.

2 적용범위

이 장의 규정은 법령에 따라 가입이 강제되는 손해보험계약으로서 대통령령으로 정하는 손해 보험계약에만 적용한다. 다만, 대통령령으로 정하는 법인을 계약자로 하는 손해보험계약에는 적용하지 아니한다.

1) 「자동차손해배상 보장법」 제5조에 따른 책임보험계약
2) 「화재로 인한 재해보상과 보험가입에 관한 법률」 제5조에 따른 신체손해배상특약부 화재보험계약
3) 「도시가스사업법」 제43조, 「고압가스 안전관리법」 제25조 및 「액화석유가스의 안전관리 및 사업법」 제57조에 따라 가입이 강제되는 손해보험계약
4) 「선원법」 제98조에 따라 가입이 강제되는 손해보험계약

5) 「체육시설의 설치, 이용에 관한 법률」제26조에 따라 가입이 강제되는 손해보험계약

6) 「유선 및 도선사업법」제33조에 따라 가입이 강제되는 손해보험계약

7) 「승강기시설 안전관리법」제11조의3에 따라 가입이 강제되는 손해보험계약

8) 「수상레저안전법」제34조 및 제44조에 따라 가입이 강제되는 손해보험계약

9) 「청소년활동 진흥법」제25조에 따라 가입이 강제되는 손해보험계약

10) 「유류오염손해배상 보장법」제14조에 따라 가입이 강제되는 유류오염손해배상 보장계약

11) 「항공사업법」제70조에 따라 가입이 강제되는 항공보험계약

12) 「낚시 관리 및 육성법」제48조에 따라 가입이 강제되는 손해보험계약

13) 「도로교통법 시행령」제63조 제1항, 제67조 제2항 및 별표5에 제9호에 따라 가입이 강제되는 손해보험계약

14) 「국가를 당사자로 하는 계약에 관한 법률 시행령」제53조에 따라 가입이 강제되는 손해보험계약

15) 「야생생물 보호 및 관리에 관한 법률」제51조에 따라 가입이 강제되는 손해보험계약

16) 「자동차손해배상 보장법」에 따라 가입이 강제되지 아니한 자동차보험계약

17) 제1호부터 제15호까지 외에 법령에 따라 가입이 강제되는 손해보험으로 총리령으로 정하는 보험계약

제2절　제3자에 대한 보험금 지급 절차

제168조(출연)

① 손해보험회사는 손해보험계약의 제3자에 대한 보험금의 지급을 보장하기 위하여 수입보험료 및 책임준비금을 고려하여 대통령령으로 정하는 비율을 곱한 금액을 손해보험협회에 출연(出捐)하여야 한다.

② 손해보험회사는 제167조에 따른 지급불능 보고를 한 후 제1항의 출연을 할 수 있다.

③ 제1항과 제2항에 따른 출연금의 납부방법 및 절차에 관하여 필요한 사항은 대통령령으로 정한다.

제169조(보험금의 지급)

① 손해보험협회의 장은 제167조에 따른 보고를 받으면 금융위원회의 확인을 거쳐 손해보험계약의 제3자에게 대통령령으로 정하는 보험금을 지급하여야 한다.

② 제1항에 따른 보험금의 지급방법 및 절차 등에 관하여 필요한 사항은 대통령령으로 정한다.

제170조(자료 제출 요구)

손해보험협회의 장은 제168조에 따른 출연금을 산정하고 제169조에 따른 보험금을 지급하기 위하여 필요한 범위에서 손해보험회사의 업무 및 자산상황에 관한 자료 제출을 요구할 수 있다.

제171조(자금의 차입)

① 손해보험협회는 제169조에 따른 보험금의 지급을 위하여 필요한 경우에는 정부, 「예금자보호법」 제3조에 따른 예금보험공사, 그 밖에 대통령령으로 정하는 금융기관으로부터 금융위원회의 승인을 받아 자금을 차입할 수 있다.

② 손해보험회사는 제168조제1항에 따라 그 손해보험회사가 출연하여야 하는 금액의 범위에서 제1항에 따른 손해보험협회의 차입에 대하여 보증할 수 있다.

제172조(출연금 등의 구분계리)

제168조에 따른 출연금 및 제171조에 따른 차입금은 손해보험협회의 일반예산과 구분하여 계리하여야 한다.

제173조(구상권)

손해보험협회는 보험금을 지급한 경우에는 손해보험회사로부터 출연 받은 금액으로 보험금을 지급하고 남거나 부족한 금액이 있는 경우 또는 구상권의 행사로 수입(收入)한 금액이 있는 경우에는 정산하여야 한다.
보험회사에 대하여 구상권을 가진다.

1　지급불능의 보고

1) 손해보험회사는 「예금자보호법」 제2조 제7호의 사유로 손해보험계약의 제3자에게 보험금을 지급하지 못하게 된 경우에는 즉시 그 사실을 보험협회 중 손해보험회사로 구성된 협회의 장에게 보고하여야 한다.

2) 손해보험회사는 보험업 허가취소 등이 있었던 날부터 3개월 이내에 제3자에 게 보험금을 지급하여야 할 사유가 발생하면 즉시 그 사실을 손해보험협회의 장에게 보고하여야 한다.

2 출연

1) 손해보험회사는 손해보험계약의 제3자에 대한 보험금의 지급을 보장하기 위하여 수입보험료 및 책임준비금을 고려하여 대통령령으로 정하는 비율을 곱한 금액을 손해보험협회에 출연하여야 한다.

2) 손해보험회사는 지급불능 보고를 한 후 출연을 할 수 있다.

3 보험금의 지급

손해보험협회의장은 보고를 받으면 금융위원회의 확인을 거쳐 손해보험계약의 제3자에게 보험금을 지급하여야 한다.

4 자료 제출 요구

손해보험협회의장은 출연금을 산정하고 보험금을 지급하기 위하여 필요한 범위에서 손해보험 회사의 업무 및 자산상황에 관한 자료 제출을 요구 할 수 있다.

5 자금의 차입

1) 손해보험협회는 보험금의 지급을 위하여 필요한 경우에는 정부, 예금보험공사, 그 밖에 대통령령으로 정하는 금융기관으로부터 금융위원회의 승인을 받아 자금을 차입할 수 있다.

2) 손해보험회사는 손해보험회사가 출연하여야 하는 금액의 범위에서 손해보험협회의 차입에 대하여 보증할 수 있다.

6 출연금 등의 회계처리

출연금 및 차입금은 손해보험협회의 일반예산과 구분하여 회계처리 하여야 한다.

7 구상권

손해보험협회는 보험금을 지급한 경우에는 해당 손해보험회사에 대하여 구상권을 가진다.

8 정산

손해보험협회는 손해보험회사로부터 출연 받은 금액으로 보험금을 지급하고 남거나 부족 한 금액이 있는 경우 구상권의 행사로 수입한 금액이 있는 경우에는 정산하여야 한다.

PART 9

보험관계단체

보험협회

제1절 보험협회

제175조(보험협회)

① 보험회사는 상호 간의 업무질서를 유지하고 보험업의 발전에 기여하기 위하여 보험협회를 설립할 수 있다.

② 보험협회는 법인으로 한다.

③ 보험협회는 정관으로 정하는 바에 따라 다음 각 호의 업무를 한다.

  1. 보험회사 간의 건전한 업무질서의 유지

  2. 보험회사등이 지켜야 할 규약의 제정ㆍ개정

  2-1 보험상품의 비교ㆍ공시 업무

  3. 정부로부터 위탁받은 업무

  4. 업무에 부수하는 업무

  5. 그 밖에 대통령령으로 정하는 업무

1) 보험회사는 상호 간의 업무질서를 유지하고 보험업의 발전에 기여하기 위하여 보험협회를 설립할 수 있다.

2) 보험협회는 법인으로 한다.

3) 보험협회는 정관으로 정하는 바에 따라 다음 각 호의 업무를 한다.

  (1) 보험회사 간의 건전한 업무질서의 유지

  (2) 정부로부터 위탁받은 업무

  (3) 보험상품의 비교, 공시 업무

  (4) 그 밖에 대통령령으로 정하는 업무로 다음 각 호의 업무를 말한다.

  ① 보험회사의 경영과 관련된 정보의 수집 및 통계의 작성업무

  ② 차량수리비 실태 점검업무

  ③ 모집 관련 전문자격제도의 운영, 관리 업무

  ④ 보험설계사 및 개인보험대리점의 모집에 관한 경력(금융위원회가 정하여 고시하는 사항으로 한정)의 수집, 관리, 제공에 관한 업무

  ⑤ 보험가입 조회업무 및 금융위원회로부터 허가를 받아 수행하는 신용정보업무

  ⑥ 설립 목적의 범위에서 보험회사, 그 밖의 보험 관계 단체로부터 위탁 받은 업무

  ⑦ 보험회사가 공동으로 출연하여 수행하는 사회 공헌에 관한 업무

제176조(보험요율 산출기관)

① 보험회사는 보험금의 지급에 충당되는 보험료(이하 "순보험료"라 한다)를 결정하기 위한 요율(이하 "순보험요율"이라 한다)을 공정하고 합리적으로 산출하고 보험과 관련된 정보를 효율적으로 관리·이용하기 위하여 금융위원회의 인가를 받아 보험요율 산출기관을 설립할 수 있다.

② 보험요율 산출기관은 법인으로 한다.

③ 보험요율 산출기관은 정관으로 정하는 바에 따라 다음 각 호의 업무를 한다.

　1. 순보험요율의 산출·검증 및 제공

　2. 보험 관련 정보의 수집·제공 및 통계의 작성

　3. 보험에 대한 조사·연구

　4. 설립 목적의 범위에서 정부기관, 보험회사, 그 밖의 보험 관계 단체로부터 위탁받은 업무

　5. 제1호부터 제3호까지의 업무에 딸린 업무

　6. 그 밖에 대통령령으로 정하는 업무

④ 보험요율 산출기관은 보험회사가 적용할 수 있는 순보험요율을 산출하여 금융위원회에 신고할 수 있다.

⑤ 보험요율 산출기관은 순보험요율 산출 등 이 법에서 정하는 업무 수행을 위하여 보험 관련 통계를 체계적으로 통합·집적(集積)하여야 하며 필요한 경우 보험회사에 자료의 제출을 요청할 수 있다. 이 경우 보험회사는 이에 따라야 한다.

⑥ 보험회사가 제4항에 따라 보험요율 산출기관이 신고한 순보험요율을 적용하는 경우에는 순보험료에 대하여 제127조제2항에 따른 변경신고를 한 것으로 본다.

⑦ 보험회사는 이 법에 따라 금융위원회에 제출하는 기초서류를 보험요율 산출기관으로 하여금 확인하게 할 수 있다.

⑧ 보험요율 산출기관은 그 업무와 관련하여 정관으로 정하는 바에 따라 보험회사로부터 수수료를 받을 수 있다.

⑨ 보험요율 산출기관은 보험계약자의 권익을 보호하기 위하여 필요하다고 인정되는 경우에는 다음 각 호의 어느 하나에 해당하는 자료를 공표할 수 있다.

　1. 순보험요율 산출에 관한 자료

　2. 보험 관련 각종 조사·연구 및 통계자료

⑩ 보험요율 산출기관은 순보험요율을 산출하기 위하여 필요한 경우 또는 보험회사의 보험금 지급업무에 필요한 경우에는 음주운전 등 교통법규 위반 또는 운전면허의 효력에 관한 개인정보를 보유하고 있는 기관의 장으로부터 그 정보를 제공받아 보험회사가 보험계약자에게 적용할 순보험료의 산출 또는 보험금 지급업무에 이용하게 할 수 있다. <개정 2014. 1. 14.>

⑪ 보험요율 산출기관은 순보험요율을 산출하기 위하여 필요하면 질병에 관한 통계를 보유하고 있는 기관의 장으로부터 그 질병에 관한 통계를 제공받아 보험회사로 하여금 보험계약자에게 적용할 순보험료의 산출에 이용하게 할 수 있다.

⑫ 보험요율 산출기관은 이 법 또는 다른 법률에 따라 제공받아 보유하는 개인정보를 다음 각 호의 어느 하나에 해당하는 경우 외에는 타인에게 제공할 수 없다.

1. 보험회사의 순보험료 산출에 필요한 경우

1의2. 제10항에 따른 정보를 제공받은 목적대로 보험회사가 이용하게 하기 위하여 필요한 경우

2. 「신용정보의 이용 및 보호에 관한 법률」 제33조 각 호에서 정하는 사유에 따른 경우

3. 정부로부터 위탁받은 업무를 하기 위하여 필요한 경우

4. 이 법에서 정하고 있는 보험요율 산출기관의 업무를 하기 위하여 필요한 경우로서 대통령령으로 정하는 경우

⑬ 보험요율 산출기관이 제10항에 따라 제공받는 개인정보와 제11항에 따라 제공받는 질병에 관한 통계 이용의 범위 · 절차 및 방법 등에 관하여 필요한 사항은 대통령령으로 정한다.

⑭ 보험요율 산출기관이 제12항에 따라 개인정보를 제공하는 절차 · 방법 등에 관하여 필요한 사항은 대통령령으로 정한다.

1. 제1호부터 제3호까지의 업무에 딸린 업무

2. 그 밖에 대통령령으로 정하는 업무

1) 보험회사는 보험금의 지급에 충당되는 보험료를 결정하기 위한 요율을 공정하고 합리적으로 산출하고 보험과 관련된 정보를 효율적으로 관리, 이용하기 위하여 금융위원회의 인가를 받아 보험요율산출기관을 설립 할 수 있다.

2) 보험요율 산출기관은 법인으로 한다.

3) 보험요율 산출기관은 정관으로 정하는 바에 따라 다음 각 호의 업무를 한다.

(1) 순보험요율의 산출, 검증 및 제공

(2) 보험 관련 정보의 수집, 제공 및 통계의 작성

(3) 보험에 대한 조사 . 연구

(4) 설립 목적의 범위에서 정부기관, 보험회사, 그 밖의 보험 관계 단체로부터 위탁받은 업무

(5) 제1호부터 제3호까지의 업무에 딸린 업무

(6) 그 밖에 대통령령으로 정하는 업무로 다음 각 호의 업무를 말한다.

　① 보유정보의 활용을 통한 자동차사고이력 및 자동차 기준가액의 정보 제공 업무

　② 보험회사 등으로부터 제공받은 보험정보 관리를 위한 전산망 운영 업무

　③ 보험 수리에 관한 업무

　④ 법 제125조의 상호협정에 따라 보험회사가 공동으로 인수하는 보험계약 (국내경험의 부족으로 담보위험에 대한 보험요율을 산출 할 수 없는 보험계약은 제외) 에 대한 보험요율의 산출

　⑤ 법 제194조 제4항에 따라 위탁받은 업무

　⑥ 「근로자퇴직급여 보장법」제28조 제2항에 따라 퇴직연금사업자로부터 위탁받은 업무

　⑦ 다른 법령에서 보험요율 산출기관이 할 수 있도록 정하고 있는 업무

4) 보험요율산출기관은 보험회사가 적용 할 수 있는 순보험요율을 산출하여 금융위원회에 신고할 수 있다.

5) 보험요율산출기관은 순보험요율산출 등 이 법에서 정하는 업무수행을 위하여 보험 관련 통계를 체계적으로 통합, 집적하여야 하며 필요한 경우 보험회사에 자료의 제출을 요청할 수 있다. 이 경우 보험회사는 이에 따라야 한다.

6) 보험회사가 제4항에 따라 보험요율 산출기관이 신고한 순보험요율을 적용하는 경우에는 순보험료에 대하여 변경신고를 한 것으로 본다.

7) 보험회사는 이 법에 따라 금융위원회에 제출하는 기초서류를 보험요율 산출기관으로 하여금 확인하게 할 수 있다.

8) 보험요율산출기관은 그 업무와 관련하여 정관으로 정하는 바에 따라 보험회사로부터 수수료를 받을 수 있다.

9) 보험요율산출기관은 보험계약자의 권익을 보호하기 위하여 필요하다고 인정되는 경우에는 다음 각 호의 어느 하나에 해당하는 자료를 공표 할 수 있다.

(1) 순보험요율 산출에 관한 자료

(2) 보험 관련 각종 조사, 연구 및 통계자료

10) 보험요율산출기관은 순보험요율을 산출하기 위하여 필요한 경우 또는 보험회사의 보험금 지급업무에 필요한 경우에는 음주운전 등 교통법규위반 또는 운전면허의 효력에 관한 개인 정보를 보유하고 있는 기관의 장으로부터 그 정보를 제공 받아 보험회사가 보험계약자에게 적용 할 순보험료의 산출 또는 보험금 지급업무에 이용하게 할 수 있다.

11) 보험요율 산출기관은 순보험요율을 산출하기 위하여 필요하면 질병에 관한 통계를 보유 하고 있는 기관의장으로부터 그 질병에 관한 통계를 제공 받아 보험회사로 하여금 보험계약자에게 적용 할 순보험료의 산출에 이용하게 할 수 있다.

12) 보험요율 산출기관은 이 법 또는 다른 법률에 따라 제공받아 보유하는 개인정보를 다음 각 호의 어느 하나에 해당하는 경우 외에는 타인에게 제공할 수 없다.

(1) 보험회사의 순보험료 산출에 필요한 경우

(2) 정부로부터 위탁받은 업무를 하기 위하여 필요한 경우

(3) 이 법에서 정하고 있는 보험요율 산출기관의 업무를 하기 위하여 필요한 경우로서 대통령령으로 정하는 경우

제177조(개인정보이용자의 의무)

제176조제10항에 따라 제공받은 교통법규 위반 또는 운전면허의 효력에 관한 개인정보와 그 밖에 보험계약과 관련하여 보험계약자 등으로부터 제공받은 질병에 관한 개인정보를 이용하여 순보험료의 산출 · 적용 업무 또는 보험금 지급업무에 종사하거나 종사하였던 자는 그 업무상 알게 된 개인정보를 누설하거나 타인에게 이용하도록 제공하는 등 부당한 목적을 위하여 사용하여서는 아니 된다.

제178조(그 밖의 보험 관계 단체)

① 보험설계사, 보험대리점, 보험중개사, 보험계리사, 손해사정사, 그 밖에 보험 관계 업무에 종사하는 자는 공익이나 보험계약자 및 피보험자 등을 보호하고 모집질서를 유지하기 위하여 각각 단체를 설립할 수 있다.

② 제1항에 따른 보험 관계 단체는 법인으로 한다.

③ 제1항에 따른 보험 관계 단체는 정관으로 정하는 바에 따라 다음 각 호의 업무를 한다.

　1. 회원 간의 건전한 업무질서 유지

　2. 회원에 대한 연수 · 교육 업무

　3. 정부 · 금융감독원 또는 보험협회로부터 위탁받은 업무

제179조(감독)

보험협회, 보험요율 산출기관 및 제178조에 따른 보험 관계 단체에 관하여는 제131조제1항 · 제133조 · 제134조 및 제135조를 준용한다.

제180조(「민법」의 준용)

보험협회, 보험요율 산출기관 및 제178조에 따른 보험 관계 단체에 관하여는 이 법 또는 이 법에 따른 명령에 특별한 규정이 없으면 「민법」 중 사단법인에 관한 규정을 준용한다.

보험계리 및 손해사정

제1절 보험계리

제181조(보험계리)

① 보험회사는 보험계리에 관한 업무(기초서류의 내용 및 배당금 계산 등의 정당성 여부를 확인하는 것을 말한다)를 보험계리사를 고용하여 담당하게 하거나, 보험계리를 업으로 하는 자(이하 "보험계리업자"라 한다)에게 위탁하여야 한다.

② 보험회사는 제184조제1항에 따라 보험계리에 관한 업무를 검증하고 확인하는 보험계리사(이하 "선임계리사"라 한다)를 선임하여야 한다.

③ 제1항과 제2항에 따른 보험계리사, 선임계리사 또는 보험계리업자의 구체적인 업무범위와 위탁·선임에 관한 절차는 총리령으로 정한다.

제182조(보험계리사)

① 보험계리사가 되려는 자는 금융감독원장이 실시하는 시험에 합격하고 일정 기간의 실무수습을 마친 후 금융위원회에 등록하여야 한다.

② 제1항에 따른 시험 과목 및 시험 면제와 실무수습 기간 등에 관하여 필요한 사항은 총리령으로 정한다.

제183조(보험계리업)

① 보험계리를 업으로 하려는 자는 금융위원회에 등록하여야 한다.

② 보험계리를 업으로 하려는 법인은 대통령령으로 정하는 수 이상의 보험계리사를 두어야 한다.

③ 제1항에 따른 등록을 하려는 자는 총리령으로 정하는 수수료를 내야 한다.

④ 그 밖에 보험계리업의 등록 및 영업기준 등에 관하여 필요한 사항은 대통령령으로 정한다.

제184조(선임계리사의 의무 등)

① 선임계리사는 기초서류의 내용 및 보험계약에 따른 배당금의 계산 등이 정당한지 여부를 검증하고 확인하여야 한다.

② 선임계리사는 보험회사가 기초서류관리기준을 지키는지를 점검하고 이를 위반하는 경우에는 조사하여 그 결과를 이사회에 보고하여야 하며, 기초서류에 법령을 위반한 내용이 있다고 판단하는 경우에는 금융위원회에 보고하여야 한다.

③ 선임계리사·보험계리사 또는 보험계리업자는 그 업무를 할 때 다음 각 호의 행위를 하여서는 아니 된다.

1. 고의로 진실을 숨기거나 거짓으로 보험계리를 하는 행위
2. 업무상 알게 된 비밀을 누설하는 행위
3. 타인으로 하여금 자기의 명의로 보험계리업무를 하게 하는 행위
4. 그 밖에 공정한 보험계리업무의 수행을 해치는 행위로서 대통령령으로 정하는 행위

1 보험계리

1) 보험회사는 보험계리에 관한업무 (기초서류의 내용 및 배당금계산 등의 정당성여부를 확인하는 것)를 보험계리사를 고용하여 담당하게 하거나, 보험계리를 업으로 하는 자에게 위탁하여야 한다.

2) 보험회사는 보험계리에 관한업무를 검증하고 확인하는 보험계리사를 선임하여야 한다.

3) 보험계리사, 선임계리사 또는 보험계리업자의 구체적인 업무범위와 위탁, 선임에 관한 절차는 총리령으로 정한다.

2 보험계리사

1) 보험계리사가 되려는 자는 금융감독원장이 실시하는 시험에 합격하고 일정 기간의 실무수습을 마친 후 금융위원회에 등록하여야 한다.

2) 시험과목 및 시험면제와 실무수습기간 등에 관하여 필요한 사항은 총리령으로 정한다.

3 보험계리업

1) 보험계리를 업으로 하려는 자는 금융위원회에 등록하여야 한다.

2) 보험계리를 업으로 하려는 법인은 대통령령으로 정하는 수 (2명 이상의 상근 보험계리사) 이상의 보험계리사를 두어야 한다.

3) 제1항에 따른 등록을 하려는 자는 총리령으로 정하는 수수료를 내야 한다.

4) 그 밖에 보험계리업의 등록 및 영업기준 등에 관하여 필요한 사항은 대통령령으로 정한다.

4 선임계리사의 의무 등

1) 선임계리사는 기초서류의 내용 및 보험계약에 따른 배당금의 계산 등이 정당한지 여부를 검증하고 확인하여야 한다.

2) 선임계리사는 보험회사가 기초서류관리기준을 지키는지를 점검하고 이를 위반하는 경우에는 조사하여 그 결과를 이사회에 보고하여야 하며, 기초서류에 법령을 위반한 내용이 있다고 판단하는 경우에는 금융위원회에 보고하여야 한다.

3) 선임계리사, 보험계리사 또는 보험계리업자는 그 업무를 할 때 다음 각 호의 행위를 하여서는 아니 된다.

   (1) 고의로 진실을 숨기거나 거짓으로 보험계리를 하는 행위

   (2) 업무상 알게 된 비밀을 누설하는 행위

   (3) 타인으로 하여금 자기의 명의로 보험계리업무를 하게 하는 행위

   (4) 그 밖에 공정한 보험계리업무의 수행을 해치는 행위로서 대통령령으로 정하는 행위

4) 보험회사가 선임계리사를 선임한 경우에는 그 선임일이 속한 사업연도의 다음 사업연도부터 연속하는 3개사업연도가 끝나는 날까지 그 선임계리사를 해임 할 수 없다. 다만, 다음 각 호의 어느 하나에 해당하는 경우에는 그러하지 아니하다.

   (1) 선임계리사가 회사의 기밀을 누설한 경우

   (2) 선임계리사가 그 업무를 게을리하여 회사에 손해를 발생하게 한 경우

   (3) 선임계리사가 계리업무와 관련하여 부당한 요구를 하거나 압력을 행사한 경우

   (4) 제192조에 따른 금융위원회의 해임 요구가 있는 경우

5) 금융위원회는 선임계리사에게 그 업무범위에 속하는 사항에 관하여 의견을 제출하게 할 수 있다.

5 선임계리사의 임면 등(제181조의2)

① 보험회사가 선임계리사를 선임하려는 경우에는 이사회의 의결을 거쳐 선임계리사의 선임 후에 금융위원회에 보고하여야 하고, 선임계리사를 해임하려는 경우에는 선임계리사의 해임 전에 이사회의 의결을 거쳐 금융위원회에 신고하여야 한다. 다만, 외국보험회사의 국내지점의 경우에는 이사회의 의결을 거치지 아니할 수 있다.

② 보험회사는 다른 보험회사의 선임계리사를 해당 보험회사의 선임계리사로 선임할 수 없다.

③ 보험회사는 제1항에 따른 선임계리사의 해임 신고를 할 때 그 해임사유를 제출하여야 하며, 금융위원회는 해임사유에 대하여 해당 선임계리사의 의견을 들을 수 있다.

④ 보험회사는 선임계리사가 제192조제1항에 따라 업무정지명령을 받은 경우에는 업무정지 기간 중 그 업무를 대행할 사람을 선임하여 금융위원회에 보고하여야 한다.

⑤ 그 밖에 보험회사의 선임계리사의 임면 등에 관하여 필요한 사항은 총리령으로 정한다.

제185조(손해사정)

대통령령으로 정하는 보험회사는 손해사정사를 고용하여 보험사고에 따른 손해액 및 보험금의 사정(이하 "손해사정"이라한다)에 관한 업무를 담당하게 하거나 손해사정사 또는 손해사정을 업으로 하는 자(이하 "손해사정업자"라 한다)를 선임하여 그 업무를 위탁하여야 한다. 다만, 보험사고가 외국에서 발생하거나 보험계약자 등이 금융위원회가 정하는 기준에 따라 손해사정사를 따로 선임한 경우에는 그러하지 아니하다.

제186조(손해사정사)

① 손해사정사가 되려는 자는 금융감독원장이 실시하는 시험에 합격하고 일정 기간의 실무수습을 마친 후 금융위원회에 등록하여야 한다.

② 제1항에 따른 손해사정사의 등록, 시험 과목 및 시험 면제와 실무수습 기간 등에 관하여 필요한 사항은 총리령으로 정한다.

③ 손해사정사는 금융위원회가 정하는 바에 따라 업무와 관련된 보조인을 둘 수 있다.

제187조(손해사정업)

① 손해사정을 업으로 하려는 자는 금융위원회에 등록하여야 한다.

② 손해사정을 업으로 하려는 법인은 대통령령으로 정하는 수 이상의 손해사정사를 두어야 한다.

③ 제1항에 따른 등록을 하려는 자는 총리령으로 정하는 수수료를 내야 한다.

④ 그 밖에 손해사정업의 등록 및 영업기준 등에 관하여 필요한 사항은 대통령령으로 정한다.

제188조(손해사정사 등의 업무)

손해사정사 또는 손해사정업자의 업무는 다음 각 호와 같다.

1. 손해 발생 사실의 확인
2. 보험약관 및 관계 법규 적용의 적정성 판단
3. 손해액 및 보험금의 사정
4. 제1호부터 제3호까지의 업무와 관련된 서류의 작성ㆍ제출의 대행
5. 제1호부터 제3호까지의 업무 수행과 관련된 보험회사에 대한 의견의 진술

제189조(손해사정사의 의무 등)

① 보험회사로부터 손해사정업무를 위탁받은 손해사정사 또는 손해사정업자는 손해사정업무를 수행한 후 지체 없이 손해사정서를 보험회사에 내 주고, 그 중요한 내용을 알려주어야 한다.

② 보험계약자 등이 선임한 손해사정사 또는 손해사정업자는 손해사정업무를 수행한 후 지체 없이 보험회사 및 보험계약자 등에 대하여 손해사정서를 내어 주고, 그 중요한 내용을 알려주어야 한다.

③ 손해사정사 또는 손해사정업자는 손해사정업무를 수행할 때 보험계약자, 그 밖의 이해관계자들의 이익을 부당하게 침해하여서는 아니 되며, 다음 각 호의 행위를 하여서는 아니 된다.

1. 고의로 진실을 숨기거나 거짓으로 손해사정을 하는 행위
2. 업무상 알게 된 보험계약자 등에 관한 개인정보를 누설하는 행위
3. 타인으로 하여금 자기의 명의로 손해사정업무를 하게 하는 행위
4. 정당한 사유 없이 손해사정업무를 지연하거나 충분한 조사를 하지 아니하고 손해액 또는 보험금을 산정하는 행위
5. 보험회사 및 보험계약자 등에 대하여 이미 제출받은 서류와 중복되는 서류나 손해사정과 관련이 없는 서류를 요청함으로써 손해사정을 지연하는 행위
6. 그 밖에 공정한 손해사정업무의 수행을 해치는 행위로서 대통령령으로 정하는 행위

1 손해사정

대통령령으로 정하는 보험회사는 손해사정사를 고용하여 보험사고에 따른 손해액 및 보험금의 사정(이하 "손해사정"이라 한다)에 관한 업무를 담당하게 하거나 손해사정사 또는 손해사정을 업으로 하는 자(이하 "손해사정업자"라 한다)를 선임하여 그 업무를 위탁하여야 한다. 다만, 보험사고가 외국에서 발생하거나 보험계약자 등이 금융위원회가 정하는 기준에 따라 손해사정사를 따로 선임한 경우에는 그러하지 아니하다.

2 손해사정사

1) 손해사정사가 되려는 자는 금융감독원장이 실시하는 시험에 합격하고 일정기간의 실무수습을 마친 후 금융위원회에 등록하여야 한다.
2) 제1항에 따른 손해사정사의 등록, 시험 과목 및 시험 면제와 실무수습 기간 등에 관하여 필요한 사항은 총리령으로 정한다.
3) 손해사정사는 금융위원회가 정하는 바에 따라 업무와 관련된 보조인을 둘 수 있다.

3 손해사정업

1) 손해사정을 업으로 하려는 자는 금융위원회에 등록하여야 한다.
2) 손해사정을 업으로 하려는 법인은 대통령령으로 정하는 수 이상의 손해사정사를 두어야 한다.
3) 제1항에 따른 등록을 하려는 자는 총리령으로 정하는 수수료를 내야 한다.
4) 그 밖에 손해사정업의 등록 및 영업기준 등에 관하여 필요한 사항은 대통령령으로 정한다.

4 손해사정사 등의 업무

손해사정사 또는 손해사정업자의 업무는 다음 각 호와 같다.

1) 손해 발생 사실의 확인

2) 보험약관 및 관계 법규 적용의 적정성 판단

3) 손해액 및 보험금의 사정

4) 제1호부터 제3호까지의 업무와 관련된 서류의 작성·제출의 대행

5) 제1호부터 제3호까지의 업무 수행과 관련된 보험회사에 대한 의견의 진술

5 손해사정사의 의무 등

1) 보험회사로부터 손해사정업무를 위탁받은 손해사정사 또는 손해사정업자는 손해사정업무를 수행 한 후 지체 없이 손해사정서를 보험회사에 내어 주고, 그 중요한 내용을 알려주어야 한다.

2) 보험계약자 등이 선임한 손해사정사 또는 손해사정업자는 손해사정업무를 수행한 후 지체 없이 보험회사 및 보험계약자 등에 대하여 손해사정서를 내어 주고, 그 중요한 내용을 알려주어야 한다.

3) 손해사정사 또는 손해사정업자는 손해사정업무를 수행 할 때 보험계약자, 그 밖의 이해관계자들의 이익을 부당하게 침해하여서는 아니되며, 다음 각 호의 행위를 하여서는 아니 된다.

(1) 고의로 진실을 숨기거나 거짓으로 손해사정을 하는 행위

(2) 업무상 알게 된 보험계약자 등에 관한 개인정보를 누설하는 행위

(3) 타인으로 하여금 자기의 명의로 손해사정업무를 하게 하는 행위

(4) 정당한 사유 없이 손해사정업무를 지연하거나 충분한 조사를 하지 아니하고 손해액 또는 보험금을 산정하는 행위

(5) 보험회사 및 보험계약자 등에 대하여 이미 제출 받은 서류와 중복되는 서류나 손해사정과 관련이 없는 서류를 요청함으로써 손해사정을 지연하는 행위

(6) 그 밖에 공정한 손해사정업무의 수행을 해치는 행위로서 대통령령으로 정하는 행위

제3절　등록의 취소, 감독

제191조(손해배상의 보장)

금융위원회는 보험계리업자 또는 손해사정업자가 그 업무를 할 때 고의 또는 과실로 타인에게 손해를 발생하게 한 경우 그 손해의 배상을 보장하기 위하여 보험계리업자 또는 손해사정업자에게 금융위원회가 지정하는 기관에의 자산 예탁, 보험 가입, 그 밖에 필요한 조치를 하게 할 수 있다.

제192조(감독)

① 금융위원회는 보험계리사 · 선임계리사 · 보험계리업자 · 손해사정사 또는 손해사정업자가 그 직무를 게을리하거나 직무를 수행하면서 부적절한 행위를 하였디고 인정되는 경우에는 6개월 이내의 기간을 정하여 업무의 정지를 명하거나 해임하게 할 수 있다.

② 보험계리업자 및 손해사정업자에 관하여는 제131조제1항 · 제133조 및 제134조제1항을 준용한다. 이 경우 "보험회사" 는 각각 "보험계리업자", "손해사정업자"로 본다.

보칙

제1절 공제에 대한 협의

제193조(공제에 대한 협의)

① 금융위원회는 법률에 따라 운영되는 공제업과 이 법에 따른 보험업 간의 균형 있는 발전을 위하여 필요하다고 인정하는 경우에는 그 공제업을 운영하는 자에게 기초서류에 해당하는 사항에 관한 협의를 요구할 수 있다.

② 제1항의 요구를 받은 자는 정당한 사유가 없으면 그 요구에 따라야 한다.

제2절 업무의 위탁

제194조(업무의 위탁)

① 다음 각 호의 업무는 보험협회에 위탁한다.
   1. 제84조에 따른 보험설계사의 등록업무
   2. 제87조에 따른 보험대리점의 등록업무

② 다음 각 호의 업무는 금융감독원장에게 위탁한다.
   1. 제89조에 따른 보험중개사의 등록업무
   2. 제182조에 따른 보험계리사의 등록업무
   3. 제183조에 따른 보험계리를 업으로 하려는 자의 등록업무
   4. 제186조에 따른 손해사정사의 등록업무
   5. 제187조에 따른 손해사정을 업으로 하려는 자의 등록업무

③ 금융위원회는 이 법에 따른 업무의 일부를 대통령령으로 정하는 바에 따라 금융감독원장에게 위탁할 수 있다.

④ 금융감독원장은 이 법에 따른 업무의 일부를 대통령령으로 정하는 바에 따라 보험협회의 장, 보험요율 산출기관의 장 또는 제178조에 따른 보험 관계 단체의 장, 자격검정 등을 목적으로 설립된 기관에 위탁할 수 있다.

제195조(허가 등의 공고)

① 금융위원회는 제4조제1항에 따른 허가를 하거나 제74조제1항 또는 제134조제2항에 따라 허가를 취소한 경우에는 지체 없이 그 내용을 관보에 공고하고 인터넷 홈페이지 등을 이용하여 일반인에게 알려야 한다.

② 금융위원회는 다음 각 호의 사항을 인터넷 홈페이지 등을 이용하여 일반인에게 알려야 한다.
   1. 제4조에 따라 허가받은 보험회사
   2. 제12조에 따라 설치된 국내사무소
   3. 제125조에 따라 인가된 상호협정

③ 금융감독원장은 다음 각 호의 사항을 인터넷 홈페이지 등을 이용하여 일반인에게 알려야 한다.

　1. 제89조에 따라 등록된 보험중개사

　2. 제182조에 따라 등록된 보험계리사 및 제183조에 따라 등록된 보험계리업자

　3. 제186조에 따라 등록된 손해사정사 및 제187조에 따라 등록된 손해사정업자

④ 보험협회는 제87조에 따라 등록된 보험대리점을 인터넷 홈페이지 등을 이용하여 일반인에게 알려야 한다.

1 　업무의 위탁

1. 보험협회에 위탁

다음 각 호의 업무는 보험협회에 위탁한다.

(1) 제84조에 따른 보험설계사의 등록업무

(2) 제87조에 따른 보험대리점의 등록업무

2. 금융감독원장에게 위탁

다음 각 호의 업무는 금융감독원장에게 위탁한다.

(1) 보험중개사의 등록업무

(2) 보험계리사의 등록업무

(3) 보험계리를 업으로 하려는 자의 등록업무

(4) 손해사정사의 등록업무

(5) 손해사정을 업으로 하려는 자의 등록업무

3. 금융위원회의 위탁

금융위원회는 이 법에 따른 업무의 일부를 대통령령으로 정하는 바에 따라 금융감독원장에게 위탁할 수 있다.

4. 금융감독원장 업무의 위탁

금융감독원장은 이 법에 따른 업무의 일부를 대통령령으로 정하는 바에 따라 보험협회의장,

보험요율산출기관의장 또는 보험관계 단체의장, 자격검정 등을 목적으로 설립된 기관에 위탁할 수 있다.

과징금

제196조(과징금)

① 다음을 위반한 경우에는 다음 각 호의 구분에 따라 과징금을 부과할 수 있다.

1. 제95조의4제1항부터 제3항까지를 위반하여 광고하는 경우: 해당 보험계약의 연간 수입보험료의 100분의 20 이하

2. 제98조를 위반하여 특별이익을 제공하거나 제공하기로 약속하는 경우: 특별이익의 제공 대상이 된 해당 보험계약의 연간 수입보험료의 100분의 50 이하

3. 제99조제1항을 위반하여 모집을 할 수 있는 자 이외의 자에게 모집을 위탁한 경우: 해당 보험계약의 수입보험료의 100분의 20 이하

4. 제106조제1항제1호부터 제3호까지의 규정에 따른 신용공여 등의 한도를 초과한 경우: 초과한 신용공여액 등의 100분의 10 이하

5. 제106조제1항제5호에 따른 신용공여의 한도를 초과한 경우: 초과한 신용공여액의 100분의 20 이하

6. 제106조제1항제6호에 따른 채권 또는 주식의 소유한도를 초과한 경우: 초과 소유한 채권 또는 주식의 장부가액 합계액의 100분의 20 이하

7. 제111조제1항을 위반하여 신용공여를 하거나 자산의 매매 또는 교환 등을 한 경우: 해당 신용공여액 또는 해당 자산의 장부가액의 100분의 20 이하

8. 제127조를 위반한 경우: 해당 보험계약의 연간 수입보험료의 100분의 20 이하

9. 제127조의3을 위반한 경우: 해당 보험계약의 연간 수입보험료의 100분의 20 이하

10. 제128조의3을 위반하여 기초서류를 작성·변경한 경우: 해당 보험계약의 연간 수입보험료의 100분의 20 이하

11. 제131조제2항 및 제4항에 따라 금융위원회로부터 기초서류의 변경·사용중지 명령 또는 보험료환급·보험금증액 명령을 받은 경우: 해당 보험계약의 연간 수입보험료의 100분의 20 이하

② 금융위원회는 보험회사의 소속 임직원 또는 소속 보험설계사가 제95조의2·제96조제1항·제97조제1항을 위반한 경우에는 그 보험회사에 대하여 해당 보험계약의 수입보험료의 100분의 20 이하의 범위에서 과징금을 부과할 수 있다. 다만, 보험회사가 그 위반행위를 막기 위하여 해당 업무에 관하여 상당한 주의와 감독을 게을리하지 아니한 경우에는 그러하지 아니하다.

③ 제98조, 제106조제1항제1호부터 제3호까지·제5호·제6호 또는 제111조제1항을 위반한 자에게는 정상(情狀)에 따라 제200조 또는 제202조에 따른 벌칙과 제1항에 따른 과징금을 병과(倂科)할 수 있다.

④ 제1항부터 제3항까지의 규정에 따른 과징금의 부과 및 징수 절차 등에 관하여는 「은행법」 제65조의4부터 제65조의8까지의 규정을 준용한다.

제197조(벌칙)

① 보험계리사, 손해사정사 또는 상호회사의 발기인, 제70조제1항에서 준용하는 「상법」 제175조제1항에 따른 설립위원·이사·감사, 제59조에서 준용하는 「상법」 제386조제2항 및 제407조제1항에 따른 직무대행자나 지배인, 그 밖에 사업에 관하여 어떠한 종류의 사항이나 특정한 사항을 위임받은 사용인이 그 임무를 위반하여 재산상의 이익을 취득하거나 제3자로 하여금 취득하게 하여 보험회사에 재산상의 손해를 입힌 경우에는 10년 이하의 징역 또는 5천만원 이하의 벌금에 처한다.

② 상호회사의 청산인 또는 제73조에서 준용하는 「상법」 제386조제2항 및 제407조제1항에 따른 직무대행자가 제1항에 열거된 행위를 한 경우에도 제1항과 같다.

제198조(벌칙)

제25조제1항 또는 제54조제1항의 기관을 구성하는 자가 그 임무를 위반하여 재산상의 이익을 취득하거나 제3자로 하여금 취득하게 하여 보험계약자나 사원에게 손해를 입힌 경우에는 7년 이하의 징역 또는 4천만원 이하의 벌금에 처한다.

제199조(벌칙)

제197조제1항에 열거된 자 또는 상호회사의 검사인이 다음 각 호의 어느 하나에 해당하는 행위를 한 경우에는 7년 이하의 징역 또는 4천만원 이하의 벌금에 처한다.

1. 상호회사를 설립하면서 사원의 수, 기금총액의 인수, 기금의 납입 또는 제34조제4호부터 제6호까지 및 제9호와 제38조제2항제3호 및 제5호에 열거된 사항에 관하여 법원 또는 총회에 보고를 부실하게 하거나 사실을 숨긴 경우
2. 명의에 관계없이 보험회사의 계산으로 부정하게 그 주식을 취득하거나 질권의 목적으로 받은 경우
3. 법령 또는 정관을 위반하여 기금의 상각, 기금이자의 지급 또는 이익이나 잉여금의 배당을 한 경우
4. 보험업을 하기 위한 목적 이외의 투기거래를 위하여 보험회사의 자산을 처분한 경우

제200조(벌칙)

다음 각 호의 어느 하나에 해당하는 자는 5년 이하의 징역 또는 3천만원 이하의 벌금에 처한다.

1. 제4조제1항을 위반한 자
2. 제106조제1항제4호 및 제5호를 위반하여 신용공여를 한 자
3. 제106조제1항제6호를 위반하여 채권 및 주식을 소유한 자
4. 제111조제1항을 위반하여 같은 항 각 호의 어느 하나에 해당하는 행위를 한 자
5. 제111조제5항을 위반하여 같은 항 각 호의 어느 하나에 해당하는 행위를 한 대주주 또는 그의 특수관계인

제201조(벌칙)

① 제197조 및 제198조에 열거된 자 또는 상호회사의 검사인이 그 직무에 관하여 부정한 청탁을 받고 재산상의 이익을 수수·요구 또는 약속한 경우에는 5년 이하의 징역 또는 3천만원 이하의 벌금에 처한다.

② 제1항의 이익을 약속 또는 공여(供與)하거나 공여 의사를 표시한 자도 제1항과 같다.

제202조(벌칙)

다음 각 호의 어느 하나에 해당하는 자는 3년 이하의 징역 또는 2천만원 이하의 벌금에 처한다.

1. 제98조에서 규정한 금품 등을 제공(같은 조 제3호의 경우에는 보험금액 지급의 약속을 말한다)한 자 또는 이를 요구하여 수수(收受)한 보험계약자 또는 피보험자
2. 제183조제1항 또는 제187조제1항에 따른 등록을 하지 아니하고 보험계리업 또는 손해사정업을 한 자
3. 거짓이나 그 밖의 부정한 방법으로 제183조제1항 또는 제187조제1항에 따른 등록을 한 자

제203조(벌칙)

① 다음 각 호의 사항에 관하여 부정한 청탁을 받고 재산상의 이익을 수수·요구 또는 약속한 자는 1년 이하의 징역 또는 1천만원 이하의 벌금에 처한다.

  1. 보험계약자총회, 상호회사의 창립총회 또는 사원총회에서의 발언이나 의결권 행사
  2. 제3장제2절·제3절 및 제8장제2절에서 규정하는 소(訴)의 제기 또는 자본금의 100분의 5 이상에 상당하는 주주 또는 100분의 5 이상의 사원의 권리의 행사

② 제1항의 이익을 약속 또는 공여하거나 공여 의사를 표시한 자도 제1항과 같다.

제204조(벌칙)

① 다음 각 호의 어느 하나에 해당하는 자는 1년 이하의 징역 또는 1천만원 이하의 벌금에 처한다.

  1. 제83조제1항을 위반하여 모집을 한 자
  2. 거짓이나 그 밖의 부정한 방법으로 보험설계사·보험대리점 또는 보험중개사의 등록을 한 자
  3. 제86조제2항, 제88조제2항, 제90조제2항에 따른 업무정지의 명령을 위반하여 모집을 한 자
  4. 제120조제1항을 위반하여 고의로 책임준비금이나 비상위험준비금을 과소 또는 과다하게 계상한 자
  5. 제150조를 위반한 자
  6. 제181조제1항 및 제184조제1항을 위반하여 정당한 사유 없이 확인을 하지 아니하거나 부정한 확인을 한 보험계리사 및 선임계리사
  7. 제184조제3항제1호를 위반한 선임계리사 및 보험계리사
  8. 제189조제3항제1호를 위반한 손해사정사

② 보험계리사나 손해사정사에게 제1항제7호부터 제8호까지의 규정에 따른 행위를 하게 하거나 이를 방조한 자는 정범에 준하여 처벌한다.

제205조(미수범)

제197조 및 제198조의 미수범은 처벌한다.

제206조(병과)

제197조부터 제205조까지에 규정된 죄를 범한 자에게는 정상에 따라 징역과 벌금을 병과할 수 있다.

제207조(몰수)

제201조 및 제203조의 경우 범인이 수수하였거나 공여하려 한 이익은 몰수한다. 그 전부 또는 일부를 몰수할 수 없는 경우에는 그 가액(價額)을 추징한다.

① 법인(법인이 아닌 사단 또는 재단으로서 대표자 또는 관리인이 있는 것을 포함한다. 이하 이 항에서 같다)의 대표자나 법인 또는 개인의 대리인, 사용인, 그 밖의 종업원이 그 법인 또는 개인의 업무에 관하여 제200조, 제202조 또는 제204조의 어느 하나에 해당하는 위반행위를 하면 그 행위자를 벌하는 외에 그 법인 또는 개인에게도 해당 조문의 벌금형을 과(科)한다. 다만, 법인 또는 개인이 그 위반행위를 방지하기 위하여 해당 업무에 관하여 상당한 주의와 감독을 게을리하지 아니한 경우에는 그러하지 아니하다.

② 제1항에 따라 법인이 아닌 사단 또는 재단에 대하여 벌금형을 과하는 경우에는 그 대표자 또는 관리인이 그 소송행위에 관하여 그 사단 또는 재단을 대표하는 법인을 피고인으로 하는 경우의 형사소송에 관한 법률을 준용한다.

제209조(과태료)

① 보험회사가 다음 각 호의 어느 하나에 해당하는 경우에는 5천만원 이하의 과태료를 부과한다.

　　1. 제10조 또는 제11조를 위반하여 다른 업무 등을 겸영한 경우

　　2. 보험회사 소속 임직원 또는 보험설계사가 제99조제2항을 위반한 경우 해당 보험회사. 다만, 보험회사가 그 위반행위를 방지하기 위하여 해당 업무에 관하여 상당한 주의와 감독을 게을리하지 아니한 경우는 제외한다.

　　3. 제106조제1항제7호부터 제10호까지의 규정을 위반한 경우

　　4. 제109조를 위반하여 다른 회사의 주식을 소유한 경우

　　5의3. 제111조제4항을 위반하여 금융위원회에 보고하지 아니하거나 공시하지 아니한 경우

　　6. 제113조를 위반한 경우

　　7. 제116조를 위반한 경우

　　8. 제118조를 위반하여 재무제표 등을 기한까지 제출하지 아니하거나 사실과 다르게 작성된 재무제표 등을 제출한 경우

　　9. 제124조제1항을 위반하여 공시하지 아니한 경우

　　10. 제124조제4항을 위반하여 정보를 제공하지 아니하거나 부실한 정보를 제공한 경우

　　11. 제128조의2를 위반한 경우

　　12. 제131조제1항·제2항 및 제4항에 따른 명령을 위반한 경우

　　13. 제133조에 따른 검사를 거부·방해 또는 기피한 경우

② 보험회사의 발기인·설립위원·이사·감사·검사인·청산인, 「상법」 제386조제2항 및 제407조제1항에 따른 직무대행자(제59조 및 제73조에서 준용하는 경우를 포함한다) 또는 지배인이 다음 각 호의 어느 하나에 해당하는 행위를 한 경우에는 2천만원 이하의 과태료를 부과한다.

　　1. 보험회사가 제10조 또는 제11조를 위반하여 다른 업무 등을 겸영한 경우

　　2. 제14조를 위반하여 다른 영리법인의 상무에 종사한 경우

　　3. 제18조를 위반하여 자본감소의 절차를 밟은 경우

　　4. 관청·총회 또는 제25조제1항 및 제54조제1항의 기관에 보고를 부실하게 하거나 진실을 숨긴 경우

　　5. 제38조제2항을 위반하여 입사청약서를 작성하지 아니하거나 입사청약서에 적을 사항을 적지 아니하거나 부실하게 적은 경우

　　6. 정관·사원명부·의사록·자산목록·대차대조표·사업계획서·사무보고서·결산보고서, 제44조에서 준용하는 「상법」 제29조제1항의 장부에 적을 사항을 적지 아니하거나 부실하게 적은 경우

　　7. 제57조제1항(제73조에서 준용하는 경우를 포함한다)이나 제64조 및 제73조에서 준용하는 「상법」 제448조제1항을 위반하여 서류를 비치하지 아니한 경우

　　8. 사원총회 또는 제54조제1항의 기관을 제59조에서 준용하는 「상법」 제364조를 위반하여 소집하거나 정관으로 정한 지역 이외의 지역에서 소집하거나 제59조에서 준용하는 「상법」 제365조제1항을 위반하여 소집하지 아니한 경우

9. 제60조 또는 제62조를 위반하여 준비금을 적립하지 아니하거나 준비금을 사용한 경우

10. 제69조를 위반하여 해산절차를 밟은 경우

11. 제72조 또는 정관을 위반하여 보험회사의 자산을 처분하거나 그 남은 자산을 배분한 경우

12. 제73조에서 준용하는 「상법」 제254조를 위반하여 파산선고의 신청을 게을리한 경우

13. 청산의 종결을 지연시킬 목적으로 제73조에서 준용하는 「상법」 제535조제1항의 기간을 부당하게 정한 경우

14. 제73조에서 준용하는 「상법」 제536조를 위반하여 채무를 변제한 경우

15. 제79조제2항에서 준용하는 「상법」 제619조 또는 제620조를 위반한 경우

16. 제85조제1항을 위반한 경우

17. 보험회사가 제95조를 위반한 경우

18. 보험회사의 임직원이 제95조의2 · 제95조의4 · 제97조를 위반한 경우

19. 보험회사가 제96조를 위반한 경우

20. 제106조제1항제4호 또는 제7호부터 제10호까지의 규정을 위반하여 자산운용을 한 경우

21. 제118조를 위반하여 재무제표 등의 제출기한을 지키지 아니하거나 사실과 다르게 작성된 재무제표 등을 제출한 경우

22. 제119조를 위반하여 서류의 비치나 열람의 제공을 하지 아니한 경우

23. 제120조제1항을 위반하여 책임준비금 또는 비상위험준비금을 계상하지 아니하거나 장부에 기재하지 아니한 경우

24. 제124조제1항을 위반하여 공시하지 아니한 경우

25. 제124조제4항을 위반하여 정보를 제공하지 아니하거나 부실한 정보를 제공한 경우

26. 제125조를 위반한 경우

27. 제126조를 위반하여 정관변경을 보고하지 아니한 경우

28. 제127조를 위반한 경우

29. 보험회사가 제127조의3을 위반한 경우

30. 보험회사가 제128조의2를 위반한 경우

31. 보험회사가 제128조의3을 위반하여 기초서류를 작성 · 변경한 경우

32. 제130조를 위반하여 보고하지 아니한 경우

33. 제131조에 따른 명령을 위반한 경우

34. 제133조에 따른 검사를 거부 · 방해 또는 기피한 경우

35. 금융위원회가 선임한 청산인 또는 법원이 선임한 관리인이나 청산인에게 사무를 인계하지 아니한 경우

36. 제141조를 위반하여 보험계약의 이전절차를 밟은 경우

37. 제142조를 위반하여 보험계약을 하거나 제144조(제152조제2항에서 준용하는 경우를 포함한다)를 위반하여
    자산을 처분하거나 채무를 부담할 행위를 한 경우

38. 제151조제1항 · 제2항, 제153조제3항 또는 제70조제1항에서 준용하는 「상법」 제232조를 위반하여 합병절차를
    밟은 경우

39. 이 법에 따른 등기를 게을리한 경우

40. 이 법 또는 정관에서 정한 이사 · 감사 또는 보험계리사에 결원이 생긴 경우에 그 선임절차를 게을리한 경우

③ 다음 각 호의 어느 하나에 해당하는 자에게는 1천만원 이하의 과태료를 부과한다.

  1. 보험대리점 · 보험중개사 소속 보험설계사가 제95조의2 · 제95조의4 · 제96조제1항 · 제97조제1항 · 제99조제2항
    및 제3항을 위반한 경우 해당 보험대리점 · 보험중개사. 다만, 보험대리점 · 보험중개사가 그 위반행위를 방지하기
    위하여 해당 업무에 관하여 상당한 주의와 감독을 게을리하지 아니한 경우는 제외한다.

  2. 제95조의4를 위반한 자

3. 제96조제1항을 위반한 자

4. 제97조제1항을 위반한 자

5. 제99조제2항 및 제3항을 위반한 자

5의2. 제102조의5제1항을 위반한 자

6. 제112조에 따른 자료 제출을 거부한 자

7. 제124조제5항을 위반하여 비교 · 공시한 자

8. 제131조제1항을 준용하는 제132조 · 제179조 · 제192조제2항, 제133조제1항을 준용하는
   제136조 · 제179조 · 제192조제2항 및 제192조제1항에 따른 명령을 위반한 자

9. 제133조제3항을 준용하는 제136조 · 제179조 및 제192조제2항에 따른 검사를 거부 · 방해 또는 기피한 자

10. 제133조제3항을 준용하는 제136조 · 제179조 · 제192조제2항에 따른 요구에 응하지 아니한 지

11. 제162조제2항에 따른 요구를 정당한 사유 없이 거부 · 방해 또는 기피한 자

④ 제91조제1항에 따른 금융기관보험대리점등 또는 금융기관보험대리점등이 되려는 자가 제83조제2항 또는 제100조를
   위반한 경우에는 5천만원 이하의 과태료를 부과한다.

⑤ 제1항부터 제4항까지의 과태료는 대통령령으로 정하는 바에 따라 금융위원회가 부과 · 징수한다.

1 개정안

보험회사 소속 임직원이 제101조의2제3항을 위반한 경우 해당 보험회사. 다만, 보험회사가 그 위반행위를
방지하기 위하여 해당 업무에 관하여 상당한 주의와 감독을 게을리하지 아니한 경우는 제외한다.

2 개정전

임직원 및 보험설계사에서 보험설계사가 삭제됨

부록

보험업법 제101조의2 제3항

보험회사 임직원의 제3자에 대한 모집위탁에 관하여는 「금융소비자 보호에 관한 법률」 제25조제1항 각 호 외의 부분 및 같은
항 제2호를 준용한다. 이 경우 "금융상품판매대리·중개업자는"은 "보험회사 임직원은"으로, "금융상품판매대리·중개업자가
대리·중개하는 업무"는 "보험회사 임직원의 모집 업무"로 한다.

제 3과목

손해사정이론

PART 1

CHAPTER 01

리스크와 리스크 관리

제1절　리스크 개념

1　리스크의 정의

☞ 리스크의 개념은 '경제적 이윤의 원천'을 리스크 부담의 대가로 설명한다.

가. 보험에서의 리스크 : 일반적으로 손실의 기회 또는 가능성, 손실의 불확실성(uncertainty of loss), 손해에 관한 무지, 예상결과와 실제결과와의 차이

나. 리스크(risk) → 위험 → hazard(위태) 와 peril(손인) 이 있다.

다. hazard : 손해발생의 가능성(빈도, 심도), 위태, 객관적이며 경제적 손해의 발생가능성을 말한다.

라. peril : 손해를 발생케 하는 원인인 우연한 사고(위험)를 말한다.

2　리스크의 기대값

가. 불확실성은 예상되는 기댓값(평균값)과 실제값의 차이이다.

나. 리스크는 실제값과 기댓값의 거리의 정도(산포도)를 의미하는 분산(variance) 또는 표준편차(standard deviation)로 주로 측정된다.

다. 평균값(average)은 모든 값의 합을 자료의 수로 나누어 구한 값. 즉, 산술평균을 의미한다.

라. 편차(deviation)는 평균과의 차이이며, 표준편차도 평균과 같이 편차들을 대표하는 한 개의 값이다. 편차가 여러 개가 있으면 모든 편차들을 생각하기보다는 어떤 한 개의 값을 생각하는 것이 편리하기 때문에 표준편차를 구한다.

　　☞ 확률변수 표에서 기댓값을 뺀 값이 편차이다.

마. 분산은 이 편차의 제곱의 기댓값이다. 편차는 평균에 대해 양수와 음수가 공존하므로 이 모든 편차를 더할 경우 반드시 0이 나오게 된다. 그러므로 편차를 제곱하여 양의 값을 표시하며, 분산은 표준편차 구하기 위해 계산한다. 즉 분산에 제곱근을 붙인 값이 바로 표준편차이다.

예제　(기대값, 순보험료)

A 마을에 지난 10년간 발생한 화재 건수는 10건인데, 손실의 정도를 조사한 결과, 5백만원 손실 : 4건, 1천만원 손실 : 4건, 2천만원 손실 : 2건 발생하였을 경우, 손실의 기댓값은 아래와 같다.

기대손실 = (5백만원 x 0.4) + (1천만원 x 0.4) + (2천만원 x 0.2) = 1천만원

---

3 리스크의 분류

1. 순수 리스크와 투기적 리스크

가. 순수 리스크(pure risk)

이익의 발생 가능성은 없고 손실의 가능성만 있는 리스크

↪ 최선의 경우에 손실이 발생하지 않으나 항상 손실의 기회가 존재

↪ 이익의 기회는 존재하지 않는다.

↪ 사망, 질병, 화재, 자동차사고 및 각종 재해

↪ 대수의 법칙을 적용하여 손실의 정도를 미리 예측

↪ 보험에 가입할 수 있다.

↪ 재산 리스크(property risk) 및 배상책임 리스크(liability risk) 등이 있다.

나. 투기 리스크(speculative risk)

손실의 가능성과 함께 이익의 가능성도 존재

↪ 도박 리스크, 사업경영 리스크, 유가증권이나 부동산 등 투자 리스크

↪ 영향이 일부 사람들에게만 그치고 사회전반에 미치는 영향은 크지 않다.

↪ 대수의 법칙의 적용도 쉽지 않다.

2. 객관적 리스크와 주관적 리스크

가. 객관적 리스크(objective risk)

↪ 통계적으로 측정될 수 있는 리스크

↪ 기대손실과 실제손실의 차이로 정의

↪ 리스크는 객관적으로 측정이 가능

↪ 다수의 동질적 리스크를 결합하여 리스크 발생가능성을 확률계산으로 측정이 가능하다.

↪ 대상리스크의 수가 늘어남에 따라 감소

↪ 대수의 법칙(law of large numbers)에 의하여 관찰리스크의 수가 많으면 많을수록 실제손실과 기대손실과의 차이는 줄게 되어 손실에 대한 예측이 보다 정확해진다.

나. 주관적 리스크(subjective risk)

개인의 정신상태나 마음가짐으로부터 생기는 불확실성

↪ 통계적 방법으로 측정이 거의 불가능하다.

↪ 개인의 위험에 대한 인식에 관한 것이다.

3. 특정 리스크와 근본 리스크

가. 특정 리스크(specific risk)

    ↻ 개인적 사고, 사고 당사자에 국한되거나 제한된 범위의 손실을 초래

    ↻ 화재, 사망, 부상

    ↻ 순수 리스크(pure risk)에 가깝다.

    ↻ 예측과 통제는 어느 정도 가능한 것으로 특정 리스크에 의한 손실은 대체로 민영보험을 활용하여 대비할 수 있다.

나. 근본 리스크(fundamental risk)

    ↻ 다수 또는 사회 전체에 영향을 초래

    ↻ 예측이나 통제가 불가능한 경우가 많다.

    ↻ 인플레이션, 경기변동, 실업 등의 경제적 요인, 전쟁, 내란 등 정치적 요인, 편견, 유행 등 사회적 요인 및 천재지변 등 물리적 요인 등에 의해 발생 → 근본 리스크는 투기 리스크와 순수 리스크 상황을 모두 포함

    ↻ 재무분야에서 체계적 리스크(systematic risk)라고 불리는 시장리스크와 그 개념이 유사하다.

    ↻ 사회보험 등으로 대비하는 경우가 많다.

4. 정적 리스크와 동적 리스크

가. 정적 리스크(static risk)

    ↻ 사회현상의 변화와 관계없이 존재하는 리스크

    ↻ 자연상태에서 발생할 수 있는 각종 사고원인을 그 원천으로 한다.

    ↻ 개인 또는 사회에 손실을 초래

    ↻ 예측과 통제는 어느 정도 가능

    ↻ 순수 리스크(pure risk)와 특정 리스크(specific risk)와 유사하다.

나. 동적 리스크(dynamic risk)

    사회적 현상의 변화에 따라 발생하는 불확실성

    ↻ 사회적 이익 또는 손실로 나타남

    ↻ 원인은 다양하고 규칙성 없이 발생하므로 그 예측이 어려울 뿐만 아니라 개인적인 통제가 불가능

    ↻ 근본 리스크(fundamental risk)와 유사하다.

4 리스크 구성

1. 리스크의 정의

- ↻ 손실의 가능성 내지 불확실성의 개념
- ↻ 리스크의 개념은 손실에 노출된 대상(exposure), 손실의 원인(peril)과 결과(loss)및 위험상태(hazard) 등으로 구성된다.

2. Exposure(손실대상, 노출)

가. 미래의 불확실성으로 인한 결과는 손실의 가능성뿐만 아니라 이익의 가능성도 포함되어 있다.

나. 사진직 의미는 위험한 싱황에의 노출을 의미

다. 경제적 가치가 있는 유·무형의 존재로서 자산(재물, 신체, 재산)과 배상책임 등을 말하다.

라. 보험에서는 개인이나 기업이 보유하고 있는 유·무형의 자산 등으로 손실가능성에 노출되어 있는 대상. 즉, 보험의 목적을 말한다.

3. Hazard(위태, 위험상태)

- ↻ 위험성을 만들어내고 증가시키는 상태를 말한다.

가. 물리적 위태(physical hazard)

   a. 손실의 발생가능성(빈도)이나 손실의 규모(심도)를 증가시키는 물리적 조건을 말한다.
   b. 미끄러운 도로, 건물의 안전설비의 미비, 주유소의 인화성물질 방치

나. 도덕적 위태(moral hazard)

   a. 손실의 발생가능성을 고의적으로 유발 내지 손실의 규모를 증가시키는 개인의 주관적, 심리적, 정신적 특성이나 태도를 말한다.
   b. 방화, 보험사기, 부정직한 성향
   c. 개인의 성향, 사고이력, 재무상태 등을 검토하여 부보 여부를 결정 → deductible(공제 조항), co-insurance(공동보험 조항), waiting period(유예기간), exclusion(제외조항) 등의 규정을 통해 통제하고 있다.

다. 정신적 위태 (morale hazard)

   a. 부주의 또는 무관심처럼 손실의 발생가능성이나 손실의 규모를 증가시키는 개인의 정신상태
   b. 사업장의 안전사고, 인화물질 옆 흡연으로 인한 폭발

4. Peril(손인, 사고)

가. 손실의 원인(cause of loss) → 지진, 화재, 도난, 질병 등

5. Loss(손실)

가. 가치의 하락
나. 보험에서 말하는 loss란 경제적 손실 또는 금전적 손실

1 리스크 관리의 정의

가. 손실의 발생가능성을 체계적으로 관리하는 것
나. 대부분 순수 리스크(pure risk)를 관리한다.

2 리스크 관리의 목적

최소의 비용으로 손실을 최소화 → 예상손실보다 적은 비용으로 손실의 빈도와 심도를 줄이는 것 → 손실이 발생하기 전의 사전적 목적과 손실이 발생한 후의 사후적 목적으로 세분화 할 수 있다.

1. 사전적 목적(pre-loss objectives)

가. 경제적 목적 : 최소의 비용으로 최대의 효과를 달성하는 것이다.
나. 불안의 감소 목적 → 리스크관리는 예기치 않은 손실의 발생과 결과의 확실성을 제거해 주는 기능을 한다.
　　→ 개인이나 기업경영자는 심리적 · 정신적 불안이 경감된다.
다. 사회적 이미지 제고 및 손실방지를 위한 각종 규정의 준수 목적

2. 사후적 목적(post-loss objectives)

가. 기업의 생존 및 계속성 유지 목적 → 리스크 관리의 목적 중 가장 중요
나. 안정적 수입 목적
다. 계속적 성장 목적
라. 사회적 책임 목적 → 기업에 관련된 여러 이해관계자들에게 피해를 입지 않도록 함으로써 기업이 갖고 있는 사회적 책임을 수행한다.

3 리스크 관리의 기능

1. 리스크 관리의 정의

가. 리스크 관리의 목적을 효율적으로 달성하기 위해 각 단계에서 요구되는 기능을 보다 효율적으로 수행하는 것이 요구된다.
나. 리스크의 인식 → 리스크의 측정 · 평가 → 리스크 관리기법의 선택 → 리스크 관리기법의 실행 → 실행의 평가의 단계로 수행된다.

2. 리스크의 인식(risk identification)

가. 인적, 물적 손실의 빈도와 심도 확인

나. 리스크를 파악하기 위해 사용하는 방법 → 직접조사, 설문지를 통한 조사, 업무흐름도 조사, 현장조사, 과거의 통계자료

3. 리스크의 측정 · 평가(risk measurement & evaluation)

가. 리스크 빈도, 심도 측정

    a. 리스크의 측정에 있어 중요한 것은 손실의 빈도, 손실의 심도 및 손실의 분산이다.

    b. 손실의 빈도(frequency of loss) : 일정기간에 발생하는 손실의 건수

    c. 손실의 심도(severity of loss) : 손실의 경제적 가치의 크기를 의미

    d. 손실의 분산(variation of loss) : 손실의 빈도 및 심도에 있어서 발생의 불확실성을 의미하며 예측되는 손실과 실제로 나타난 결과의 차이 정도를 측정 → 손실의 분산이 클수록 손실에 대한 예측이 어렵고 불확실성이 크다.

나. 심도, 빈도

    a. 손실확률(빈도) x 손실규모(심도) = 기대손실(expected loss) = 순보험료

    b. 추정최대손실(PML : probable maximum loss) : 현실적으로 예상할 수 있는 최대규모의 손실. 즉, 리스크 관리자가 실제로 발생할 수 있다고 보는 최대규모의 손실

    c. 최대가능손실(MPL : maximum possible loss) : 어떤 사고로부터 초래될 수 있는 가능한 최대의 손실로서 그 이상의 손실이 발생할 확률은 거의 없는 손실규모를 의미한다. → 실제로 발생할 가능성이 거의 없지만 이론적으로 가능한 최대손실규모를 의미한다.

    d. 최대예상손실액(VAR : value at risk) : 정상적인 시장 여건 하에서 일정기간 동안 발생할 수 있는 최대손실금액을 의미한다. PML이 손실분포를 나타내는 개념인데 대해, VAR은 일정 수준 이상의 손실을 초래하는 자산가치를 확률분포로 설명하는 개념이다.

다. PML의 결정

    a. PML의 결정은 확률의 신뢰도에 대한 리스크 관리자의 주관적인 선택이 내포되어 있다.

    b. 기대손실과 실제손실의 차이의 정도와 리스크 관리자의 리스크 회피도에 의해 영향을 받는다.

    c. 리스크 회피도가 높을수록, 표준편차가 클수록 PML은 커지게 된다.

예제 **손실발생이 다음 표와 같을 때**

손실의 규모가 500만원 이하일 누적확률은 95%이다. 이 경우 95% 신뢰도에서 PML은 500만원, 누적확률 100%의 손실인 1,000만원은 MPL이다.

확률	50%	30%	15%	5%
손실	100만원	200만원	500만원	1,000만원

4. 리스크 관리기법의 선택

(1) 리스크 관리 기법 : 리스크 통제, 리스크 재무

가. 리스크 통제(risk control) 기법

리스크의 잠재적인 손실의 발생빈도나 손실의 규모 등을 경감하거나 리스크의 예측능력을 높이는 방법

나. 종류 : 리스크 회피(risk avoidance), 손실통제(loss control), 리스크 분산(risk segregation or diversification), 계약상 전가(contractual transfer)

① 리스크 회피 (risk avoidance)

리스크 회피는 손실을 초래할 수 있는 활동을 회피함으로써 손실의 가능성을 줄이는 방법

↻ 리스크를 회피함으로써 수익의 기회도 상실되고 리스크 회피가 항상 가능한 것이 아니며 리스크회피는 또 다른 리스크에 직면할 수밖에 없는 경우도 적지 않다.

🔍 **참고**

사고의 구조에 관한 이론

① 하인리히의 법칙 및 도미노이론

미국의 안전 전문가 H.W. Heinrich가 노동재해에 관하여 실증적 연구를 행한 결과, 중상자가 한명 나오면 그와 같은 원인으로 경상자가 29명, 또 그 뒤에 운좋게 재난을 피했지만 같은 원인으로 부상을 당할 우려가 있는 잠재적 상해자가 30명이라고 하는 법칙을 내놓았다. 결국 위험을 방관하면 330회에 한번은 큰 사고를 당할 위험이 있는 것이다.

안전공학이론에 속하는 하인리히의 '5단계 사고연쇄반응 이론'은 재해에 이르는 각각의 과정을 다음과 같이 설명하고 있다.

① 유전적 요인 · 사회적 환경 (Ancestry & Social Environment) ⇒ ② 개인적인 결함(Personal Faults) ⇒
③ 불안전한 행동 및 불안전한 상태(Unsafe Act & Condition) ⇒ ④ 사고(Accident) ⇒ ⑤ 상해(Injury)

따라서 이러한 사건의 연쇄관계를 차단하면 사고를 예방할 수 있다는 것이다. 특히 ③ 불안전한 상태(Hazard)의 제거를 위한 ② 인간의 과실의 개선을 강조하였다. 즉 사고를 미연에 방지하기 위해서는 시설 설비에 대한 개선과 종업원에 대한 안전교육 철저 등 사고를 내는 원인을 배제할 필요가 있는 것이다.

② 에너지방출이론

W. Haddon의 에너지방출이론은 사고는 특정의 구조에 견딜 수 없는 정도의 스트레스를 주어 통제되지 않은 에너지가 급격히 방출됨으로써 발생한다는 견해이다. 따라서 사고예방이나 손실축소는 통제되지 않은 에너지와 그것을 방출하게 만드는 구조(조건)을 개선하는 것이다.

③ 비교

리스크통제 방법에 있어 도미노이론은 사고의 원인이 된 Hazard를 유발한 인간의 과실에 초점을 두는 인간공학 접근법인 반면, 에너지방출이론은 인간의 행동보다 구조적 · 물리적 요인을 중시한 물리적 공학 접근법이다. 따라서 리스크 통제기법에 있어 도미노이론은 안전수칙준수, 피로예방, 상품의 경고표시 등에 중점을 두고, 에너지방출이론은 인적구조, 기계적, 환경적 조건들, 즉 물리적 Hazard를 줄이는데 중점을 두고 있다.

---

② 손실통제(loss control)

    a. 손실통제는 손실의 발생 빈도와 심도를 줄이기 위한 방법

    b. 손실예방(loss prevention) :
- ↻ 특정 손실의 발생가능성
- ↻ 손실발생의 빈도를 줄임으로써 기대손실을 줄이기 위한 기법을 말한다.
- ↻ 음주운전단속, 근로조건개선

    c. 손실감소(loss reduction)
- ↻ 특정 손실의 규모
- ↻ 손실발생의 심도를 줄임으로써 기대손실을 줄이기 위한 기법을 말한다.
- ↻ 스프링클러 설치, 자동차 에어백 장착

③ 리스크 분산(risk segregation or diversification)

    가. 손실의 규모를 커지지 않도록 하는 손실감소의 방법으로 복제(duplication)와 분리(separation)로 구분된다.

    나. 복제 : 주요 자료를 복사하여 원본이 파손되는 경우에도 손실을 방지할 수 있다.

    다. 격리 : 손실의 크기를 감소하기 위해 리스크 노출을 시간적, 공간적으로 나누어 분산하는 방법이다.

④ 계약상 전가(contractual transfer)

    가. 손실발생에 대한 법적책임을 계약을 통해 제3자에게 전가하는 방법이다.

    나. 건설공사 하도급계약서상 하청업자는 공사 중 발생한 사고에 대해서는 원청업자의 법률상 책임도 포함하여 전부 책임져야 한다는 조항이 해당된다.

(2) 리스크 재무(risk financing) 기법

1) 리스크 보유(risk retention)

가. 리스크 보유는 리스크로 인한 손실을 내부자금으로 부담하는 방법

나. 예상되는 손실의 발생빈도나 규모가 경미하여 자신이 부담하기로 결정하는 적극적 리스크 보유와 리스크를 예상하지 못하거나 위험상태를 확인하지 못함으로써 부득이하게 보유하게 되는 소극적 보유가 있다.

다. 다른 리스크 관리방법보다 비용이 적게 든다.

라. 리스크가 특수하여 보험시장이 형성되지 않은 경우 및 보험가입이 어렵거나 일부만 가능한 경우 리스크를 자기보유로 하여 손실이 발생할 경우 자기가 직접 부담하게 된다.

마. 리스크 보유 방법
- 가) 경상비용(current operating expense)
- 나) 적립금(reserve) 및 기금(fund)
- 다) 자금의 차입(loan)

라) 자가보험 (self-insurance)

    a. 장점

      ① 부가보험료 절감

      ② 자금이 사외로 유출되지 않아 유동성과 투자수익 개선

      ③ 사고예방의 효과

      ④ 보험에서 거절되는 리스크나 보험불가능 리스크도 관리 가능

    b. 단점

      ① 예상치 못한 대형사고시 재정적 리스크에 직면할 수 있다.

      ② 보험에 가입할 경우 얻을 수 있는 위험관리 서비스 등의 혜택을 상실할 수 있다.

마) 보험자회사(captive insurer)

    ☞ 자가보험의 한 형태로 어떤 모기업이 리스크 관리를 위해 자회사의 형태로 보험회사를 설립

    ① 세금혜택과 경제적인 보험료로 보험가입이 용이

    ② 모기업의 리스크에 대한 보험뿐만 아니라 타 기업이나 소비자로부터 보험가입이 가능하기 때문에 보험회사로서 자체이익 실현이 가능

    ③ 재보험자들은 보험회사만 상대하는 것이 일반적이므로 자가보험에 비해 재보험가입이 용이하고 그에 따른 국제거래상의 이점 등이 있다.

(3) 리스크 전가(risk transfer)

가. 리스크 전가의 정의

    a. 손실의 발생빈도나 발생규모에 영향을 주지 않고 경제적 부담과 책임을 계약을 통해 제3자에게 넘기는 방법이다.

    b. 보험계약, 보증계약(suretyship), 무해협약(hold-harmless agreement), 수탁계약(bailment contract), 헤징계약(hedging contract) 등이 있다.

나. 보증계약(suretyship)

    a. 보증인이 주채무자가 수익자에 대한 계약의무를 이행하지 못할 때 그 책임을 수익자에게 지는 것이다.

    b. 수익자는 손실에 대한 불확실성을 보증인에게 전가시키는 것이다. 그러나 주채무자는 자기의 의무이행에 대한 책임을 전가하지 못한다.

다. 헤징계약(hedging contract)

    a. 이익과 손실이 발생할 수 있는 투기리스크를 제3자에게 전가시킴

    b. 가격, 금리, 환율의 변동으로 예상되는 가격변동 리스크를 선물계약을 통해 거래상대방에게 전가하는 방법

라. 보험계약

　　a. 피보험자가 보험료를 납부하고 손실에 대한 리스크를 보험회사에 전가하는 계약이다.

　　b. 장점

　　　① 손실발생이 손실의 일부 또는 전부를 보험자가 보상하므로 개인이나 기업은 손실부담 없이
　　　　안정적인 생계나 사업을 운영할 수 있다.

　　　② 불확실성이 감소되어 걱정과 불안이 제거된다.

　　c. 단점

　　　① 보험료는 손실보상에 충당되는 비용 외에도 보험자의 사업비에 충당되는 비용이 포함되므로
　　　　보험료에 대한 기회비용은 부담이 될 수 있다.

　　　② 보험상품의 선택, 보험계약상 피보험자의 의무 및 손실보상 등에 대한 시간과 경비가 발생할
　　　　수 있다.

4 리스크 관리기법의 선택

1. 손실의 빈도와 심도가 낮은 경우

손실이 발생하더라도 기업이나 조직에 미치는 영향이 크지 않으므로 손실을 직접 부담하는 자가보험과 같은 리스크 보유방법이 적절하다.

2. 손실의 빈도가 낮고 심도가 높은 경우

- 손실의 규모가 크다는 것 → 대재해의 잠재성을 내포
- 발생 수가 적다는 것 → 경제적 보험료로 보험가입이 가능하다는 것을 의미
- 보험을 통한 리스크 전가방법이 적절하다. 경우에 따라서는 손실의 일정한도까지는 직접 부담하는 리스크 보유방법을 병행하여 사용한다.

3. 손실의 빈도가 높고 심도가 낮은 경우

- 손실의 규모가 적고 예측이 어느 정도 가능하므로 피해를 최소화시킬 수 있는 손실통제 방법을 위주로 한 리스크 보유기법이 적절하다.
- 경우에 따라서는 장기적 측면에서는 누적된 리스크의 규모가 커질 수도 있으므로 보험을 이용한 리스크 전가방법도 가능하다.

4. 손실의 빈도와 심도가 높은 경우

이러한 리스크는 리스크 회피방법이 가장 적절한 방법이다. 경우에 따라서는 손실통제방법 → 손실예방과 손실감소 방법을 병행하여 사용한다.

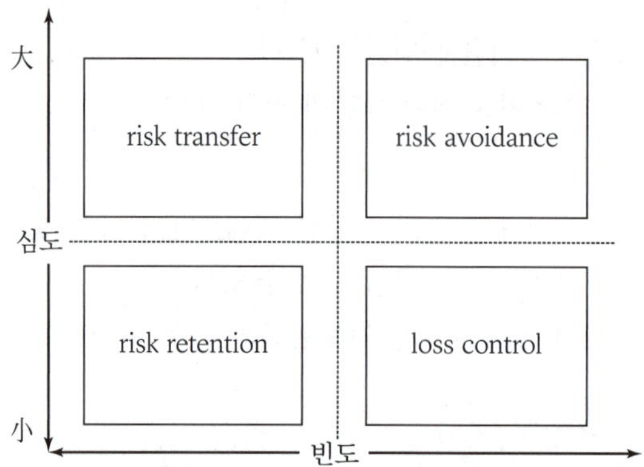

5 리스크에 대한 태도, 의사결정 기준

1. 기대가치기준(expected value rule)

　가. 리스크를 선택할 때에 그 선택의 기준 → 평균적으로 기대되는 결과를 사용하는 것이다.

　나. 리스크와 수익 중에서 수익만을 고려하는 의사결정방식으로 일반적으로 리스크의 측정이 어렵기 때문에 흔히 쓰이는 방식이다.

2. 기대효용기준(expected utility rule)

　가. 정의

　　불확실한 상황에서 합리적인 경제주체의 판단은 결과에 관한 효용의 기대치에 의해 이루어진다는 이론이다.

　나. 리스크에 대한 태도

　　a. 정의

　　　가) 개인의 경제행위의 목표는 자신의 효용(utility)을 극대화하는 것이다.

　　　나) 효용은 부(wealth)의 소비를 통해 얻게 되는 만족의 정도를 의미한다.

　　　다) 경제학에서는 개인별로 리스크에 대한 태도를 서로 다른 효용함수(U)를 기준으로 크게 위험 회피형, 위험 중립형, 위험 선호형으로 구분할 수 있다.

3. 보험 수요와 수요량

　가. 보험수요

　　a. 보험에 대한 수요가 발생하는 경제적 근거는 기본적으로 보험 소비자가 위험회피 성향을 지녔기 때문이다.

b. 베르누이의 원리

    ↻ 보험가격이 순보험료. 즉, 기대손실액과 같으면 위험회피형의 개인은 보험을 가입했을 때의 효용이 보험을 가입하지 않았을 때의 효용보다 항상 높으며, 따라서 위험회피형의 개인은 전부보험을 가입한다.

c. 위험회피의 개인이라 할지라도 보험료 중 사업비, 즉 부가보험료 비중이 본인이 생각하는 위험프리미엄(risk premium)보다 크면 보험을 구입하는 것이 효용 면에서 불리해진다.

d. 일반적으로 다른 조건이 동일하다면 부가보험료가 크면 클수록 보험을 구입하고자하는 사람의 수는 적어진다.

e. 리스크 프리미엄은 사람마다 주관적으로 결정되기 때문에 동일한 보험료의 보험이라도 보험을 가입하는 사람과 가입하지 않는 사람이 있게 된다.

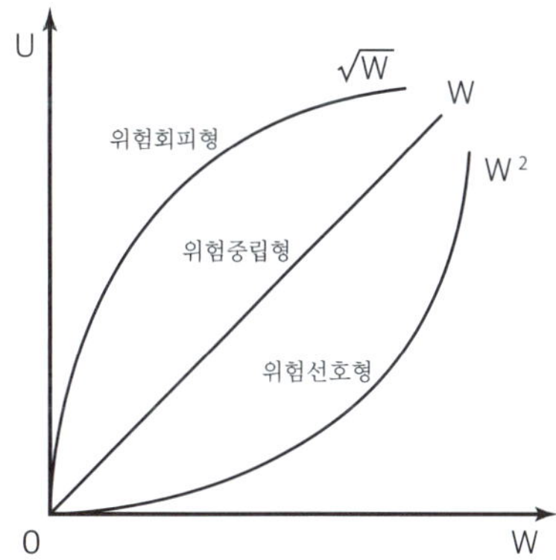

위험프리미엄(risk premium)과 확실성등가

적절한 보상이 이루어진다면 위험을 회피하는 사람도 위험을 감수할 수 있다.
1. 위험프리미엄이란 경제주체가 위험한 기회에 참여하도록 유도하기 위해 요구되는 최소한의 추가보상을 말한다.
2. 확실성등가란 위험한 기회로부터 예상되는 기대효용과 같은 수준의 효용을 얻도록 하는 확실한 소득(위험성없는 소득)을 말한다.

예제

자본금 : 10억원
은행적금가입 시 1년 후 : 10억 + 5천만원 수입
사업 투자시 1년후 : 사업 성공시 : 20억(확률 50%)
                       사업 실패시 : 4억원(확률 50%)

이 경우 사업에 기대소득은 10억 + 2억 = 12억이므로 사업에 투자할 경우에 1억5천만원 이상을 추가로 보상해준다면 사업에 투자하게 될 것이다.

여기에서 추가되는 보상을 위험프리미엄이라 하고 10억5천만원은 12억이라는 기대소득에 대한 확실성등가라 한다.

기대소득(기대수익률) : 확실성 등가 + 위험프리미엄

12억 = 10억 5천만 + 1억 5천

제1절 보험의 정의, 특성

1 보험의 정의

가. 불확실성을 감소시키는 사회적 제도이다.

나. 동질의 위험을 가진 다수의 사람들이 소액의 보험료를 갹출하여 우연한 손실을 입었을 경우에 이 공동기금에서 보상하여주는 사회적 제도

다. 피보험자에게 우연한 손실(fortuitous loss)이 발생한 경우, 이러한 손실에 대한 보상(indemnification)을 약속하는 보험자에게 리스크를 전가(risk transfer)하고 보험자는 다수의 동질적인 리스크를 결합(risk pooling)하는 것이다.

2 보험의 특성

1. 리스크의 결합(risk pooling)

가. 다수의 보험가입자들이 보험료를 갹출하고 보험사고시 손실을 보상해 줌으로써 막대한 손실을 다수의 보험가입자에게 분산시키는 것이다.

나. 대수의 법칙(The law of large numbers) : 리스크에 대해 측정대상의 수와 측정하는 횟수를 늘리면 늘릴수록 측정을 통한 예상값은 실제값과 가까워진다.

　☞ 객관적 리스크(실제값과 기대값의 차이)는 적어지고 보험회사의 예측력은 높아지게 된다.

다. 보험회사는 어떤 리스크의 동질성이 높을수록, 동질적인 리스크가 많을 수록 손실에 대한 예측이 정확해지고 그에 따른 보험료 측정이 정확해진다.

2. 리스크의 전가(risk transfer)

　☞ 보험은 피보험자가 일정한 보험료를 내고 리스크의 부담을 보험자에게 전가하는 제도이다. (자가보험 제외)

3. 우연한 손실의 보상(indemnification for fortuitous loss)

　☞ 보험은 우연한 손실만을 보상하고, 고의적 손실은 보상하지 않는다.

 보험대상 리스크의 요건

1. 다수의 동질적 리스크(large number of homogeneous risks)

2. 우연한 손실(accidental and unintentional loss)

3. 확정적이고 측정가능한 손실(determinable and measurable loss)

4. 대재난적 손실을 초래하지 않는 리스크(no catastrophic loss)

5. 확률 계산이 가능한 손실(calculable chance of loss)

6. 경제적인 보험료가 가능한 리스크(economically feasible premium)

1 도박 · 헤지와의 비교

1. 보험과 도박

가. 공통점 : 사행계약(aleatory contract)의 특성과 손실을 분담한다는 측면 및 확률원리와 대수의 법칙을 근간으로 운영한다.

나. 차이점

① 보험에서 사용하는 확률은 이미 경험한 사후적 확률에 의존하나, 도박은 사전에 이미 알려진 사전적 확률에 의존한다.

② 보험은 순수 리스크 관리기법이나, 도박은 투기 리스크(speculative risk)를 만들어 내는 것이다.

2. 보험과 헤지

가. 공통점 : 계약에 의해 리스크가 제3자에게 전가 됨

나. 차이점

① 보험은 부보 가능 리스크(insurable risk)를 그 대상으로 하고 있으나, 헤지의 대상이 되는 리스크는 대부분 부보가 불가능한 리스크(uninsurable risk)이다.

② 보험 : 대수의 법칙에 따라 동질적 위험이 많이 갖추어져 객관적 리스크(objective risk). 즉, 실제치와 기대치의 차이를 줄일 수 있다.

다. 헤지 : 보험에 비해 대수의 법칙을 적용할 기회가 상대적으로 적어 리스크를 제3자에게 전가할 수는 있어도 리스크 자체를 줄이지 못한다.

2 보험의 효용

1. 보험의 사회적 · 경제적 효용

가. 손실보상

나. 손실통제

다. 불안감소

라. 투자재원

마. 신용증대

바. 피해자 보호

1　보험시장의 정보비대칭 원인

가. 보험상품의 리스크에 대한 정보는 보험수요자에게 있어 보험시장에서 소비자와 공급자 사이에 리스크에 대한 정보비대칭문제가 발생한다.

나. 정보비대칭은 보험계약체결 전에 존재하는 사전적 정보의 비대칭과 보험계약체결 후에 발생하는 사후적 정보의 비대칭으로 구분할 수 있다.

다. 사전적 정보의 비대칭의 문제 : 보험계약을 체결 시 보험가입자가 자신이 지닌 리스크를 알고 있지만 이를 숨김으로써 보험회사는 모르는 경우에 발생한다. 이러한 사전적 정보의 비대칭으로 발생하는 보험시장의 문제가 역선택(adverse selection)이다.

라. 사후적 정보의 비대칭의 문제 : 보험계약이 체결된 이후에 보험가입자가 리스크를 증대시키거나 고의로 사고를 일으켜 보험회사가 알지 못하는 경우에 발생한다. 이러한 사후적 정보의 비대칭으로 발생하는 보험시장의 문제가 도덕적 해이 (moral hazard와 morale hazard) 이다.

2　역선택(adverse selection)

가. 보험회사가 정보부족으로 보험가입자의 리스크를 파악하고 측정하여 인수 여부 및 적절한 인수조건을 선택하지 못하고 오히려 불량 위험체에 의해 역으로 선택을 당하는 경우를 말한다.

나. 위험단체 내의 피보험자의 개별 리스크는 동일하지 않으므로 평균보험료를 부과한다. 이러한 평균보험료는 리스크가 큰 가입자에게는 유리하나 리스크가 작은 가입자에게는 불리하다.

다. 역선택의 문제는 보험회사의 경영부실을 초래한다.

3　도덕적 해이

가. 도덕적 해이는 인간이 가진 이기심으로 인해 사전 계약에 의해 합리적으로 약속한 사항을 지키지 않고 다수의 상대방에게 피해를 주는 상태를 말한다.

나. 보험에서 도덕적 해이는 보험을 판매한 후에 피보험자가 고의로 사고를 야기하여 보험금을 청구하거나 피해를 부풀림으로써 보다 많은 보험금을 보상받는 도덕적 위험상태(moral hazard)

다. 도덕적 해이를 줄이기 위하여 피보험자의 사고 경험을 갱신 보험료에 반영하는 경험요율(experience rate)을 적용하거나, 일부보험(partial insurance), 공동보험 (co-insurance), 공제조항(deductible) 등을 활용한다.

1 보험사기의 정의

가. 보험사기는 부당한 방법으로 의도적으로 보험사고를 야기하려는 일체의 행위를 통칭한다.

나. 보험사기는 보험사기 유발동기의 적극성 정도에 따라 경성 사기(hard fraud)와 연성 사기(soft fraud)로 구분한다.

다. 협의의 보험사기는 경성사기만을 의미하고, 광의의 보험사기는 연성사기를 포함한다.

2 보험사기방지특별법

1. 보험사기행위의 조사 · 방지 · 처벌에 관한 사항을 정함으로써 보험계약자, 피보험자, 그 밖의 이해관계인의 권익을 보호하고 보험업의 건전한 육성과 국민의 복리증진에 이바지함을 목적으로 한다(제1조).

2. 주요 내용

가. 보험사기행위 정의 신설 및 보험사기죄 처벌 강화

① 보험사기행위

보험사고의 발생, 원인 또는 내용에 관하여 보험자를 기망하여 보험금을 청구하는 행위를 말한다.

② 보험사기죄 처벌 강화

현행 형법상 사기죄로 처벌하고 있으며 10년 이하의 징역 또는 2천 만원 이하의 벌금 부과하고 있으나, 보험사기의 처벌수위가 일반 사기범죄보다 경미하여 보험사기가 중대범죄로 인식되지 않고 죄의식 없이 가담하게 되는 문제가 되는 바, 보험사기행위 및 보험사기죄 신설하여 10년이하 징역 또는 5천만원이하 벌금 부과하였다(제8조).

1 보험의 분류

1. 상법상 분류

가. 손해보험 : 화재보험, 운송보험, 해상보험, 책임보험, 자동차보험

나. 인보험 : 생명보험과 상해보험

2. 보험경영상의 분류

가. 영리보험 : 영리를 목적으로 하는 보험

나. 상호보험 : 가입자 상호간의 이익을 위하여 운영되는 비영리적인 보험

3. 공보험, 민영보험 분류

가. 민영보험 : 주식회사, 상호회사, 개인과 같이 사법상의 단체로서 조직

나. 공영보험 : 국가 또는 공공단체에서 운영되는 비영리보험

4. 보험책임상의 분류

가. 원수보험자 : 보험가입자로부터 위험을 인수한 최초 보험사

나. 재보험 : 보험의 보험으로서 보험가입자로부터 위험을 인수한 원수보험자가 보험계약상의 책임의 일부 또는 전부를 다른 보험자, 즉 재보험자에게 계약을 통해 인수시키는 보험을 말한다.

2 사회보험의 분류

1. 국민연금

가. 정의 : 정부가 직접 운영하는 공적 연금 제도로, 국민 개개인이 소득 활동을 할 때 납부한 보험료를 기반으로 하여 나이가 들거나, 갑작스런 사고나 질병으로 사망 또는 장애를 입어 소득활동이 중단된 경우 본인이나 유족에게 연금을 지급함으로써 기본 생활을 유지할 수 있도록 하는 연금제도를 말한다.

나. 국민연금은 공적 연금으로서 가입이 법적으로 의무화되어 있기 때문에 사(私)보험에 비해 관리운영비가 적게 소요되며, 관리운영비의 상당 부분이 국고에서 지원되므로 사보험처럼 영업 이익을 추구하지 않는다.

다. 현행 국민연금 제도는 부담과 급여의 수준이 일정 기간 불완전 균형을 이루는 수정 적립 방식을 채택해 운용하고 있다.

라. 급여의 종류에는 노령연금을 비롯하여 장애연금·유족연금·반환일시금

2. 건강보험

가. 정의 : 질병이나 부상으로 인해 발생한 고액의 진료비로 가계에 과도한 부담이 되는 것을 방지하기 위하여, 국민들이 평소에 보험료를 내고 보험자인 국민건강보험공단이 이를 관리·운영하다가 필요시 보험급여를 제공함으로써 국민 상호간 위험을 분담하고 필요한 의료서비스를 받을 수 있도록 하는 사회보장제도

나. 우리나라 건강보험은 1977년 500인 이상 사업장의 근로자를 대상으로 하여 직장의료보험제도를 처음으로 시행하였다.

다. 건강보험은 가입자 및 피부양자의 질병과 부상에 대한 예방, 진단, 치료, 재활, 출산, 사망 및 건강증진에 대하여 법령이 정하는 바에 따라 현물 또는 현금의 형태로 서비스를 제공하고 있다.

3. 고용보험

가. 정의 : 근로자가 실직한 경우에 생활안정을 위하여 일정기간 동안 급여를 지급하는 실업급여사업과 함께 구직자에 대한 직업능력개발·향상 및 적극적인 취업알선을 통한 재취업의 촉진과 실업예방을 위하여 고용안정사업 및 직업능력개발사업 등의 실시를 목적으로 하는 사회보험

나. 고용안정 및 직업능력개발사업은 피보험자 및 피보험자였던 자, 그 밖에 취업할 의사를 가진 자에 대한 실업의 예방, 취업의 촉진, 고용기회의 확대, 직업능력개발 · 향상의 기회 제공 및 지원, 그 밖에 고용안정과 사업주에 대한 인력확보를 지원하기 위하여 실시하는 사업이다.

다. 실업급여는 실직근로자의 생활안정을 도모하고 재취업을 촉진하기 위해 지급하는 보험급여로서, 구직급여 및 취업촉진수당(조기재취업 수당, 직업능력개발 수당, 광역 구직활동비, 이주비)으로 구성된다.

라. 육아휴직과 산전후휴가급여(모성보호급여)는 임신 · 출산 등과 관련된 여성의 취업활동을 보장하기 위하여, 육아 또는 출산을 목적으로 휴직하는 근로자가 일정 요건을 갖춘 경우에 육아휴직급여 · 산전후휴가급여를 지급하는 것을 그 내용으로 한다.

4. 산재보험

가. 정의 : 공업화가 진전되면서 급격히 증가하는 산업 재해 근로자를 보호하기 위하여 1964년에 도입된 우리나라 최초의 사회보험제도.

나. 산재보험은 산재근로자와 그 가족의 생활을 보장하기 위하여 국가가 책임을 지는 의무보험으로 원래 사용자의 근로기준법상 재해보상책임을 보장하기 위하여 국가가 사업주로부터 소정의 보험료를 징수하여 그 기금(재원)으로 사업주를 대신하여 산재근로자에게 보상을 해주는 제도이다.

다. 주요특성

① 근로자의 업무상의 재해에 대하여 사용자에게는 고의·과실의 유무를 불문하는 무과실 책임주의.

② 보험사업에 소요되는 재원인 보험료는 원칙적으로 사업주가 전액 부담.

③ 산재보험 급여는 재해발생에 따른 손해 전체를 보상하는 것이 아니라 평균임금을 기초로 하는 정률보상 방식으로 행한다.

④ 자진신고 및 자진납부를 원칙.

⑤ 재해보상과 관련되는 이의 신청을 신속히 하기 위하여 심사 및 재심사청구 제도를 운영.

5. 노인장기요양보험

가. 정의

고령이나 노인성 질병 등으로 목욕이나 집안일 등 일상생활을 혼자서 수행하기 어려운 이들에게 신체활동 · 가사지원 등의 서비스를 제공해 노후생활의 안정과 그 가족의 부담을 덜어주기 위한 사회보험제도이다.

나. 장기요양급여의 정의

6개월 이상 동안 혼자서 일상생활을 수행하기 어렵다고 인정되는 사람에게 신체활동·가사활동의 지원 또는 간병 등의 서비스나 이에 갈음하여 지급하는 현금 등을 말함.

다. 지원대상

65세 이상 또는 65세 미만 노인성 질환을 가진 사람으로서 장기요양등급판성위원회(국민건강보험공단)에서 1~5등급 및 인지지원등급을 판정받은 사람은 노인장기요양보험의 대상이 됨

라. 급여종류

1. 재가급여 : 방문요양, 방문목욕, 방문간호, 주·야간보호, 단기보호
2. 특별현금급여 : 가족요양비, 특례요양비, 요양병원 간병비

마. 요양등급

1등급 : 스스로 이동이 어렵고, 침대에 누워 와상생활을 하여 특히 도움이 필요하며, 체위 변경, 대소변 활동이 스스로 힘들어 지속적으로 도움이 필요해 가정에서 돌봄이 어려운 상태. 요양병원이나 요양원으로 입소가 필요한 경우가 많다.

2등급 : 스스로 이동은 하기 힘드신 경우가 많고 의자나 휠체어에 앉아 식사 및 양치 정도가 가능한 분

3등급, 4등급 : 보호자가 잡아주거나 도움을 주면 어느 정도 생활이 가능, 실버카 (어르신 보행기), 지팡이 등의 복지용구를 이용해서 걷거나 움직이실 수 있음

5등급 : 치매로 인지 능력이 많이 떨어져 있는 상태, 외출 시에는 보호자 동반이 필요하신 분으로 돌봄이 필요

ART(Alternative Risk Transfer)

제1절 ART 정의

1 ART의 특징

1. ART의 정의

가. 대체위험전가로 전통적인 보험계약의 비효율성을 극복하기 위해 등장한 다양한 리스크재무(risk finance)방식이다.

나. 협의의 개념 : 보험영업 리스크(underwriting risk)를 보험시장이 아닌 자본시장의 투자 리스크(investment risk)로 전가시키는 것

다. 광의의 개념 : 전통적인 (재)보험시장에서 비전통적인 대체시장으로 전가하는 다양한 수단

라. 보험을 대체하여 리스크를 금융시장으로 전가하는 것을 말한다.

2. 자본시장으로 전가하는 형태

가. 보험위험의 증권화 → 대재해 채권(catastrophe bond), 파생금융상품화 → 대재해 옵션(option), 선물(future), 스왑(swap) 이 있다.

나. 비전통적인 대체시장에는 캡티브 보험(captive insurance), 혁신적인 재보험기법을 활용한 재보험시장, 그리고 자본시장(capital market)이 포함된다.

3. ART의 특징

① 손실의 자기보유수준이 높다.

② 계약기간이 수년에 걸친다.

③ 복수의 리스크를 대상으로 한다.

④ 일반적인 보험계약으로 담보되지 않는 리스크를 대상으로 한다.

⑤ 자본시장에서 거래되는 증권 및 증권투자가 포함된다.

2 ART의 종류

1. 캡티브(captive)

(1) 캡티브의 정의

> 가. 기업이 자신의 위험을 (재)보험회사에 전가하지 않고 자회사 형태로 보험회사를 설립하여 위험을 인수하는 방법
> 나. 소유기업이 하나인 경우 → 단일 캡티브(single parent captive)
> 다. 소유자가 단체 또는 두개 이상의 기업인 경우를 그룹 캡티브(group captive)

(2) 장점과 단점

① 장점

> 가. 리스크 관리비용 절감
> 나. 기업의 안정성과 신용도 증가 → 이익의 변동성을 줄일 수 있고, 기업의 신용도가 제고되고 자금조달 비용이 낮아 질 수 있다.
> 다. 부보불가능 리스크 담보 및 보험료 절감
> 라. 용이한 재보험 가입 → 재보험사는 보험계약자가 아닌 보험사와 재보험 계약을 체결하기 때문
> 마. 이익을 창출
> 바. 자금송금 유리

② 단점

> 가. 모기업의 재정적 부담
> 나. 운영상의 부담 → 캡티브 운영에는 필요한 비용과 전문가 고용과 경영관리비용을 부담해야 한다.
> 다. 해외국의 법규 차이에 따른 운영상 부담

2. 한정리스크 계약(finite risks contracts)

(1) 한정리스크의 정의

보험계약자로부터 보험자에게 전가되는 리스크가 한정되어 있는 계약으로 금융보험(finance insurance)이라고 한다.

(2) 운용방법

가. 한정리스크 계약의 계약기간 : 보통 3~5년

나. 계약자가 매년 보험료를 지급 → 보험자는 이 보험료에서 일정액의 보수를 공제한 후 → 계약자를 위한 기금을 적립 → 적립된 기금에 대해 매년 확정 이자를 계약자에게 지급 → 손실이 발생하면 이 기금으로부터 손실을 보상 → 부족분은 보험자가 부담 → 대부분의 경우 보험자의 최대 부담액이 설정되어 있다.

다. 계약만료 시에 적립금이 남아 있으면 계약자에게 반환되며, 보험자가 부담한 초과분의 일정비율은 재계약 시 보험료에 반영될 수 있다.

라. 손실의 대부분을 계약자가 부담하지만 손실부담액은 매년 크게 변하지 않기를 원할 때 이용하는 방식이다.

(3) 장점과 단점

① 장점

가. 다양한 리스크 전가

순수 리스크뿐만 아니라 시차 리스크, 투자 리스크, 비용 리스크 등도 함께 전가시킬 수 있다.

나. 이익의 변동성 감소

매년 손실지급이 안정적이므로 장부상 이익의 변동성이 감소하게 되므로 경영진 평가에 유리하며 누진세제도 하에서 세금절감의 효과도 있다.

다. 균등한 보험료 납입

중장기 계약이므로 거래비용이 절감되고 보험료가 계약초기에 결정되어 균등한 보험료를 납입할 수 있다.

라. 보험료 절감

이익환급에 따라 보험료 절감의 효과가 있다.

② 단점

가. 향후 보험료 증가

기금에 손실이 발생하는 경우 향후 재계약시 보험료가 증가한다.

나. 자금차입수단으로 사용

금융재보험(financial reinsurance)인 경우 자금차입수단으로 변질될 수 있다.

즉 계약초기에 거액의 자금을 출재수수료 명목으로 차입할 수 있다.

다. 지급능력 및 손익구조 왜곡시킬 가능성이 있다.

3. 복수종목 및 복수트리거 보험계약

(1) **복수종목 - 보험계약**(multi-line insurance policies)

① 의의

복수종목 보험계약은 하나의 보험계약으로 여러 리스크로부터 발생하는 총 손실을 보상할 수 있도록 만든 계약이다. 예컨대 하나의 보험계약으로 화재, 배상책임, 기업휴지 리스크를 함께 담보할 수 있으며, 경우에 따라서는 순수리스크뿐만 아니라 금융리스크 등도 포함될 수 있다.

② 장점과 단점

가. 장점

가) 리스크 관리능력 증대

포트폴리오의 분산효과로 인하여 리스크 관리능력이 신장된다.

나) 보험료 경감 및 지출의 안정

여러 종목의 보험을 하나의 보험계약으로 가입하므로 거래비용이 경감되어 낮은 보험료로 동일한 효과를 낼 수 있다. 또한 다년간의 보험료가 고정되어 있어 보험료 지출이 안정적이다.

다) 담보누락방지

계약자의 특수한 상황에 맞게 설계할 수 있으므로 기업이 직면한 리스크의 담보누락을 방지할 수 있다.

나. 단점

가) 회계처리 및 세금공제 불명확
나) 표준화된 약관 및 규정 미확립
다) 새로운 리스크에 대한 담보력 미흡

(2) **복수트리거 보험계약**(multi-trigger policies)

① 의의

복수트리거 보험계약은 2개 이상의 트리거(trigger) → 보험자의 지급사유가 되는 사건의 발생 또는 조건이 충족되어야 보상하는 계약을 말한다.

② 장점과 단점

가. 장점

가) 보험료 절감
나) 보험계약자의 다양한 욕구에 부합

나. 단점

가) 계약의 효용성 문제
나) 조건(트리거)의 복잡
다) 리스크에 대한 담보력 미흡

4. 조건부 자본(contingent capital)

(1) 조건부 자본의 정의

가. 조건부 자본계약은 미리 정한 특별한 조건이 충족되는 경우→ 사고가 발생하는 경우 금융기관이나 투자자로부터 미리 정한 조건으로 차입을 하거나 그들에게 주식을 발행할 수 있는 계약을 의미한다.

나. 사고가 발생하면 손실보전을 위해 상당한 자금이 소요되거나, 추진하려던 사업이 중단위기에 처하게 되는 경우, 미리 이러한 계약을 체결하면 필요한 때에 일정자본을 유치할 수 있다.

(2) 유형

① 조건부 차입(contingent debt)

손실이 발생하면 미리 정한 계약조건(대출기간, 금리 등)에 따른 일정 한도 내에서 자금을 차입할 수 있는 계약을 의미한다.

② 조건부 주식발행(contingent equity)

조건부 주식발행은 손실이 발생한 경우 기업이 계약 상대방인 금융기관이나 투자자에게 미리 정한 가격으로 일정 한도의 주식을 발행할 수 있는 권한을 행사할 수 있는 계약을 의미한다.

(3) 장점

① 자본비용의 경감

사후적 자금차입 또는 주식발행이므로 사전적 자금차입 등의 자본비용을 경감시킬 수 있다.

② 도덕적 해이 경감

자본을 초과 보유하는 경우에는 이익을 창출할 투자대상이 없을 때 경영자들이 이 자금을 다른 목적으로 사용하려는 도덕적 해이를 경감시키는 효과가 있다.

③ 보험보다 경제적인 리스크 관리방법

리스크 관리에 있어 보험회사의 서비스가 별로 필요 없는 경우에는 조건부 자본의 프리미엄이 보험료보다 적다면 보험보다 경제적으로 유리할 수 있다.

5. 대재해 채권(CAT bond)

(1) CAT bond 의 정의

가. 천재지변 등 대재해 리스크로 인해 이자나 원금이 변동하는 채권을 말한다.

나. 채권의 투자자는 명시된 대재해가 발생하지 않으면 높은 이자와 원금을 회수한다.

다. 재해가 발생하면 재난손실의 정도에 따라 이자는 물론 원금도 회수하지 못할 수도 있다.

라. 보험시장 대신 훨씬 규모가 큰 자본시장의 투자자들로부터 손실보상을 위한 자금을 조달하는 방법으로서 자본시장을 통해 대재해 위험을 관리하는 리스크 관리수단의 증권화를 의미한다.

마. 대재해 채권은 기존 원보험 및 재보험보다 대재해에 대한 인수능력을 확대 할 수 있어 보험연계증권(insurance-linked securities) 중 가장 보편적으로 사용되고 있다.

바. 대재해 채권은 주로 보험회사에 의해 발행되는데 특수목적 재보험사(SPR special purpose reinsurer), 수탁회사, 채권투자자가 참여하게 된다.

(2) 장점과 단점

① 장점

가. 리스크 인수능력 증대

나. 신용 리스크 경감

다. 다양한 욕구에 부합

라. 투자자의 리스크의 분산

② 단점

가. 추가비용발생

나. 유동성 문제 → 적절한 헤지 수단을 찾기 쉽지 않기 때문에 투자은행 등이 시장조성자의 역할을 하기 어려운 점이 많다.

다. 가격산정의 불분명 → 대재해 발생 및 이로 인한 손실과 관련된 자료를 과학적으로 분석할 수 있는 연구기관이 필요하며 적절한 대재해 채권의 가격산정모형이 개발되어야 한다.

라. 계약기간이 수년에 걸친다.

6. 보험파생상품(insurance derivatives)

(1) 대재해 옵션 및 선물(cat options and futures)

대재해 옵션(cat options)은 자연재해의 지수가 일정수준을 상회하면 그 차이에 일정금액을 곱한 금액을 지급받을 수 있는 콜옵션이며, 대재해 선물(cat futures)은 동일한 내용을 지닌 선물계약이다.

(2) 보험 스왑(insurance swap)

계약당사자 간 상관관계가 낮은 재해 손실지급액을 서로 교환하는 계약이다. 상대방의 손실 대신 지급하는 계약인데, 손실 간의 낮은 상관관계로 인해 스왑참가자는 더욱 다양한 포트폴리오 효과를 얻을 수 있는 장점이 있다.

7. 금융 재보험 (Finite Reinsurance)

(1) 재보험 : 보험회사가 인수한 위험(보험계약의 일부 또는 전부)을 다른 보험회사(재보험자)에게 다시 보험을 들어 위험을 분산하는 제도.

(2) 금융재보험(Financial Reinsurance, FinRe): 전통적인 위험 이전(risk transfer) 목적보다는 재무적·회계적 목적을 위해 활용되는 재보험 형태. 즉, 위험 전가보다는 자본구조 개선, 수익 안정화, 회계처리 보완을 목적으로 한다는 점에서 일반 재보험과 차이가 있다.

8. 파라메트릭(Parametric) 보험

특정 사건이 보험 가입 시 정했던 조건을 충족했을 때 보험금을 자동으로 지급하는 보험 상품을 말한다. 지수형 보험이라고도 부른다. 폭염이 발생해 기온이 미리 지정해 놓은 수치에 도달하면 보험금을 지급하는 식이다.

(1) 실제 손해발생액보다 지급보험금이 적은 베이시스 리스크(Basis risk)가 존재한다.

(2) 보험금 지급절차가 간편하여 전통형 보험상품에 비해 신속한 보험금 지급이 가능하다.

(3) 보험가입 과정이 전통형 보험상품에 비해 간단하다.

PART 2

보험경영

제1절　보험경영의 의의 및 기능

1　보험경영 목적

가. 보험경영의 목적은 수지상등의 원칙의 균형을 장기적으로 이루면서 효율적 운영을 통해 보험사업을 성장시키는 것이다.

나. 보험고유업무 : 상품개발 및 보험료산정, 마케팅, 계약심사 및 선택, 계약보전, 보험금 지급

다. 보험회사의 자산관리 업무 : 보험 고유업무를 통해 형성된 보험기금을 안전하고 효율적으로 운영 → 보험제도의 기능인 보장과 저축을 가능케 하는 것

2　보험경영의 기능

가. 상품개발 및 요율산정

나. 마케팅 및 영업

다. 계약심사

라. 계약관리

마. 자산운용

바. 재무 및 회계

사. 보험금지급

제2절 보험경영의 기본원칙

1 대수의 법칙(law of large number)

가. 미래의 손실을 가능한 정확하게 예측하는 것이며 예측된 손실을 기초로 하여 보험료를 결정하게 된다.

나. 예측된 손실과 실제의 손실의 불확실성을 감소시키는 역할

다. 어떤 모집단에서 표본들을 추출할 때, 각 표본의 크기가 커지면 그 표본들의 평균은 모집단의 평균과 같아지고, 표본들이 갖는 분산은 0 에 가까워지는 것이다.

라. 관찰대상의 수를 증가시킬수록 예측된 손실과 실제손실과의 차이는 점점 감소된다

2 수지상등의 원칙(Principle of Equivalence)

가. 보험계약에서 장래 수입될 순보험료 현가의 총액이 장래 지출해야 할 보험금 현가의 총액과 동일하게 되는 것을 말한다.

나. 개별적으로 볼 때 보험료와 보험금 사이에는 상관관계가 없지만 전체적으로 보면 수지관계가 균등이 된다.

다. 수지상등의 원칙

✧ 보험상품의 순보험료 총액과 지급보험금 총액의 현가가 일치

✧ 영업보험료의 총액과 지급보험금 및 운영경비 총액의 현가가 일치

✧ 기업의 총수입과 총지출의 현가가 일치

라. 보험경영의 총수입(순보험료 + 부가보험료 + 투자수익 + 재보험급부 + 재보험수수료)이 보험경영의 총지출(보험금 + 사업비 + 재보험료)과 균등하여야 한다.

가. 개개인의 개별계약에서 보험계약자가 부담하는 순보험료는 보험자가 지급할 보험금의 기대치와 일치하여야 한다.

나. 수지상등의 원칙 → 보험자의 입장에서의 원칙

다. 급부반대급부균등의 원칙 → 보험계약자 개개인의 관점에서의 원칙

라. 렉시스의 원칙 : 개개인의 보험계약자의 보험료(급부)는 보험사고 발생확률에 지급보험금(반대급부)을 곱한 것과 같다.

🔍 **참고**

급부반대급부균등의 원칙

P(순보험료) = W(사고발생확률) x Z(보험금)

수지상등의 원칙

P(순보험료) = (r/n) x Z

n x P = r x Z

r : 보험금을 받을 자의 수, n : 가입자 수
Z : 보험금

보험요율

제1절 보험료와 보험요율

1 보험료의 정의(premium)

가. 보험단위 가격과 가입보험금액 고려 = 보험계약자가 지불하는 금액

나. 영업보험료(총보험료) = 순보험료 + 부가보험료

다. 순보험료 : 손실발생시 지급해야할 보험금 +손해사정비용

라. 부가보험료 : 보험사업을 영위하는데 소요되는 각종 사업비 + 이윤

2 보험요율(premium rate)

가. 보험요율은 보험가격의 보험단위에 대하여 나타낸 것으로 보험가격의 수준을 의미한다.

나. 보험제도를 통해 집합된 피보험자의 손실통계에 기초하여 이루어진다.

다. 손실이 많이 발생하면 순보험요율이 올라가고 그렇지 않으면 순보험요율이 내려간다.

1　보험산정 고려사항

  ☞ 보험회사의 재무 건전성과 보험소비자의 이익보호

2　감독규제상의 원칙

(1) 보험요율의 충분성(adequacy, 충분성)

가. 장래의 불확실한 상황에서 발생 할 수 있는 손실을 적정하게 지급할 수 있도록 충분한 요율을 유지하여야 한다.

나. 보험요율의 수준이 충분하지 못하면 보험회사의 재무적 건전성에 문제가 발생할 수 있다.

다. 보험회사가 지급불능이나 파산 시 보험가입자에게 큰 경제적 손실을 주게 되며 사회적으로도 큰 문제가 된다.

(2) 보험요율의 비과도성(inexcessiveness, 적정성)

가. 예상손실이나 비용보다 과다하게 보험료를 산정할 수 없고, 적정하게 요율을 산정해야 한다.

나. 과도한 보험요율에 대한 규제는 보험자 상호간에 자유로운 요율경쟁을 통해 시장에서 이루어지도록 하는 방법과 감독기관이 보험소비자의 이익보호를 위하여 보험요율의 과도성을 검증하는 방법이 있다.

(3) 보험요율의 공평한 차별성(fair discriminatory, 공평성)

가. 동일한 리스크에 대해 동일한 정도의 보험요율이 적용되어야 한다.

나. 리스크의 정도가 다른 경우는 보험요율도 차별적으로 적용되어야 한다는 의미이다.

3　보험경영상의 원칙

(1) 보험요율의 안정성(stability, 안정성)

  ☞ 최소한 일정한 단기간에는 안정적으로 유지

(2) 보험요율의 단순성(simplicity, 단순성)

  ☞ 이용하기 쉽고 적용이 간편

(3) 보험요율의 신축성(flexibility, 탄력성)

  ☞ 위험정도나 경제 환경 변화에 탄력적으로 조정

(4) 손실방지 장려

  ☞ 손실통제를 유도하는 방식일 것

1 개별요율(individual rating)

가. 개별적 리스크를 감안하여 등급별 요율을 수정하여 적용

나. 개별 리스크의 손실결과 등을 반영한다.

다. 개별요율의 종류 : 판단요율(judgement rating), 경험요율(experience rating), 소급요율(retrospective rating), 예정표요율(schedule rating) 방식

(1) 판단요율 방식

가. 언더라이터의 경험과 직관에 의해 판단하여 매우 주관적이라는 단점이 있다.

나. 개별적 리스크를 자신의 분석과 판단에 따라 적용할 요율을 결정하는 것

다. 개별 리스크의 성격이 다양하고 독특하여 등급별 요율을 만들 수 없거나 신뢰할 만한 손실통계가 존재하지 않기 때문이다.

라. 해상보험 분야는 판단요율이 주로 사용된다.

(2) 경험요율 방식

가. 피보험자의 과거 손실경험을 반영하여 미래의 보험요율을 결정하는 것이다.

나. 보통 과거 3년간의 손실경험을 토대로 차기 보험기간의 보험요율을 조정하는데, 피보험자의 손실경험이 속해 있는 등급의 평균손실보다 높으면 요율이 인상되고, 평균손실보다 낮으면 요율이 인하되는 것이다.

다. 소급요율법과 같이 손실경험이 바로 요율에 반영되어 피보험자의 적극적인 손실방지활동을 유도할 수 있다.

라. 일반배상책임보험, 산재보험, 자동차보험 및 단체건강보험 등에서 사용된다.

(3) 소급요율 방식

가. 넓은 의미의 경험요율의 한 형태

나. 보험계약기간 동안에 나타난 피보험자의 손실경험이 그 기간의 보험료를 정하는데 직접적으로 반영되는 방식이다.

다. 보험기간 개시 당시에는 표준기본보험료만 지급하고 보험기간 만료 후에 실제손실을 기준으로 최소보험료와 최대보험료 범위 내에서 실제보험료를 지급하게 된다.

라. 산재보험, 일반배상책임보험 및 도난보험 등에서 사용된다.

(4) 예정표요율 방식

가. 보험가입 리스크의 물리적 특성이 예상손실과 상당한 관계가 있다는 가정에 기초를 두고 있다.

나. 기본요율을 바탕으로 개별리스크의 물리적 특성에 따라 예정표(schedule)에 정해진 만큼 요율을 인상 또는 인하하는 것이다.

다. 상업건물 및 산업시설에 대한 화재보험에서 이용된다.

등급별 요율(class rating, 집단요율법)

가. 동일한 등급(class)에 속해 있는 모든 리스크에 대해 그 등급의 평균손실을 기초로하여 만들어진 요율을 사용한다.

나. 등급의 합리성과 적절성을 평가하는 기준으로 요율의 공평성, 요율의 신빙성 및 요율의 경제성 등을 고려한다.

다. 평가기준을 만족시키기 위해서는 동일한 등급에 속한 리스크가 동질성을 가져야 하고, 대수의 법칙이 적용될 수 있을 만큼 충분한 수가 존재하여야 한다.

라. 등급별 요율의 장점 : 이용이 간편, 비용이 저렴

마. 등급별 요율의 단점 : 리스크 집단의 동질성이 결여, 지나친 세분화로 요율의 통계적 신빙성을 저해

바. 재산보험과 책임보험에서 등급별 요율을 산정하는 방법으로는 순보험료(pure premium) 방식과 손해율(loss ratio) 방식이 있다.

(1) 손해율 방식(loss ratio method)

가. 실제손해율(actual loss ratio)과 예상손해율(expected loss ratio)을 비교하여 보험요율을 결정하는 방식이다.

나. 과거요율을 현실적으로 조정하는 방법이라 신규 보험종목에 사용할 수 없다.

> **🔍 참고**
>
> **손해율 방식에 의한 요율조정 산식**
>
> 보험료 = 과거 보험료 (1 ± 요율조정률)
>
> $$요율\ 조정률 = \frac{A-E}{E}$$
>
> A : 실제손해율(actual loss ratio)
> E : 예정손해율(expected loss ratio)

> **예제**
>
> 실제손해율 48% , 예정손해율 60% 일 때 요율조정율은 -20%이므로
> 새로운 요율은 과거 요율의 80%가 된다.

(2) 순보험료 방식

가. 과거 통계를 기초로 새로운 요율을 산정하는 방식

나. 기존의 요율의 유무와는 관계없이 독립적으로 순보험료율(예정손해율)을 결정하는 방법

다. 순보험료 : 영업보험료에서 부가보험료를 뺀 것으로 발생된 손실과 손해사정비용에 충당되는 보험료이다.

라. 순보험료 방식은 순보험료를 계산하는 기법인데 영업보험료(총보험료)는 순보험료를 결정한 후에 부가보험료를 추가하여 만들어 진다.

마. 순보험료 계산식

$$\text{순보험료} = \text{손실빈도} \times \text{손실규모}$$

$$= \frac{\text{총사고건수}}{\text{총계약건수}} \times \frac{\text{총손실액}}{\text{총사고건수}}$$

$$= \frac{\text{총손실금액}}{\text{총계약건수}}$$

$$= \frac{\text{총보험금}}{\text{총계약건수}}$$

$$\text{영업보험료} = \frac{\text{총보험금}}{1 - \text{사업비율}}$$

$$\text{사업비율} = \frac{\text{부가보험료}}{\text{영업보험료}}$$

3 생명보험의 요율산정

가. 생명보험료를 산출하는데 기본적으로 고려되는 요소 : 사망률(mortality), 예정이율(assumed interest rate) 및 사업비율(expense rate)

나. 생명보험은 사망률이 높아지면 순보험료 수준이 높아진다.

다. 순보험료가 결정된 후 사업비율을 적용하여 영업보험료를 산출하게 된다.

라. 등급의 기준은 피보험자의 연령과 성별이며 이 두 가지 요소는 피보험집단의 사망률을 결정한다.

마. 단체생명보험의 경우 피보험자 개인보다 피보험단체를 중심으로 경험요율을 적용하는 경우도 있다.

언더라이팅 및 재보험

제1절 언더라이팅(underwriting)

1 언더라이팅의 정의와 목적

(1) 언더라이팅 정의

가. 보험계약을 위해 보험자가 보험가입을 신청한 리스크를 선택(selection)하고 분류하는(classifying) 심사과정을 말한다.

나. 보험회사가 리스크를 선택하는 것은 손해발생 리스크상태(hazard)가 높은 사람일수록 보험에 가입하고자 하기 때문이다. 이러한 역선택(adverse selection) 방지하기 위한 업무가 언더라이팅이다.

다. 언더라이팅은 소비자의 역선택 방지를 통해 보험회사의 수익성 확보와 안정적인 성장을 위한 업무이다.

(2) 언더라이팅의 목적

가. 역선택 방지와 적정요율 적용

나. 보험범죄 방지

다. 수익성 확보

2 언더라이팅의 기본원칙

가. 보험회사 고유의 언더라이팅 기준 준수

나. 요율등급 내 균형 유지

다. 인수리스크 간의 형평성 유지

3 언더라이팅 정책

(1) 정책의 목적

언더라이팅 정책은 사업의 구성을 결정하며, 언더라이팅 정책의 수립은 보험회사가 추구하는 목표들 간의 조화를 필요로 한다.

(2) 제한요인

언더라이팅 정책을 제한하는 요인들로는 보험회사의 인수능력, 정부의 규제, 인적자원, 재보험 등이 있다.

1) 인수능력

보험자의 인수능력(capacity)은 보험계약자잉어금 대비 수입보험료의 크기로 제한되는데, 이는 보험자의 지급능력을 평가하는 데 결정적인 기준이 된다.

2) 정부 규제

정부의 규제(regulation)는 보험사업 운영에 있어 큰 영향을 미치며 언더라이팅 정책의 수립 및 이행에 있어서도 중요한 영향을 미친다.

3) 인적자원

4) 재보험

재보험(reinsurance) 특약의 보험요율 및 가용성(availability)은 보험자의 인수 능력에 큰 영향을 미친다. 재보험을 통해 보험자는 계약자잉여금을 확충하고 법정준비금 부담을 줄임으로써 인수능력을 제고할 수 있다.

4 언더라이팅의 수행과정

(1) 정보의 수집과 리스크상태(hazard)의 평가

1) 정보의 수집

☞ 언더라이팅의 첫 단계는 리스크에 관한 정보를 확보하는 일이다.

☞ 물질적, 도덕적, 정신적 리스크를 평가하는 기준이 된다.

☞ 정보의 주요원천은 보험판매인, 보험청약서, 손실통계, 조사보고서, 보험자의 실제조사, 전문기관의 검증보고서, 정부기록, 소비자 조사보고서, 손해사정서류 등이 있다.

2) 인수결정의 통보와 모니터링

가. 필요한 언더라이팅 정보가 입수되면 청약 물건이 어떠한 리스크상태에 있는 지를 결정하기 위해 그 정보가 분석되고 평가되어야 한다.

나. 보험자가 평가하는 리스크상태는 물리적 리스크상태(physical hazard), 도덕적 리스크상태(moral hazard), 정신적 리스크상태(morale hazard) 및 법률적 리스크상태(legal hazard) 등으로 구분된다.

다. 보험자의 입장에서는 보통이나 보통보다 낮은 리스크상태에 있는 청약자가 일반적으로 바람직한 인수대상이다.

(2) 고려사항

1) 보험요율의 적정성

2) 재보험
인수대상 리스크가 재보험이 가능성 또는 거래조건에 따라 언더라이팅은 변화될 수 있다.

3) 계약갱신
언더라이팅에 부여된 권한으로 재산 및 책임보험에 있어서는 계약기간 중 해약하거나 보험계약을 갱신하지 않을 수도 있다.

(3) 리스크인수 결정

① 청약의 승낙, ② 청약의 거절, ③ 일정한 제한이나 수정의 조건부 승낙이 있다.

↻ 조건부 승낙의 형태는 다음과 같다.

가. 손실통제 수단의 채택
나. 보험요율 변경 또는 보험가입금액의 변경
다. 보험계약조건의 수정
라. 임의 재보험이나 공동보험사용

5 언더라이팅 리스크

(1) 정의
보험회사가 계약을 인수하면서 발생할 수 있는 잠재적인 손실을 의미하며 이는 보험회사가 계약을 체결하기 전에 위험을 정확하게 평가하고 관리하지 못했을 때 발생할 수 있다.

(2) 언더라이팅 리스크 발생 원인

1) 위험 평가 오류:
보험회사가 계약을 체결하기 전에 위험을 정확하게 평가하지 못하거나, 위험을 과소평가하여 계약을 체결할 경우 발생할 수 있다. 예를 들어, 건강 상태를 정확하게 파악하지 못하거나, 고객의 재정 상황을 제대로 평가하지 못하는 경우.

2) 사고 발생률 증가:
보험회사가 예상보다 더 많은 사고가 발생했을 경우, 보험금 지급 부담이 증가하여 언더라이팅 리스크가 발생할 수 있다.

3) 보험금 청구 증가:
보험회사가 예상보다 더 많은 보험금 청구가 발생했을 경우, 보험금 지급 부담이 증가하여 언더라이팅 리스크가 발생할 수 있다.

4) 경제적 불황:

경제적 불황 시 보험회사의 투자 수익이 감소하고, 보험금 지급 부담이 증가하여 언더라이팅 리스크가 발생할 수 있다.

5) 법률 및 규제 변화:

법률 및 규제 변화로 인해 보험회사가 보험금 지급 기준이 변경되거나, 보험료 인하를 요구하는 경우, 보험회사의 이익이 감소하여 언더라이팅 리스크가 발생할 수 있다.

(3) 언더라이팅 리스크 관리 방법:

1) 위험 평가 강화:

보험회사는 계약을 체결하기 전에 위험을 정확하게 평가하기 위해 다양한 자료를 수집하고 분석해야 한다. 예를 들어, 보험 가입 희망자의 건강 상태, 재정 상황, 직업 등 관련 정보를 자세히 확인하고, 의학적 검사나 재무 검사를 실시할 수 있다.

2) 보험료 책정:

보험회사는 위험 수준에 따라 보험료를 적절하게 책정해야 한다. 위험이 높은 경우 보험료를 높이고, 위험이 낮은 경우 보험료를 낮춰서 언더라이팅 리스크를 줄일 수 있다.

3) 재보험:

보험회사는 언더라이팅 리스크를 분산시키기 위해 다른 보험회사와 재보험 계약을 체결할 수 있다. 재보험을 통해 보험회사는 계약 인수와 관련된 위험을 다른 보험회사와 공유하고, 위험 부담을 줄일 수 있다.

4) 언더라이팅 전문 인력 확보:

보험회사는 언더라이팅 리스크 관리를 위해 전문적인 지식과 경험을 가진 언더라이터 인력을 확보해야 한다.

5) 위험 관리 시스템 구축:

보험회사는 언더라이팅 리스크 관리를 위한 효율적인 시스템을 구축해야 한다. 이를 위해 위험 평가, 보험료 책정, 재보험 등 다양한 위험 관리 활동을 체계적으로 관리하고, 위험 발생 시 신속하게 대응할 수 있도록 해야 한다.

1　재보험의 정의

가. 보험자가 리스크 관리목적으로 체결하는 보험계약 → 책임보험

나. 보험회사가 인수한 리스크의 일부 또는 전부를 다른 보험회사에 전가시키는 것을 말한다. → 보험을 위한 보험

다. 보험회사는 대형 리스크를 인수하고 리스크의 종류에 따라 자기가 부담할 수 있는 책임한도를 정하고 그 한도를 초과하는 리스크는 재보험회사에 전가한다.

라. 보험계약을 처음 체결한 보험자 → 원보험자(primary reinsurance)

마. 원보험자로부터 보상책임 리스크를 다시 인수하는 보험자 → 재보험자

바. 재보험과 공동보험의 차이

    a. 공통점 : 동일한 리스크를 다른 보험자와 함께 책임을 분담

    b. 차이점 : 재보험 → 수직적 분산, 별개의 독립계약

            공동보험 → 수평적 분산

2　재보험의 기능

1. 보험수익의 안정성

  ↻ 다수의 결합 → 대수의 법칙 → 손익변동이 줄어든다. → 안정적 경영

2. 인수능력의 확대

  ↻ 원수보험에서 인수 불가능한 리스크를 재보험에 전가함

3. 미경과보험료적립금의 경감

  ↻ 수입보험료에서 재보험료를 차감한 이후의 금액으로 미경과보험료적립금을 결정하므로 보험회사의 부채부담을 감소

4. 전문 지식과 정보 확보

  ↻ 재보험사의 리스크분석, 인수, 요율결정 등에서 다양한 경험과 전문성을 이용할 수 있음

3 재보험의 분류

1. 임의재보험과 특약재보험 (거래유형에 따른 분류)

(1) **임의재보험**(facultative reinsurance)

① 원보험자와 재보험자가 재보험 거래를 자유롭게 의사결정을 갖는 보험

② 장점

　가. 원보험자(출재사)의 입장에서 특약으로 소화하기 곤란한 계약에 대한 재보험 출재조건을 계약당사자 간 합의에 의해 자유롭게 설정할 수 있다.

　나. 재보험자에 대한 적정 underwriting profit 보장에 대한 출재사의 부담감을 해소 시킬 수 있다.

　다. 출재사가 계약별로 자기의 보유를 임의로 조정 · 결정할 수 있어 출재의무에서 벗어날 수 있고 더 많은 재보험자에게 리스크를 분산시킬 수 있다.

③ 단점

　가. 재보험 처리에 있어 사무적인 번잡이 따르고 많은 시간이 소요된다.

　나. 자동적인 재보험 담보가 없으므로 재보험 처리가 완료되기 전에는 원보험자의 담보능력을 초과하는 리스크까지 책임을 지게 되는 경우가 있어 원보험계약 인수에도 영향을 미치게 된다.

　다. 재보험자 입장에서 역선택(adverse selection)의 위험이 있다.

(2) **특약재보험**(treaty reinsurance, **강제재보험**)

　가. 원보험자와 재보험자 간에 미리 출재대상 계약의 범위, 재보험자의 책임한도액, 담보지역, 처리방법, 재보험수수료 등 여러 가지 담보조건에 대하여 특약을 체결하여 이에 따라 양측의 재보험 청약과 인수의무가 성립되는 것으로 약정기간 동안에는 계속 자동적으로 재보험이 처리되는 방법이다.

　나. 임의재보험에 비해 재보험거래에 따른 비용과 시간이 절감된다.

　다. 자동적인 재보험 담보가 보장되어 원보험계약 모집에 상당한 이점이 있다.

　라. 매 계약에 대한 자유재량권이 없다는 단점이 있다.

　마. 비정상적인 대형리스크는 가급적 피하고 특약조건에 맞는 리스크를 주로 다룬다.

2. 비례적 재보험과 비비례적 재보험 (분담방식에 따른 분류)

> 1. **비례적 재보험**(proportional reinsurance)
>
> 　비례재보험 특약(quota share reinsurance treaty)
> 　초과액재보험 특약(surplus reinsurance treaty)
> 　임의적 의무재보험(facultative obligatory cover)
>
> 2. **비비례적 재보험**(non-proportional reinsurance)
>
> 　초과손해액 재보험 특약(excess of loss reinsurance)
> 　초과손해율 재보험 특약(excess of loss ratio reinsurance)

(1) **비례적 재보험**(proportional reinsurance)

가. 보험금액에 대한 원보험자과 재보험자의 인수금액의 비율에 따라 보험료가 배분한다.

나. 보험금에 대해서도 동일한 비율로 각자의 부담금이 산출된다.

다. 비례적재보험 특약에는 비례재보험특약, 초과액재보험특약, 임의적 의무재보험 등이 있다.

① 비례재보험 특약(quota share reinsurance treaty)

가) 원보험자가 인수한 계약 중 미리 정한 조건에 모든 계약의 일정 비율로 재보험으로 처리되는 방법이다.

나) 사무절차가 간단하고 비교적 유리한 조건으로 용이하게 재보험자를 찾을 수 있어 신규 판매하는 보험종목이나 영업경험이 적은 신설보험회사의 재보험 방법으로 많이 사용된다.

다) 장점 : 특약한도액(treaty limit) 내에서 리스크의 규모와 상관없이 모든 출재 대상 계약이 일정 비율로 재보험자에게 출재되므로 재보험 특약 실적의 안정화를 기할 수 있으며 출재회사에 의한 리스크의 역선택(adverse selection)을 예방할 수 있다.

라) 단점 : 이익의 가능성이 높은 양질의 리스크까지도 재보험자에게 의무적으로 넘겨주어야 되므로 원보험자의 입장에서보면 재보험자에게 불필요한 보험료 유출이 생길 수 있다.

② 초과액재보험 특약(surplus reinsurance treaty)

가) 재보험자가 원수보험자의 보유한도를 초과하는 금액에 대하여 정해진 최고한도까지 인수한다.

나) 출재회사가 출재 대상인 개별 계약에 대하여 자사의 보유한도액을 미리 정한 후에 보유한도액의 일정배수를 특약한도액으로하는 재보험 특약이다.

다) 개별 계약마다 특약에 출재비율이 달라지기 때문에 재보험료, 재보험금도 각 개별계약마다 출재비율에 맞게 계산된다.

라) 특약 출재비율에 따라 원보험계약의 보험료가 재보험자에게 배분되고 보험사고 발생 시에는 동일한 비율에 따라 재보험자가 출재사(원보험자)에 재보험금이 지급되기 때문에 비례적 재보험에 해당된다.

마) 인수금액을 신축성 있게 조정할 수 있다.

바) 재보험자 입장에서는 잔존 금액을 재보험자가 인수함에 따라 불량 물건만을 인수하게 될 가능성이 높아 위험의 평준화를 기하기 어려운 점이 있다.

사) 사무처리 면에서 건별로 보유금액을 결정하여야 하는 등 다소 복잡하고 전문적인 언더라이팅 기술이 필요하다.

③ 임의적 의무재보험(facultative obligatory cover)

가. 출재사(원보험자)는 출재여부를 임의로 결정할 수 있으나 재보험자는 출재회사가 재보험으로 출재한 보험계약은 의무적으로 수재하도록 정하여진 계약으로 통상 비례재보험 특약이나 초과액재보험 특약의 재보험 인수능력이 소진된 후에 사용되고 있다.

(2) 비비례적 재보험(non-proportional reinsurance)

가. 원보험계약에 발생하는 보험사고의 손해액을 기준으로 원보험자와 재보험자의 책임이 분담된다.

나. 미리 정해진 손해액을 초과하는 금액만을 재보험자가 책임지게 되고 재보험료도 초과손해액의 발생 가능성과 규모에 따라 정해짐으로써 원보험자와 재보험자의 책임에 대한 어떠한 비례성이 존재하지 않는다.

다. 비비례적 재보험은 초과손해재보험과 초과손해율 재보험으로 구분된다.

① 초과손해액 재보험 특약(excess of loss reinsurance)

　가. 리스크당 또는 사고당 발생된 손해에 따라 정해진 손해액까지는 원수보험자가 책임을 지고, 재보험자가 보상하는 부분은 원보험자가 보유손해액을 초과하는 금액으로 특약 보상한도액의 범위를 넘시 않는 손해액이 된다.

　나. 보험물건별로 보유액과 출재액을 계산하지 않으므로 사무비가 적게 들고 거대리스크의 발생가능성이 있는 누적리스크를 담보하는데 이상적이고 보유보험료를 증대시킬 수 있는 이점이 있다.

　다. 적정수준의 보유손해액 결정에는 상당히 전문적인 기술이 필요하다.

② 초과손해율 재보험 특약(excess of loss ratio reinsurance, stop loss cover)

　가. 일정기간 동안 누적손해율이 일정률에 이를 때까지는 원수보험자가 모든 손해를 책임진다.

　나. 일정 손해율을 넘는 손해에 대해서는 그 초과액 또는 초과율을 재보험으로 보상받는 방법이다.

　다. 원보험자(출재사)의 연간 최고손해율을 일정수준 유지하기 위해 재보험 특약으로 손해를 일정 비율로 정지시킨다는 개념으로 stop loss cover 라고도 한다.

　라. 일정기간의 영업실적이 평균손실률을 크게 상회하는 비정상적인 경우에 대비하여 경영의 안정을 기하고자 하는 것이며 주로 천재지변을 담보(우박보험, 농작물보험)하는 보험종목이 대상이다.

　마. 예를 들어 손실률 60%미만까지는 원수보험자가 책임 지고, 60%이상에서 120%까지 재보험자가 책임지는 조건으로 계약을 한 경우이다.

　　손실율 = 발생손해액 / 경과보험료 x 100%

　바. 장점

　　a. 출재회사의 일정보상액 설정으로 재보험 관리비용이 상대적으로 저렴

　　b. 거래위험이나 대형손해의 발생 가능성이 있는 누적위험을 담보하는데 보다 적정한 방법

　　c. 원보험회사는 보유보험료 증대 가능

　사. 단점

　　a. 적정 수준의 보유손해액을 결정하기 위해 보험계리 인력 필요

　　b. 재보험 출재수수료 없음

　　c. 재보험자 입장에서 비례재보험 대비 수익성은 높으나 보험료 수입은 적음.

③ 재보험풀

　가. 여러 보험자가 재보험을 목적으로 결합하여 각자 인수한 보험계약의 전부 또는 일부를 풀(공동계산)한다.

　나. 재보험계약의 종류에 속하지 않지만 리스크를 분산시키는 재보험의 기능을 한다.

3. 금융 재보험 (Finite Reinsurance)

(1) 정의

전통적인 위험 이전(risk transfer) 목적보다는 재무적·회계적 목적을 위해 활용되는 재보험 형태. 즉, 위험 전가보다는 자본구조 개선, 수익 안정화, 회계처리 보완을 목적으로 한다는 점에서 일반 재보험과 차이가 있다.

(2) 특징

가. 위험 전가의 비중이 낮음

전통적 재보험은 대규모 손실 발생 위험을 나누는데 목적이 크지만, 금융재보험은 자본이나 수익 변동성을 관리하는 목적이 더 큼.

나. 재무구조 개선
- 신계약비(예 보험 영업 과정에서 발생하는 모집수수료, 유지비 등)를 분산하여 회계처리를 안정화하는데 활용됨.
- 보험사가 단기간에 발생하는 비용 부담을 줄이고 이익을 평준화할 수 있음

(3) 금융 재보험의 종류

가. 장래형 담보

가) Finite Quota Share (FQS) : 재보험영업손익의 분담 및 재보험사의 책임액 제한이 포함되어 있는 재보험 특약

나) Spread Loss Treaty (SLT) : 출재사의 실적 변동성을 줄이기 위해, 출재사의 영업손실에서 손실이 발생할 경우 재보험사가 약정된 한도 내에서 재보험금을 지급, 출재사는 추가적 재보험료 납입

다) Aggregate Excess of Loss (AXL) : 계약기간 중 출재사의 보유 누적손실이 일정 수준을 넘어설 경우 재보험 담보를 제공하는 방식.

나. 소급형 담보

가) Loss Portfolio Transfer (LPT) : 출재사의 잔존책임 전체를 재보험사에 이전하는 방식

나) Adverse Development Cover (ADC) : Retrospective Excess of Loss Cover (RXL)라고도 불림.
출재사가 기존에 체결한 계약들에 대하여 현재까지 적립된 지급준비금 또는 약정된 보유손해액을 초과하는 손해가 발생한 경우 이 초과분을 담보한다.

> **예제**
>
> 대재해위험을 자본시장의 투자자들에게 전가하는 대체위험전가(ART)의 방법이 아닌 것은?
>
> ① 금융재보험(Financial Reinsurance)
> ② 대재해채권(Catastrophe bond)
> ③ 사이드카(Sidecar)
> ④ 대재해옵션(Catastrophe option)
>
> **답** ①
>
> **해** 사이드카(Sidecar)
>
> 사이드카는 일반적으로 주 보험사 또는 재보험사와 별도의 법인체로 설립되는 일종의 재보험 수단이다. 사이드카는 재보험 산업에 투자하려는 투자자 그룹의 자금을 지원받는다. 그런 다음 사이드카는 주 보험사 또는 재보험사와 재보험 계약을 체결하여 손실을 감당할 수 있는 추가 용량을 제공한다. 사이드카는 일반적으로 인수 및 위험 관리를 담당하는 숙련된 재보험 관리자가 관리한다.
> - 장점 : 추가 자본을 조달하지 않고도 역량을 늘릴 수 있다.
> - 단점 : 신용위험뿐만 아니라 사이드카 관리자가 인수 및 위험 프로세스를 효과적으로 관리하지 못할 수 있다는 위험에 노출

4　재보험계약조약

1. Sunset clause(일몰조항)

보험기간 종료 후 일정 기간 이내에 발생한 사고 건에 대해 재보험자에게 통지해야 하고, 그 기간이 경과하면 재보험자의 책임이 존재하지 않음을 명시하는 조항.

2. commutation(합의 청산조항)

재보험사가 출재사와 합의된 금액을 청산함으로써 미지급 보험금 등 잔존책임을 종료하는 조항이다. 계약기간 중 재보험사는 계약을 해지할 수 있는 권한을 가지는 commutation clause(합의청산조항)을 사용하여 재보험사의 책임을 제한할 수 있다.

3. sudden death clause(즉시해지조항)

다음과 같은 사유가 발생한 경우에 이미 체결된 재보험특약의 전체 또는 일부를 재보험사가 종료 · 취소할 수 있는 조항.

① 출재사의 합병이나 양도 등에 따른 경영진의 변화
② 출재사의 자본금 감소
③ 출재사의 채무지급불능상황
④ 특약상의 출재사의 순보유분에 대한 별도의 재보험계약 체결

4. counsel and concur clause(자문과 동의조항)

재보험사의 보험금 청구 결정에 대한 자문과 동의를 구할 의무가 있음을 나타내는 조항.

5. reports and remittance clause(보고서 및 송부조항)

출재사가 보험료와 손실과 관련된 모든 데이터를 일정 기간 내에 재보험자에게 보고해야 하는 조항.

6. run - off 방식

재보험특약 해제시 그 해약시점에 있어서의 미경과보험기간 및 미지급보험금에 대하여 만기 또는 재보험정산이
완전히 끝날 때까지 재보험자가 그 책임을 계속해서 부담해야 하는 방식. ↔ clean - cut 방식
특약출재기간이 종료된 경우에도 출재된 개별 원보험계약의 만기 도래 또는 청산이 완전히 종결될 때까지
재보험자의 책임이 계속되는 재보험 운영방식

7. clean - cut 방식

재보험계약이 만료되는 경우 재보험자의 책임이 종료되는 방식

8. cut - off 방식

재보험자 책임종결 방식

9. cut - through 방식

출재사인 원보험자의 파산 시에 재보험자가 원보험계약의 피보험자에게 직접 재보험금을 지급할 수 있도록
규정한 재보험계약 조항.(= 재보험금 직접청구방식)

10. Interlocking Clause(연동조항)

둘 이상의 재보험특약 사이에 손실이 어떻게 배분되는지를 결정하는 조항이며, 재보험사에게 최소 두 번의
계약기간에 걸쳐 위험을 분산시킬 수 있는 권한을 부여한다.

11. 운명추종조항(follow the fortunes clause)

보험사고 처리와 관련하여 출재사(원보험자)가 선의로 행동하였고, 그 손실이 재보험계약상 담보범위 내에
있는 이상 재보험자는 특별한 이의 없이 보상하여야 하는 조항.

12. 중재조항(arbitration clause)

계약 쌍방이 분쟁을 소송대신 중재에 회부할 것을 동의하는 재보험증권상의 조항.

13. 클레임협조조항(claim cooperation clause)

출재사(원보험자)가 재보험자에게 원보험계약상 보험 청구나 사고처리와 관련된 정보를 제공하고,
클레임(claim) 처리와 관련하여 상호 협조할 의무가 있다는 조항.

☞ 운명추종조항의 예외 사항이다.

재무관리

제1절　재무관리의 정의

1　재무관리의 정의

가. 미래현금흐름의 순현재가치를 극대화시키는 투자행위

나. 투자활동을 관리하고 경영효율성 및 수익성을 분석

다. 보험회사가 필요한 자금을 조달, 보험경영의 재무적 건전성을 확보

라. 종합적 경영평가와 대책을 추진하는 것이다.

미. 보험경영자의 재무관리 측면에서 뿐만 아니라 보험감독기관의 피보험자 이익보호 측면에서 중요하다.

2　수입보험료(premium written) 와 수입재보험금

(1) 수입보험료 및 수입재보험금의 정의

가. 수입보험료 는 보험상품의 판매에 따른 매출금

나. 보험상품의 판매는 손실발생 가능성이 있는 리스크이기 때문에 수입보험료의 성장만을 위한 부실한 영업활동은 장기적 관점에서 보험회사의 성장에 기여하지 못한다.

다. 수입보험료는 원수보험료와 재보험료를 가감한 보유보험료로 구분된다.

라. 수입재보험금이란 보험회사가 재보험에 가입한 보험계약에 손실이 발생하여 재보험자가 보험자에게 보상하는 보험금으로 보험회사의 자금조달측면에서 큰 역할을 하고 있지는 않지만 재난적 사고발생에 따른 급격한 자금조달이 필요할 때 큰 도움을 줄 수 있다.

(2) 자본금 및 잉여금

가. 보험회사는 회사 설립의 요건으로 최저 자본금 이상을 납입하여야 보험사업을 시작할 수 있다.

나. 자본잉여금과 이익잉여금은 보험회사의 지급여력을 지원하는 중요한 자산이다.

다. 생명보험에서의 이익잉여금은 사차익, 이차익, 비차익 및 자산 재평가이익 등이 있다.

라. 손해보험에서의 이익잉여금은 언더라이팅이익과 투자이익으로 발생한다.

(1) 사차손익 (underwriting profit or loss)

가. 요율산정할 때 가정한 예상손실률과 실제발생률의 차이에 따른 손익

나. 보험요율을 산정할 때 예정 손실발생률이 실제손실발생률보다 크면 이익이 발생하고 그 반대면 손실이 발생하는 것이다.

다. 사차손익에 영향을 주는 요인은 예정사망률의 수준, 언더라이팅 및 보험금 지급의 질적 수준 등이 주요 요인이 된다.

(2) 이차손익(investment profit or loss)

가. 투자사업의 결과

나. 생명보험 경영에서 이차손익은 예정이율과 실제투자수익률과의 차이에서 발생하는 것이다.

(3) 비차손익(expense profit or loss)

가. 예정사업비율과 실제사업비율의 차이에 따른 결과를 말한다.

나. 보험가격을 산정할 때 예정되는 대표적 원가 요소는 손실발생률, 투자수익률 및 사업비율 등이다.

다. 사업비율에 대해서도 보험가격을 산정할 때 예정사업비율을 반영하고 실제사업비율은 미래 결정된다.

라. 사업비 잉여가 비차익이고 사업비 부족이 비차손이다.

1　손해율(loss ratio)

(1) 손해율의 정의

가. 보험회사가 지급한 손실금액과 수입된 보험료의 비율을 말한다.

나. 손해율이 높을수록 보험영업의 수익이 악화되는 것이다.

다. 손해율의 종류는 손실의 성격과 보험료의 내용에 따라 경영효율 분석의 목적에 따라 이용된다.

라. 손해율의 종류는 원수손해율, 순손해율 및 경과손해율이 있다.

> **🔍 참고**
>
> 순손해율 = 순보험금 / 보유보험료
> 순보험금 = 지급보험금 - 수입보험금 - 구상이익

(2) 경과손해율

가. 경과보험료에 대한 경과손해액의 비율

나. 보험회사의 최종적 보험영업 수익성을 나타낸다.

다. 재보험거래의 결과를 반영하였을 뿐만 아니라 보험료와 보험금 모두에 경과 개념을 적용하였기 때문에 가장 정확한 수익성을 측정할 수 있다.

> **🔍 참고**
>
> 경과손해율 = 경과손해액 / 경과보험료

2　사업비율(expense ratio)

가. 사업비는 보험회사를 경영하는 과정에서 지출되는 경비를 말한다.

나. 사업비의 효율성을 나타내는 사업비율은 보험료에 대한 사업비의 비율이다.

다. 사업비 개념은 투자영업비용을 제외한 모든 종류의 비용이 포함되어 있다.

라. 보험영업이익은 경과보험료, 경과손해액 및 순사업비에 따라 결정되기 때문에 순사업비의 절감은 보험영업이익을 증가시키는데 크게 기여한다.

> **🔍 참고**
>
> 월 미경과보험료 - 차기이월 미경과보험료

3   합산비율(combined ratio)

가. 정의 : 투자수익을 제외한 보험영업의 손익을 나타내는 지표

나. 손해율과 사업비율을 합한 것을 말한다.

경과손해율과 사업비율을 합산하여 100%를 초과하면 영업손실(리스크선택손실)이 발생하고, 100% 이내이면 영업이익(리스크선택이익)이 발생한다.

> **🔍 참고**
>
> 합산비율 = 손해율 + 사업비율
> = [(경과손해액 / 경과보험료) + (사업비 / 경과보험료)]
> = [(발생손해액 / 경과보험료) + (발생경비 / 경과보험료)]

4   종합경영비율(overall operation ratio)

가. 일정기간 보험회사의 종합적인 경영성과를 나타내는 지표

나. 합산비율에서 투자수익률을 차감하여 나타낸다.

다. 합산비율은 보험운영의 결과를 판단하는 지표이지만, 종합경영비율은 투자수익을 감안하여 보험회사의 전체 경영성과를 측정할 수 있다.

라. 투자수익률은 특정기간에 있어 투자수익에서 투자와 관련한 제비용을 공제한 순투자 수익을 경과보험료로 나눈 비율이다.

> **🔍 참고**
>
> 종합경영비율 = 합산비율 - 투자수익률
> 투자수익률 = 순투자수익 / 경과보험료

제3절　자산운용

1　자산운용의 정의

가. 보험사업을 추진하는 과정에서 보험료는 미리 받고 보험금은 장래에 지급되기 때문에 자산을 안전하게 운용되어야 한다.

나. 보험회사의 자산은 안전하게만 운영되는 것으로 충분하지 않고 효율적인 투자를 통해 적정한 수익률을 획득하고 필요한유동성을 확보해야 한다.

다. 자산운용의 중요성

　　1) 보험원가의 절감

　　2) 보험회사 수익의 원천

　　3) 보험자산의 안전한 보전

　　4) 국민경제에 자원조달

2　보험자산의 투자원칙

(1) 안전성

　　가. 보험자산은 대부분 보험계약자가 보험료로 이루어지기 때문에 보험금을 지급하기 위하여 법적적립금 형태로 안전하게 보전 되어야 한다.

　　나. 자산운용에 대한 정부의 감독. 규제는 자산운영의 안전성에 초점이 맞추어져 있다.

(2) 수익성

　　가. 투자활동에서 적정한 수익성이 유지되어야 한다.

　　나. 보험회사의 자산운용은 보험원가를 절감하는데 기여하고 보험회사 수익의 중요한 원천이다.

(3) 유동성

　　자산운용의 수익성과 안전성에도 영향을 미치기 때문에 종합적인 자산·부채관리기법 등이 활용되고 있다.

(4) 공공성

　　가. 보험계약자의 이익보호와 국민경제에 영향을 미치기 때문에 다른 금융기관의 자산운용 보다 더 많은 공공성이 요구된다.

　　나. 거대한 보험자산이 대기업이나 특정 기업집단, 부동산에 편중되어 운용되어서는 안 된다.

보험회계

제1절 보험계약준비금

1 보험계약준비금의 정의

가. 책임준비금과 비상위험준비금 구성

나. 책임준비금 : 보험회사가 보험계약자에게 보험금이나 환급금 등을 이행하기 위한 부채로서 적립하는 준비금을 말한다.

다. 비상위험준비금 : 책임준비금과 예상손실률을 초과하는 대재난적 손실에 대비하기 위해 미리 일정금액을 적립한 금액

2 책임준비금

☞ 손해보험의 책임준비금은 지급준비금, 미경과보험료적립금, 장기저축성 보험료적립금, 계약자배당준비금, 계약자이익배당준비금, 배당보험손실보전준비금

(1) 지급준비금(loss reserve)

1) 정의 : 보험금 등의 지급사유가 발생한 계약에 대하여 지급하여야 하거나 지급하여야 할 것으로 추정되는 금액 중 아직 지급하지 않은 금액

2) 대상

① 기정산 미지급(reported and adjusted but not paid)

손실금액이 확정되었으나 아직 지급되지 않은 손해를 말한다.

② 기보고 미정산(reported and filed but not adjusted)

보험회사에 사고가 통보되었으나 손실금액의 미확정으로 지급되지 않은 손해(outstanding loss reserve)를 말한다.

③ 기발생 미보고(incurred but not reported, IBNR)

사고는 발생하였으나 보험회사에 아직 보고되지 않은 손해를 말한다.

3) 산출방법

① 손실률방법

예정손실률을 이용하여 예정보험금액을 예측하고 그것에서 그 시점까지 실질적으로 지급된 보험금을 차감하여 얻은 금액을 지급준비금으로 추정하는 것이다.

② 평균지급보험금방식

가. 과거의 통계자료로 건당 평균지급보험금이 미래의 손해에도 적용 될 수 있다는 가정하에 산출
나. 통계적 자료가 충분하여 대수의 법칙을 적용 시킬 수 있는 보험종목에 쉽게 사용될 수 있다.

③ 사다리 방법

가. 손실진전삼각형 방법이라고도 하는데 손해가 발생한 시점부터 정산되는 시점까지의 경과 기간 동안 손실액이 어떻게 진전되어 가는지 총체적으로 분석하여 이를 근거로 미래에 지급될 것으로 예상되는 지급준비금을 추정하는 방법이다.
나. 매년 지급보험금발생 추이가 일정할 경우 이를 근거로 사고 발생건수와 관계없이 총체적인 지급 보험금실적에 의하므로 평균지급보험금방식보다 계산이 간편하고 신뢰성 있는 지급준비금의 산출이 가능하다.

(2) 미경과보험료적립금(unearned premium)

↻ 수입보험료 중 보장기간이 경과되지 않은 부분에 해당하는 보험료를 말한다. 보험회사에 납입된 보험료는 시간이 지남에 따라 경과보험료(earned premium)가 되고 미경과보험료 부분은 감소된다.

(3) 기타 책임준비금

1) 보험료적립금

보험료적립금은 결산기 말 현재보험금 등의 지급사유가 발생하지 아니한 계약에 대하여 장래의 보험금 등의 지급을 위해 적립해야 할 금액을 말한다.

2) 계약자배당준비금

배당부보상품에서 보험회사가 이익이 발생한 경우 계약자분을 별도 산출하여 보험계약자에게 배당하기 위해 적립한 금액을 말한다.

3) 계약자이익배당준비금

장래에 계약자배당에 충당할 목적으로 아직 이원별로 배분되지 않고 법령이나 보험약관에 의해 영업성과에 따라 총액으로 적립하는 금액을 말한다.

4) 배당보험손실보전준비금

배당보험계약의 손실을 보전하기 위한 목적으로 적립하는 준비금을 말한다.

책임준비금

1) 의의

보험자가 보험계약자로부터 받은 보험료에 대한 반대급부로 부담하는 보험계약상의 책임을 이행하기 위한 적립금을 말한다. 재무상태표(대차대조표) 상의 부채계정에 해당한다.

2) 보험계약부채의 종류

(1) 발생사고요소

① 의의

매 결산기 말 현재 보험계약 상 지급사유가 발생한 보험금등을 지급하기 위해 미래현금흐름에 대한 현행추정치를 적용하여 적립한 금액을 말한다.

최선추정(BEL), 위험조정(RA)으로 구분한다.

② 최선추정(BEL, Best Estimate Liabilities)

가. 보험계약집합 내 각 계약들의 확률가중평균한 미래현금흐름의 현재가치이다.

나. BEL은 최선 (Best)으로 추정(Estimate)한 부채(Liabilities)이다.

다. 산출방식은 평가시점에서 미래현금흐름의 유출현가에서 미래현금흐름의 유입현가를 차감하여 계산한다.

라. 최초 보험상품을 판매하면 BEL은 일반적으로 마이너스(-)로 산출된다. 만약 플러스(+)로 산출된다면 보험회사의 입장에서 해당 상품은 "지출>수입" 이라는 의미이므로 보험 상품을 판매할 이유가 사라진다.

마. 정확히 일치하지는 않으나 기존의 보험료적립금과 유사한 개념으로 파악하면 된다.

③ 위험조정(RA, Risk Adjustment)

가. 보험계약집합의 비금융위험에서 생기는 현금흐름의 금액과 시기에 대한 불확실성을 감수하는 대가를 말한다.

나. 위험조정은 비금융위험(보험(상해/장해/질병/장수/재물)/해약/사업비)으로 인한 현금흐름의 금액과 시기의 불확실성에 대비하여 쌓는 금액이다.

다. 보험회사가 최선추정(BEL)으로 적립한 부채 이외에 보험업을 유지하면서 생길 수 있는 위험상황(충격)에 대비하기 위하여 일종의 리스크 버퍼(Risk buffer 임시저장공간)의 개념으로 추가로 적립하는 금액이다.

④ 최선추정(BEL)에 고려할 사항

발생사고요소 최선추정에 포함되는 현금흐름은 다음의 사항을 고려하여야 한다.

가. 보험회사에 보고되었으나 아직 지급되지 아니한 보험사고에 대한 보험금

나. 보험회사에 보고되지 않았으나 이미 발생한 보험사고에 대한 보험금

다. 보험사고를 조사 · 진행 · 해결하는데 수반하는 비용 등 사고조사비용

라. 보험사고의 해결과정에서 취득하는 담보자산의 매각 또는 구상권 등 그 밖의 권리행사로 인한 회수가능액

(2) 잔여보장요소

① 의의

잔여보장요소란 매 결산기 말 현재 보험계약 상 보험금등의 지급사유가 발생하지 않았으나 장래에 그 보험금등을 지급하기 위해 미래현금흐름에 대한 현행추정치를 적용하여 적립한 금액을 말한다. 최선추정(BEL), 위험조정(RA), 보험계약마진(CSM)으로 구분한다.

② 최선추정(BEL, Best Estimate Liabilities)

③ 위험조정(RA, Risk Adjustment)

④ 보험계약마진(CSM, Contractual Service Margin)

가. 미래에 서비스를 제공함에 따라 인식하게 될 미실현이익이다.

나. 보험상품을 최초에 판매하면 최선추정(BEL)과 위험조정(RA)를 산출하고 둘의 합계 (BEL+RA)는 마이너스(-)로 표현된다. 여기에 보험계약마진(CSM)을 더하면 0이 된다.

다. CSM=-(BEL+RA)이다. 보험계약마진은 보험회사가 보험계약을 통하여 미래에 얻게 될 예상이익의 현재가치라고 할 수 있다. 따라서 CSM이 클수록 보험회사의 이익은 안정적이라고 할 수 있다.

3   비상위험준비금(contingency reserve)

(1) 정의

가. 거대한 위험(화재, 태풍, 지진 등) 예상손해율을 초과하는 비상위험에 대비하기 위해 책임준비금 외에 별도로 적립하는 금액을 말한다.

나. 우연성이 있는 부채의 성격이다.

다. 보험경영 측면에서 비상위험준비금을 많이 쌓을 수 있다는 것은 보험회사의 재무건전성이 높다는 것을 나타낸다.

(2) 적립기준

비상위험준비금은 보험종목별(화재보험, 해상보험, 자동차보험, 특종보험, 보증보험, 수재 및 해외원보험의 6종목) 영위하는 보험회사는 당해 사업연도의 보험료 합계액의 100분의 50의 범위에 도달할 때까지 매기 보험종목별 보유보험료에 보험종목별 적립기준율을 곱한 금액의 100분의 35이상 100분의 100이하의 금액을 기존적립액, 향후 손해율 추이 등을 고려하여 비상위험준비금을 계상하여야 한다.

비상위험준비금 = 보험종목별 보유보험료 x 적립기준율

1　지급여력제도(solvency margin)

(1) 정의

가. 지급여력을 적절하게 확보하여 재무건전성을 유지하는 것

나. 보험회사가 파산 등으로 인해 보험금지급을 이행하지 못 할 경우에 대비하여 보험계약자를 보호하기 위한 장치로서 지급여력비율(지급여력금액/지급여력기준금액)을 기초로 재무건전성감독의 중요한 수단으로 활용된다.

다. 보험업감독규정에서는 지급여력금액이 지급여력기준금액을 초과(지급여력비율100%이상) 하도록 요구하고 있다.

라. 현행 지급여력평가제도는 EU방식과 RBC방식이 있다.

2　EU방식

$$지급여력비율 = \frac{지급여력금액}{지급여력기준금액} \times 100$$

지급여력금액 = 가용자본

지급여력기준금액 = 보험위험액 + 자산운용위험액(책임준비금 × 4%)

보험위험액 = (생)위험보험금 × 0.3% 내외, (손)보유보험료 × 17.8%

가. 지급여력금액 : 기본자본에 보완자본을 가산한 후 차감항목을 공제한 금액으로서 실질적으로 활용할 수 있는 자본을 말한다.

나. 지급여력기준금액 : 보험업을 영위함에 따라 발생하게 되는 위험을 금융위원회가 정하는 방법에 의하여 금액으로 환산한 것을 말한다.

다. 보험회사의 다양한 리스크를 반영하지 못한다.

3 위험기준 지급여력제도(RBC : Risk-Based Capital)

(1) 정의

가. 미국, 캐나다 등의 감독방식으로서 보험사의 건전성 지표인 지급여력비율을 산정할 때 책임준비금뿐만
아니라 금리, 자산운용, 신용 리스크 등의 각종 요인을 평가한다.

나. 보험과 신용위험을 보다 구체화

다. 금융시장의 위험요인을 모두 반영, EU방식에 비해 보수적이면서 보험계약자의 보호 강화

라. 위험의 세분화. 정교한 측정방식

(2) RBC제도에서 개별리스크 정의 및 결정요인

① 보험리스크

예상하지 못한 손해의 증가 등으로 손실이 발생할 리스크로서 손해율, 거대 재해, 관련계약 규모,
재보험 거래내역 등이 결정요인이 된다.

② 금리리스크

금리변동에 따른 순자산가치의 하락등으로 재무상태에 부정적인 영향을 끼칠리스크로서
결정요인으로는 자산 · 부채의 듀레이션, 예정이율수준, 최저보증이율 수준 등이 있다.

③ 시장리스크

시장가격(주가, 이자율, 환율 등)의 변동에 따른 자산가치의 변화로 손실이 발생할 리스크로서
리스크경감수단 보유수준, 분산투자의 적정성이 결정요인이다.

④ 신용리스크

채무자의부도, 거래상대방의 채무불이행등으로 인하여 손실이 발생할 리스크며 신용등급, 담보, 보증
등 신용보강 내역이 결정요인이다.

⑤ 운영리스크

부적절한 내부절차 · 인력 · 시스템, 외부사건 등으로 인하여 손실이 발생할 리스크로서 결정요인으로
내부통제의 적정성, 사고방지, 대책의 적정성, 전산운영의 안정성 등이 있다.

1 CAMEL 경영실태평가

(1) 정의

가. 기업의 재무적인 경영상태는 경영분석에서 사용하는 재무비율분석 기법 등을 통하고 진단할 수 있다.

나. 보험회사의 경영실태를 객관적으로 평가하는 지표를 정하고 그 결과와 적기시정조치를 하여 재무건전성을 유지하도록 하고 있다.

(2) CAMEL 평가부분과 방법

가. 지급여력비율, 자산건전성, 경영관리, 수익성, 유동성, 등의 계량과 비계량항목으로 구분한다.

나. 비계량항목을 포함한 경영실태평가는 보험회사에 대한 현장검사로 구성된다.

다. 분기에는 지급여력, 자산건전성, 수익성, 유동성부문의 계량평가를 실시한다.

2 RAAS 리스크평가제도

(1) 정의

가. 보험회사의 경영활동에 수반되는 각종 리스크에 대한 노출정도와 리스크와 리스크에 대한 관리, 통제능력 등을 계량적, 체계적, 종합적으로 평가한다.

나. 평가결과에 기초하여 검사계획 수립 등의 감독, 검사업무에 활용하는 과정이다.

(2) RAAS 평가부분과 방법

가. 보험회사 경영활동에 수반되는 리스크를 보험, 금리, 시장, 신용, 유동성, 비재무적 리스크로 구분

나. 리스크 노출정도평가, 리스크 통제기능평가, 리스크 감내능력평가, 지급불능영향평가를 기본체계로 하여 종합리스크 등급을 산정한다.

다. 취약회사 및 취약부문에 대해서는 집중 감시하는 등 감독수준의 차별화 및 검사. 감독업무에 활용함으로써 감독업무의 효율화 및 선제적, 예방적 감독의 강화수단으로 사용하고 있다.

(3) CAMEL 경영실태평가와 RAAS 리스크평가제도 비교

가. CAMEL은 은행의 경영실태평가 모델을 일부 수정하여 보험회사에 도입한 것으로서, 보험회사의 특성을 잘 반영하지 못하지만 RAAS는 보험회사에 적합한 평가모델이며, 리스크기준 감독제도에 부합하는 리스크 중심적인 모델이다.

PART 3

보험계약의 특성

제1절 보험계약의 특성

1 보험계약의 정의(contractofinsurance)

가. 보험계약은 보험자가 대수의 법칙에 의한 위험률에 따라 보험계약자로부터 보험료를 받고 특정 목적에 대해 우연한 사고가 발생한 때에 보험금 기타의 급여를 할 것을 약정하는 채권계약이다.

나. 상법은 '당사자 일방이 약정한 보험료를 지급하고 재산 또는 생명이나 신체에 불확정한 사고가 발생할 경우에 상대방이 일정한 보험금이나 그 밖의 급여를 지급할 것을 약정함으로써 효력이 생긴다(제638조).'라고 규정하고 있다.

다. 보험계약이 법적 효력을 위해서는 그 계약이 합목적인 목적을 수행하는 것이어야 하고 청약과 승낙이 존재하며 계약당사자는 서로 약인을 제공하여야 한다.

2 성립요건

(1) 청약과 승낙(offer and acceptance)

가. 계약의 일방이 청약을 하여야 하며 상대방의 승낙이 있어야 한다.

나. 보험계약에 있어서 청약은 언제나 보험계약자가 먼저하며 이에 대한 승낙 또는 거절의 권리는 보험회사가 갖게 된다.

(2) 약인(consideration)

가. 계약은 거래 당사자 사이에 교환되거나 제공되는 가치가 존재하여야 한다.

나. 약인은 보험계약의 성립을 위해 보험계약 당사자 간에 서로 지불하는 대가를 의미한다.

다. 보험계약의 경우에는 보험료와 사고가 발생할 경우 보험금 및 사고 관련된 보상을 하겠다는 보험회사의 약속이 교환된다고 할 수 있다.

(3) 법적행위능력자(competent parties)

가. 계약을 할 수 있는 능력이 없는 사람이 보험계약을 체결하면 그 보험계약은 무효가 된다.

나. 미성년자나 행위무능력자 등은 보험계약을 체결할 수 없으며, 이들의 권리에 대해서는 법정대리인이 대신하여 법률행위를 하도록 하고 있다.

보험자도 계약을 체결할 수 있는 법적 능력이 있어야 한다. 보험회사의 보험계약 체결권한은 회사의 정관 또는 규정에 표시되어 있다.

(4) 계약의 합법성(legal purpose)

법에 의해 보호받을 수 있는 보험계약은 합법적 행위를 전제로 한다. 따라서 피보험이익이 없는 경우 또는 공서양속을 위반하거나 불법행위를 장려하는 경우 등에 대한 보험계약은 성립될 수 없다.

3 보험계약의 법적성질

(1) 불요식 · 낙성계약

가. 보험계약은 당사자 쌍방의 의사표시의 합치 → 청약과 승낙만 있으면 성립

나. 특별한 요식행위를 요구하지 않는다.

다. 낙성 · 불요식의 계약

라. 보험료의 납입 또는 보험증권의 발급은 보험계약성립 이후의 보험계약자와 보험자의 의무일 뿐 보험계약의 성립요건이 아니다.

(2) 유상 · 쌍무계약

보험계약은 보험자와 보험계약자 사이에 이루어지는 채권계약으로서 보험료와 보험금은 대가관계를 이루고 있으므로 유상계약이고, 계약의 각 당사자가 서로 대가적 의미의 채무를 부담하는 계약이므로 쌍무계약이다.

(3) 조건부계약

보험계약상 보험자의 보험금 지급의무에 대한 책임은 우연한 보험사고의 발생과 함께 보험계약자나 피보험자가 보험약관 상 명시된 여러 조건을 이행하여야 한다. 예컨대 고지의무, 위험변경증가 통지의무, 사고발생통지의무, 손해방지의무 등 보험약관상 계약조건이 이루어지지 않은 경우 보험자는 발생한 손해에 대한 보험금 지급 책임이 없으므로 보험계약은 조건부계약이다.

(4) 사행계약

보험계약에 있어서 보험자는 미리 보험료를 수령하여도 보험금 지급은 손해발생의 우연성을 전제로 하므로 보험계약자별로 보험금 혜택 여부가 불확실하다.

(5) 선의계약

1) 정의 : 보험계약은 정보의 비대칭에 따라 보험계약자 측의 최대의 선의가 요청되는 선의의 계약이다.

2) 선의성 유지하기위한 제도

가. 승낙 전 사고에서의 거절할 사유가 있는 경우 면책

나. 보험사고의 객관적 확정의 효과

다. 위험변경, 증가의 통지의무

라. 15세 미만자 등의 사망담보계약 금지

3) 최대선의계약의 관련 개념

    가. 최대선의와 관련한 영미법상의 개념으로서 representations(진술 → 고지의무)과 concealment(은폐 → 불이행), warranty(보증 → 통지의무)

    나. representations : 보험계약의 체결과정에서 보험자가 행한 질의에 대한 보험가입자의 답변을 말한다. 중대한 사실을 허위로 진술한 경우 계약을 무효로 할 수 있고, 보험금지급을 거절할 수 있다.

    다. concealment : 피보험자가 보험계약 체결 여부에 영향을 줄 만한 중요한 사실을 고지할 의무가 있음에도 불구하고 침묵을 하거나 고의적으로 감추려는 행위를 말한다.

    라. warranty

        a. 보험계약자가 이행할 의무의 약속(약속보증 → 미래행동)이나 보험체결에서의 사실이나 조건이 허위가 아니라는 것(긍정보증 → 현재행동)을 보증하는 것

        b. 내용을 명백히 문자로 표시하거나(명시보증) 보험계약의 체결을 전제로 묵시적으로 이행(묵시보증)하기도 한다.

        c. 약속보증 : 화재보험의 가입 시에 화재방지시설을 설치하고 유지하겠다는 약속

        d. 긍정보증 : 과거에 보험가입이 거절된 사실이 없다는 것을 보증하는 것

        e. 묵시보증 : 선박보험에서 주로 인정되는 선박이 항해에 견딜 수 있을 보증하는 경우 → 선박의 감항능력 → 무조건 면책

(6) 부합계약

    가. 보험자 일방이 결정한 보험약관에 대해 보험계약자가 승인함으로써 효력이 발생하는 부합계약이다.

    나. 보험계약은 통상 다수인을 상대로 체결되고 보험의 기술성으로 인해 정형화가 요구되므로 일반적으로 보험자에 의해 미리 마련된 보통보험약관에 따라 체결되며 보험계약자는 계약(약관)의 내용을 조정할 수 없고 다만 계약내용을 받아들이거나 거절할 수 있을 따름이다.

    다. 부합계약적 특성의 장점 : 보험거래를 간편히, 법률관계를 명확히 함

    라. 단점 : 보험계약자, 피보험자 및 보험수익자에게 부당한 피해를 줄 수 있다는 점이다.

    마. 보험약관은 감독기관의 허가를 받은 후 사용이 가능

    바. 보험약관의 교부.명시의무, 약관 불이익변경금지의 원칙

(7) 계속계약

보험계약은 보험자가 일정기간, 즉 보험기간 지속적으로 보험사고에 대한 보상책임을 지는 계속계약의 성격을 가지고 있다. 보험계약에서 해지권이 존재하는 이유이기도 하다.

(8) 상행위계약

보험계약은 일반 상거래에서 이루어지는 계약과 마찬가지로 보험자가 영리를 목적으로 하는 상행위의 계약이다. 상법은 보험계약에 관한 규정을 제4편에 규정함으로써 보험계약법은 상법의 일부분을 이루고 있다.

제2절 보험계약의 기초

1 피보험이익(insurable interest)의 원칙

(1) 피보험이익의 정의

가. 보험목적물에 손해가 발생하였을 때 피보험자가 갖는 경제적 이해관계 내지 이익을 말한다.

나. 상법은 피보험이익을 '보험계약의 목적' 으로 표현하고 있으며 보험의 목적과는 구별된다.

다. 보험의 목적은 보험계약의 대상이 되는 객체를 말한다.

라. 보험계약의 목적은 그것이 가지고 있는 경제적 이익을 말한다. 그러므로 피보험이익이 다르면 동일한 보험의 목적에 대한 보험계약이라도 별개의 보험계약이 된다.

마. 피보험이익의 개념은 사행계약으로서 보험계약을 도박 등과 구별하는데 중요하다.

바. 피보험이익이 없으면 보험도 없다.

(2) 피보험이익의 목적

1) 보험의 도박화 방지 및 도덕적 해이 감소

2) 피보험자의 손해액 평가

3) 보험계약 구별

(3) 피보험이익의 요건

1) 경제적 이익

피보험이익은 금전적으로 산정할 수 있는 이익이어야 한다(상법 제668조).

2) 적법한 이익

피보험이익은 공서양속이나 강행법규에 반하지 않는 적법한 것이어야 하며 불법한 이익은 피보험이익이 되어서는 안 된다.

3) 확정가능한 이익

가. 피보험이익은 보험계약체결 시 존재 및 소속이 확정되어야 한다.

나. 적어도 사고 발생 시까지는 확정할 수 있는 것이어야 한다.

다. 보험사고 발생 시까지 확정할 수 없는 피보험이익으로는 피보험자의 손해도 확정할 수 없기 때문에 피보험자의 손해에 대한 보험자의 보상도 불가능하기 때문이다.

4) 존재시기

가. 손해보험계약 → 보험계약체결 시 피보험이익의 존재 여부에 관계없이 손해 발생 시에 피보험이익이 존재하는 경우에 한하여 유효하다.

나. 생명보험계약 → 피보험이익은 계약의 체결 시에 존재하면 손실발생시 피보험이익의 존재여부는 손실보상과 관계없다.

(1) 정의

    가. 보험사고의 발생으로 보험자가 피보험자에게 지급하게 되는 보험금은 피보험자의 실제손해를 초과해서는 안된다.

    나. 보험의 목적은 피보험자가 부담하는 손실만큼만 보상하여 손실발생 전의 상태와 같은 경제적 위치로 복구시키는 것이다.

    다. 손해보상의 원칙, 이득금지의 원칙이라고도 한다.

(2) 목적

    ① 피보험자의 경제적 상태를 손해발생 이전의 상태로 복원시키는 것, 즉 실제로 발생한 경제적 손실에 대한 보상을 통해 피보험자가 보험사고로부터 이득을 얻는 것을 방지하려는 것

    ② 도덕적 해이(moralhazard) 감소시키는 것이다.

(3) 실손보상

    가. 피보험이익의 원칙, 보험자 대위의 원칙, 중복보험(타보험조항) 및 실제현금가치 개념

    나. 재물보험에서 실제손해액이란 실제현금가치(actualcashvalue), 즉 손해가 발생한 때와 장소에서 재산의 실제가액인 시가를 말하는 것으로 대체비용(replacement cost)에서 감가상각(depreciation)분을 뺀 금액이다.

    다. 대체비용이란 손실보상을 하는 시점에서 손실을 원상태로 복구하는 데 드는 비용, 즉 재조달가액을 말한다.

    라. 대부분의 재산보험은 감가상각이 적용되는 실제 현금가치를 기준으로 보상이 이루어지는 것이 일반적이다.

    마. 예외적으로 공정시장가격(fairmarketvalue)이 실제손해액을 결정하는 기준으로 사용되기도 한다.

(4) 실손보상 원칙의 예외

1) 기평가보험(valued policy)

    가. 기평가보험증권은 전손이 발생한 경우 실제현금가액에 관계없이 계약체결 시에 보험자와 피보험자가 합의한 협정보험가액(agreed value)을 지급하기로 약정한 보험증권을 말한다.

    나. 해상보험과 골동품, 예술품 등을 부보하는데 이용되는 것으로서 손해가 발생한 때와 장소에서 재산의 실제 가액. 즉, 실제현금가치를 정확히 평가하기가사실상 불가능하거나 곤란하기 때문에 보험계약자와 보험자가 합의한 협정보험가액으로 계약을 체결하게 된다.

2) 대체비용보험(replacement cost insurance)

    가. 손해에 대한 보험금을 결정함에 있어 손해가 발생한 때와 장소에서 재산의 실제 가액인 실제현금가치(actualcashvalue)으로 보상

    나. 시가가 아닌, 감가상각을 고려하지 않은 신품 대체가격에 해당하는 재조달가액인 신가를 기준으로 보상해 주는 보험이다.

3) 생명보험

인간의 생명 가치는 평가하는 것이 어렵기 때문에 생명보험에서 손해보상의 원칙은 적용되지 않는다. 따라서 생명보험은 미리 약정한 사망보험금에 대해 보험계약을 체결하게 되고 보험사고가 발생할 경우 약정한 금액을 보상한다.

3 보험자대위의 원칙(principle of subrogation)

(1) 보험자대위의 정의

가. 보험계약자 또는 피보험자가 보험의 목적이나 제3자에 대하여 가지는 권리를 보험사고로 인한 손해에 대해 보험금을 지급한 보험자가 법률상 당연히 취득하는 것을 말한다.

나. 보험자대위는 보험자가 취득하는 권리의 종류에 따라 피보험자가 보험의 목적에 대하여 가지는 권리를 취득하는 잔존물대위(상법 제681조)와 보험계약자 또는 피보험자가 제3자에 대하여 가지는 권리를 취득하는 청구권대위(상법 제682조)가 있다.

다. 보험자대위는 손해보험에만 적용되고 인보험의 경우는 원칙적으로 인정되지 않는다.

라. 상해보험계약의 경우 당사자 간에 다른 약정이 있는 때에는 보험자는 피보험자의 권리를 해하지 않는 범위 안에서 보험자대위를 행사할 수 있다(상법 제729조 단서).

(2) 보험자대위의 목적

① 피보험자가 동일한 손해에 대해 이중으로 중복하여 보상받는 것을 방지한다.

☞ 실손보상의 원칙, 이득금지의 원칙

② 과실 있는 자로 하여금 손해에 대하여 책임을 부담하게 한다.

③ 보험계약자나 피보험자의 책임 없는 손실에 대해 보험료가 인상되는 것을 방지한다.

(3) 잔존물대위

1) 잔존물대위의 정의

보험의 목적의 전부가 멸실한 경우에 보험금액의 전부를 지급한 보험자는 그 목적물에 대한 피보험자의 권리를 취득한다. 그러나 보험가액의 일부를 보험에 붙인 경우에는 보험자가 취득할 권리는 보험금액의 보험가액에 대한 비율에 따라 이를 정한다(상법 제681조).

2) 요건

① 보험의 목적의 전부멸실

보험의 목적에 대해 경제적 가치가 전부 멸실. 즉, 전손이 생겨야 한다. 전손은 현실전손은 물론 추정전손)을 포함한다. 분손의 경우는 감가상각 등으로 손해액 산정이 가능하므로 잔존물대위가 인정되지 않는다.

② 보험금액의 전부지급

전손 보험금액의 전액이 지급되어야 보험자가 잔존물에 대한 권리를 취득한다.

3) 효과

① 보험의 목적에 대한 권리이전

보험자의 잔존물에 대한 소유권 등의 권리이전은 법률상 당연한 효과로서 당사자의 의사표시나 물권변동 절차를 요하지 않는다.

② 일부보험의 경우

보험금액의 보험가액에 대한 비율에 따른 권리를 취득한다.

③ 권리이전의 시기

보험금액의 전부를 지급한 때이다. 만약, 피보험자가 보험금이 지급되기 전에 잔존물에 대한 권리를 처분한 경우에는 그 잔존물의 가액을 공제한 보험금이 지급되고 이미 보험금액을 받은 후 처분한 경우에는 손해배상을 청구할 수 있다.

④ 대위권의 포기

잔존물에 대한 권리를 취득한 때에는 잔존물제거의무 등 잔존물에 대한 의무도 보험자에게 귀속된다. 따라서 보험자가 오히려 불이익을 받는 경우가 있으므로 이 경우 보험자는 그 대위권을 포기할 수도 있다.

(4) 청구권대위

1) 청구권대위의 정의

가. 손해가 제3자의 행위로 인하여 생긴 경우에 보험금액을 지급한 보험자는 그 지급한 금액의 한도에서 그 제3자에 대한 보험계약자 또는 피보험자의 권리를 취득한다.

나. 보험자가 보상할 보험금액의 범위 내에서 그 권리를 행사할 수 있다.

다. 보험계약자나 피보험자의 상기 권리가 그와 생계를 같이하는 가족에 대한 것인 경우 보험자는 그 권리를 취득하지 못한다.

　↻ 손해가 그 가족의 고의로 인하여 발생한 경우에는 그러하지 아니하다(상법 제682조).

2) 보험자대위의 요건

① 제3자에 의한 손해의 발생

제3자란 보험자와 보험계약자 또는 피보험자를 제외한 모든 자를 말한다.

② 보험금의 지급

청구권대위의 경우에는 잔존물대위와 달리 보험자가 보험금의 일부를 지급한 때에도 그 지급보험금의 범위 내에서 대위권을 행사할 수 있다.

3) 효과

① 제3자에 대한 권리이전

보험자는 지급한 금액의 한도에서 보험계약자 또는 피보험자가 제3자 대하여 가지는 손해배상청구권 등의 권리는 보험자에게 당연히 이전되므로 민법상 채권양도의 절차를 필요로 하지 않는다.

② 권리이전의 시기

보험금을 지급한 때

③ 권리행사의 범위

제3자는 피보험자에 대한 항변으로써 보험자에게 대항할 수 있다.

④ 피보험자의 권리보전의무

청구권대위는 피보험자의 협조가 필요하다. 보험약관에서는 보험사고 발생 시 피보험자가 제3자에 대한 권리를 행사 또는 보전하기 위해 필요한 조치를 취할 의무를 규정하고 있다.

⑤ 보험금의 일부를 지급한 경우

제3자의 자력이 불충분한 경우 피보험자의 손해배상청구권이 우선 보호된 후 보험자는 대위권을 행사할 수 있다.

⑥ 일부보험의 경우

상법은 청구권대위의 경우 일부보험에서 보험자의 대위권 행사범위에 대해 아무런 규정이 없어 학설이 나뉜다.

가. 절대설

보험자는 보험금을 지급한 한도 내에서 우선적으로 대위권을 행사할 수 있다는 견해이다.

나. 상대설

보험자와 피보험자의 대위권은 보험금액의 보험가액에 대한 비율에 따라 결정하여야 한다는 견해이다.

다. 차액설

피보험자의 실제 손해를 먼저 보전해 주고 남은 금액에 한하여 보험자가 대위권을 행사할 수 있다는 견해이다.

(1) 최대선의의 정의

가. 최대선의의 원칙은 보험계약이 다른 종류의 계약에 비해 계약당사자들의 정직성과 선의 또는 신의성실을 필요로 한다는 사실을 강조한 원칙을 말한다.

나. 최대 선의의 원칙은 보험자에게도 적용되지만 필연적으로 보험가입자에게 더욱 강조된다.

다. 보험계약의 최대선의의 원칙과 관련된 법적 개념으로 representation(진술, 고지), concealment(은폐, 의식적불고지) 및 warranty(담보, 보증)가 있다.

(2) representation (진술, 고지)

가. 보험계약체결과정에서 보험자가 행한 질의에 대한 보험가입 신청자의 답변을 말한다.

나. 진술은 구두나 서면으로 행해질 수 있으나 일반적으로 서면으로 이루어 진다.

다. misrepresentation이란 보험계약자가 행한 진술이 사실이 아닌 경우를 말한다.
misrepresentation이 법적으로 성립하기 위한 조건은 다음과 같다.

① 보험계약자가
진술(고지) 한 사실이 허위이어야 함은 물론이고

② 진술(고지) 사실이 계약체결 여부에 영향을 미칠 만한 중대한 사실이어야 한다. 두 요건을 충족시키면 보험자는 법적으로 이미 체결한 보험계약을 해지 또는 해제할 수 있으며, 손실이 이미 발생하였더라도 보험금 지급을 거절할 수 있다.

(3) concealment (은폐, 의식적 불고지)

가. 보험계약체결에 있어 피보험자가 계약체결 여부에 영향을 줄만한 중요한 사실을 고지할 의무가 있음에도 불구하고 침묵. 즉, 불고지하거나 고의적으로 감추는 행위를 말한다.

나. concealment에 대한 법적 효과는 고지의무 위반과 같다. concealment의 경우 misrepresentation과 마찬가지로 의식적 불고지한 사실이 계약체결 여부에 중대한 영향을 미칠 수 있는 사실이라면 보험자는 의식적 불고지의 고의성 여부를 떠나서 보험계약을 해제할 수 있다.

(4) warranty (담보, 보증)

가. 보험계약체결에 있어서 합의된 조건의 이행에 대한 피보험자의 약속 또는 어떤 사실의 존재유무에 대한 피보험자의 명확한 입장표명을 말한다.

나. 보험자에게 보상책임이 발생한 경우에 그와 같은 약속이 사실이어야만 한다.

다. warranty와 representation의 차이점은 warranty는 보험계약의 일부로서 담보위반과 손해발생 사이의 인과관계 및 중요성을 불문하고 정확하게 충족되어야 하는 조건(condition)에 해당되어 엄격하게 해석하여 그 내용이 사실과 다르거나 지켜지지 않을 경우 즉시 보험자가 해지나 면책이 가능하다. 반면에representation은 보험계약의 부수적 기능으로서 해석에 있어 융통성이 있으며 진술(고지)이 사실이 아니고 중대한 사실임을 입증하여야 보험자가 해지 또는 해제가 가능하다.

제3절 보험약관 해석의 원칙

1 보험약관 해석의 원칙의 정의

가. 신의성실의 원칙에 따라 보험 약관의 목적과 취지를 고려하여 공정하고 합리적으로 해석한다.

나. 평균적 고객의 기준으로 보험단체 전체의 이해관계를 고려하여 객관적 · 획일적으로 해석하여야 한다.

다. 약관 조항이 다의적으로 해석될 수 있고 약관의 뜻이 명확하지 않은 경우에는 고객에게 유리하게 해석하여야 한다.

2 신의성실의 원칙

가. 약관의 작성 및 해석에 있어서 다수계약 상대방의 정당한 이익도 함께 고려하여 당사자 간의 이익에 형평이 유지되어야 한다.

나. 보험약관에서의 신의성실의 원칙은 보험사업자에 의하여 약관이 일방적으로 작성되므로 계약상대방의 정당한 이익을 침해해서는 안 된다.

다. 합리적인 신뢰에 반하지 않고 형평에 맞게끔 약관조항을 작성하여야 한다는 행위의 원칙을 말하는 것이다.

3 객관적 해석의 원칙

가. 보험계약이 다수의 보험계약자를 대상으로 하고 있으므로 계약당사자의 의사보다도 보험계약의 단체성을 고려하여 신의성실의 원칙에 따라 공정하게 해석하여야 한다.

나. 보험계약자에 따라 다르게 해석하지 않아야 한다.

다. 약관의 해석은 일반 법률행위와는 달리 개개 계약 당사자의 목적이나 의사를 기준으로 하지 않고 평균적 고객의 이해 가능성을 기준으로 한다.

라. 보험단체 전체의 이해관계를 고려하여 객관적 · 획일적으로 해석하여야 한다.

4 작성자불이익의 원칙

가. 약관조항 가운데 그 의미가 불명확한 점이 있거나 하나의 조항에 대하여 법적으로 적어도 두 가지 이상의 다의적인 해석이 가능한 경우에는 그러한 조항을 만든 보험자에게 불리하게, 보험계약자에게 유리하게 해석하여야 한다.

나. 면책약관의 경우는 그 성격상 약관의 해석이 해석하는 사람에 따라서 여러 가지 의미로 해석될 수 있는 때에는 고객인 보험계약자, 피보험자에게 유리하게 적용될 수 있도록 이를 엄격히 해석하여야 한다.

5 제한해석의 원칙

가. 면책약관은 보험계약자, 피보험자에게 유리하게 적용될 수 있도록 이를 엄격히 해석하여야 한다.
나. 동종제한의 원칙이 해상보험의 약관의 해석에 적용되는데 열거된 문언들과 별개의 위험이 아니라 열거위험과 유사한 종류의 위험으로 제한된다는 것이다.

6 개별약정우선의 원칙

가. 당사자가 특별히 보험약관과 다른 개별약정을 한 경우에는 그 개별약정이 약관에 우선한다.
나. 계약당사자가 명시적으로 약관의 규정과 다른 내용의 약정을 하였다면 약관의 규정을 이유로 그 약정의 효력을 부인할 수 없다.
다. 보험회사가 제작한 보험안내장이나 가입설계서 및 보험증권 등은 약관상의 문언보다도 우선한다.
라. 보험대리점이나 보험설계사가 보험계약자에게 보험 약관과 다른 내용으로 보험계약을 설명하고 이에 따라 계약이 체결되었다면 그때 설명된 내용이 보험계약의 내용이 된다.

제4절　보험계약의 효과

1　보험기간과 보험계약기간 및 보험료기간

(1) 보험기간과 보험계약기간

1) 보험기간의 정의

　가. 보험자가 그 기간 중에 발생한 위험으로 인한 손해를 책임지는 책임기간 또는 위험기간을 말한다.

　나. 보험자의 책임이 개시하여 종료할 때까지의 기간을 말한다.

　다. 보험계약기간 : 보험계약 체결 시부터 종료 시까지의 기간으로, 보험계약이 유효하게 존속되는 기간을 말한다.

2) 보험자 책임의 시기와 종기

　① 시기

　　보험계약이 체결되고 보험기간이 시작되었다고 하더라도 보험자의 책임은 당사자간 다른 약정이 없는 한 최초의 보험료를 지급받은 때로 부터 개시된다.

　　개별보험약관에서는 보험자의 책임기간을 명백히하고 도덕적 위험을 배제하기 위해 보험기간의 시기와 종기를 특정하는 경우도 있다.

　② 종기

　　보험기간의 만료, 실효, 전손사고의 발생, 피보험이익의 소멸, 보험계약의 취소와 해지 등에 의하여 보험자의 책임이 종료된다.

3) 보험기간을 정하는 방법

　① 기간보험

　　일반보험은 3년 이내의 계약으로서 일반적으로 1년 단위로 계약을 체결하며, 장기보험은 3년 이상 계약이다.

　② 구간보험

　　여행자보험, 공사보험, 운송보험, 적하보험 등과 같이 특정의 사실의 시작과 종료를 하나의 단위로 보험기간을 정하는 계약이다.

　③ 혼합보험

　　기간과 사실 단위를 혼합하여 보험기간을 정하는 계약이다.

4) 보험기간과 보험계약기간의 불일치 사유

보험자의 책임이 발생하는 시기와 종기까지의 기간인 보험기간은 일반적으로 보험계약기간과 일치하는 경우가 많지만 다음과 같은 경우에는 일치하지 않는다.

① 보험계약 성립 후 최초의 보험료가 납입되지 않은 경우

보험계약성립 후에도 당사자 간의 다른 약정이 없는 한 최초의 보험료가 납입되지 않으면 보험자의 책임이 개시하지 않는다고 규정하고 있다.

② 보험계약의 승낙 전 사고 담보

보험자가 보험계약일로부터 보험계약의 청약과 함께 보험료 상당액의 전부 또는 일부를 받은 경우에 그 청약을 승낙하기 전에 보험사고가 발생한 때에는 보험자가 그 청약을 거절할 사유가 없는 한 보상책임을 진다.

③ 소급보험의 경우

보험사고의 발생 사실을 보험계약자가 알지 못하고 보험에 가입하는 경우에는 당사자 간의 약정에 의하여 보험자의 책임 시점을 보험계약 성립의 이전 시점으로 정할 수 있도록 소급보험(retroactive insurance)을 허용하고 있다(상법 제 643조).

④ 예정보험

가. 보험자는 다른 약정이 없으면 운송인이 운송물을 수령한 때로부터 수하인에게 인도할 때까지 생길 손해를 보상할 책임이 있다(상법 제688조).

나. 운송보험의 경우 보험계약기간의 시기가 보험기간의 시기보다 먼저 발생하는 예정보험(provision insurance) 이다.

(2) 보험료기간과 보험료불가분의 원칙

1) 보험료기간

보험료기간이란 보험자가 위험을 측정하여 보험료를 산출하는데 기초가 되는 위험의 단위기간을 말한다. 즉, 1년의 기간, 특정 항해구간 등을 단위로 하여 그 기간(구간) 중의 위험률을 기초로 보험료를 산출한다.

2) 보험료불가분의 원칙

가. 보험료는 일정한 기간(보험료기간)의 위험률을 기초로 정하여지므로 이 위험률을 산출하는 단위 기간에 상응하는 보험료는 불가분의 성질을 가진다는 원칙이 보험료불가분의 원칙이다.

나. 보험료기간에 관한 보험료는 하나의 단위로 취급되어 그 기간의 일부라도 보험자가 위험을 부담한 때에는 그 기간의 도중에 보험계약이 해지 또는 실효되어 보험자가 그 이후의 위험을 부담하지 않더라도 그 기간의 보험료 전부를 취득한다는 것이다.

2 보험자의 보험증권 교부 및 보험약관 교부 · 설명의무

(1) 보험증권 교부의무

1) 보험증권 교부의무의 정의

가. 보험증권(insurance policy)은 보험계약의 성립과 그 내용을 증명하기 위해 보험자가 발행하는 일종의 증거증권이다.

나. 보험계약이 성립한 때에는 보험자는 지체 없이 보험증권을 작성하여 보험계약자에게 교부하여야 한다(상법제640조).

다. 보험계약은 낙성계약이므로 계약관계를 증명하는 보험증권은 보험계약의 성립과는 무관하다.

2) 법적성질

① 요식증권성

보험증권에는 일정 사항을 기재하고 보험자가 기명날인 또는 서명하여야 한다(상법 제666조). 또한 보험 종류별로 특별한 기재사항을 정하고 있으므로 요식증권의 성격을 갖는다.

② 증거증권성

보험증권은 증거증권으로서 보험계약의 성립과 그 내용에 관하여 사실상 추정력을 가진다. 다만, 그 자체가 계약서는 아니다.

③ 면책증권성

보험증권은 보험자가 보험금 등의 급여를 지급함에 있어 제시자의 자격 유무를 조사할 권리는 있으나 의무는 없는 면책증권이다. → 보험자는 보험증권을 제시한 사람에 대해 악의 또는 중대한 과실이 없이 보험금 등을 지급한 때에는 그가 비록 권리자가 아니라 하더라도 그 책임을 면한다.

④ 상환증권성

보험자는 보험증권과 상환으로 보험금을 지급하고 있으므로 상환증권의 성격을 갖는다.

⑤ 유가증권성

운송보험, 적하보험에서와 같이 보험 목적물에 대한 권리가 증권에 기재되어 유통되는 경우에는 보험증권의 유가증권성을 인정하여 배서에 의한 보험금청구권의 이전이 가능하다.

(2) 보험약관 교부 · 설명의무

1) 정의

가. 보험자가 보험계약을 체결하면서 보험계약자에게 보험약관을 교부하고 그 약관의 중요한 내용을 설명하여야 할 의무를 말한다.

나. 보험계약자가 약관의 내용을 알고 계약을 체결함으로써 보험계약자가 선의의 불이익을 당하지 않도록 하기 위한 것이다.

2) 중요한 사항이란

가. 고객의 이해관계에 중대한 영향을 미치는 사항으로 그 사실을 알았다면 계약체결의 여부에 영향을 줄 수 있는 사항을 말한다.

나. 보험료와 그 지급방법, 보험금액, 보험기간, 보험사고의 내용, 보험자의 면책사유, 보험계약의 해지사유 등은 중요한 사항이다.

다. 거래상 일반적이고 공통된 것이어서 보험계약자가 별도의 설명 없이도 충분히 예상할 수 있었던 사항이거나 이미 법령에 의해 정해진 것을 되풀이하거나 부연하는 정도에 불과한 사항은 중요한 사항에 해당하지 않는다.

3) 의무위반의 효과

보험계약자는 보험계약이 성립한 날로부터 3월내에 그 계약을 취소할 수 있다. 여기서 3월은 제척기간이고 보험계약을 취소한 때는 처음부터 그 계약은 무효로 되며 보험자는 보험계약자가 지급한 보험료를 모두 반환한다.

3 보험계약자와 피보험자의 의무

(1) 고지의무

1) 정의

가. 보험계약자나 피보험자는 보험계약을 체결함에 있어서 중요한 사항을 보험자에게 알려야만 하며, 고의 또는 중대한 과실로 인하여 이를 알리지 아니하거나(불고지) 사실과 다르게 알린 경우(부실고지), 보험자는 보험계약을 해지할 수 있으며 발생한 사고에 대하여도 보험금을 지급하지 아니한다.

나. 알려야 할 사항은 원칙적으로 청약서 및 질문서상의 고지요청사항이다.

다. 고지의무는 보험자와 보험계약자 간의 최대선의 의무이다.

2) 고지사항

가. 보험자가 보험사고의 발생과 계약체결의 여부 또는 계약체결의 조건을 결정하는데 영향을 미치는 사항을 말한다.

나. 보험회사가 그 사실을 알았다면 보험계약을 체결하지 않았거나 동일한 조건으로는 체결하지 않았으리라고 인정되는 사항을 말한다.

다. 보험자의 질문표(questionnaire)에 기재된 사항만을 진실 되게 고지하면 고지의무를 이행한 것으로 볼 수 있지만, 질문표에 기재되지 아니하였어도 보험계약자 측이 중요한 사실임을 알았고 이것이 보험계약의 내용이나 체결 여부에 영향을 끼치게 됨을 알았다면 이 경우에는 고지의무의 선의성에 비추어 보험계약자 측은 이를 고지하여야 한다. 다만, 이러한 사항에 대한 보험계약자 측의 인식여부는 보험자가 입증하여야 한다.

3) 고지의무 위반의 요건

① 객관적 요건

　가. 중요한 사항에 대한 불고지 또는 부실고지가 있어야 한다는 것이다.

　나. 불고지 : 중요한사항을 알면서도 알리지 아니하는 것 → 은폐 또는 묵비

　다. 부실고지 : 사실과 다르게 말하는 것 → 허위표시 또는 거짓 진술

② 주관적 요건

　가. 보험자는 고지의무위반을 이유로 계약해지권을 행사하기 위해서는 그 위반이 보험계약자 등의 고의 또는 중대한 과실로 인한 것임을 입증하여야 한다.

　나. '고의' 란 고지할 중요한 사항에 관하여 알면서도 고지하지 아니하거나 부실의 고지를 한 것을 말하고, 보험자를 기만하여 계약을 체결하려는 사기 또는 악의의 의사가 있어야 하는 것은 아니다.

　다. '중대한 과실' 이란 보험계약자 등이 조금만 주의를 기울였으면 제대로 고지할 수 있었을 것을 그 주의를 다하지 아니함으로써 불고지 또는 부실고지를 한 것을 말한다.

　라. 고지하여야 할 사실을 알고 있었지만 현저한 부주의로 인하여 그 사실의 중요성의 판단을 잘못하거나 그 사실이 고지하여야 할 중요한 사실이라는 것을 알지 못하는 것을 말한다.

4) 고지의무 위반의 효과

① 보험계약의 해지

　가. 고지의무위반이 있게 되면 보험자는 보험사고의 발생 전후를 불문하고 보험계약을 해지할 수 있다. (형성권) → 의무보험에 대해서는 적용하지 않는다.

　나. 보험사고가 발생한 후라도 보험자는 보험계약자 또는 피보험자의 고지의무위반을 사유로 보험계약을 해지하였을 때에는 보험금을 지급할 책임이 없고 이미 지급한 보험금의 반환을 청구할 수 있다.

　다. 고지의무를 위반한 사실이 보험사고 발생에 영향을 미치지 아니하였음이 증명된 경우에는 보험금을 지급할 책임이 있다. → 입증책임은 보험계약자

② 해지권 행사의 제한

　가. 제척기간의 경과

　보험자는 고지의무위반의 사실을 안 날로 부터 1월 내에, 계약을 체결한 날로부터 3년 내에 한하여 계약을 해지할 수 있다.

　나. 보험자의 해지권 포기

　고지의무위반으로 인한 계약해지권은 보험자의 이익을 위한 것이므로, 보험자는 명시적인 의사표시 또는 묵시적인 방법으로 이를 포기할 수 있다.

(2) 통지의무

1) 위험변경 · 증가 통지의무

가. 보험기간 중에 보험계약자 또는 피보험자가 사고발생의 위험이 현저하게 변경 또는 증가된 사실을 안 때에는 지체 없이 보험자에게 통지하여야 한다.

나. 고지의무와 마찬가지로 보험제도의 기술적 측면에서 보험계약자 측에게 요구되는 의무이다.

다. 위험변경 · 증가 통지사항은 원칙적으로 청약서 및 질문서의 고지사항에 기재 된 사항이 변경되거나 위험이 증가된 경우를 말한다.

라. 보험자는 보험사고의 발생 전 · 후를 불문하고 위험의 변경 · 증가의 사실을 안 날로부터 또는 보험계약자 등으로부터 위험증가의 사실을 통지받은 날로부터 1월 내에 보험계약을 해지할 수 있다.

2) 사고발생 통지의무

가. 보험계약자 또는 피보험자는 보험사고가 발생하면 지체 없이 보험자에 사고 사실을 통지하여야 할 의무가 있다.

나. 보험사고 발생 사실을 안 보험계약자 등에게 사고발생 통지의무를 부과하여 보험자가 신속하게 사고 상황과 원인 조사, 손해내용 및 보상책임의 유무 등을 조사하기 위한 것이다.

다. 피보험자가 타인으로부터 손해배상청구를 접수한 경우에는 그 사실을 지체 없이 보험자에게 통지하여야 한다.

라. 통지의무를 게을리 함으로써 손해가 확대된 경우에는 지체 없이 통지하였더라면 방지하거나 경감할 수 있었던 손해는 보상하지 아니한다.

(3) 책임보험의 손해방지의무

1) 손해방지의무의 정의

① 발생된 사고에 대한 손해의 방지 또는 경감의무

② 대위권보전의무

③ 손해배상청구시 회사의 동의를 받을 일 및 소송청구를 접수한 경우의 통지의무

④ 손해배상책임의 승인전 회사의 동의요청의무, 보험자의 합의 · 소송대행 협조의무

2) 손해방지 · 경감의무

가. 사고가 발생한 후의 의무로서 사고발생 전 의무인 위험변경 · 증가 통지의무와 구별된다.

나. 사고발생 시 손해의 방지 또는 경감을 위하여 일체의 방법을 강구하여야 할 의무를 말하며, 이를 위반할 경우 손해를 방지 또는 경감할 수 있었던 손해를 보상하지 아니한다.

3) 대위권 보전의무

보험사고에 관하여 제3자로부터 손해배상을 받을 수 있는 경우 제3자에 대한 권리의 보전과 행사를 위하여 필요한 조치를 취하여야 할 의무를 말한다.

4) 배상청구 승인 시 동의요청의무

피보험자가 제3자의 손해배상청구를 승인하고자 할 경우 승인 전에 보험자의 동의를 얻어야 하며, 동의를 얻지 아니한 경우 그로 인하여 증가된 손해는 보상하지 아니한다.

5) 소송제기 전 동의요청의무

피보험자가 타인의 손해배상청구에 대하여 채무부존재 확인청구 등 소송을 제기하고자 할 경우 사전에 보험자의 동의를 얻어야 하며, 이를 위반할 경우 소송비용 등 일체의 비용과 그로 인하여 확대된 위험에 따른 손해는 보상하지 아니한다.

6) 피소사실 통지의무

피보험자가 피해자 등 타인으로부터 손해배상청구소송을 제기당한 경우 이를 지체 없이 보험자에게 통지하여야 하며, 이를 위반한 경우 그로 인하여 증가된 손해는 보상하지 아니한다.

7) 합의 · 소송대행 협조의무

보험사고를 처리함에 있어서 피보험자는 보험자에게 적극 협조하여야 하며, 피보험자가 정당한 이유 없이 협력하지 않을 경우에는 그로 인하여 확대된 손해는 보상하지 아니한다.

> **🔍 참고**
>
> ### 이재처리 협조조항(Claim co-operation clause)
>
> **(1) 정의**
> 보험사고 발생 시에 그 이재처리에 있어서는 출재회사와 재보험자 간에 상호 협조하여야 한다는 조항이다.
>
> **(2) 재보험**
> 재보험계약에 있어서 이재처리는 원칙적으로 재보험자가 출재회사의 결정에 따르도록 되어 있으나, 사고처리 및 보험금정산에 고도의 기술을 요하는 보험종목의 경우 재보험자와 상호협조해서 처리하는 것이 오늘날의 관례로 되어 있다.
>
> **(3) 책임보험**
> 책임보험에서도 손해배상청구권자의 직접청구에 대하여 피보험자와 보험자간에 협조의무규정을 두고 있다.
> ① 보험자의 동의 없는 합의금지
> ② 제소 통지의무, 채무확정 통지의무
> ③ 보험자와 직접청구권자와의 절충에 있어 피보험자의 협조의무
> ④ 피보험자와 청구권자와 절충, 합의에 있어 보험자의 협조의무 등

(1) 무효

↻ 법률행위가 성립한 때부터 법률상 당연히 그 효력이 없는 것으로 확정 된 것을 말한다.

① 보험사고가 보험계약 당시에 보험사고가 이미 발생하였거나 또는 발생할 수 없는 것인 때

② 초과·중복보험 계약이 보험계약자의 사기로 인하여 체결된 때

③ 타인의 사망을 담보로 하는 생명보험계약에서 피보험자의 동의를 얻지 아니한 때

④ 15세 미만자, 심신상실자 또는 심신박약자의 사망을 보험사고로 한 보험계약 등이다.

(2) 소멸

1) 보험계약의 당연 소멸

① 보험기간의 만료

② 보험사고의 발생

③ 보험의 목적의 멸실

④ 보험계약의 실효

⑤ 보험계약의 자동종료 다음과 같다.

　가. 선박보험에서 선박을 양도한 때

　나. 선박의 선급을 변경한 때

　다. 선박을 새로운 관리로 옮긴 때에는 보험자의 동의가 없는 한 보험관계는 종료한다.

> 🔍 **참고**
>
> **보험계약 당연 소멸의 예외**
>
> 가. 손해보험계약의 경우에 보험사고로 인하여 일부손해가 발생하여 보험금액의 일부만을 지급한 때
>
> 나. 당사자 간의 약정으로 나머지 보험금액의 한도에서 보험기간 동안 보험계약을 유지할 수 있고(보험금액체감주의), 전손보험금이 지급되는 경우를 제외하고 보험 금액이 자동 복원되어 전손 발생이나 보험기간이 만료될 때까지 보험계약을 유지할 수도 있다(보험금액복원주의).

2) 보험계약의 취소

↻ 법률행위 당사자가 무능력, 의사표시의 착오, 사기나 강박을 이유로하여 법률의 효력을 소급하여 무효로 하는 것이다.

① 보험약관의 교부·명시의무의 위반

　↻ 보험계약자는 보험계약이 성립한 날부터 3월내에 그 계약을 취소할 수 있다.

② 사기로 체결된 보험계약

3) 보험계약의 해지

↻ 계속적 계약관계에서 일방의 의사표시에 의하여 계약의 효력을 장래에 향하여 소멸시키는 것을 말한다.

4) 보험계약의 해제

가. 보험계약자는 계약체결 후 지체 없이 보험료의 전부 또는 제1회 보험료를 지급하여야 하며, 보험계약자가 이를 지급하지 아니하는 경우에는 다른 약정이 없는 한 계약 성립 후 2월이 경과하면 그 계약은 해제된 것으로 본다.

나. 일단 유효하게 성립한 계약을 소급하여 소멸시키는 일방적인 의사표시를 말한다.

5 권리포기와 금반언

1. 정의

권리포기와 금반언의 원칙은 대리행위의 법률과 보험대리점의 권한과 깊은 관련이 있고, 은폐와 부실표시의 원칙과도 관련있다.

(1) 권리포기(waiver)

가. 계약당사자 중 일방이 자신이 갖고 있는 권리를 자진해서 포기하는 것이다.

나. 보험자가 보험계약자의 계약위반 사실을 알고 있음에도 장기간 침묵을 지키는 경우가 대표적이다.

나. 보험회사가 보험계약자나 피보험자의 계약위반 사실을 알고 있음에도 불구하고 이를 묵인하였다면 이는 권리포기에 해당한다.

다. 보험자가 자기에게 부여된 법적권리를 포기하였다면, 나중에 이 포기한 권리를 내세워 피보험자가 청구하는 보험금의 지급을 거절할 수 없다.

라. 보험대리점이 피보험자가 보험조건에 위반된 것을 알면서도 보험증권을 발급한 경우 → 보험대리점이 알면 보험회사가 안 것으로 간주함

(2) 금반언(estoppel)

가. 계약당사자의 일방이 그 자신의 과거의 언행에 의해 인정한 바 있는 사실과 모순되는 사실을 주장하거나 부정하는 것을 금한다.

나. 보험계약과 관련한 금반언은 권리가 포기 되었다는 사실을 근거로 보험회사로 하여금 권리를 주장할 수 없게 만드는 권리포기의 결과이다.

보험계약상 보험자책임

제1절   위험담보

1   담보위험, 비담보위험 및 면책위험

(1) 담보위험의 정의

가. 보험자가 보상책임을 지는 손해

나. 보험자가 특정 peril(손인)에 의해서 발생한 loss(손해)를 보상할 것을 약속한 사고

다. 보험사고는 일반적으로 보통약관으로 담보되고 있는 위험과 보통약관에서는 담보되지 않지만 특별약관으로 담보되는 확장담보 위험도 있다.

(2) 비담보위험

가. 보험자에게 인수되지 않은 peril(손인, 사고),

나. 발생한 손해를 보상한다는 명시도, 면책한다는 명시도 없는 peril(손인, 사고)을 비담보위험(perils not covered) 이라 한다.

(3) 면책위험(excepted or excluded perils)

가. 보험자의 보상책임이 면제된다고 특별히 명시한 위험을 말한다.

나. 보험자의 보상책임을 적극적으로 제한

다. 담보위험이라도 일정한 이유로 인하여 위험을 보험자의 위험부담 범위에서 제외하는 것

2 위험담보방식의 종류

(1) 열거책임주의(named-perils policy)

가. 열거위험담보증권에서는 보험증권에 특별히 열거된 위험에 대해서만 보험자가 책임을 부담한다.

나. 화재로 인한 재산손해는 보상하지만, 특약을 가입하지 않는한 태풍, 홍수 등 풍수재로 인한 재산손해에 대해서는 보상하지 않는다.

(2) 포괄책임주의

포괄위험담보증권(open-perils policy) 내지 전위험담보증권(all-risk policy)에서는 보험증권에 특별히 면책되는 위험이나 손해를 제외하고 모든 위험으로 인한 손해에 대하여 보험자가 책임을 부담한다. 전위험담보방식의 대표적 보험으로는 영문 재산종합보험(package insurance)이 있다.

(3) 열거책임주의와 포괄책임주의의 비교

1) 담보범위

열거책임주의 : 담보되는 위험을 열거하고 있다. 열거되지 않은 위험은 보상하지 않는다.

포괄책임주의 : 모든 위험이 현실화 되어 손해가 발생하더라도 보험계약에서 열거한 면책위험 이외의 일체의 손해를 보험자가 부담한다.

2) 보험료의 부담

열거책임주의 : 중요한 위험만 부보하여 보험료를 낮출 수 있다.

포괄책임주의 : 일체의 위험에 대한 위험률과 평균손해율을 결합하여 순보험료를 결정하기 때문에 보험계약의 보험료 부담이 커지게 된다.

3) 입증책임(burden of proof)

열거책임주의 : 열거위험으로 인하여 손해가 발생한 사실을 피보험자가 입증

포괄책임주의 : 피보험자는 보험기간 중 손해를 입었다는 사실을 입증하면되고, 보험자가 면책을 주장하기 위해서는 그 손해가 열거된 면책손해 또는 면책위험으로 인한 손해라는 사실을 입증하여야 한다.

	담보범위	보험료	계약자 니즈반영	최초가입자	계약자 입증책임
열거주의	좁다.	싸다.	잘 반영된다.	불리함	'의해서'
포괄주의	넓다.	비싸다.	반영되지 않는다.	유리함	'보험기간 중'

(1) 인과관계의 정의

일반적으로 원인으로서 상태나 사실이 발생한다면 결과로서 다른 상태나 사실이 발생한다는 원인과 결과의 관계

(2) 근인설

☞ '근인을 보고 원인을 보지말라' 는 법언에서와 같이 손해가 피보험위험에 근인한 경우에만 보험자가 보상한다는 취지이다. 근인설은 근인의 의미를 어떻게 해석하느냐에 따라 최후조건설, 최유력조건설 등이 있다.

1) 최후조건설

최후조건설은 손해발생에 시간적으로 가장 가까운 원인을 근인으로 해석하는 것이다.

2) 최유력조건설

최유력조건설은 시간적 순서에 관계없이 결과(손해)를 발생시키는데 있어서 유력한, 직접적인, 결정적인, 효과적인 또는 지배적인 원인 등을 근인으로 간주하고 있다.

3) 상당인과관계설

결과(손해)를 야기한 원인으로 생각되는 여러 가지의 조건들 중에서 일반적인경험 법칙에 비추어 볼 때 동일한 결과를 야기하는 것이 상당하다고 판단되는 조건을 원인으로 본다는 것이다.

4) 위험보편의 원칙

담보위험의 원인인 선행위험이 면책위험이 아닌 한, 담보위험의 후행위험이 무엇이든지 상관없이 담보위험으로 인한 손해 및 담보위험의 후행위험으로 인한 손해를 보험자가 보상한다는 원칙이다.

① 선행위험이 담보위험이면 후행위험이 무엇이든 보험자가 보상한다.
② 선행위험이 비담보위험이고 후행위험이 담보위험이면 비담보위험으로 인한 손해는 보상하지 않지만 담보위험으로 인한 손해는 보상한다.
③ 선행위험이 면책위험이면 후행위험이 무엇이든 면책이다.

> 🔍 **참고**
>
> 상법 제683조에서 화재보험계약의 보험자는 화재로 인하여 생기는 손해를 보상할 책임이 있다고 규정하고 있는데 화재의 원인을 묻지 않는다. 따라서 가스의 폭발이나 파열, 지진 또는 벼락 등에 의해 화재가 발생한 때에 그것의 원인으로 직접적으로 입은 손해를 제외하고 화재로 인한 모든 손해를 보험자가 보상한다.

1 면책사항 정의

면책사항 또는 면책사유란 원래보험자에게 보상책임이 있으나, 법률이나 보험약관규정에 의해 특정사고(위험), 손해 및 재산에 대하여 보험자의 책임이 면제되는 사항을 말한다.

2 면책사항의 분류

(1) 절대적 면책사항과 상대적 면책사항

가. 절대적 면책사항 : 어떠한 경우에도 보험자가 면책되는 사항을 의미하고 특약에 의해서도 보험자가 담보할 수 없는 사항이다. 공서양속에 반하는 위험이나 손해가 해당된다. 상법은 보험계약자 또는 피보험자의 고의 또는 중대한 과실을 절대적 면책사항으로 규정하고 있다.

나. 상대적면책사항 : 계약당사자간에 별도의 특별한 약정이 없는 한 보험자가 면책 되는 사항을 말한다. 특약에 의해 보험자가 담보할 수 있는 사항이다.

3 면책사항의 유형

(1) excluded peril (제외손인, 면책위험, 면책손인, 면책사고)

가. 보험계약에서 보상되는 손실은 보험계약에서 담보되는 손실원인(perils covered)에 의해 발생되어야 한다.

나. 담보되는 손실원인은 보험계약의 종류에 따라 열거위험담보방식과 포괄위험담보방식으로 표시되고 있으며, 제외손인(excluded perils)은 보험계약에서 보험자가 담보에서 제외시키는 특정의 손실원인(사고)을 말한다.

(2) excluded loss (제외손실, 면책손해)

가. 보험계약에서 보상하는 손실은 손실원인(perils)뿐만아니라 손실형태도 영향을 미친다.

나. 손실형태에 따라 보상여부가 결정되는 경우

☞ 재물 및 배상책임보험에서 직접손실(direct loss)과 간접손실(indirect loss)을 구분하고 있으며, 건강보험에서 의료실비 손실과 소득상실손해를 구별하고 의료실비의 내용도 그 종류에 따라 구분하고 있다.

(3) excluded property (제외재산, 면책재산)

가. 보험계약은 손실이 보상되는 재산(property)의 종류가 제한 된다.

나. 화재보험에서 통화, 유가증권, 귀중품, 골동품등은 보험증권에 기재해야만 보험의 목적이 된다고 규정하고 있다.

(1) 부보불가능한 위험

가. 보험자에 의해 부보불가능한 위험인 경우 면책사항이 필요하다.

나. 손해발생확률이 측정 불가능한 대재난적 손해, 우연한 사고로 인한 손해가 아닌 예상된 가치의 감소에 기인한 손해 등의 위험은 보험으로 부보가 불가능한 위험들이다.

(2) 동질적이지 않은 위험

보험은 동질의 위험의 결합을 통해 실제손해가 평균손해로 대체되는 위험관리 기법인데 예상하지 못한 손해발생 위험상태의 존재는 평균손해에 대한 정확한 예측이 어렵기 때문이다.

(3) 타보험 종목에서 담보되는 위험

타보험 종목에서 동일한 손해를 보상하는 경우 실손보상의 원칙에 의해 피보험자는 그 손해에 대해 중복보상을 받지 못하므로 불필요한 중복보험가입과 보험료의 이중부담의결과를 초래한다. 따라서 면책사항은 타보험 영역간의 조정을 위해 필요한 보상의 범위를 한정하는데 이용된다.

(4) 도덕적 위험(moral hazard) 배제

화재보험에서 통화, 증권, 미술품, 골동품등을 면책사항으로하고 있는 것과 같이, 일부재산은 손실 입증 및 손실측정의 어려움에 따른 도덕적 위험상태 때문에 면책사항을 적용한다.

제3절　보험가액과 보험금액

1　보험가액과 보험금액의 정의

(1) 보험가액

　　가. 피보험이익을 경제적으로 평가한 가액

　　나. 보험계약의 목적을 금전으로 산정한 가액을 말한다.

(2) 보험금액

　　가. 피보험자가 실세 보험에 가입한 금액으로서 보험자가 인수하기로 약정한금액이다.

　　나. 손해보험은 실제손해만을 보상하는 손해보상계약이므로 보험금액은 보험사고가 발생 한 경우에 보험자가 피보험자에게 지급하기로 약정 한 최고한도의금액이다.

　　다. 보험자의 보험계약상 최고 보상한도액이다.

2　미평가보험증권과 기평가보험증권

(1) 미평가보험(unvalued policy)

　　가. 정의 : 보험계약체결 시에 보험가액을 평가하지 않고, 손해가 발생한 때와 장소에서 보험가액을 평가하는 보험

　　나. 해상보험을 제외한 대부분의 재산보험증권이 이에 해당되고 미평가보험이 원칙적으로 손해보상원칙에 부합하는 보험증권이다. 상법은 '당사자 사이에 보험가액을 정하지 아니한 때에는 사고발생시의 가액을 보험가액으로 한다' 고 규정하고 있다.

(2) 기평가보험(valued policy)

　　가. 정의 : 보험계약체결 시에 계약당사자간에 합의된 보험가액을 기재한 보험을 말한다.

　　나. 기평가보험 에서는 보험 계약체결 시에 계약당사자가 보험가액을 협정하게 되는데 이와 같이 보험에 기재된 보험가액을 협정보험가액이라고 한다. 상법은 '당사자 간에 보험가액을 정한 때에는 그 가액은 사고발생시의 가액으로 정한 것으로 추정한다' 고 규정하고 있다.

(1) 보험가액과 보험금액의 불일치

　가. 원칙 : 기평가보험의 경우를 제외하고 보험가액은 손해발생시의 가액으로 평가한다.

　나. 보험금액은 보험계약체결 시에 결정되기 때문에 손해발생 시 보험금액과 보험가액이 항상 일치하는 것은 아니다.

　다. 보험자의 보상책임은 보험금액과 보험가액과의 관계에 따라 달라지게 된다.

(2) 전부보험(full insurance)

　보험계약의 목적의 가액과 일치하는 경우로서 이 경우보험자는 보험금액을 한도로 실제 발생한 손해액전부를 보험금으로 지급한다.

(3) 일부보험(under insurance)

　가. 보험금액이 보험가액에 미달하는 보험이다.

　나. 보험자는 발생한 손해액에 대해 보험금액의 보험가액에 대한 비율에 따라 보상할 책임이 있다.

　다. 당사자 간에 다른 약정이 있을 때에는 보험자는 보험금액의 한도내에서 손해액의 전액을 보상 책임이 있다.

　라. 특약이 있는 경우를 실손보상계약 또는 제1차 위험보험이라고 한다.

(4) 초과보험(over insurance)

　가. 보험금액이 보험가액을 초과하는 보험이다.

　나. 보험금액이 보험가액을 현저하게 초과한 때 또는 그 계약이 보험계약자의 사기로 인하여 체결 된 때에는 그 계약은 무효로 한다.

　다. 선의의 초과보험의 경우 : 초과된 부분만 무효가 되고 계약당사자는 보험료와 보험금액의 감액을 청구할 수 있으며 보험료의 감액은 장래에 대하여만 그 효력이 있다. 이 경우 보험자는 보험가액을 한도로 실제 발생한 손해액 전부를 보험금으로 지급한다.

(5) 중복보험(double insurance)

　가. 동일한 보험계약의 목적(피보험이익)과 동일한 보험사고(피보험위험)에 관하여 수개의 보험계약이 동시에 또는 순차로 체결된 경우에 그 보험금액의 총액이 보험가액을 초과한 보험이다.

　나. 보험자는 각자의 보험금액의 한도에서 연대책임을 지고, 각 보험자의 보상책임은 각자의 보험금액의 보험금액 총액에 대한 비율에 따른다.

　다. 중복보험의 경우 보험자1인에 대한 권리의 포기는 다른 보험자의 권리에 영향을 미치지 않는다.

제4절 **공동보험조항(co-insurance clause)**

1 공동보험조항의 정의, 목적

(1) 공동보험조항의 정의

가. 재산보험에서 피보험자가 손해발생시의 재산의 실제현금가치(actual cash value)의 일정비율을 보험에 가입하도록 유도하는 약관규정이다.

나. 보험금액이 보험가액에 대한 일정비율을 유지할 것을 조건으로 실손보상을 하는 약관조항이다.

다. 피보험자가 손해발생 시 공동보험조항의 요건을 충족시키지 못한 경우 피보험자는 보험자와 공동보험자적 입장에서 손해를 분담하는 소항이나.

라. 의료실비보험에서 사용되고 있는 공동보험조항은 발생된 손실에 대하여 보험자와 피보험자가 미리 정해진 비율에 따라 보상하는 것이다.

마. 계약법의 공동보험개념과 구분된다.

(2) 공동보험조항의 기능

가. 피보험자가 납입하는 보험료를 감소시키는 효과가 있다.

나. 손실의 크기에 관계없이 손실의 일정비율을 피보험자가 부담하게 되므로 손실발생을 감소하려는 노력을 한다.

다. 일부보험의 상태 방지와 보험요율의 형평성을 유지하기 위한 것이다. 현실적으로 대부분의 사람들이 손실이 전손(total loss)보다는 분손(partial loss)이 될 확률이 크다고 가정하여 일부보험에 가입하여 보험료를 절약하고 싶어하는 경향이 있기 때문에 공동보험조항이 필요한 것이다.

> **🔍 참고**
>
> 공동보험(coinsurance)의 다른 의미로는 여러 보험자들이 동일한 피보험이익과 동일한 피보험위험에 대해 동일한 보험기간으로 보험가액 내지 보상한도액 내에서 수개의 보험계약을 공동으로 인수하는 경우를 말한다. 이는 재보험(reinsurance)과 달리 공동보험에 참여한 모든 보험자는 원보험자(primary insurer)의 위치에 있으며 손실발생시에 각자의 담보비율에 따라 손실을 보상할 책임이 있다. 여러 보험자들이 거대위험(target risk) 등에 대하여 위험의 수평적인 분산을 목적으로 공동으로 인수하는 보험이므로 위험의 수직적 분산방법인 재보험과 다르며, 각 보험금액의 총액이 보험가액을 초과하지 않는다는 점에서 중복보험과 다르다.
>
> 비율참여조항(percentage participation clause)이라 한다. 보험자와 피보험자가 80% : 20% 비율참여조항, 즉 공동보험조항이 적용되면 보험자의 보상책임은 손실금액의 80%이며 20%는 피보험자 스스로 부담하는 것이다. 의료실비보험에서 이러한 공동보험조항의 주된 목적은 보험의 남용을 방지하고 손실통제를 강화하기 위한 것이다.

2 공동보험조항의 문제점

(1) 인플레이션

보험계약체결 시에 피보험자가 공동보험조항을 준수하였더라도 인플레이션에 따라 피보험자는 손해발생 시 요구보험금액을 유지하지 못하고 불리하게 적용 받을 수 있다.

(2) 보험의 목적의 가치가 유동적인 경우

피보험자는 보험계약기간 중 재산가액이 큰 폭으로 변동할 경우에 공동보험의 불리한 적용을 받을 수 있다.

(3) 소액손해

소액의 손해가 발생할 경우에 공동보험요건이 충족되어 있는가를 결정하기 위해 손상재물과 정상재물을 모두 구분해야한다면 피보험자는 금전적인 낭비를 초래할 수 있다.

3 지급보험금 산정방식

(1) 산식

피보험손해에 대한 지급보험금을 결정하는데 사용되는 공동보험 산식은 아래와 같다.

$$\text{지급보험금} = \text{손해액} \times \frac{\text{실제 가입된 보험금액}}{\text{요구되는 보험금액 (약정비율} \times \text{보험가액)}}$$

(2) 화재보험의 공동보험조항

1) 보험금액이 보험가액의 80% 해당액과 같거나 이상일 때

보험금액을 한도로 손해액 전액. 그러나 보험금액이 보험가액보다 많을 때에는 보험가액을 한도로 한다.

2) 보험금액이 보험가액의 80% 해당액보다 적을 때

$$\text{지급보험금} = \text{손해액} \times \frac{\text{보험금액}}{\text{보험가액의 80\% 해당액}}$$

제5절　타보험조항(other insurance clause)

1　타보험조항의 정의

(1) 타보험조항의 정의

　가. 동일한 보험의 목적에 대해 동일한 피보험이익과 동일한 위험(손인)을 담보하는 2개 이상의 보험계약이 존재하는 경우 손해액을 분담하는 방법에 관하여 규정한 보통보험약관의 조항이다.

　나. 피보험자가 손해발생으로 인하여 이익을 얻는 것을 방지하기 위하여 규정

　다. 재산보험과 배상책임보험 및 건강보험 등에서 사용되고 있다.

(2) 타보험조항의 요건

　① 피보험이익의 동일성

　② 보험계약에서 서로 담보하는 내용이 부분적 동일성

　③ 동일한 위험(손인)을 담보하여야 한다.

　④ 보험금액의 합계액이 보험가액을 초과

　⑤ 보험계약이 보험사고 발생시점에 모두 유효하여야 한다.

(3) 타보험조항의 목적

　가. 이득금지의 원칙

　나. 보험제도의 도박화 방지

　다. 보험자간 손해의 공평 분담

2　타보험조항의 종류

(1) 비례책임조항(pro rata liability clause)

각 보험증권의 보험금액에 비례하여 보험자의 손해분담액을 결정한다.

가입금액	손실액 1,500	손실액 3,000
A　1,000만원	$1,500 \times \dfrac{1,000}{6,000} = 250$	$3,000 \times \dfrac{1,000}{6,000} = 500$
B　2,000만원	$1,500 \times \dfrac{2,000}{6,000} = 500$	$3,000 \times \dfrac{2,000}{6,000} = 1,000$
C　3,000만원	$1,500 \times \dfrac{3,000}{6,000} = 750$	$3,000 \times \dfrac{3,000}{6,000} = 1,500$

(2) **책임한도분담조항**(contribution by limits of liability clause)

　가. 각 보험자의 책임한도를 기준으로 손해를 분담하는 방식으로 독립책임액분담조항이라 한다.

　나. 지급보험금이 보험금액만을 기준으로 산정되는 것은 보험금 분담방법에 불합리한 문제가 있기 때문에 독립책임액 비례분담방식을 채택하고 있다.

　나. 다른 보험계약이 없는 것으로 가정하여 각 보험자가 독립적으로 지급하여야 할 보험금을 산정한 뒤에 각 보험자의 지급 보험금의 합계액이 손해액을 초과 할 경우 각 보험자는 손해액에 대하여 각 보험자가 독립적으로 산정한 지급 보험금의 합계액에 대한 각 보험자의 지급 보험금의 비율로 분담하는 방식이다.

$$\text{손실분담액} = \text{손해액} \times \frac{\text{타보험이없다고가정시보험책임한도}}{\text{각증권타보험이없다고가정시보상책임한도합계}}$$

가입금액	손실금액 2,000
A 1,000	$2,000 \times \dfrac{1,000}{5,000} = 400$
B 2,000	$2,000 \times \dfrac{2,000}{5,000} = 800$
C 3,000	$2,000 \times \dfrac{2,000}{5,000} = 800$

(3) **균등액분담조항**(contribution by equal share clause)

　가. 각 보험자의 분담액은 보상한도가 낮은 보험계약의 보상한도 금액이 소진될 때까지 순차적으로 균등액을 분담하는 방식이다.

　나. 배상책임보험계약에서 이용된다.

가입금액	손해액 3,500	손해액 6,000
A 1,000	1,000	1,000
B 2,000	1,000	2,000
C 3,000	1,000	3,000

(4) **초과액분담조항**(Contribution by Excess Share clause)

　가. 타보험증권에 가입되어 그 증권으로부터 받을 수 있는 금액을 초과하는 금액만을 보상하는 방식

　나. 초과액을 분담하게 되는 보험자를 초과보험(excessinsurance)이라 하고 우선 보상하는 보험자를 기초보험(primary insurance)이라고 한다.

가입금액	손해액 2천만원	5천만원
A 5천만원 (초과액타보험조항)	-	3천
B 2천만원	2천	2천

(5) **타보험금지조항**(other insurance prohibited clause)

　타보험금지조항은 동일한 종류의 일체의 타보험을 금지하는 조항이다. 이 경우 타보험의 가입은 담보의 위반(breach of warranty)에 해당 될 수 있다.

제6절　공제조항(deductible clause)

1　공제조항의 정의

(1) 공제조항의 정의

　　가. 손실발생 시에 피보험자로 하여금 손실의 일부를 부담하게 하는 조항으로 자기 부담금조항이라고도 한다.

　　나. 재산보험과 자동차보험, 건강보험에서 적용

(2) 공제조항의 기능

　1) 소액손해 배제

　　☞ 비합리적인 손실처리비용(손해사정비용)의 지출을 방지

　2) 보험료 절약

　3) 도덕적·정신적 위험상태의 감소 → moral hazard (도덕적 위험) 감소

2　공제조항의 종류

(1) 직접공제조항(straight deductible)

　　가. 일정한 금액의 공제액을 정하고 공제금액을 직접 차감하는 방법으로 손해액이 공제금액에 미달하는 경우 피보험자가 모두 자기부담으로하고, 이를 초과하는 경우 손해액에서 공제액을 차감하고 남은 금액을 보험자가 보험금으로 지급한다.

(2) 프랜차이즈공제조항(franchise deductible)

손해가 일정 금액이나 보험금액의 일정비율을 정해 놓고 공제 한도 이하의 손실은 피보험자가 부담하고, 공제한도 이상(초과)이면 보험자가 전액 보상한다.

손해액	직접공제 (공제액20만원)	프랜차이즈공제(공제액20만원)
10만원	0	0
20만원	0	0
30만원	10	30

(3) 소멸성공제조항(disappearing deductible)

　　가. 일정액의 공제한도를 정하고 이 공제한도보다 작은 손실은 피보험자가 전액 부담하고, 공제한도보다 큰 손실에 대해서는 손실의 규모가 커질수록 공제액의 크기가 점점 줄어 들어 일정규모이상의 손실이 발생하면 공제액이 완전히 소멸되어 손해액의 전부가 보험금으로 지급된다.

　　나. 직접공제방식과 프랜차이즈공제 방식의 복합 형태라고할 수 있다.

　　다. 조정계수가 커지면 커질수록 피보험자의 부담액의 감소폭도 커지게 된다.

손해액이 50만원, 200만원, 300만원일경우(공제한도100만원, 조정계수 1.5)

P = (L − D) x K
P : 보험자 부담
L : 공제한도보다 큰 손실
D : 공제한도
K : 조정계수

① **손해액 50만원**

손해액이 공제한도 100만원보다 적으므로 손해액 50만원 → 피보험자

② **손해액 200만원**

손해액 200만원이 공제한도 100만원 많으므로 조정공식을 적용하면, 보험자 부담액은
(200만원 − 100만원) x 1.5 = 150만원이며, '피보험자 부담액 = 손해액 − 보험자 부담액' 이므로 피보험자
부담액은 200만원 − 150만원 = 50만원이다.

③ **손해액 300만원**

손해액 300만원이 공제한도 100만원 많으므로 보험자 부담액은 (300만원 − 100만원) x 1.5 = 300만원이며,
'피보험자 부담액 = 손해액 − 보험자 부담액' 이므로 피보험자 부담액은 300만원 − 300만원 = 0원이다.

(4) **누계액공제**(aggregate deductible, **총액공제조항, 누적공제**)

일정한 금액의 누계공제액을 정해 놓고 일정한 기간에 발생한 손실의 합계가 그 누계액을 넘는 시점부터
손실의 전액을 부담하는 방식

누계액 공제액 (1-12월) 100만원 일 때
손해액 : 1월 : 10만원, 2월 : 20만원, 3월 : 10만원, 4월 : 50만원,
5월 : 30만원, 10월 : 30만원, 12월 : 40만원

☞ 4월까지는 보상하지 않으며 5월부터 12월까지 100만원을 공제한 90만원을 보상한다.

(5) **대기 또는 배제기간조항**(waiting or elimination period clause)

가. 보험사고로 손해가 발생한 경우 발생한 날로부터 일정한 기간이 경과한 후의 손해에 대해서만 보상한다는
    조항이다.
나. 질병보험과 소득보상보험 등에서 주로 사용된다.
다. 암보험의 90일 면책기간, 질병 · 상해보험에서 계속되는 입원비

배상책임 리스크

 배상책임의 법적근거

1 불법행위책임과 채무불이행책임(계약책임)

가. 민법상 손해배상책임의 발생 원인 : 채무불이행책임과 불법행위책임

나. 공통점 : 위법행위에 의한 책임, 채무불이행에 관한 규정 중의 일부가 불법행위에 준용된다.

다. 차이점 : 채무불이행책임은 특정인과 특정인 사이의 특별한 계약관계를 전제로 하는 책임인 점에 대해, 불법행위책임은 채권·채무관계를 전제로 하지 않는 불특정 다수인 사이에 존재하는 일반적 책임이라는 차이가 있다.

라. 입증책임의 주체

- 불법행위책임 → 피해자가 가해자의 고의나 과실에 대한 입증책임을 진다.
- 계약책임 → 채무자가 채무를 이행하지 않거나 할 수 없는 경우에 자신의 고의나 과실의 귀책사유가 없음을 적극적으로 입증하여야 한다.

2 과실책임과 무과실책임

(1) 과실책임주의(Principle of Negligence Liability)

☞ 가해자가 고의 또는 과실에 의하여 타인에게 손해를 입힌 경우에만 손해배상책임을 지는 것을 말한다.

(2) 무과실책임주의(Principle of Liability without fault)

1) 무과실책임주의 정의

가. 가해자보다는 행위자로의 개념으로 확장하여 행위자의 행위로 손해가 발생하기만하면 가해자(행위자)의 고의나 과실과 관계없이 책임을 인정하는 것을 말한다.

나. 무과실책임은 가해자(행위자)의 행위로 손해가 발생하기만 하면 과실을 추정하여 피해자의 입증책임을 경감시키고 가해자에게 무과실을 입증하게 함으로써 입증책임을 전환시킨다.

다. 손해의 부담을 피해자에서 가해자로 전가시키므로 잠재적 가해자는 책임보험을 통한 리스크 관리가 필요하게 한다.

2) 무과실책임주의의 종류

① 중간책임주의(입증책임의 전환)

　가. 불법행위책임의 과실의 입증책임은 가해자 측이 부담하는데 실질적으로는 가해자가 과실이 없음을 입증하는 것이 매우 어렵기 때문에 이를 사실상의 무과실책임주의 내지 중간책임이라 한다.
　　자동차손해배상법상의 운행자책임, 민법상 책임무능력자의 감독자책임, 사용자책임, 공작물점유자책임, 동물점유자책임등이 있으며, 영미법의 엄격책임주의(Strict Liability)와 유사한 개념이다.

② 무과실책임주의

　가. 가해자에게 과실이 없어도 손해배상책임을 지게 하는 것
　나. 손해의 발생이라는 객관적 요소를 입증하는 것으로 족하며, 또한 가해자(행위자)의 무과실 항변도 인정되지 않는 경우를 말한다.
　다. 민법상 공작물 소유자책임, 원자력손해배상법상 원자력 사업자책임, 화재로 인한 재해보상 등이 있다.

③ 보상책임주의

　가. 무과실책임도 피해자의 과실부분까지 배상하는 것은 아니므로 피해자의 과실부분은 상계한다.
　나. 피해자의 과실부분까지 가해자가 책임을 부담하도록 하는 것을 보상책임주의라 한다.
　다. 근로기준법, 산업재해보상보험법 및 선원법 등

3 과실책임에 대한 항변

1. 리스크의 가정(assumption of risk)

　가. 피해자가 피해를 받을 것을 알고 있었음에도 불구하고 그러한 행위를 선택했다면 가해자는 책임을 지지 않게 된다는 것이다.
　나. 피해자가 위험을 감수한다는 의미이다.

2. 기여과실(contributory negligence)

　가. 피해자가 사고발생에 과실이 조금이라도 기여했다면, 가해자에게 과실책임을 부과할 수 없다는 것이다.
　나. 과실책임주의에 있어서 매우 엄격한 기준을 적용하여 피해자가 손해배상을 받기 위해서는 피해자 측에서 전혀 과실이 없어야 한다는 것이다.

3. 비교과실(comparative negligence)

　가. 당사자들 간의 과실을 비교하여 손해배상액을 비례 분담하게 된다.
　나. 미국의 대부분의 주에서 기여과실 대신에 비교과실의 원칙을 적용하고 있다.

　　① 부분비교과실(partial comparative negligence) 원칙 하에서는 50% 이하의 과실이 있는 자만이 보상을 받고 보상액은 상대방의 과실 비율을 곱하여 계산한다.
　　② 완전비교과실(complete comparative negligence) 원칙 하에서는 손해를 두 당사자의 과실비율에 의해 분담되어 진다.

4. 최종적 명백한 기회(Last Clear Chance)

　가. 과실을 통해 위험을 가정하였거나 사고에 기여한 책임이 있는 피해자는 만약 가해자가 사고를 피할 기회가 있었으나 그렇게 하지 않았다면 배상책임을 면제받지 못한다는 '최종적 명백한 기회(Last Clear Chance) 원칙'을 주장하기도 한다.

　나. 피해자가 가해자에 대해 최종적 명백한 기회가 존재하였음을 입증할 경우 피해자는 전 손해에 대한 배상을 청구할 수 있다.

　다. 입증책임의 전환

4 　과실책임의 수정

1. 과실추정의 원칙

　가. 원칙 : 배상책임에서 가해자의 과실에 대한 입증책임은 그 권리를 주장하는 피해자에게 있다.

　나. 과실추정 : 정보의 비대칭 등으로 인해 피해자가 현실적으로 가해자의 과실을 입증할 수 없는 경우 법원은 가해자에게 입증책임을 전환시키기 위해 과실추정(presumed negligence liability)의 원칙을 적용한다.

　다. 의료사고소송에서 주로 인용되는데 '사실 자체가 스스로를 말한다(The thing speaks for itself) 라는 의미로서 손해를 야기하는 상황이 가해자의 통제를 벗어났다는 사실을 가해자가 입증하도록 하고 있다.

2. 엄격책임

　가. 불특정 타인에게 큰 손해를 발생시킬 수 있는 재산을 소유하거나 활동을 하는 경우 엄격책임의 원칙을 적용할 수 있다.

　나. 제조물책임법에서 제조업자는 제조물에 결함이 있고, 그 결함으로 손해가 발생하였다는 것을 피해자가 입증하면 과실책임이 없더라도 제조업자는 책임을 지게 된다.

3. 전가(대위)책임

　가. 배상책임은 다른 사람의 불법행위를 대신하여 부과되는 법률규정에 의한 전가책임이 있다.

　나. 피용자의 불법행위책임에 대해 사실상 지휘·감독관계에 있는 사용자책임이 해당된다.

4. 연대책임

　가. 여러 사람이 공동으로 불법행위를 하여 타인에게 손해를 가하는 행위를 공동불법행위라 한다.

　나. 공동불법행위자는 연대하여 손해배상책임을 진다.

　다. 가해자들의 각자의 행위의 고하를 묻지 않고 피해자가 누구에게나 손해배상금을 전부 보상 받을 수 있도록 피해자를 보호하는 제도이다.

1. 과실상계

(1) 정의

가. 채무불이행이나 불법행위로 인한 손해배상청구 시 손해배상책임의 발생 및 손해의 확대에 피해자에게도 과실이 있는 때에는 그 배상책임 및 손해액을 정하는데 이를 참작하여 손해배상액을 감경하는 제도이다.

(2) 과실의 의미

가. 과실상계에 있어서의 과실은 단순한 부주의를 말한다.

나. 가해자의 과실은 의무위반이라는 강력한 과실인데 반하여 피해자의 과실은 사회통념상, 신의성실의 원칙상, 공동생활 상 요구되는 약한 부주의를 의미한다.

(3) 손해의 확대

가. 피해자의 과실은 손해의 발생에 관한 것뿐만 아니라 손해의 확대에 관하여도 있을 수 있다.

나. 피해자가 정당한 이유 없이 의무를 이행하지 않을 경우에는 법원이 그 손해배상액을 정함에 있어 그 손해 확대에 기여한 피해자의 과실을 참작할 수 있다.

2. 손익상계

채무불이행 및 불법행위로 피해자가 손해를 입은 것과 동시에 이로 인하여 얻은 이익이 있는 경우에는 손해액에서 그 이익을 공제한 잔액을 배상하여야 할 손해로 하는 것으로 이와 같은 이득공제를 손익상계라 한다.

1. 징벌적 배상책임 정의

가. 영미법에서 인정되는 특수한 제도로서 피해자의 권리 내지 법익침해에 대하여 악의적이거나 의도적으로 야기한 가해자를 응징한다.

나. 가해자가 그와 유사한 불법행위를 하지 못하도록 하기 위하여 피해자가 실제 입은 손해 이외에 징벌적 의미 손해배상액을 추가적으로 지우는 것을 말한다.

2. 징벌적 배상책임기능

(1) 제재적 기능

가해자 자신에게 처벌을 함으로써 그 자의 불법한 행위를 예방하는 특별예방기능과 일반사회에 심리적 위협의 기능을 하여 불법한 행위를 억지하는 일반예방기능(deterrence)이 있다.

(2) 법 준수 기능

징벌적손해배상은 실질손해 이상의 배상액을 피해자에게 취득하게 함으로써 피해자로 하여금 불법한 행위를 고발하도록 촉진시키는 기능을 가지고 있다.

3. 산정기준

① 행위에 따른 결과의 정도(severity of threatened Harm)

② 행위에 대한 비난가능성의 정도(degree of reprehensibility of defendant's conduct)

③ 가해자의 의도하였던 이익 (profitability of the conduct)

④ 가해자의 재산상태 (financial position of the defendant)

⑤ 전보적 손해배상의 액수(amount of compensatory damages assessed)

⑥ 소송비용(costs of litigation)

⑦ 형사책임의 가능성 (potential criminal sanctions)

⑧ 동일한 소송의 반복가능성(other civil actions against the defendant based on the same conduct)

⑨ 기타 ㄱ 행위에 대한 책인 있는 관리자의 관련 정도 등

7 배상책임의 종류

1. 시설소유관리자 배상책임(premises/operations Liability)

개인 또는 기업이 소유, 사용, 관리 또는 임차한 시설(Premises)에 기인한 사고와 그 시설을 이용하여 수행하는 업무활동(Operations)에 기인한 사고로 제3자가 입은 손해에 대한 배상책임이다.

2. 제조물 배상책임(product liability)

제품이나 완성작업의 결함으로 인하여 제3자가 입은 손해에 대한 제조자나 판매인의 법률상 배상책임이다.

3. 전문직업인 배상책임(professional liability)

전문직업인은 고의 또는 과실 있는 업무행위로 인한 불법행위책임과 전문직업인과 의뢰인 간의 채무불이행책임이다.

4. 임원배상책임(directors and officers liability)

이사가 법령이나 정관에 위반하여 업무상 부주의로 회사나 제3자에게 가한 손해에 대한 배상책임이다.

5. 보관자 배상책임(bailee's liability)

개인이나 기업이 소유(ownership), 사용(use), 임차(lease) 하거나 보호, 관리 또는 통제(care, control, custody)하는 재물에 입힌 손해로 그 재물에 대한 정당한 권리가 있는 사람에 대한 배상책임이다. 보관자 배상책임은 특정인과 계약관계에 따라 발생하는 채무불이행책임에 근거한다.

6. 근로자재해보상책임(workers' compensation) 및 사용자배상책임(employer's liability)

사용자의 업무에 종사중인 피용인의 업무상 또는 직무상 재해로 인하여 피용인인 근로자 및 선원의 부상, 질병, 장해 또는 사망에 대해, 사용자의 근로기준법과 산재보험법 및 선원법상의 재해보상책임과 민법상의 과실에 따른 손해배상책임을 말한다.

책임보험

제1절 책임보험

1 책임보험의 정의

가. 피보험자가 일상생활이나 업무활동에서 타인에게 신체나 재물 및 재무적 손해를 끼침으로 인해 법률상의 손해배상책임을 지게 되었을 때 입은 손해를 보상해 주는 보험을 말한다.

2 책임보험 본질

(1) 손해보험성

책임보험은 피보험자가 제3자에 대해 손해배상을 함으로써 입은 손해를 보상하는 보험이므로 손해보험에 해당한다.

(2) 재산보험성

책임보험은 피보험자의 특정한 물건에 대한 손해를 보상하는 것이 아니라 피보험자의 전 재산에 대해 생기는 손해를 보상하는 것이므로 재산보험에 해당한다.

(3) 소극보험성

책임보험은 피보험자의 특정 재산에 직접적으로 발생하는 적극적 손해를 보상하는 것이 아니라 피보험자가 제3자에 대한 손해배상책임을 이행함으로써 간접적으로 발생하는 소극적 손해를 보상하는 것이므로 소극보험의 성질을 갖는다.

3 책임보험 기능

(1) 피보험자의 보호

가. 타인의 신체나 재산에 손해를 입힌 가해자(행위자)는 그로 인하여 발생되는 손해로 기업의 영위나 가계에 막대한 타격을 입을 우려가 있는 바, 이러한 리스크 부담 책임을 보험자에게 전가함으로써 기업을 지속적으로 유지하고 안정적인 생활을 도모할 수 있다.

나. 대형사고 발생 시 피보험자의 과중한 손해배상으로 인하여 발생할 수 있는 경영난을 예방할 수 있다.

(2) 피해자 구제수단

가. 가해자에게 배상 자력이 없는 경우에 그 손해배상능력을 확보해 줌으로써 피해자를 보호하는 기능을 한다.

나. 의무보험의 경우는 피해자 구제 수단으로서의 기능이 더욱 강조된 것이라 할 수 있다.

제2절　책임보험의 특성

1　보험의 목적

보험의 목적은 일반적으로 보험계약자와 이해관계가 있는 사고발생의 객체인데 대하여 책임보험에 있어서 사고발생의 객체는 주로 보험계약자와 이해관계가 없는 불특정 타인의 재물이나 신체인 점이 특징이다.

2　보험사고

(1) 보험사고 유형

가. 일반적으로 손해보험에서는 손해사고가 발생한 시점을 담보의 기준으로 하고 있다.

나. 배상책임보험에서는 피보험자가 타인의 신체나 재물에 손해를 입혔을 때에 피보험자에게 확정적으로 손해가 발생한 것은 아닌 경우가 있으며 사고발생 후 피보험자에게 손해배상청구가 있어야 법률상 배상책임여부가 확정되는 경우가 있다. 배상책임보험의 보험사고 시점에 대한 주요 학설로는 손해사고설, 청구사고설이 있으며 소수설로 책임부담설, 채무확정설, 배상의무이행설도 있다.

(2) 사고의 개념

1) 손해사고설(occurrence theory)

가. 타인에게 신체장해나 재물손해를 입힘으로써 손해가 발생한 시점을 사고라고 보는 이론이다.

나. 손해사고의 개념은 accident는 물론 계속적, 누적적, 반복적인 상태인 occurrence를 포괄하는 의미이다.

다. occurrence와 관련하여 손해사고 시점에 대한 이론으로는 위험설, 침해설, 과정설이 있다.

라. 장점 : 담보의 기준이 되는 사고일자가 객관적으로 확정할 수 있다.

마. 단점 : 손해사고는 발생하였으나 피보험자에게 책임이 없을 때의 담보 법리를 설명할 수 없다.

① 손해사고(occurrence)의 개념

일반적으로 배상책임보험에서 사고란 급격하게 발생하는 accident와 위험이 서서히, 계속적, 반복적 또는 누적적으로 발생하는 occurrence로 인한 신체장해나 재물손해를 말한다.

② 사고의 시점

사고의 유형이 occurrence인 경우에 사고 발생일자를 특정하는 이론으로는 위험설, 침해설, 과정설이 있다. 사고발생 시점을 파악하는 중요한 이유는 사고발생을 언제로 보느냐에 따라 보험자의 책임이 달라질 수 있기 때문이다.

가. 위험설(exposure theory)

사고발생시점은 그러한 위험이 최초로 나타난 시점이라는 이론이다.

나. 침해설(manifestation theory)

사고발생시점은 재산이나 인명에 현실적으로 피해가 발생한 시점이라는 이론이다.

다. 과정설(injurious process theory)

사고발생시점은 위험이 최초로 나타나서 피해가 현실적으로 발생하기까지 전기간이라는 이론이다.

2) 청구사고설(claims-made theory)

　　가. 손해가 발생하고 피해자로부터 피보험자가 손해배상청구를 처음으로 받은 시점을 사고라고 보는 이론이다.

　　나. 상법 제722조 "배상청구를 받은 때" 규정과 상법 제720조 방어비용 부담 규정에 부합하나 피해자의 배상청구라는 주관적 의사에 따라 결정되는 문제점이 있다.

　　다. 배상청구기준증권은 사고의 시점에 대해서는 손해사고설을 취하고 있으나 담보의 기준에 대해서는 배상청구시점을 취하고 있다.

　　라. 대부분의 배상책임보험 증권은 손해사고기준 증권이며, 배상청구기준 증권은 담보의 기준을 손해사고 대신에 배상청구를 기준으로 하는 점에서 배상청구사고설이 주장되나 배상청구기준 증권도 사고의 개념에 있어서는 손해사고설에 따르되 담보의 기준을 손해사고 대신 배상청구로 하는 것이다.

3) 책임부담설(responsibility theory)

손해배상청구가 피보험자에게 제기된 후 피보험자에게 책임이 있는 것으로 확정된 시점을 사고일로 보아야 한다는 이론이다.

4) 채무확정설(ascertainment theory)

피보험자에게 책임이 있다하여도 채무액이 확정되기 전에는 사고로 보지 않고 채무액이 확정된 시점을 사고일로 보아야 한다는 이론이다.

5) 배상의무이행설(claim-paid theory)

배상책임보험의 보험사고는 피보험자가 손해배상금을 피해자에게 변제한 시점을 사고로 보아야 한다는 이론이다.

3 피보험자

(1) 정의

가. 배상책임보험에서 피보험자는 타인에게 손해를 입혀 법률상 배상책임을 지는 자를 말한다.

나. 배상책임보험에서 보험사고가 성립하기 위해서는

　　① 피해자가 존재

　　② 가해자(행위자)의 행위가 있어야 하며

　　③ 피해사실과 가해자의 행위 상호간에 인과 관계가 성립되어야 한다.

(2) 피보험자의 분류

배상책임 보험에서 피보험자는 단독피보험자, 기명 피보험자, 공동피보험자, 추가피보험자 및 의제피보험자로 구분된다.

4 피해자의 직접청구권

(1) 직접청구권의 정의

가. 책임보험의 피해자가 피보험자를 통하지 않고 보험자에게 직접 손해의 전보를 청구할 수 있는 권리를 말한다.

(2) 법적성질 및 소멸시효

1) 보험금청구권설

보험자는 보험계약에 의하여 피보험자의 제3자에 대한 법률상 배상책임을 부담하는 것이므로 이에 기초한 직접청구권은 그 계약의 내용에 의하여 제약을 받는다는 보험금청구권이라는 견해

↻ 소멸시효는 3년이다.

2) 손해배상청구권설

보험자가 피보험자의 피해자에 대한 손해배상채무를 병존적으로 인수한 것이라는 견해이다.

↻ 그 손해 및 가해자를 안 날로부터 3년, 불법행위를 한 날로부터 10년이다.

(3) 손해배상청구권과 보험금청구권 법적 성격

1) 독립성

가. 피해자의 직접청구권은 피보험자의 손해배상책임 발생과 동시에 피해자는 피보험자에 대한 손해배상청구권과 보험자에 대한 보험금청구권이 동시 발생하는 독립성을 갖는다.

나. 피해자가 이중으로 이득을 취할 수는 없으므로 그 중 하나의 청구권을 행사하여 이행이 된 때에는 그 범위 내에서 양 청구권은 동시에 소멸하므로 일종의 부진정연대채무 또는 청구권 경합을 한 경우라 할 수 있다.

다. 피보험자의 보험금청구권과는 별도로 법률규정에 의하여 취득하는 권리로서 피보험자의 협조 없이 피해자가 직접 청구할 수 있다.

라. 피해자의 직접청구권은 피보험자의 보험금청구권과는 서로 독립적인 관계에 있다.

> 🔍 **참고**
>
> 부진정연대채무란 : 법률상 연대채무는 아니지만, 동일한 급부를 목적으로 하고 이행으로 다른 채무도 소멸하는 관계.
> 📕 사용자와 근로자의 공동불법행위, 보험자와 가해자의 관계 등.

2) 배타성

가. 직접청구권은 피해자를 보호하기 위하여 법이 특별히 인정한 피해자의 권리이기 때문에 다른 청구권에 비하여 우선권을 갖는다.

나. 피보험자의 보험금청구권과 피해자의 직접청구권이 경합된 경우에는 직접청구권이 우선한다.

3) 강행성

피해자의 직접 청구권은 강행규정이므로 보험약관에서 상법의 규정을 위배하여 보험계약자에게 불리한 조항을 정한다면 그 보험약관은 상법 제663조의 보험계약자 등의 불이익금지 원칙에 위배되어 무효가 된다.

(4) 피해자의 직접청구권 행사

1) 보험자의 항변사유

피해자가 보험사를 상대로 직접청구권을 행사하여 보험금의 지급을 구하는 경우에 보험자는 피보험자가 그 사고에 관하여 가지는 항변으로써 피해자에게 대항할 수 있다(상법 제724조 제2항).

2) 보험자의 통지의무

보험자가 제3자로부터 직접 청구를 받은 때에는 지체없이 피보험자에게 이를 통지하여야 한다(상법 제724조 제3항).

3) 피보험자의 협조의무

제3자의 직접청구가 있는 경우에 피보험자는 보험자의 요구가 있을 때에는 필요한 서류·증거의 제출, 증언 또는 증인의 출석에 협조하여야 한다(상법 제724조 제4항).

4) 제3자에 대한 보험자대위

손해가 제3자의 행위로 인하여 생긴 경우에 보험금액을 지급한 보험자는 보험자대위에 의하여 그 지급한 금액의 한도에서 그 제3자에 대한 보험계약자 또는 피보험자의 권리를 취득한다(상법 제682조).

5 보상한도액

(1) 배상책임보험의 보험가액

가. 배상책임보험은 보관자배상책임보험을 제외하고 보험가액(insurable value)을 산출할 수 없다.

나. 보험자가 부담하여야 할 금액의 한도를 보상한도액이라고 한다.

(2) 보상한도액을 정하는 이유

1) 보험자의 책임제한
2) 보험료산정의 기준
3) 도덕적 위험상태 예방

(3) 보상한도액을 정하는 방법

1) 분할보상한도(split limits)

대인 보상한도(bodily injury limit)와 대물 보상한도(property damage limit)로 가입할 수 있다. 일반적으로 대인배상의 경우는 1인당 및 1사고당의 두가지 한도액을 규정하게 되고, 대물배상에 있어서는 1사고당 한도액을 정하게 된다.

2) 포괄단일보상한도(combined single limit)

계약에 의하여 대인배상이나 대물배상을 각기 구분하지 않고 포괄하여 한도액을 정하는 방법도 있는데, 이를 대인·대물 포괄단일 보상한도(combined single limit) 라고 한다.

3) 총보상한도(aggregate limit)

가. 일반적으로 손해보험은 보험기간 중의 사고로 보험금액이 전액 지급되면 당해 보험계약은 실효되는데 비하여 배상책임보험에서의 보상한도액은 원칙적으로 1사고당 보험자의 보상한도액이다.

나. 보험기간 중 1사고에 대하여 보험자가 보상한도액으로 정하여진 금액을 전액 지급해도 당해 보험계약은 소멸하지 않는다(자동복원방식).

(4) 공제금액(deductible)

가. 정의 : 손해액 등에 대하여 피보험자가 부담하여야 할 금액

◗ 지급보험금 = 손해액 – 공제금액 ≤ 보상한도액

나. 영문 CGL약관의 경우

◗ 손해액에서 공제금액을 차감한 금액을 지급하되 지급보험금의 최고한도는 보상한도액에서 공제금액을 차감한 금액으로 한다.

◗ 지급보험금 = 손해액 – 공제금액 ≤ 보상한도액 – 공제금액

1 일반배상책임보험과 전문직업배상책임보험

(1) 일반배상책임보험(general liability insurance)

1) 일반배상책임보험의 정의

담보위험의 전문성 여부에 따라 구분되는 개념으로 개인 또는 기업의 시설이나 업무활동(전문직업과 관계없는 활동)과 관련하여 제3자에게 지는 불법행위책임과 계약의 상대방에게 지는 채무불이행책임을 담보하는 보험을 말한다.

2) 전문직업배상책임보험(professional liability insurance)

전문직업과 관련된 사고를 담보하는 전문직업 배상책임보험은 사람의 신체에 발생한 물리적인 사고에 대한 위험을 담보하는 비행 배상책임보험(malpractice liability insurance)과 사람의 신체 이외의 전문직업 위험을 담보하는 하자배상 책임보험 (error and/or omission liability insurance)으로 구분한다.

2 임의 배상책임보험과 의무배상책임보험

가. 임의배상책임보험 : 피보험자의 합리적인 리스크 관리수단으로 변제력 확보를 위하여 임의적인 의사에 가입하는 것

나. 의무배상책임보험 : 사회적으로 인정될 만한 특정의 리스크에 대하여는 피해자 보호와 구제수단의 확보를 위해 법률에 의하여 배상책임보험의 가입을 의무화한 보험

3 손해사고기준 배상책임보험과 배상청구 기준 배상책임보험

(1) 배상책임 보험기간의 정의

가. 일반적으로 보험자의 보상책임은 보험기간 중에 발생하는 사고로 한정된다.

나. 배상책임보험은 담보 기준인 사고발생일자를 정하기가 어려운 경우 담보의 기준을 사고발생일자 대신에 배상청구일자로 하는 보험약관도 있다.

(2) 담보기준(cover trigger)의 종류

1) 손해사고기준증권(occurrence basis policy)

가. 보험기간 중에 발생된 사고를 담보의 기준으로 하는 보험증권으로 대부분의 보험이 보험기간 중에 발생한 손해사고를 담보의 기준으로 한다.

나. 보험사고가 보험기간에 발생하면 비록 보험기간이 종료한 후에 피해자가 피보험자에게 손해배상청구를 하였더라도 보험금청구권이 소멸되지 않는 한 보험자가 보험금 지급책임을 지게 된다.

2) 배상청구기준증권(claims-made basis policy)

　　가. 배상청구기준증권은 담보의 기준을 피해자가 피보험자에게 처음으로 손해 배상청구를 제기한 시점을 기준으로 하는 증권을 말한다.

　　나. 사고발생과 손해배상청구 사이에 장기의 잠재기간이 있는 장기축적손해(long-tail claim)에 주로 적용되며 생산물배상책임보험, 의사배상책임보험, 임원배상책임보험 및 각종전문직업배상책임보험 등에 사용되고 있다.

(3) 손해사고기준증권의 문제점 (배상청구기준증권의 필요성)

1) 손해사고기준증권의 문제점

　① 손해사고일자의 불분명성

　② 보상한도액의 현실성 결여

　③ 불합리한 요율산정

　　↻ 손해 사고기준증권은 보험자가 갱신요율을 보험계약자에게 제시할 때에 사고는 보험기간 중에 발생하였지만 당해 보험기간 중에 통보되지 않는 IBNR(incurred but not reported)을 반영하게 되므로 합리적인 요율산정방식이 아니다.

　④ 불합리한 지급준비금 계상

(4) 배상청구기준증권

1) 소급담보일자(retroactive date)

　　가. 배상청구기준증권은 원칙적으로 손해사고일자와 관계없이 보험기간 중 손해배상청구가 처음 제기된 날짜를 기준으로 담보한다.

　　나. 보험기간 이전에 발생된 사고에 대하여 보험자의 정보부재에 따른 위험인수 제한의 필요성이 있다.

　　다. 담보의 기준이 되는 보험기간 중에 처음으로 손해배상청구가 제기된 사고의 발생일자를 보험기간 이전의 특정일자 이후로 제한할 수 있는데 이를 소급담보일자(retroactive date)라고 한다.

2) 보고기간 연장담보(extended reporting period)

　① 정의(만기 후 담보의 필요성)

　　가. 보험기간 중에 발생된 사고는 보험기간에 종료된 후에 손해배상청구가 제기되면 배상청구기준증권은 이를 담보하지 아니한다.

　　나. 배상청구기준증권에서 이러한 위험을 담보하기 위한 특약조항이 보고기간 연장담보(extended reporting period) 이다.

4 기초 배상책임보험, 초과배상책임보험 및 포괄 배상책임보험

(1) 정의

가. 기초배상책임보험 : 피보험자가 리스크에 충분히 대비하기 위하여 이미 가입되어 있는 보험

나. 초과배상책임보험 : 기초책임보험의 담보범위 내에서 보상한도액을 초과하는 손해를 담보하는 별도의 배상책임보험

다. 포괄배상책임 : 보험상한도액 초과손해와 담보되지 않는 배상책임손해를 포괄하여 담보하는 보험

(2) 포괄배상책임보험

1) 정의

가. 가입하고 있는 배상책임보험의 한도를 초과하는 손해액을 담보하거나 가입하지 않은 배상책임위험으로 인한 손해발생 가능성에 대비하기 위한 추가 가입하는 보험으로 배상책임위험을 총괄하여 담보하는 배상책임보험을 말한다.

2) 포괄배상책임보험의 기능

① 기초배상책임보험의 보완기능

불충분한 보상한도액을 필요한 금액까지 증액시켜 준다. 즉, 기초배상책임보험의 보상한도액을 초과하는 손해가 발생한 경우에 그 초과하는 손해를 담보하는 기능을 한다.

② 기초배상책임보험의 기능

기초배상책임보험의 보상한도액이 소진될 경우에 자동복원 되지 않으면 기초배상책임보험의 기능을 한다.

③ 비담보위험 담보기능

포괄배상책임보험은 기초배상책임보험에서 담보하지 않는 위험까지 담보범위를 확장하는 기능을 하며 통상 별도의 면책금액(자기부담금)을 설정한다.

3) D.I.C Policy(difference in condition)

가. 기초배상책임보험의 담보조건과 초과·포괄책임보험의 담보조건의 차이(책임법리, 담보범위)로 인하여 보상받지 못하는 부분이 발생 시 담보의 공백부분만을 담보하는 보험조건이 추가하는 것을 D. I.C. Policy라 한다.

5 법률상 배상책임보험과 계약상 가중책임보험

(1) 정의

법률상 배상책임보험 (legal liability insurance)과 계약상의 가중책임보험(contractual liability insurance)은 책임부담의 근거가 법률 규정에 의하는 것인지 아니면 당사자 간의 약정에 의한 것인지에 따른 구분으로 배상책임보험은 일반적으로 법률상의 배상책임을 담보한다.

(2) 전가책임(대위책임)

1) 정의

불법행위로 인한 피해자에 대한 손해배상책임은 원칙적으로 가해자가 부담하지만 예외적으로 법률의 규정 또는 당사자 간의 약정에 의해 가해자 외에 제3자가 부담하기도 한다. 이를 전가책임 또는 대위책임이라 한다.

2) 법정 전가책임

민법 제756조에 따라 근로자가 타인에게 손해를 입혔을 경우 그 사용자는 근로자를 대신하여 피해자가 입은 손해를 배상하여야 하며 그 사용자는 배상 후 근로자에게 구상청구가 가능하므로 근로자의 책임이 사용지에게 전가된 전가책임 또는 대위책임이라고 할 수 있다.

3) 약정 전가책임

법률규정에 의한 전가책임에 대비되는 개념으로 당사자 간의 약정으로 가해자의 책임을 계약 상대방에게 전가할 수도 있는데(민법 제105조) 이를 계약상 가중책임 (contractual liability) 이라고 한다.

6 Lloyd's S.G. Policy(로이즈)의 해상담보위험

항해에 기인하고 항해에 부수하여 발생한 사고

1. 해상고유의 위험(perils of the seas)

가. SSC위험

일반적으로 해상에서 발생할 수 있는 해난, 즉 바다의 자연적 위험으로 인한 우연한 사고 또는 재난을 말한다. 침몰(sinking), 좌초(stranding), 충돌(collision), 단, 바람 또는 파도 등의 통상적인 작용은 포함되지 않는다.

1) 침몰(sinking) : 선박이 기울어져 한쪽은 물에 잠겨진 상태이며, 한쪽은 물 위에 떠 있는 상태로 유지되고 있다면 침몰로 보지 않는다.

2) 좌초(stranding) : 선박의 밑바닥이 물 밑의 암초나 침몰한 선박과 같은 단단한 물체에 얹혀 쉽게 빠져나올 수 없는 상태

3) 충돌(collision) : 선박과 선박 간의 충돌 또는 유빙과의 충돌

나. 악천후(heavy weather)

2. 해상위험(perils on the seas)

화재(fire), 투하(jettison), 선원의 악행(barratry), 해적(pirates), 강도(thieves)

3. 전쟁위험(war exclusion)

군함(men-of-war), 외적(enemies), 습격(surprisals)

1 No-Fault 제도

(1) 정의

가. No-Fault(무과실책임) 보험제도란 가해자 또는 책임자를 확정하지 않고서 어떠한 행위로 손실이 발생하였던 간에 보상이 이루어지는 제도를 말한다.

나. 기존의 과실책임을 근간으로 하는 자동차보험제도가 가지고 있는 문제점을 해결할 수 있는 새로운 대체안으로서 도입되었다.

다. 강제적인 제1당사자(first-party) 보험제도로서 모든 자동차보유자에게 가입이 강제되므로 모든 자동차보험가입자는 과실과 상관없이 경제적 손해를 보상받게 되지만 손해배상책임제도에서의 소송권이 제한된다.

라. 사고처리에 필요한 시간을 단축하고 불필요한 법정비용을 절감하려는 취지이다.

마. No - Fault 제도는 손실의 전보가 국한될 수 있어 보험단체의 이익이 훼손될 수도 있으며 보상금액의 고액화에 의한 소비자 심리의 사행성에 따른 moral hazard가 문제된다.

2 단일책임주의와 교차책임주의

(1) 단일책임주의

단일책임주의(single liability)란 쌍방의 손해액을 합산한 금액에서 쌍방의 과실비율을 곱하여 자기부담금을 산출한 후에 자기손해액을 공제한 차액만을 보상하는 방식이다.

(2) 교차책임주의

교차책임주의(cross liability)란 선박 또는 자동차 등 충돌사고에서 쌍방 과실이 경합한 사고로서 쌍방에 손해가 발생한 경우, 각자가 서로 상대방의 손해액에 자기의 과실비율을 곱하여 산출된 금액을 쌍방이 교차하여 배상책임을 부담하는 방식이다.

(3) 산정방법

단일책임주의

각자의 부담액 = (각자의 손해액의 합계 X 자기과실비율) – 자기손해액

교차책임주의

A(B)의 B(A)에 대한 책임액 = B(A)의 손해액 x A(B)의 과실비율

PART 4

보험금 지급과 손해사정

제1절 보험금 지급

1 손해사정의 정의

1. 정의

가. 보험사고로 인한 손해액 및 보험금 산정

나. 보험사고가 발생한 때에 보험자의 면·부책여부와 손해액을 평가하고 지급보험금을 산정하는 일련의 업무를 총칭한다.

2. 조사(investigation)

(1) 손실내용 및 계약내용 확인

접수된 손실내용이 보험계약상 내용에 관련되는지 여부를 서류상으로 확인하는 것이다.

(2) 보험사고 현장조사

보험계약자나 피보험자가 제출한 손실발생 관련 서류의 내용을 실제 보험사고현장조사를 통해 확인하는 과정이다.

(3) 손해액 및 보험금 산정(evaluation)

보험사고 현장조사에서 확인된 사실들을 검토하여 보험사고로 인한 손해액을 평가한다.

(4) 보험금 지급 협의(negotiation)

보험사와 보험금청구권자 사이에는 보상범위, 손해배상액 및 보상책임액에 관한 의견을 서류로 제출함

(5) 보험금 지급(termination)

적법한 보험금 청구권자에게 보험계약에 명시된 지급방법에 따라 보험금을 지급한다.

(6) 대위, 구상 및 회수(subrogation)

보험사고가 제3자의 책임으로 발생하였을 경우 피보험자에게 지급한 보험금액의 범위 내에서 피보험자가 제3자에게 가지는 손해배상청구권을 대위하여 제3자에게 손해배상을 청구한다.

제2절 손해사정

1 손해사정업무

(1) 정의

가. 손해사정업무는 보험사고의 접수, 사고의 원인조사, 손해액조사, 보험약관 및 관계법규에 따른 면·부책 판단, 손해액 및 보험금의 평가·산정, 피보험자와의 교섭·합의, 보험금의 지급 및 구상권 행사 등으로 구분된다.

나. survey(검정)과 adjustment(정산)으로 크게 구분할 수 있는데, survey는 보험사고를 조사하여 그 보험사고가 보험자의 보상책임 여부와 손해액을 결정하는 과정을 말하고, adjustment는 피보험자에게 지급할 보험금을 결정하는 과정이다.

(2) Survey(검정)

1) 사고접수

초동조사 방향을 설정하고 위장사고, 보험범죄 등을 파악한다.

2) 보험계약사항 확인

계약상의 하자, 담보특약사항, 면책사유, 보상한도 등을 확인한다.

3) 보험자의 보상책임 유무조사

계약상 하자 존재여부, 보험기간 중 사고인지 여부, 보험사고인지 비보험사고인지 여부, 면책사유에 의한 보험사고 발생여부, 계약자나 피보험자의 고의, 중과실 사고 여부를 조사한다.

4) 손해액 조사

손해액의 정도, 면책손해 및 비담보손해에 대한 파악, 보험사고와 관계없는 손해 포함 여부를 확인한다.

(3) Adjustment(정산)

1) 보험가액 결정

① 기평가보험

협정보험가액과 사고 발생 시 가액의 차이 여부를 판정한다.

② 미평가보험

보험가액을 정확하게 평가해야 한다.

2) 보상한도 결정

① 재물보험

산출된 보험가액과 보험금액을 비교하여 보험계약의 일부보험, 초과보험, 중복보험 여부를 판단한다.

② 배상책임보험

계약체결시 약정한 보상한도액, 다수보험계약 및 중복보험계약(수개의 책임보험) 여부를 판단한다.

3) 보험금 산출방법 및 보상방법 결정

① 일부보험

비례보상, 실손보상특약, 요구부보비 율특약 등 담보조건을 적용한다.

② 타보험계약

비례분담 및 독립책임액비례분담방식 등을 적용한다.

③ 보상방법

현금보상원칙이며 현물보상(원상복구)도 가능하다.

4) 지급보험금의 협의와 결정

보험금청구권자와 협의를 거쳐 지급보험금을 결정한다.

5) 구상관리 및 환입

배상의무자 파악, 재산조사, 가압류 등 채권보전 및 구상금 환입처리를 한다.

(4) 손해사정사의 업무

① 손해 발생 사실의 확인
② 보험약관 및 관계 법규 적용의 적정성 판단
③ 손해액 및 보험금의 사정
④ 위 업무와 관련된 서류의 작성 · 제출의 대행
⑤ 위 업무수행과 관련된 보험회사에 대한 의견의 진술

(5) 손해사정사의 구분

1) 재물손해사정사

화재보험, 해상보험(항공 · 운송보험 포함), 책임보험, 기술보험, 권리보험, 도난보험계약, 유리보험, 동물보험, 원자력보험, 비용보험, 날씨보험에 따른 보험계약의 손해액 사정

2) 차량손해사정사

자동차 사고로 인한 차량 및 그 밖의 재산상의 손해액 사정

3) 신체손해사정사

책임보험, 상해보험, 질병보험, 간병보험에 따른 보험계약의 손해액(사람의 신체와 관련된 손해액만 해당), 자동차 사고 및 그 밖의 보험사고로 인한 사람의 신체와 관련된 손해액 사정

4) 종합손해사정사

재물, 차량, 신체손해사정사를 모두 취득한 자

(6) 손해사정사의 금지행위

손해사정사 또는 손해사정업자는 손해사정업무를 수행할 때 보험계약자, 그밖에 이해관계자들의 이익을 부당하게 침해하여서는 아니 되며, 다음 각 호의 행위를 하여서는 아니 된다.

① 고의로 진실을 숨기거나 거짓으로 손해사정을 하는 행위

② 업무상 알게 된 보험계약자 등에 관한 개인정보를 누설하는 행위

③ 타인으로 하여금 자기의 명의로 손해사정업무를 하게 하는 행위

④ 정당한 사유 없이 손해사정업무를 지연하거나 충분한 조사를 하지 아니하고 손해액 또는 보험금을 산정하는 행위

⑤ 보험회사 및 보험계약자 등에 대하여 이미 제출받은 서류와 중복되는 서류나 손해사정과 관련이 없는 서류를 요청함으로써 손해사정을 지연하는 행위

⑥ 그 밖에 공정한 손해사정업무의 수행을 해치는 행위로서 대통령령으로 정하는 행위

1) 독립손해사정사의 금지행위

독립손해사정사 또는 독립 손해사정사에게 소속된 손해사정사는 업무와 관련해 다음의 행위를 해서는 아니된다.

① 보험금의 대리청구행위

② 일정보상금액의 사전약속 또는 약관상 지급보험금을 현저히 초과하는 보험금을 산정하여 제시하는 행위

③ 특정변호사 · 병원 · 정비공장 등을 소개 · 주선 후 관계인으로부터 금품 등의 대가를 수수하는 행위

④ 불필요한 소송 · 민원유발 또는 이를 위한 소개 · 주선 · 대행 등을 이유로 대가를 수수하는 행위

⑤ 사건중개인 등을 통한 사정업무 수임행위

⑥ 보험회사와 보험금에 대한 합의 또는 절충행위

⑦ 그 밖에 손해사정업무와 무관한 사항에 대한 처리약속 등 손해사정업무 수임유치를 위한 부당행위

(7) 보조인의 활용

1) 보조인의 범위

손해사정사는 손해사정업무를 수행하기 위해 필요한 경우 다음 중 어느 하나에 해당하는 사람을 보조인으로 활용할 수 있다. 손해사정업무에 종사하고 있는 고용손해사정사는 종별 구분에 따라 1명당 5명 이내의 보조인을 활용할 수 있다.

① 해당 분야별 손해사정사 제1차시험에 합격한 사람

② 금융감독원, 손해보험회사, 손해보험협회(신체손해사정사의 경우에는 생명보험회사, 생명보험협회를 포함), 그밖에 금융위원회가 지정하는 기관에서 2년 이상 해당 손해사정업무에 종사한 경력이 있는 사람

③ 보험연수원, 손해보험협회, 공익 또는 보험계약자 및 피보험자 등의 보호와 모집질서의 유지를 위해 설립된 손해사정사 단체 및 보험요율 산출기관에서 시행하는 해당분야별 손해사정에 관한 연수과정을 이수한 사람

④ 4년제 대학교 보험관련학과 졸업자

2) 보조인의 업무범위

보조인의 업무상 행위는 그를 활용한 손해사정사의 행위로 본다. 보조인의 업무범위는 다음과 같다.

① 손해발생사실 확인 보조

② 손해액 및 보험금 사정 보조

③ 그 밖에 손해사정사의 사무보조

MEMO

2026 박손사의 손해사정사 1차 3과목 통합 이론서 전체무료강의 제공

발행일 2025년 8월 11일(3쇄)

발행처 직업상점

발행인 박유진

편저자 박관양

디자인 김지원

정 가 66,000원   **ISBN** 979-11-94695-12-7